Salten/Gräve
Gerichtliches Mahnverfahren und Zwangsvollstreckung

Gerichtliches Mahnverfahren und Zwangsvollstreckung

von

Uwe Salten
Dipl.-Rechtspfleger

Karsten Gräve
Dipl.-Rechtspfleger (FH)

4. Auflage

2009

Verlag
Dr. Otto Schmidt
Köln

Bibliografische Information
der Deutschen Nationalbibliothek

Die Deutsche Nationalbibliothek verzeichnet diese Publikation in der Deutschen Nationalbibliografie; detaillierte bibliografische Daten sind im Internet über http://dnb.d-nb.de abrufbar.

Verlag Dr. Otto Schmidt KG
Gustav-Heinemann-Ufer 58, 50968 Köln
Tel. 02 21/9 37 38-01, Fax 02 21/9 37 38-943
info@otto-schmidt.de
www.otto-schmidt.de

ISBN 978-3-504-47944-2

©2009 by Verlag Dr. Otto Schmidt KG, Köln

Das Werk einschließlich aller seiner Teile ist urheberrechtlich geschützt. Jede Verwertung, die nicht ausdrücklich vom Urheberrechtsgesetz zugelassen ist, bedarf der vorherigen Zustimmung des Verlages. Das gilt insbesondere für Vervielfältigungen, Bearbeitungen, Übersetzungen, Mikroverfilmungen und die Einspeicherung und Verarbeitung in elektronischen Systemen.

Das verwendete Papier ist aus chlorfrei gebleichten Rohstoffen hergestellt, holz- und säurefrei, alterungsbeständig und umweltfreundlich.

Einbandgestaltung: Jan P. Lichtenford, Mettmann
Satz: Schäper, Bonn
Druck und Verarbeitung: Betz, Darmstadt
Printed in Germany

Vorwort zur 4. Auflage

Die 4. Auflage des vorliegenden Buches stellt die Abläufe des gerichtlichen Forderungseinzugs vom Ausfüllen des Mahnbescheidsantrags bis hin zur Geltendmachung der Forderung im Rahmen der Zwangsvollstreckung praxisgerecht dar und erläutert noch ausführlicher, wie man – möglichst fehlerfrei – zum Vollstreckungstitel kommt und mit möglichst wenig Aufwand auch erfolgreich die Zwangsvollstreckung betreibt.

Nach dem Erscheinen der 3. Auflage gab es eine Vielzahl von Gesetzesänderungen, obergerichtlichen Entscheidungen und praktische Notwendigkeiten, die jetzt in der Neuauflage Berücksichtigung fanden. Endlich (seit dem 1.1.2009) ist das automatisierte Mahnverfahren jetzt auch bundesweit im Echteinsatz! Das war ein langer Weg, den das Verfahren seit dem praktischen Ersteinsatz in Stuttgart im Jahr 1982 durch die Republik genommen hat; zum 1.1.2009 hat nun auch Thüringen – als letztes deutsches Bundesland – das Verfahren übernommen. Damit erübrigte sich das – ohnehin immer schon nur kurze – Kapitel C. zum alten manuellen Mahnverfahren mit seinem Durchschreibevordrucksatz. Wir haben den frei werdenden Raum sofort durch ein Zusatzkapitel zum „Elektronischen Gerichts- und Verwaltungspostfach" (EGVP), das die Basis für die Justizkommunikation der Zukunft sein wird, genutzt.

Das Online-Mahnverfahren mit seinem Barcode-Mahnbescheidsantrag und die bereits erwähnte Einführung in die Einrichtung und Bedienung des EGVP sind in dieser Auflage selbstverständlich in der gebotenen Ausführlichkeit enthalten. Aktuell reicht das Spektrum der im Buch dargestellten Neuerungen von den letzten Auswirkungen des Justizmodernisierungsgesetzes und des Rechtsdienstleistungsgesetzes (mit der Nutzungsverpflichtung für den elektronischen Rechtsverkehr, dem Online-Mahnantrag, dem EGVP) bis zur Darstellung des Europäischen Mahnverfahrens einschließlich der inzwischen erfolgten Berücksichtigung im nationalen Recht. Beim „alten" Auslandsmahnverfahren und beim „neuen" Europäischen Mahnverfahren bieten wir einen übersichtlichen Überblick über die abzugebenden Erklärungen – mit Eintragungsbeispielen – und eine verständliche Einführung in die speziellen Verfahrensabläufe, wobei die aktuelle Änderungen im Auslandszustellrecht sowie die in Kraft getreten deutschen Ausführungsbestimmungen selbstverständlich berücksichtigt wurden.

Auch der zum 1.1.2009 geänderte Vordruck für den Antrag auf Erlass eines Mahnbescheids wird in dieser Auflage behandelt. Auch wenn der Vordruck von Rechtsanwälten und registrierten Inkassodienstleistern nicht mehr verwendet werden darf, ist er letztlich doch – auch wenn bei elektronischer Antragstellung inzwischen weitergehende Dateneingaben möglich sind – die gemeinsame Grundlage der meisten auf dem Markt verfügbaren Softwareprodukte.

Im Bereich der Zwangsvollstreckung wird – neben der aktuellen Rechtsprechung – u.a. auch die Refom der Kontenpfändung ab 2010 behandelt, damit alle notwendigen Vorbereitungen schon jetzt auf den Weg gebracht werden können.

Die wichtigen praktischen und technischen Verfahrensänderungen sowie eine große Zahl neuer Rechtsprechungsansätze führten dazu, dass die 4. Auflage jetzt erneut komplett von uns überarbeitet und um zahlreiche zusätzliche Tipps und

Ausfüllhilfen ergänzt wurde. Bisher nicht berücksichtigt wurde das Gesetz zur Modernisierung der Sachaufklärung in der Zwangsvollstreckung.

Zwar wurde dieses am 17.6.2009 vom Bundestag beschlossen und am 29.7.2009 verkündet (BGBl. I, S. 2258 ff.); die wesentlichen Teile werden jedoch erst frühestens zum 1.1.2013(!) in Kraft treten.

Wir erheben auch weiterhin nicht den Anspruch, einen Kommentar oder ein Lehrbuch geschrieben zu haben, wir bieten „nur" ein Praktikerhandbuch zum ständigen Gebrauch auf Ihrem Schreibtisch.

Viele neue Entscheidungen, die wir hier berücksichtigt haben, stammen aus unserer beruflichen Praxis oder wurden uns von Lesern der Vorausgaben oder Seminarteilnehmern zur Verfügung gestellt. Für den interessanten Dialog mit unseren Lesern möchten wir uns an dieser Stelle besonders bedanken. Gleichzeitig möchten wir Sie – und das ist wohl nicht ganz üblich – ermuntern, auch weiterhin mit uns den Dialog zu suchen und an der erfolgreichen Gestaltung der Folgeauflagen unseres Praxishandbuches auch in Zukunft mitzuwirken. Sie erreichen uns per E-Mail unter *autoren@mahnverfahren-aktuell.de*.

Übrigens:

Sollte es – bis zur nächsten Auflage – wichtige Neuerungen oder Änderungen geben, finden Sie Aktualisierungen zum Buch unter *www.mahnverfahren-aktuell.de* unter dem Menüpunkt „Buch".

Im Juni 2009 Die Autoren

Inhaltsverzeichnis

	Seite
Vorwort zur 4. Auflage	V
Abkürzungsverzeichnis	XV
Literaturempfehlungen	XXI

A. Zielsetzung 1

B. Automatisiertes gerichtliches Mahnverfahren (AuGeMa) 5

   I. Vorbereitung des gerichtlichen Mahnverfahrens 5
      1. Fälligkeit, Verzug, vorgerichtliche Streitschlichtung 5
      2. Überprüfung bzw. Ermittlung der vollständigen und korrekten Daten 9

   II. Automatisiertes gerichtliches Mahnverfahren (AuGeMA) 11
      1. Gesetzliche Grundlagen, Zulässigkeit, Zuständigkeiten 11
      2. Antragstellung, Antragsvordrucke 17
      3. Maschineller Verfahrensablauf und elektronische Aktenführung . 20

   III. Allgemeine Ausfülltipps und -tricks 22
      1. Datenerfassung der amtlichen Formulare beim Gericht (Scanning) 22
      2. Das gerichtliche Aktenzeichen 24
      3. Die Kennziffer 28
      4. Maximalangaben und Ergänzungsblatt 34
      5. Elektronischer Datenaustausch und Online-Mahnantrag 36
         a) Elektronischer Datenaustausch 36
         b) Online-Mahnantrag/Barcode-Mahnantrag 38

   IV. Formular für den Antrag auf Erlass eines Mahnbescheids 85
      1. Allgemeine Verwaltungsinformationen (1. Seite, Zeile 1) 89
      2. Antragsteller und Antragsgegner (1. Seite, Zeilen 2–31) 89
      3. Anspruchsbezeichnung/Haupt- und Nebenforderungen, Auslagen (2. Seite, Zeilen 32–44) 93
         a) Hauptforderung 93
         b) Anspruchsgrund und Katalognummern 99
         c) Sonstiger Anspruch (2. Seite, Zeilen 36–37) 100
         d) Zinsen (2. Seite, Zeilen 40–42, 43 links) 100
         e) Auslagen (2. Seite, Zeile 43 rechts) 103

		Seite
f)	Sonstige Nebenforderungen (2. Seite, Zeile 44) – einschl. vorgerichtlicher Geschäftsgebühr und Anrechnung auf Mahnverfahrensgebühren –	105
4.	Informationen zum streitigen Verfahren (2. Seite, Zeile 45)	109
5.	Prozessbevollmächtigter und Bankverbindung (2. Seite, Zeilen 46–49)	111
6.	Zusatzangaben zum Verbraucherkreditgesetz bzw. §§ 491 bis 504 BGB (2. Seite, Zeile 50)	114
7.	Geschäftszeichen des Antragstellers bzw. Prozessbevollmächtigten (2. Seite, Zeile 51)	116
8.	Gegenleistungsmerkmal (2. Seite, Zeile 52)	116
9.	Unterschrift des Antragstellers/Vertreters/Prozessbevollmächtigten (2. Seite, Zeile 53)	117
V. Besondere Verfahrensarten		118
1.	Scheck-/Wechselmahnverfahren und Urkundenmahnverfahren	118
2.	WEG-Verfahren – Zulässigkeit und Ablauf	121
VI. Ausfüllmuster und spezielle Ausfüllhinweise		124
1.	Muster: Natürliche Person	124
2.	Muster: Zwei natürliche Personen als Gesamtschuldner/Gesamtgläubiger	125
3.	Muster: Gesellschaft bürgerlichen Rechts (GbR)/Gesamtschuldner	126
4.	Muster: Wohnungseigentümergemeinschaft als Antragsteller (Verwalter = natürliche Person)	127
4a.	Muster: Wohnungseigentümergemeinschaft als Antragsteller (Verwalter = natürliche Person)	128
5.	Muster: Wohnungseigentümergemeinschaft als Antragsteller (Verwalter = juristische Person)	131
6.	Muster: Wohnungseigentümer als Antragsteller	132
7.	Muster: WEG-Verwalter als Prozessstandschafter	133
8.	Muster: Einzelfirma	134
9.	Muster: Juristische Personen und Personenhandelsgesellschaften (vollständig)	135
10.	Muster: Ausländische Gesellschaften, z.B. „Limited"	136
11.	Muster: GmbH & Co. KG (vollständig)	138
12.	Muster: Juristische Personen und dgl. (unvollständig)	139
13.	Muster: GmbH & Co. KG (unvollständig)	140
14.	Muster: Partei kraft Amtes	141
15.	Muster: Hauptforderungen (Regelfall)	141

	Seite
16. Muster: Hauptforderungen (Restbetrag)	141
17. Muster: Hauptforderungen (Katalog Nr. 17/19/20/90 mit Zusatzangaben)	142
18. Muster: Hauptforderungen (Katalog Nr. 28 mit Zusatzangaben)	143
19. Muster: Hauptforderungen mit Zusatzangaben gem. VerbrKrG bzw. §§ 491 bis 504 BGB	144
20. Muster: Hauptforderungen („Sonstiger Anspruch")	144
21. Muster: Hauptforderungen (Scheckmahnverfahren)	145
22. Muster: Hauptforderungen (Urkundenmahnverfahren)	146
23. Muster: Zinsen (Regelfall)	147
24. Muster: Zinsen (Staffelzins)	148
25. Muster: Zinsen (Teilbeträge)	148
26. Muster: Zinsen bei Anwendbarkeit von §§ 491 bis 504 BGB	149
27. Muster: Zinsen (Scheckmahnverfahren)	150
VII. Auslandsmahnverfahren nach deutschem Recht	150
1. Zulässigkeit und Zuständigkeit	151
2. Ablauf des Auslandsmahnverfahrens	152
3. Kosten des Auslandsmahnverfahrens	154
VIII. Europäisches Mahnverfahren	155
1. Voraussetzungen	156
2. Antrag	156
3. Ausfüllen des Antrags	157
4. Ablauf des Verfahrens	160
5. Einspruch	160
6. Vollstreckbarkeit	161
7. Überprüfung des Europäischen Zahlungsbefehls	161
8. Fazit und Bedeutung des Europäischen Mahnverfahrens	162
IX. Verfahrenskosten	169
1. Gerichtskosten	169
2. Rechtsanwaltskosten	173
3. Die Kosten des registrierten Inkassodienstleisters	174
X. Die Monierung und die Monierungsantwort	175
XI. Mahnbescheid und Widerspruch	180
XII. Nichtzustellungsnachricht und Neuzustellung des Mahnbescheids	187
XIII. Zustellung des Mahnbescheids und Antrag auf Erlass des Vollstreckungsbescheids	192

	Seite
XIV. Vollstreckungsbescheid und Einspruch	200
XV. Nichtzustellungsnachricht und Neuzustellung des Vollstreckungsbescheids	203

C. Das elektronische Gerichts- und Verwaltungspostfach 209
    1. Einsatz des EGVP 209
    2. Voraussetzungen 209
    3. Einrichtung des EGVP 209
    4. Bedienungsoberfläche 213
    5. Versand von Nachrichten 213
    6. Überprüfen des Sendevorgangs 214
    7. Empfangen von Nachrichten 217

D. Zwangsvollstreckung 219
  I. Grundsätze der Zwangsvollstreckung 219
    1. Antrag 219
    2. Vollstreckungstitel 220
    3. Zustellung des Vollstreckungstitels 221
    4. Parteien der Zwangsvollstreckung 222
        a) Änderungen der Parteien nach Erlass des VB 222
        b) Unrichtige Bezeichnungen 223
        c) Änderungen in der Person 223
        d) Personenmehrheiten 225
            aa) Mehrere Antragsteller 225
            bb) Mehrere Antragsgegner 225
        e) Besonderheiten einzelner Parteien 226
            aa) Einzelfirma 226
            bb) Partei kraft Amtes 226
            cc) Personengesellschaften (OHG, GbR) 226
            dd) Wohnungseigentümergemeinschaft (WEG) 227
            ee) Vollstreckung gegen besondere Vermögen des Schuldners 227
    5. Anschrift des Schuldners 227
    6. Berechnung der Forderungshöhe (Forderungsaufstellung) 229
    7. Vollstreckungshindernisse 229
    8. Kosten der Zwangsvollstreckung 230

	Seite
II. Einzelne Vollstreckungsmaßnahmen	232
1. Zwangsvollstreckung in bewegliche Güter	232
a) Allgemeines	232
b) Antrag (Auftrag an den Gerichtsvollzieher)	232
c) Ablauf der Mobiliarzwangsvollstreckung	233
aa) Zahlungsaufforderung durch den Gerichtsvollzieher	233
bb) Durchsuchung, Durchsuchungsanordnung	233
cc) Pfändung	234
dd) Unpfändbarkeit	236
ee) Verwertung	238
ff) Öffentliche Versteigerung	238
gg) Anderweitige Verwertung	239
hh) Weiterer Ablauf, Protokoll	239
ii) Kosten	240
2. Abgabe der eidesstattlichen Versicherung	241
a) Allgemeines	241
b) Schuldnerverzeichnis	242
c) Antrag auf Terminsbestimmung	242
d) Termin, Abgabe des Vermögensverzeichnisses	243
e) Haftbefehl	245
f) Erneuter Termin, Ergänzungstermin	245
g) Falsche oder fehlerhafte eidesstattliche Versicherung	246
h) Kosten im Rahmen der eidesstattlichen Versicherung	247
3. Zwangsvollstreckung in Forderungen des Schuldners	247
a) Allgemeines	247
b) Antrag	249
c) Verfahren nach Erlass	249
d) Kosten	250
e) Erläuterungen zu den einzelnen zu pfändenden Forderungen	251
aa) Pfändung von Arbeitslohn, Gehältern und Dienstbezügen	251
bb) Sozialleistungen	253
cc) Unterhaltsansprüche des Schuldners oder vergleichbare Leistungen	255
dd) Sonstige Vergütungen (z.B. Werklohnforderungen)	256
ee) Konten, Geldanlagen	256

	Seite
ff) Sonstige Vermögensanlagen (Lebensversicherungen, Bausparverträge, private Rentenversicherung)	260
gg) Rechte des Schuldners an Grundstücken	261
(1) Hypothek	261
(2) Grundschuld	262
(3) Andere grundbuchlich gesicherte Rechte	263
hh) Rechte des Schuldners an Gesellschaften und Erbengemeinschaften	264
(1) Personengesellschaften (GbR, OHG, KG)	264
(2) Gesellschaft mit beschränkter Haftung (GmbH)	265
(3) Erbengemeinschaft	265
(4) Miteigentum	266
ii) Steuererstattungsansprüche	266
jj) Sonstige Ansprüche und Rechte des Schuldners	266
f) Vorpfändungsbenachrichtigung nach § 845 ZPO	267
4. Zwangsvollstreckung in Immobilien	269
a) Eintragung einer Zwangssicherungshypothek	269
b) Zwangsversteigerung	271
aa) Allgemeines	271
bb) Antrag	272
cc) Anordnung der Zwangsversteigerung	273
dd) Versteigerung	274
ee) Zuschlag, Erlösverteilung	274
ff) Kosten	275
c) Zwangsverwaltung	276
5. Insolvenzverfahren	277
a) Allgemeines	277
b) Antrag	278
c) Verfahren bis zur Eröffnung	279
d) Eröffnung des Verfahrens	279
e) Verfahren nach Eröffnung	281
f) Restschuldbefreiung	283
g) Verbraucherinsolvenz	284
h) Kosten im Insolvenzverfahren	285
III. Rechtsmittel, Rechtsbehelfe	287
1. Erinnerung gegen die Art und Weise der Zwangsvollstreckung	287

	Seite
2. Sofortige Beschwerde	288
3. Vollstreckungsgegenklage	288
4. Drittwiderspruchsklage	289
5. Vollstreckungsschutz nach § 765a ZPO	289
IV. Besondere Verfahren der Zwangsvollstreckung	290
1. Antrag auf Erteilung einer zweiten vollstreckbaren Ausfertigung	290
a) Neuerteilung	290
b) Ersatzausfertigung	290
c) Zusätzliche Ausfertigung	291
2. Festsetzung von Vollstreckungskosten (§ 788 ZPO)	291
3. Europäischer Vollstreckungstitel für unbestrittene Forderungen (EVT)	291
a) Voraussetzungen für die Bestätigung als Europäischer Vollstreckungstitel	292
b) Verfahren	295
c) Rechtsmittel, Einwendungen	296
d) Kosten des Verfahrens	297
e) Durchführung der Vollstreckung	297
f) Praktische Bedeutung und Anwendbarkeit des EVT	298
E. Anhänge	301
I. Hauptforderung: Katalognummern	301
II. Beispiel: Forderungsaufstellung nach § 367 BGB	308
III. Muster: Auftrag an Gerichtsvollzieher	311
IV. Antrag auf Erlass eines Pfändungs- und Überweisungsbeschlusses (PfÜB)	313
1. Muster: Arbeitslohn	313
2. Abwandlung: Kontenpfändung	314
3. Abwandlung: Werklohn	315
4. Abwandlung: Unterhalt	315
5. Abwandlung: Lebensversicherung	315
V. Muster: Vorpfändung nach § 845 ZPO	316
VI. Muster: Eintragung einer Zwangssicherungshypothek	317
VII. Gebührentabelle für Gerichtskosten (GKG)	318
VIII. Gebührentabelle des RVG	319
IX. Kosten des Gerichtsvollziehers (GvKostG)	320

	Seite
X. Pfändungsfreigrenzen	321
XI. Bestätigung als Europäischer Vollstreckungstitel	327
Stichwortverzeichnis	331

Abkürzungsverzeichnis

a.a.O.	am angegebenen Ort
ABl.	Amtsblatt
Abs.	Absatz
Abt.	Abteilung
a.E.	am Ende
a.F.	alte Fassung
a.G.	auf Gegenseitigkeit
AG	Aktiengesellschaft, Amtsgericht, Antragsgegner
Alt.	Alternative
amtl.	amtlich
Anh.	Anhang
Anm.	Anmerkung
AO	Abgabenordnung
Art.	Artikel
Aufl.	Auflage
AuGeMa	Automatisiertes gerichtliches Mahnverfahren
AVAG	Gesetz zur Ausführung zwischenstaatlicher Verträge und zur Durchführung von Verordnungen der Europäischen Gemeinschaft auf dem Gebiet der Anerkennung und Vollstreckung in Zivil- und Handelssachen (Annerkennungs- und Vollstreckungsausführungsgesetz)
Az.	Aktenzeichen
BAföG	Bundesgesetz über individuelle Förderung der Ausbildung
BayObLG	Bayerisches Oberstes Landesgericht
Bd.	Band
Beschl.	Beschluss
BFH	Bundesfinanzhof
BGB	Bürgerliches Gesetzbuch
BGBl.	Bundesgesetzblatt (Jahr, Teil, Seite)
BGH	Bundesgerichtshof
BGHZ	Entscheidungen des Bundesgerichtshofes in Zivilsachen (Band, Seite)
BLZ	Bankleitzahl
BR	Bundesrat
BRAGO	Bundesgebührenordnung für Rechtsanwälte
BR-Drucks.	Bundesratdrucksache (Jahr, Teil, Seite)
BT	Bundestag
BT-Drucks.	Bundestagsdrucksache (Jahr, Teil, Seite)
bzgl.	bezüglich

bzw.	beziehungsweise
ca.	circa
CD	Compact Disk
c.i.c.	culpa in contrahendo
Co.	Compagnie
DENIC	DENIC Domain Verwaltungs- und Betriebsgesellschaft e.G.
dgl.	dergleichen
DGVZ	Zeitschrift für Vollstreckungs-, Zustellungs- und Kostenwesen (Jahr, Seite)
d.h.	das heißt
DIN	Deutsches Institut für Normung e.V.
Disk-ID	Disketten-Identifikationsnummer
DM	Deutsche Mark
DNotZ	Deutsche Notar-Zeitschrift (Jahr, Seite)
Drucks.	Drucksache
dt.	deutsch
DTA	Datenträgeraustausch
DVD	Digital Versatile Disc
EC	Euro Cheque
eco	economic
EDV	Elektronische Datenverarbeitung
e.G.	eingetragene Genossenschaft
EG	Europäische Gemeinschaft/en, Vertrag zur Gründung der Europäischen Gemeinschaft
EGVP	Elektronisches Gerichts- und Verwaltungspostfach
EGZPO	Gesetz betreffend die Einführung der Zivilprozessordnung
e.K.	eingetragene/r Kaufmann/-frau
EMV	Europäisches Mahnverfahren
entspr.	entsprechend
etc.	et cetera
EU	Europäische Union
EuGVVO	Verordnung (EG) über die gerichtliche Zuständigkeit und die Anerkennung und Vollstreckung von Entscheidungen in Zivil- und Handelssachen
EuMVVO	Verordnung (EG) Nr. 1896/2006 des Europäischen Parlaments und des Rates vom 12.12.2006 zur Einführung eines Europäischen Mahnverfahrens
EUR	Euro
europ.	europäisch

EuVTVO	Verordnung (EG) Nr. 805/2004 des Europäischen Parlaments und des Rates vom 21.4.2004 zur Einführung eines europäischen Vollstreckungstitels für unbestrittene Forderungen
eV	eidesstattliche Versicherung
EVT	Europäischer Vollstreckungstitel
evtl.	eventuell
EZB	Europäische Zentralbank
f.	folgende
ff.	fortfolgende
Fn.	Fußnote/n
GBl.	Gesetzblatt
GBO	Grundbuchordnung
GbR	Gesellschaft bürgerlichen Rechts
gem.	gemäß
GF	Geschäftsführung
ggf.	gegebenenfalls
GKG	Gerichtskostengesetz
GmbH	Gesellschaft mit beschränkter Haftung
GPR	Zeitschrift für Gemeinschaftsprivatrecht (Jahr, Seite)
grds.	grundsätzlich
GVBl.	Gesetz- und Verordnungsblatt, auch GVOBl.
GVG	Gerichtsverfassungsgesetz
GVGA	Geschäftsanweisung für Gerichtsvollzieher
GvKostG	Gesetz über Kosten der Gerichtsvollzieher
GVOBl	Gesetz- und Verordnungsblatt, auch GVBl.
Halbs./Hs.	Halbsatz
HF	Hauptforderung
HGB	Handelsgesetzbuch
i.d.F.	in der Fassung
i.d.R.	in der Regel
i.H.v.	in Höhe von
inkl.	inklusive
insb.	insbesondere
InsO	Insolvenzordnung
i.S.	im Sinne
i.S.d.	im Sinne des/der
IT	Information Technology
i.Ü.	im Übrigen

XVII

i.V.m.	in Verbindung mit
JurBüro	Das juristische Büro (Jahr, Seite)
Kap.	Kapitel
KfH	Kammer für Handelssachen
Kfz	Kraftfahrzeug
KG	Kammergericht, Kommanditgesellschaft
km	Kilometer
KostO	Gesetz über die Kosten in Angelegenheiten der freiwilligen Gerichtsbarkeit (Kostenordnung)
KV	Kostenverzeichnis
LG	Landgericht
li.	links, linke
Lit.	Literatur
lfd.	laufende
LSA	Land Sachsen-Anhalt
lt.	laut
Ltd.	Limited
mbH	mit beschränkter Haftung
MDR	Monatsschrift für Deutsches Recht (Jahr, Seite)
mind.	mindestens
Mio.	Million/en
Mrd.	Milliarde/n
m.w.N.	mit weiteren Nachweisen
MwSt.	Mehrwertsteuer
NATO	North Atlantic Treaty Organization
n.F.	neue Fassung
NJW	Neue Juristische Wochenschrift (Jahr, Seite)
NJW-RR	NJW–Rechtsprechungs-Report (Jahr, Seite)
NL	Königreich der Niederlande
Nr.	Nummer/n
NRW	Nordrhein-Westfalen (auch mit NW abgekürzt)
n.v.	nicht veröffentlicht
o.a.	oben angegeben
o.ä.	oder ähnlich
o.Ä.	oder Ähnliche/s
o.g.	oben genannt/e
oHG	Offene Handelsgesellschaft

OLG	Oberlandesgericht
PC	Personal Computer
PfÜB	Pfändungs- und Überweisungsbeschluss
PKH	Prozesskostenhilfe
Pkw	Personenkraftwagen
PLZ	Postleitzahl
re.	rechts, rechte
resp.	respektive
Rpfleger	Der deutsche Rechtspfleger (Jahr, Seite)
RPflG	Rechtspflegergesetz
Rn.	Randnummer
RVG	Gesetz über die Vergütung der Rechtsanwältinnen und Rechtsanwälte (Rechtsanwaltsvergütungsgesetz)
Rz.	Randzeichen
s.	siehe
S.	Satz, Seite
s.a.	siehe auch
SGB	Sozialgesetzbuch
s.o.	siehe oben
sog.	sogenannte/r/s
Sp.	Spalte
StGB	Strafgesetzbuch
Str.	Straße
s.u.	siehe unten
Tel.	Telefon
u.	und
u.a.	unter anderem, und andere
u.Ä.	und Ähnliche/s
UN	United Nations
UrhG	Gesetz über Urheberrecht und verwandte Schutzrechte (Urhebergesetz)
Urt.	Urteil
usw.	und so weiter
u.U.	unter Umständen
u.v.m.	und vieles mehr
v.	von/m
v.a.	vor allem

Var.	Variante
VB	Vollstreckungsbescheid
VerbrKrG	Verbraucherkreditgesetz
vgl.	vergleiche
VV	Vergütungsverzeichnis
VVG	Gesetz über den Versicherungsvertrag (Versicherungsvertragsgesetz)
WEG	Gesetz über das Wohnungseigentum und das Dauerwohnrecht (Wohnungseigentumsgesetz), Wohnungseigentum, Wohnungseigentümergemeinschaft
WM	Wertpapier-Mitteilungen (Jahr, Seite)
z.B.	zum Beispiel
ZEMA	Zentrale Mahnabteilung, zentrales Mahngericht
z. Hdn.	zu Händen
Ziff.	Ziffer
ZIP	Zeitschrift für Wirtschaftsrecht (Jahr, Seite)
zit.	zitiert
ZPO	Zivilprozessordnung
z.T.	zum Teil
ZVG	Gesetz über die Zwangsversteigerung und die Zwangsverwaltung
ZVI	Zeitschrift für Verbraucher- und Privat-Insolvenzrecht (Jahr, Seite)
zzgl.	zuzüglich

Literaturempfehlungen

Brox/Walker, Zwangsvollstreckungsrecht – Lehrbuch, 7. Aufl. 2003

Diepold/Hintzen, Musteranträge für Pfändung und Überweisung, 8. Aufl. 2006

Goebel, Zivilprozessrecht, 2. Aufl. 2006

Kormann, Das neue Europäische Mahnverfahren im Vergleich zu den Mahnverfahren in Deutschland und Österreich, Dezember 2007

Palandt, Bürgerliches Gesetzbuch – Kommentar, 66. Aufl. 2006

Rauscher, Der Europäische Vollstreckungstitel für unbestrittene Forderungen, September 2004

Riedel, Europäischer Vollstreckungstitel für unbestrittene Forderungen, Mai 2005

Salten/Riesenberg, Das automatisierte gerichtliche Mahnverfahren in der Praxis, 2. Aufl. 1999

Schmidt (Hrsg.), Erfolgreiches Mahnen und Eintreiben von Außenständen – Loseblattwerk (2 Bände), Stand Juli 2007

Schuschke/Walker, Vollstreckung und vorläufiger Rechtsschutz – Kommentar zum Achten Buch der ZPO Bd. 1, 3. Aufl. 2002

Selbmann, Das Mahnverfahren, 3. Aufl. 2005

Stöber, Forderungspfändung – Erläuterungsbuch für die Praxis, 14. Aufl. 2005

Zöller (Hrsg.), Zivilprozessordnung – Kommentar, 27. Aufl. 2009

A. Zielsetzung

Das zivilprozessuale gerichtliche Mahnverfahren ist die größte „Titelfabrik" in der Bundesrepublik. Rund 9 Mio. Mahnverfahren werden jährlich beantragt, ca. 6,5 Mio. zur Zwangsvollstreckung geeignete Titel werden jedes Jahr in Form von Vollstreckungsbescheiden erlassen. Seit dem 1.1.2009 werden sämtliche Verfahren automatisiert bei zentralen Mahngerichten der Bundesländer bearbeitet.

Die großen Vorteile des gerichtlichen Mahnverfahrens gegenüber dem Klageverfahren lassen sich mit folgenden Adjektiven beschreiben:

▷ einfach

▷ schnell

▷ formalisiert

▷ kostengünstig.

Das gerichtliche Mahnverfahren ist deshalb besonders einfach, schnell und kostengünstig, weil es formalisiert, schriftlich – das heißt ohne mündliche Verhandlung und Beweisaufnahme – abgewickelt wird und zudem auch nur eine halbe Gerichtsgebühr kostet (im Gegensatz zu 3,0 Gebühren eines vergleichbaren streitigen Klageverfahrens). Ziel und Ergebnis eines gerichtlichen Mahnverfahrens ist – soweit der Antragsgegner nicht spätestens jetzt „freiwillig" zahlt – im Idealfall ein Vollstreckungsbescheid, der gem. § 700 Abs. 1 ZPO einem für vorläufig vollstreckbar erklärten Versäumnisurteil gleichsteht. Hieraus kann also unmittelbar die Zwangsvollstreckung erfolgen. Im schlechtesten Fall legt der Antragsgegner – vergleichbar mit dem Beklagten im Zivilprozess – Widerspruch gegen den Mahnbescheid ein. Dies hat dann ggf. doch noch die Notwendigkeit der Durchführung eines Zivilprozesses zur Folge, wobei der Antragsteller – wegen der Anrechnung der Gerichtskosten des Mahnverfahrens auf die Prozessgebühr – keine finanziellen Nachteile hat.

Wird das gerichtliche Mahnverfahren mit dem Erlass und der Zustellung des Vollstreckungsbescheids beendet, ist es Zeit für geeignete Maßnahmen der Zwangsvollstreckung, wie z.B.:

▷ Mobiliarvollstreckung

▷ Eidesstattliche Versicherung

▷ Forderungspfändung

▷ Vollstreckung in Immobilien usw.

Macht man von Beginn an alles richtig, kann man sehr schnell, einfach und kostengünstig erst zu einem Vollstreckungstitel und, wenn die Zahlung nicht schon im Mahnverfahren erfolgte, später, mit Hilfe der Zwangsvollstreckung, ggf. auch zu seinem Geld kommen. Hierzu sind allerdings besondere praxisorientierte Kenntnisse von Verfahrensabläufen und Zusammenhängen erforderlich, die wir in diesem Buch für Sie zusammengestellt haben. Das Buch orientiert sich an den praktischen Notwendigkeiten und Handlungsabläufen bei der Verfolgung von Zahlungsansprüchen, beginnend bei der Auswahl der effektivsten Antragsform und der Frage nach der Zuständigkeit des Mahngerichts bis hin zur Erstellung von korrekter Forderungsaufstellung und der Formulierung der unterschiedlichsten Vollstreckungsaufträge.

An besonders wichtigen und markanten Punkten in den dargestellten Handlungsabläufen erhalten Sie wichtige Tipps, hilfreiche Warnungen und Checklisten für alle gängigen Problemfälle und Fragen, die Ihnen im konkreten Fall in der Praxis helfen sollen, Fehler und Umwege rechtzeitig zu erkennen und zu vermeiden sowie schnelle Antworten zu erhalten.

Im Rahmen der Darstellung des Mahnverfahrens haben wir versucht den aktuellen Stand der Technik und Rechtsprechung einschl.

- Auswirkungen der Nutzungsverpflichtung bzgl. nur maschinell lesbarer Antragsformen für Rechtsnawälte und registrierte Inkassodienstleister
- ausführlicher Darstellung des Online-Mahnantrags mit Barcodeeausdruck-Option
- Besonderheiten des deutschen Auslandsverfahrens
- Grundlagen des „Europäischen Mahnverfahrens"
- aktueller Stand der Rechtsprechung zur „ausreichend individualisierten Forderungsbezeichnung"
- besondere Probleme bei der Parteibezeichnung (z.B. Limited, Gesamtgläubiger, WEG etc.)
- aktueller Stand der Rechtsprechung zu Nebenforderungen, Inkassokosten und Auslagen

darzustellen.

Hinsichtlich der Zwangsvollstreckung haben wir, die gängigsten Maßnahmen übersichtlich zusammen gestellt und zeigen, in welche Richtung sich die Rechtsprechung entwickelt und wie man Zahlungsansprüche heute – trotz umfangreichen Vollstreckungsschutzvorschriften – immer noch effektiv realisieren kann. Wir wollen mit unserem Buch nicht in Konkurrenz zu den auf dem Markt nun schon reichlich vorhandenen hervorragenden Kommentaren mit ihrem Spezialwissen treten. Wir verstehen unser Werk nicht als wissenschaftliches Lehrbuch, sondern als praxisorientierten Leitfaden für Standardfälle. Denn erst wenn Sie diese Fälle effektiv und fehlerfrei bearbeiten können, werden Sie Problemfälle bewusster erkennen und erfolgreicher lösen können.

Dazu leisten wir mit diesem Buch unseren Beitrag.

Übrigens: Bitte wundern Sie sich nicht, wenn Sie an verschiedenen Stellen des Buches – zu unterschiedlichen Themen – nahezu gleich lautende, sich scheinbar wiederholende Erläuterungen finden.

Dieses Buch ist so konzipiert, dass in der Praxis auch einmal nur in dem konkret betroffenen Kapitel schnell nachgelesen werden kann, was im entsprechenden Verfahrensstadium speziell zu beachten ist. Um nun das Verfolgen umfangreicher Verweise wegen „Kleinigkeiten" zu vermeiden, wurden die jeweils relevanten Kurzinformationen teilweise einfach wiederholt.

Der Abdruck der abgebildeten Antragsformulare erfolgt mit freundlicher Genehmigung der **Hans Soldan GmbH**, Essen (www.soldan.de), die uns die Vordrucke auch freundlicherweise – aus ihrem Produktangebot – zur Verfügung gestellt hat; der Abdruck der abgebildeten Eingabemasken des Online-Mahnantrags (www.online-mahnantrag.de) erfolgt mit freundlicher Genehmigung der Zentralen Koordinieruingsstelle für das automatisierte gerichtliche Mahnverfahren beim Justizministerium Baden-Württemberg in Stuttgart in Abstimmung mit der Bremen Online Services GmbH, Bremen (www.bos-bremen.de) und der Firma Abit AG, Meerbusch (www.abit.de) als Urheber und Lizenzgeber.

B. Automatisiertes gerichtliches Mahnverfahren (AuGeMa)

I. Vorbereitung des gerichtlichen Mahnverfahrens

Der häufigste Fehler, der im gerichtlichen Mahnverfahren gemacht wird, ist eigentlich, dass man das Mahnverfahren unterschätzt und nicht ernst nimmt. Würden alle Antragsteller und Prozessbevollmächtigten die Verfahren mit der gebotenen Ernsthaftigkeit angehen, könnte so manche Beanstandung unterbleiben, was wiederum zu einer bedeutenden Beschleunigung aller Verfahren und im Einzelfall zu einer effektiveren und erfolgreicheren Forderungsdurchsetzung beitragen würde.

Die gängige Praxis, die Anforderungen eines gerichtlichen Mahnverfahrens zu unterschätzen und so zu tun, als ob die Tätigkeit im Mahnverfahren minderwertig wäre und daher auch von unqualifizierten und ungeschulten Mitarbeitern erledigt werden kann, ist häufig auch eine Ursache für die Unzufriedenheit und die Klagen, die man nicht selten von denselben Leuten, über die angeblich zu formalistischen und kleinlichen Beanstandungen der Gerichte zu hören bekommt.

Dabei ist es hier wie überall im (juristischen) Leben: Wer schlau ist, bereitet sich vor. Denn wer im Falle eines fälligen Zahlungsanspruchs und bei Verzug des Vertragspartners die korrekten Daten in der gültigen Antragsform an das Gericht übermittelt, der wird schnell die Vorzüge des automatisierten gerichtlichen Mahnverfahrens feststellen.

Doch was so einfach klingt, macht den Antragstellern und Prozessbevollmächtigten das Leben in der Praxis manchmal wirklich schwer:

- Der Klärung, ob ein Anspruch fällig ist und sich der Gegner tatsächlich in Verzug befindet, wird häufig wenig Beachtung geschenkt;
- die „richtigen Daten" ergeben sich häufig nicht aus den vorliegenden Auftrags- oder Vertragsunterlagen;
- hat man die „richtigen Daten" dann – häufig mühsam – ermittelt, stehen die manchmal nicht gerade logischen Ausfüllregeln der amtlichen Vordrucke, des Online-Mahnantrags bzw. der auf dem Markt verfügbaren Softwareprodukte nicht selten dem Erfolg entgegen.

1. Fälligkeit, Verzug, vorgerichtliche Streitschlichtung

Die grundsätzliche Fälligkeit eines Anspruchs regelt der BGB-Gesetzgeber in einfachen klaren Worten in § 271 BGB:

(1) Ist eine Zeit für die Leistung weder bestimmt, noch aus den Umständen zu entnehmen, so kann der Gläubiger die Leistung sofort verlangen, der Schuldner sie sofort bewirken.

(2) Ist eine Zeit bestimmt, so ist im Zweifel anzunehmen, dass der Gläubiger die Leistung nicht vor dieser Zeit verlangen, der Schuldner sie aber vorher bewirken kann.

Was allerdings im Gesetzeswortlaut so einfach klingt, ist in der Praxis ein häufiger Streitpunkt, denn neben der Fälligkeit des Anspruchs ist die Feststellung des Verzugs wichtig für die Geltendmachung von Verzugszinsen oder im Rahmen der gerichtlichen Geltendmachung.

Der Verzug des Schuldners bei Geldforderungen ist – vorbehaltlich abweichender individueller Abreden und geltender allgemeiner Geschäftsbedingungen – durch das zum 1.5.2000 in Kraft getretene Gesetz zur Beschleunigung fälliger Zahlungen und das am 1.1.2002 in Kraft getretene Schuldrechtsmodernisierungsgesetz vom 26.11.2001 allgemein geregelt in § 286 BGB:

(1) Leistet der Schuldner auf eine Mahnung des Gläubigers nicht, die nach dem Eintritt der Fälligkeit erfolgt, so kommt er durch die Mahnung in Verzug. Der Mahnung stehen die Erhebung der Klage auf die Leistung sowie die Zustellung eines Mahnbescheids im Mahnverfahren gleich.

(2) Der Mahnung bedarf es nicht, wenn
1. für die Leistung eine Zeit nach dem Kalender bestimmt ist,
2. der Leistung ein Ereignis vorauszugehen hat und eine angemessene Zeit für die Leistung in der Weise bestimmt ist, dass sie sich von dem Ereignis an nach dem Kalender berechnen lässt,
3. der Schuldner die Leistung ernsthaft und endgültig verweigert,
4. aus besonderen Gründen unter Abwägung der beiderseitigen Interessen der sofortige Eintritt des Verzugs gerechtfertigt ist.

(3) Der Schuldner einer Entgeltforderung kommt spätestens in Verzug, wenn er nicht innerhalb von 30 Tagen nach Fälligkeit und Zugang einer Rechnung oder gleichwertigen Zahlungsaufstellung leistet; dies gilt gegenüber einem Schuldner, der Verbraucher ist, nur, wenn auf diese Folgen in der Rechnung oder Zahlungsaufstellung besonders hingewiesen worden ist. Wenn der Zeitpunkt des Zugangs der Rechnung oder Zahlungsaufstellung unsicher ist, kommt der Schuldner, der nicht Verbraucher ist, spätestens 30 Tage nach Fälligkeit und Empfang der Gegenleistung in Verzug.

(4) Der Schuldner kommt nicht in Verzug, solange die Leistung infolge eines Umstands unterbleibt, den er nicht zu vertreten hat.

Die wichtigste Folge des Verzugs ist in § 288 BGB geregelt, nämlich der Verzugszins:

(1) Eine Geldschuld ist während des Verzugs zu verzinsen. Der Verzugszins beträgt für das Jahr fünf Prozentpunkte über dem Basiszinssatz.

(2) Bei Rechtsgeschäften, an denen ein Verbraucher nicht beteiligt ist, beträgt der Zinssatz für Entgeltforderungen acht Prozentpunkte über dem Basiszinssatz.

(3) Der Gläubiger kann aus einem anderen Rechtsgrund höhere Zinsen verlangen.

(4) Die Geltendmachung eines weiteren Schadens ist nicht ausgeschlossen.

Zusammenfassend kann man also folgende Thesen aufstellen:

1. Verzug kann nur eintreten, wenn die Geldforderung fällig ist.
2. In Verzug befindet sich der Schuldner in der Regel 30 Tage nach Erhalt einer Rechnung oder Zahlungsaufstellung; der Verbraucher muss allerdings darauf hingewiesen werden, § 286 Abs. 3 BGB.
3. Der Zugang dieser Rechnung oder Zahlungsaufstellung wird nur bei Schuldnern, die **nicht Verbraucher** sind, fingiert. Bei Verbrauchern ist der Zugang also ggf. nachweispflichtig, worin ein nicht unerhebliches Risiko zu erkennen ist.

4. Der Mahnung stehen die Erhebung der Klage und die Zustellung eines Mahnbescheids im Mahnverfahren gleich. Hiermit bekommt das gerichtliche Mahnverfahren eine besondere Bedeutung, da hier lediglich relativ geringe Kosten verursacht werden und der Mahnbescheid regelmäßig zügig und nachweisbar von den Gerichten im Wege der förmlichen Zustellung an den Schuldner übersandt wird.

⊃ **Praxishinweis:**

Die Übersendung von Rechnung, Mahnung oder Zahlungsaufforderungen per Einschreiben werden zwar von Gläubigern – gerade in kritischen Fällen – häufig benutzt, jedoch erbringt ein Einschreiben (gleich ob mit oder ohne Rückschein) grundsätzlich keinen Nachweis über den Inhalt des übersandten Schriftstücks, so dass es zwar nicht unerhebliche Kosten verursacht, jedoch nicht immer den gewünschten Erfolg (Beweis des Zugangs) erbringt.

Aber auch aus einem anderen Grunde ist das gerichtliche Mahnverfahren zu einem gesetzlich gewollten, unverzichtbaren Bestandteil der Geltendmachung offener Zahlungsansprüche geworden:

Im Rahmen einer obligatorischen und institutionalisierten außergerichtlichen Streitbeilegung hat der Gesetzgeber in § 15a EGZPO vorgesehen:

(1) Durch Landesgesetz kann bestimmt werden, dass die Erhebung der Klage **erst zulässig** ist, **nachdem** von einer durch die Landesjustizverwaltung eingerichteten oder anerkannten Gütestelle versucht worden ist, die Streitigkeit einvernehmlich beizulegen. (…)

(2) Abs. 1 findet **keine Anwendung** auf
   1. Klagen nach den §§ 323, 324, 328 ZPO, Widerklagen und Klagen, die binnen einer gesetzlichen oder gerichtlich angeordneten Frist zu erheben sind,
   2. Streitigkeiten in Familiensachen,
   3. Wiederaufnahmeverfahren,
   4. Ansprüche, die im Urkunden- oder Wechselprozess geltend gemacht werden,
   5. **Die Durchführung des streitigen Verfahrens, wenn ein Anspruch im Mahnverfahren geltend gemacht worden ist**,
   6. Klagen wegen vollstreckungsrechtlicher Maßnahmen, insbesondere nach dem 8. Buch der ZPO,
   7. Parteien, die nicht in demselben Land wohnen, ihren Sitz oder eine Niederlassung haben.

Wer also seinen vermögensrechtlichen Anspruch im Wege des gerichtlichen Mahnverfahrens geltend macht, kann sich unter Umständen nicht nur Ärger im Zusammenhang mit dem Verzug ersparen, sondern er spart sich in einigen Bundesländern auch die umständlich wirkende außergerichtliche Streitschlichtung für geringere vermögensrechtliche Streitigkeiten (siehe nachstehende Tabelle).

B. Automatisiertes gerichtliches Mahnverfahren (AuGeMa)

Bundesland	Gesetz	Fundstelle im jeweiligen Landesgesetz
Baden-Württemberg	Baden-Württembergisches Gesetz zur obligatorischen außergerichtlichen Streitschlichtung (SchlG) vom 28.6.2000	GBl. S. 470; geändert am 20.11.2001, GBl. 605 Schönfelder, Ergänzungsband, Deutsche Gesetze Nr. 104
Bayern	Bayerisches Gesetz zur obligatorischen außergerichtlichen Streitschlichtung in Zivilsachen (...) vom 25.4.2000	GVBl. S. 268 Schönfelder, Ergänzungsband, Deutsche Gesetze Nr. 104a
Brandenburg	Gesetz zur Fortentwicklung des Schlichtungsrechts im Land Brandenburg vom 5.10.2000	GVBl. S. 134 Schönfelder, Ergänzungsband, Deutsche Gesetze Nr. 104b
Hessen	Hessisches Gesetz zur Ausführung des § 15a des Gesetzes betreffend die Einführung der Zivilprozessordnung vom 6.2.2001	Schönfelder, Ergänzungsband, Deutsche Gesetze Nr. 104c
Nordrhein-Westfalen	Gesetz über die Anerkennung von Gütestellen im Sinne des § 794 Abs. 1 Nr. 1 der Zivilprozessordnung und der obligatorischen außergerichtlichen Streitschlichtung in Nordrhein-Westfalen (GüSchlG NRW) vom 9.5.2000	Schönfelder, Ergänzungsband, Deutsche Gesetze Nr. 104d
Saarland	Saarländisches Gesetz Nr. 1464 zur Ausführung des § 15 des Gesetzes betreffend die Einführung der Zivilprozessordnung und zur Änderung von Rechtsvorschriften (LSchlG) vom 21.2.2001	Abl. S. 532; geändert am 7.11.2001, Abl. S. 2158 Schönfelder, Ergänzungsband, Deutsche Gesetze Nr. 104e
Sachsen-Anhalt	Schiedsstellen- und Schlichtungsgesetz (SchStG) des Landes Sachsen-Anhalt vom 25.3.1999	GVBl. LSA S. 96; geändert am 22.6.2001, GVBL. LSA S. 214 Schönfelder, Ergänzungsband, Deutsche Gesetze Nr. 104f
Schleswig-Holstein	Schleswig-Holsteinisches Gesetz zur Ausführung von § 15 des Gesetzes betreffend die Einführung der Zivilprozessordnung (LSchliG) vom 11.12.2001	Schönfelder, Ergänzungsband, Deutsche Gesetze Nr. 104g

Für die konkrete Ausgestaltung der außergerichtlichen Streitbeilegung haben die Landesgesetzgeber in den o.g. Gesetzen jeweils individuelle, länderspezifische Regelungen getroffen, die insbesondere den sachlichen und räumlichen Anwendungsbereich näher konkretisieren. Diese Regelungen – soweit sie vermögensrechtliche Streitigkeiten betreffen – sind in der nachstehenden Tabelle übersichtlich zusammengestellt, wobei auch angegeben ist, seit bzw. ab wann diese Regelungen wieder außer Kraft (ge-)treten (sind):

Bundesland	Streitwert	Räumliche Zuständigkeit	Außer Kraft ab/seit
Baden-Württemberg	bis 750 EUR	nur Parteien in denselben oder in benachbarten Landgerichtsbezirken	
Bayern	bis 750 EUR	nur Parteien in demselben Landgerichtsbezirk, wobei die LG-Bezirke München I und II insoweit als ein LG-Bezirk gelten	1.1.2006
Brandenburg	bis 750 EUR	nur Parteien in demselben Landgerichtsbezirk	1.1.2007
Hessen	bis 750 EUR	nur Parteien in demselben Landgerichtsbezirk	1.1.2006
Nordrhein-Westfalen	bis 600 EUR	nur Parteien in demselben Landgerichtsbezirk	1.1.2008
Saarland	bis 600 EUR	nur wenn beide Parteien im Saarland wohnen	1.7.2007
Sachsen-Anhalt	bis 750 EUR	uneingeschränkt	1.1.2009
Schleswig-Holstein	bis 750 EUR	nur Parteien in demselben Landgerichtsbezirk	1.1.2009

Hinsichtlich der fristwahrenden Wirkung der Zustellung des Mahnbescheids vgl. Kap. B.XI. Mahnbescheid und Widerspruch, S. 184 ff.

2. Überprüfung bzw. Ermittlung der vollständigen und korrekten Daten

Hat man die juristischen Fragen zu „Fälligkeit", „Verzug" und „vorgerichtlicher Streitschlichtung" geklärt, erscheint die Überprüfung bzw. Ermittlung der richtigen Daten nach dem Motto „Wer will was von wem?" beinahe trivial. Dementsprechend agieren leider auch viele Mahnverfahrensteilnehmer. Man nimmt, was man hat, denn jeder weiß ja, was gemeint ist.

Leider reicht dieses manchmal nicht aus. Genau wie im Klageverfahren muss auch im gerichtlichen Mahnverfahren Partei- und Prozessfähigkeit genau geklärt werden. Wer hier ungenau arbeitet, wird nicht nur im Mahn- bzw. dem sich ggf. anschließenden Prozessverfahren, sondern vor allem auch später in der Zwangsvollstreckung Probleme haben, die nicht selten damit enden, dass der erwirkte Titel wertlos und nicht zur Zwangsvollstreckung geeignet ist. Die Zeit, die man also zu Beginn – durch „grobe" Datenermittlung – gespart hat, muss später mühsam nachgearbeitet werden; gewonnen hat man so nichts.

Dabei benötigt man im Mahnverfahren – ob nun zur Partei- oder Forderungsbezeichnung – eigentlich nur „Standarddaten".

Im Rahmen der Parteibezeichnung einer natürlichen Person sind insoweit grundsätzlich folgende Daten unverzichtbar:

▷ Vorname
▷ Familienname
▷ Straße/Hausnummer
▷ Postleitzahl/Ort

▷ bei Minderjährigen oder nicht Prozessfähigen zusätzlich: der oder die gesetzliche/n Vertreter.

Sofern diese Daten nicht schon zur eindeutigen Identifikation einer natürlichen Person ausreichen – z.B. weil zwei Personen mit gleichem Vor- und Familiennamen unter derselben Adresse wohnen –, benötigt man weiter gehende Unterscheidungsmerkmale. Nahe liegend ist, soweit bekannt, die Angabe des Geburtsdatums der gemeinten Person, jedoch wird dies von vielen deutschen Gerichten wegen datenschutzrechtlicher Bedenken nicht zugelassen. Es bleibt nur die Differenzierung durch Zusatzangaben wie z.B.:

▷ Junior/Senior

▷ Vater/Sohn

▷ Mutter/Tochter

▷ die Ältere/der Jüngere etc.

Firmen, Personenhandels-, Kapitalgesellschaften und juristische Personen bezeichnet man mit:

▷ vollständigem kaufmännischen Namen (i.d.R. wie im Handelsregister eingetragen; Ausnahme: eingetragener Kaufmann – vgl. Kap. B.VI.8. Muster, S. 134f.)

▷ Straße/Hausnummer

▷ Postleitzahl/Ort

▷ dem oder den gesetzlichen Vertreter/n.

Sollten trotz dieser Angaben noch Zweifel an der eindeutigen Identität der Partei bestehen, kommt zusätzlich die Angabe der Eintragungsfundstelle in einem der öffentlichen Register (Nummer, Registerart und Eintragungsort) in Betracht, z.B.:

▷ Handelsregister A

▷ Handelsregister B

▷ Genossenschaftsregister

▷ Vereinsregister

▷ Partnerschaftsregister etc.

Stellt man im Rahmen der vorgerichtlichen Ermittlungen fest, dass die Partei – entgegen dem erweckten Anschein – gar nicht in einem dieser öffentlichen Register – sondern etwa lediglich im Gewerberegister – eingetragen ist, tut man gut daran, schon jetzt intensiv die materiellrechtliche Frage nach Berechtigung oder Haftung zu stellen (z.B.: ggf. persönliche Haftung der Gesellschafter einer GbR bzw. OHG). Ansonsten kann es im späteren Verfahren oder Prozess zu bösen und kostenträchtigen Überraschungen kommen.

Neben den korrekten Parteidaten zu Antragsteller und Antragsgegner lassen sich im gerichtlichen Mahnverfahren auch die Forderungsbezeichnungen stark vereinfacht in standardisierter Form angeben, nämlich mit:

▷ Anspruchsgrund

▷ evtl. vorhandenen Zusatzinformationen zur eindeutigen Individualisierung

▷ Datum oder Zeitraum (z.B.: Rechnungs-/Entstehungs- oder Fälligkeitsdatum)
▷ Betrag

Auch wenn die Mahnabteilungen der Amtsgerichte hier häufig sehr großzügig im Rahmen ihrer Prüfungen agieren und schon eine fragmentarische Forderungsbezeichnung mit Anspruchsgrund, Datum und Betrag genügen lassen, sollte man auch hier – trotz der im Mahnverfahren leider nur eingeschränkt zur Verfügung stehenden Eintragungsmöglichkeiten – so viele Informationen wie nur möglich zur Forderung übermitteln.

Wie später im Rahmen des Kapitels Hauptforderung noch dargestellt wird, kann eine ungenaue Forderungsbezeichnung oder auch eine Zusammenfassung mehrerer Ansprüche zu einer Forderungsposition zu immensen Problemen bei der Anspruchsverfolgung führen und diese im Zweifel – trotz Bestehens einer berechtigten Forderung – sogar ganz vereiteln.

Und wem bereits im Vorfeld eines Mahnverfahrens schon Informationen zu später potentiell verwertbarem Vermögen des Antragsgegners vorliegen, der kann bereits im Titulierungsverfahren ggf. zu beachtende Verfahrensbesonderheiten der späteren Vollstreckungsmaßnahmen (z.B. zur Eintragung einer Zwangssicherungshypothek) berücksichtigen.

II. Automatisiertes gerichtliches Mahnverfahren (AuGeMA)

1. Gesetzliche Grundlagen, Zulässigkeit, Zuständigkeiten

In der ZPO nehmen die speziellen Vorschriften zum gerichtlichen Mahnverfahren lediglich einen sehr kleinen Raum ein. Man findet sie im 7. Buch der ZPO, das sind die §§ 688 bis 703d. Und gerade wegen dieses überschaubaren Kreises von Vorschriften sollte die Lektüre des Gesetzestextes vor der Beschäftigung mit diesem Themenbereich Pflicht sein. Wer sich die Mühe macht, einen Blick in die Vorschriften zu werfen, wird leicht feststellen, dass der Gesetzgeber die grundlegenden Regeln meistens in klare, verständliche Worte gefasst hat.

Gem. § 688 Abs. 1 ZPO ist das Mahnverfahren grundsätzlich nur für Zahlungsansprüche in EUR zulässig. Daneben ist die vereinfachte Geltendmachung von Fremdwährungsforderungen allerdings dann möglich, wenn der Mahnbescheid in einem Vertragsstaat, auf den das Anerkennungs- und Vollstreckungsausführungsgesetz (AVAG) vom 19.2.2001 (BGBl. I, S. 288) anwendbar ist, zugestellt wird, § 32 AVAG. Allerdings hat diese Variante durch die Euro-Währungsumstellung an Bedeutung verloren.

Die Geltendmachung von Herausgabeansprüchen und Feststellungsbegehren scheidet im gerichtlichen Mahnverfahren von vornherein aus.

Darüber hinaus regelt § 688 Abs. 2 und 3 ZPO weitere Zulässigkeitsausschlüsse. Hiernach findet das Mahnverfahren nämlich auch nicht statt

- für Ansprüche eines Unternehmers aus einem Vertrag gem. den §§ 491 bis 504 BGB (ehemalig: VerbrKG), wenn der nach §§ 492 und 502 BGB anzugebende effektive oder anfänglich effektive Jahreszins den bei Vertragsabschluss geltenden Basiszinssatz nach § 247 BGB um mehr als 12 Prozentpunkte übersteigt;

- wenn die Geltendmachung des Anspruchs von einer noch nicht erbrachten Gegenleistung abhängig ist (daher: kein Mahnverfahren bei Zug-um-Zug-Leistung möglich!);
- wenn die Zustellung des Mahnbescheids durch öffentliche Bekanntmachung erfolgen müsste (Achtung: Wurde der Mahnbescheid formgültig zugestellt, ist die öffentliche Zustellung des Vollstreckungsbescheids durchaus zulässig!);
- wenn die Zustellung des Mahnbescheids im Ausland erfolgen müsste und das Anerkennungs- und Vollstreckungsausführungsgesetz vom 19.2.2001 (BGBl. I S. 288) dies nicht vorsieht.

Unberührt bleiben insoweit die Regelungen zum „Europäischen Mahnverfahren" (vgl. Kap. B.VIII, S. 155 ff.). Für dessen Durchführung gelten die besonderen Vorschriften der §§ 1087 bis 1096 ZPO.

Welches Gericht für das deutsche Mahnverfahren zuständig ist, ergibt sich grundsätzlich aus §§ 689 bzw. 703d ZPO:

- Gem. § 689 Abs. 1 wird das Mahnverfahren **immer** von den **Amtsgerichten** durchgeführt (sachliche Zuständigkeit), d.h. es gibt kein landgerichtliches Mahnverfahren, selbst wenn die Streitwertgrenze des § 23 Ziffer 1 GVG (= 5 000 Euro) überschritten wird;
- gem. § 689 Abs. 2 Satz 1 und 3 ist grundsätzlich das Amtsgericht **ausschließlich** zuständig, bei dem der Antrag**steller** seinen allgemeinen Gerichtsstand hat (örtliche Zuständigkeit am Sitz-/Wohnsitzgericht), und zwar auch dann, wenn in anderen Vorschriften eine andere ausschließliche Zuständigkeit bestimmt ist);
- gem. § 43 WohEigG ist das Gericht, in dessen Bezirk das Grundstück liegt, ausschließlich zuständig ist für Mahnverfahren, wenn die Gemeinschaft der Wohnungseigentümer Antragstellerin ist;
- gem. § 689 Abs. 2 Satz 2 ZPO ist in dem Ausnahmefall, dass der Antrag**steller** im Inland keinen allgemeinen Gerichtsstand besitzt, das Amtsgericht Wedding (ehemals Schöneberg) in Berlin ausschließlich zuständig;
- gem. § 703d ZPO ist in dem **Ausnahmefall**, dass der Antrags**gegner** im Inland **keinen** allgemeinen Gerichtsstand besitzt, das Amtsgericht zuständig, das für ein streitiges Verfahren zuständig sein würde (= Klagegericht), wenn die Amtsgerichte im ersten Rechtszug sachlich unbeschränkt zuständig wären (vgl. Kap. B.VII. Auslandsverfahren, S. 150 ff.).

⊃ **Hinweis:**

Diese Zuständigkeitsregelungen gelten gem. § 689 Abs. 2, S. 3 ZPO ausnahmslos immer, auch wenn in anderen Vorschriften eine andere ausschließliche Zuständigkeit bestimmt ist. Die Sonderregelung des § 43 WohEigG kann nur wegen der Ausnahmeregelung seines letzten Satzes gelten, wonach § 689 Abs. 2 der Zivilprozessordnung insoweit nicht anzuwenden ist.

Doch längst ist nicht mehr jedes kleine regionale Amtsgericht für die Mahnverfahren seiner Antragsteller zuständig. Gem. § 689 Abs. 3 ZPO wurde den Landesregierungen – zwecks schnellerer und rationellerer Erledigung – eine Zentralisierung der Mahnverfahren mehrerer Bezirke bei einem Amtsgericht – sogar über die Landesgrenzen hinaus – gestattet. Außerdem ist bei den Gerichten gem. § 689 Abs. 1

II. Automatisiertes gerichtliches Mahnverfahren (AuGeMA)

Satz 2 ZPO eine maschinelle Bearbeitung der Mahnverfahren zugelassen worden. Spätestens seit dem 1.1.2009 (Thüringen) haben nun endgültig alle Bundesländer von dieser Automationschance und der Zentralisierungsmöglichkeit im Massenverfahren „Mahnverfahren" Gebrauch gemacht.

Dementsprechend kann die Ermittlung des zuständigen Amtsgerichts für das automatisierte gerichtliche Mahnverfahren, häufig auch „Mahngericht" genannt, einfach anhand der folgenden Übersicht – ohne Gewähr – ermittelt werden.

Zuständigkeitsübersicht im automatisierten gerichtlichen Mahnverfahren (Stand 06/09 – ohne Gewähr; Verfahrensanträge, für die Vordruckzwang besteht, dürfen nicht per Fax übermittelt werden!):

Bundesland	Gericht	Zuständigkeit/Besonderheiten
Baden-Württemberg	Amtsgericht Stuttgart – Zentrales Mahngericht – Hauffstraße 5 70190 Stuttgart Telefon (Auskunft/Hotline): 07 11/9 21-35 67 Telefax: 07 11/9 21-34 00 E-Mail: poststelle@mahngstuttgart.justiz.bwl.de Homepage: www.amtsgericht-stuttgart.de	Landesweit zuständig; Antragsformen: Vordrucke für das maschinelle Verfahren; Online-Mahnantrag (Internet) inkl. Barcodemöglichkeit; elektronischer Datenaustausch; elektronischer Datenaustausch mit EGVP (Internet)
Bayern	Amtsgericht Coburg – Zentrales Mahngericht – Heiligkreuzstraße 22 96450 Coburg Telefon (Zentrale): (0 95 61) 8 78-5 Telefax: (0 95 61) 8 78 66 66 u. 8 78 66 65 E-Mail: poststelle@ag-co.bayern.de Homepage: www.justiz.bayern.de/gericht/ag/co-zema/	Landesweit zuständig; Antragsformen: Vordrucke für das maschinelle Verfahren; Online-Mahnantrag (Internet) inkl. Barcodemöglichkeit; elektronischer Datenaustausch; TAR-WEB (Internet) Ausweitung auf elektronischen Datenaustausch mit EGVP (Internet) – bitte ggf. in Coburg nachfragen! –
Berlin	Amtsgericht Wedding – Zentrales Mahngericht Berlin-Brandenburg – Brunnenplatz 1 13357 Berlin E-Mail: poststelle@aumav.berlin.de Homepage: www.berlin.de/ag-wedding	Landesweit zuständig für Berlin und Brandenburg; Antragsformen: Vordrucke für das maschinelle Verfahren; Online-Mahnantrag (Internet) (demnächst voraussichtl. auch inkl. Barcodemöglichkeit); elektronischer Datenaustausch; elektronischer Datenaustausch mit EGVP (Internet)

B. Automatisiertes gerichtliches Mahnverfahren (AuGeMa)

Bundesland	Gericht	Zuständigkeit/Besonderheiten
Brandenburg	Amtsgericht Wedding – Zentrales Mahngericht Berlin-Brandenburg – Brunnenplatz 1 13357 Berlin E-Mail: poststelle@aumav.berlin.de Homepage: www.berlin.de/ag-wedding	Landesweit zuständig für Berlin und Brandenburg; Antragsformen: Vordrucke für das maschinelle Verfahren; Online-Mahnantrag (Internet) (demnächst voraussichtl. auch inkl. Barcodemöglichkeit); elektronischer Datenaustausch; elektronischer Datenaustausch mit EGVP (Internet)
Bremen	Amtsgericht Bremen – Mahnabteilung – Ostertorstr. 25–31 28195 Bremen Telefon: 0421/361-6115 Telefax: 0421/4964851 E-Mail: agbremenverwaltung@amtsgericht.bremen.de Homepage: www.amtsgericht.bremen.de	Landesweit zuständig; Antragsformen: Vordrucke für das maschinelle Verfahren; Online-Mahnantrag (Internet) inkl. Barcodemöglichkeit; elektronischer Datenaustausch mit EGVP (Internet)
Hamburg	Amtsgericht Hamburg – gemeinsames Mahngericht der Länder Hamburg und Mecklenburg-Vorpommern – Max-Brauer-Allee 89 22765 Hamburg Telefon: (040) 42811-1462 Telefax: (040) 42811-2758 Homepage: www.mahngericht.hamburg.de	Landesweit zuständig für Hamburg und Mecklenburg-Vorpommern; Antragsformen: Vordrucke für das maschinelle Verfahren; Online-Mahnantrag (Internet) inkl. Barcodemöglichkeit; elektronischer Datenaustausch; elektronischer Datenaustausch mit EGVP (Internet)
Hessen	Amtsgericht Hünfeld – Mahnabteilung – Stiftstrasse 6 36088 Hünfeld Telefon (Zentrale): 06652/600-01 Telefax: 06652/600-222 Homepage: www.ag-huenfeld.justiz.hessen.de	Landesweit zuständig; Antragsformen: Vordrucke für das maschinelle Verfahren; Online-Mahnantrag (Internet) (demnächst voraussichtl. auch inkl. Barcodemöglichkeit); elektronischer Datenaustausch; elektronischer Datenaustausch mit EGVP (Internet)
Mecklenburg-Vorpommern	Amtsgericht Hamburg – gemeinsames Mahngericht der Länder Hamburg und Mecklenburg-Vorpommern – Max-Brauer-Allee 89 22765 Hamburg Telefon: (040) 42811-1462 Telefax: (040) 42811-2758 Homepage: www.mahngericht.hamburg.de	– vgl. Hamburg –

II. Automatisiertes gerichtliches Mahnverfahren (AuGeMA)

Bundesland	Gericht	Zuständigkeit/Besonderheiten
Niedersachsen	Amtsgericht Uelzen – Zentrales Mahngericht – Rosenmauer 2 29525 Uelzen Telefon (Zentrale): 05 81 88 51 1 Telefax: 05 81 88 51 25 32 E-Mail: AGUE-PoststelleZema@justiz.niedersachsen.de Homepage: www.amtsgericht-uelzen.niedersachsen.de	Landesweit zuständig; Antragsformen: Elektronischer Datenaustausch; Online-Mahnantrag (Internet) inkl. Barcodemöglichkeit; elektronischer Datenaustausch mit EGVP (Internet)
Nordrhein-Westfalen	Amtsgericht Hagen – ZEMA I – Hagener Str. 145 58099 Hagen Telefon (Zentrale): 0 23 31 9 67–5 Telefax: 0 23 31 9 67–7 00 E-Mail: poststelle.zema@ag-hagen.nrw.de Homepage: www.ag-hagen.nrw.de	Zuständig für die OLG-Bezirke Hamm und Düsseldorf; Antragsformen: Vordrucke für das maschinelle Verfahren; Online-Mahnantrag (Internet) inkl. Barcodemöglichkeit; elektronischer Datenaustausch; elektronischer Datenaustausch mit EGVP (Internet)
	Amtsgericht Euskirchen – ZEMA II – Kölner Str. 40–42 53879 Euskirchen Telefon (Zentrale): 0 22 51 9 51–0 Telefax: 0 22 51 9 51–29 00 E-Mail: poststelle@ag-euskirchen.nrw.de Homepage: www.ag-euskirchen.nrw.de	Zuständig für den OLG-Bezirk Köln; Antragsformen: Vordrucke für das maschinelle Verfahren; Online-Mahnantrag (Internet) inkl. Barcodemöglichkeit; elektronischer Datenaustausch; elektronischer Datenaustausch mit EGVP (Internet)
Rheinland-Pfalz	Amtsgericht Mayen – Zentrale Mahnabteilung – St. Veit-Straße 38 56727 Mayen Telefon (Zentrale): 0 26 51/4 03–0 Telefax: 0 26 51/4 03–1 00 E-Mail: agmy.verwaltung@agmy.jm.rlp.de Homepage: www.agmy.justiz.rlp.de	Landesweit zuständig für Rheinland Pfalz und Saarland; Antragsformen: Vordrucke für das maschinelle Verfahren; elektronischer Datenaustausch; Datenfernübertragung (Internet); elektronischer Datenaustausch mit EGVP (Internet)
Saarland	Amtsgericht Mayen – Zentrale Mahnabteilung – St. Veit-Straße 38 56727 Mayen Telefon (Zentrale): 0 26 51/4 03–0 Telefax: 0 26 51/4 03–1 00 E-Mail: agmy.verwaltung@agmy.jm.rlp.de Homepage: www.agmy.justiz.rlp.de	– siehe Rheinland-Pfalz –

B. Automatisiertes gerichtliches Mahnverfahren (AuGeMa)

Bundesland	Gericht	Zuständigkeit/Besonderheiten
Sachsen	Amtsgericht Aschersleben Gemeinsames Mahngericht der Länder Sachsen-Anhalt, Sachsen und Thüringen Lehrter Str. 15 39418 Staßfurt Telefon: 03925/876–0 Telefax: 03925/876–252	– siehe Sachsen-Anhalt –
Sachsen-Anhalt	Amtsgericht Aschersleben Gemeinsames Mahngericht der Länder Sachsen-Anhalt, Sachsen und Thüringen Lehrter Str. 15 39418 Staßfurt Telefon: 03925/876–0 Telefax: 03925/876–252	Landesweit zuständig für Sachsen-Anhalt, Sachsen und Thüringen; Antragsformen: Vordrucke für das maschinelle Verfahren; Online-Mahnantrag (Internet) inkl. Barcodemöglichkeit; elektronischer Datenaustausch; elektronischer Datenaustausch mit EGVP (Internet)
Schleswig-Holstein	Amtsgericht Schleswig – Zentrales Mahngericht – Lollfuß 78 24837 Schleswig E-Mail: verwaltung@ag-schleswig.landsh.de Homepage: www.mahngericht.schleswig-holstein.de	Landesweit zuständig; Antragsformen: Vordrucke für das maschinelle Verfahren; Online-Mahnantrag (Internet) (demnächst voraussichtlich auch inkl. Barcodemöglichkeit); elektronischer Datenaustausch; elektronischer Datenaustausch mit EGVP (Internet)
Thüringen	Amtsgericht Aschersleben Gemeinsames Mahngericht der Länder Sachsen-Anhalt, Sachsen und Thüringen Lehrter Str. 15 39418 Staßfurt Telefon: 03925/876–0 Telefax: 03925/876–252	– siehe Sachsen-Anhalt –

Zur besseren Übersicht erfolgt nachstehend auch noch eine graphische Darstellung. In der Karte sind alle am automatisierten gerichtlichen Mahnverfahren teilnehmenden Bundesländer und die jeweiligen Zentralen Mahngerichte markiert:

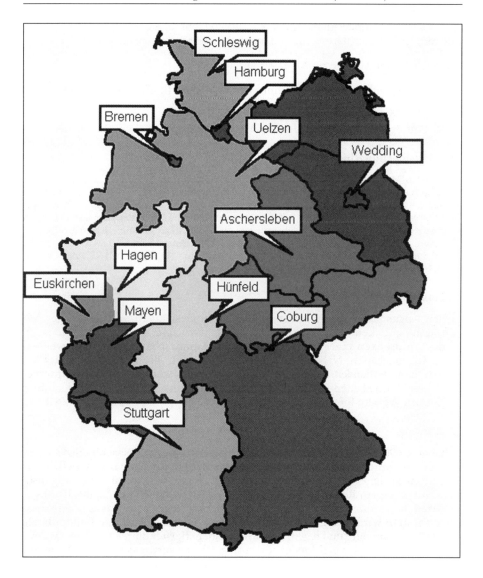

2. Antragstellung, Antragsvordrucke

Bereits aus § 688 Abs. 1 ZPO ergibt sich, dass ein Mahnbescheid nur auf Antrag des Antragstellers hin erlassen wird.

Gem. § 703c ZPO ist der Bundesjustizminister ermächtigt,

- zur Vereinfachung des Mahnverfahrens und
- zum Schutze der in Anspruch genommenen Partei

Vordrucke einzuführen.

Hiervon hat der Bundesjustizminister reichlich Gebrauch gemacht und für nahezu jede gängige Parteierklärung im Verfahren einen entsprechenden Vordruck erstellt.

Die **wichtigsten Anträge** im Mahnverfahren sind

▷ der Antrag auf Erlass eines Mahnbescheids – aktuelle Fassung: 1.1.2009 –

▷ der Antrag auf Erlass eines Vollstreckungsbescheids

▷ die Anträge auf Neuzustellung des Mahn- bzw. Vollstreckungsbescheids.

⊃ **Rechtsprechungshinweis:**

„Zu den Mängeln, die die Unzulässigkeit des Mahnantrags begründen und die im Prüfungsverfahren behoben werden können, gehört gem. § 691 Abs. 1 Nr. 1 ZPO auch ein Verstoß gegen die in § 703c Abs. 2 ZPO geregelte Verpflichtung, die vorgeschriebenen Vordrucke i.S. des § 703c Abs. 1 ZPO zu verwenden. (...) Wird dem Antragsteller durch eine Zwischenverfügung des Rechtspflegers die Möglichkeit eröffnet, den Mangel zu beheben, treten die Rechtsfolgen des § 693 Abs. 2 ZPO (Anm.: jetzt § 691 Abs. 2 ZPO) unabhängig von dem Gewicht des behobenen Mangels ein." (BGH, Urt. v. 16.9.1999 – VII ZR 307/98, NJW 1999, 3717)

⊃ **Praxishinweis:**

Seit August 2006 wurde in verschiedenen Bundesländern im Rahmen der Antragsmöglichkeit über das Internetportal *www.online-mahnantrag.de* auch das Ausdrucken eines speziellen Barcode-Mahnbescheidsantrags auf weißem Papier zugelassen. Neben dem Einsparungseffekt in Bezug auf den sonst käuflich zu erwerbenden amtlichen Antragsvordruck, werden hier die im Internet online eingegebenen Antragsdaten auch sofort hinsichtlich ihrer Plausibilität geprüft. Weitere Informationen hierzu finden Sie im Kap. B.III.5.b), S. 38 ff.

⊃ **Hinweis**

Gem. § 690 Abs. 3 ZPO kann der Antrag auch in einer nur maschinelle lesbaren Form übermittelt werden, wenn diese dem Gericht für seine maschinelle Bearbeitung geeignet erscheint. Seit dem 1.12.2008 gilt, dass wenn der Antrag insoweit von einem Rechtsanwalt oder einer registrierten Person nach § 10 Abs. 1 Satz 1 Nr. 1 des Rechtsdienstleistungsgesetzes (registrierte Inkassodienstleister) gestellt wird, nur diese maschinell lesbare Form der Antragstellung zulässig ist. Rechtsanwälte und registrierte Inkassodienstleister dürfen seitdem das amtliche Formular also nicht mehr zur Antragstellung verwenden; ihnen bleibt nur, den Antrag als Barcode-Ausdruck, mit einer Fachsoftware elektronisch per Diskette oder online über das elektronische Gerichts- und Verwaltungspostfach (EGVP) zu stellen (vgl. Kap. B.III.5, S. 36 ff.).

Ganz gleich, in welcher Form die Antragstellung erfolgt, der Antragsinhalt ergibt sich beim Antrag auf Erlass des Mahnbescheids aus § 690 ZPO. Hiernach muss der Antrag auf den Erlass eines Mahnbescheids gerichtet sein und folgende Angaben zwingend enthalten:

▷ die Bezeichnung der Parteien, ihrer gesetzlichen Vertreter und der Prozessbevollmächtigten;

▷ die Bezeichnung des Gerichts, bei dem der Antrag gestellt wird;

II. Automatisiertes gerichtliches Mahnverfahren (AuGeMA)

▷ die Bezeichnung des Anspruchs unter bestimmter Angabe der verlangten Leistung;

▷ Haupt- und Nebenforderungen sind gesondert und einzeln zu bezeichnen;

▷ Ansprüche aus Verträgen gem. den §§ 491 bis 504 BGB auch unter Angabe des Datums des Vertragsschlusses und

▷ des nach den §§ 492, 502 BGB anzugebenden effektiven oder anfänglich effektiven Jahreszinses, wenn es sich um Ansprüche aus Verträgen gem. den §§ 491 bis 504 des Bürgerlichen Gesetzbuchs handelt;

▷ die Erklärung, dass der Anspruch nicht von einer Gegenleistung abhängig oder dass die Gegenleistung erbracht ist;

▷ die Bezeichnung des Gerichts, das für ein streitiges Verfahren zuständig ist;

▷ die handschriftliche Unterzeichnung (nicht erforderlich, wenn in anderer Weise sichergestellt ist, dass der Antrag nicht ohne den Willen des Antragstellers übermittelt wird, § 690 Abs. 3, 2. Hs. ZPO).

Der notwendige Inhalt des Antrags auf Erlass eines Vollstreckungsbescheids ist in § 699 ZPO geregelt. Hiernach sind lediglich

– die Erklärung, ob und welche Zahlungen auf den Mahnbescheid geleistet worden sind,

– und natürlich die handschriftliche Unterzeichnung (wenn in anderer Weise sichergestellt ist, dass der Antrag nicht ohne den Willen des Antragstellers übermittelt wird, § 690 Abs. 3, 2. Hs. ZPO)

als zwingender Inhalt vorgeschrieben.

Da der Antrag jedoch erst nach „Ablauf der Widerspruchsfrist" (vgl. Kap. B.XI. Mahnbescheid und Widerspruch, S. 184 ff. sowie Kap. B.XIV. Vollstreckungsbescheid und Einspruch, S. 200 ff.) gestellt werden darf, wird regelmäßig auch die Datierung des Antrags – zur Fristenüberprüfung – gefordert.

Außerdem können jedoch zwei weitere Erklärungen Bestandteil des Antrags auf Erlass eines Vollstreckungsbescheids sein, nämlich

– der Antrag auf Verzinsung der Kosten mit 5 Prozentpunkten über dem Basiszinssatz, gem. § 104 Abs. 1 Satz 2 ZPO und

– der Antrag auf Parteizustellung des Vollstreckungsbescheids gem. § 699 Abs. 4 ZPO, soweit diese – abweichend vom Regelfall der Amtszustellung – gewünscht wird.

Nähere Erläuterungen siehe hierzu im Kap. B.XIV. Vollstreckungsbescheid und Einspruch, S. 200 ff.

Aber auch für

– den Antrag auf Neuzustellung des Mahnbescheids,

– den Antrag auf Neuzustellung eines Vollstreckungsbescheids

wurde ein entsprechender Vordruck eingeführt, der dann gem. § 703c Abs. 2 ZPO von den Parteien auch zwingend zu verwenden ist, soweit nicht die elektronische Antragsform genutzt wird.

Außerdem existiert auch für

– die Erklärung des Widerspruchs

ein entsprechender Erklärungsvordruck. Die Benutzung dieses Vordrucks ist jedoch nicht zwingend (§ 692 Abs. 1 Ziff. 5 ZPO), damit die Rechtsverfolgung des Antragsgegners nicht in den Fällen unangemessen erschwert ist, in denen der dem Mahnbescheid beigefügte Vordruck nicht mehr greifbar ist und ein Ersatzvordruck nicht rechtzeitig beschafft werden kann, vgl. Begründung A.3.8 zur Vordruckverordnung vom 14.4.1978 (BR-Drucks. 186/78 v. 17.4.1978).

Gleichwohl empfiehlt sich auch hierbei zumeist den vorliegenden Widerspruchsvordruck auch für die Widerspruchserklärung zu benutzen, da dies zu einer – zumeist erforderlichen – Beschleunigung der Bearbeitung beim Mahngericht führt. Nähere Erläuterungen zum Widerspruchsvordruck siehe Kap. B.XI. Mahnbescheid und Widerspruch, S. 180ff.

⊃ Praxishinweis:
Für die Erhebung des Einspruchs gegen einen Vollstreckungsbescheid existiert kein Vordruck!

3. Maschineller Verfahrensablauf und elektronische Aktenführung

Hintergrund für diese sehr strengen Formvorgaben ist der automatisierte und streng formalisierte rationale Verfahrensablauf im automatisierten gerichtlichen Mahnverfahren.

Die Zeitschrift „Der Spiegel" hat dieses Verfahren in der Ausgabe 36/1996 vom 2.9.1996 in einem Artikel mit der Überschrift „Rechtlos im Rechtsstaat" in folgenden kurzen, knappen Worten gewürdigt:

„Fast ohne Menschenhand erstellt ein Automat am Amtsgericht Stuttgart die Mahnbescheide zentral für Baden-Württemberg. Die Maschine zieht die Antragsformulare ein, scannt die Daten ins System und tütet die Bescheide ein. 250 Anträge auf Vollstreckung überwacht ein kontrollierender Sachbearbeiter am Tag, jedes Jahr laufen insgesamt eine Million Mahnbescheide über das System. Andere Bundesländer haben das Automaten-Verfahren übernommen, doch eben nur manche."

Was 1996 noch scheinbar revolutionär „in den Kinderschuhen" steckte und längst noch nicht so reibungslos – wie oben beschrieben – ablief, ist heute etabliert und inzwischen auch bundesweit, wirtschaftlich und effektiv im Echteinsatz (Zuständigkeiten s.o. S. 11ff.).

Der Grad der Verfahrensautomation ist im Gegensatz zu den 1996 beschriebenen Zuständen sogar noch weiter ausgebaut worden. Die Antragsdaten werden mittels Hochleistungsscannern aus den Papieranträgen gescannt und mit moderner Zeichenerkennung in elektronische Daten zur Weiterbearbeitung umgesetzt. Die weitaus überwiegende Zahl der Anträge (zum Teil über 90 %) gehen bei den zentralen Mahngerichten sogar schon elektronisch, d.h. per Diskette oder sogar online ein (vgl. Kap. B.III.5., S. 36ff.).

⊃ **Praxishinweis:**

Je sorgfältiger die Antragsvordrucke ausgefüllt und je sauberer Barcode-Mahnbescheidsanträge ausgedruckt sind, umso schneller, fehlerfreier und reibungsloser geht die hochmoderne Datenerfassung vonstatten. Weitestgehend problemlos funktioniert die Zeichenerkennung bei echter Maschinenschrift – keine Proportionalschrift – mit normalem Ausdruck (kein Fett- oder Spardruck) in den Schriftgrößen 10 bis 12 Punkt. Hierfür existieren auf dem Softwaremarkt einige Druckprogramme, die Ihnen die Arbeit erleichtern können. Einfacher und problemloser wird die Antragstellung, wenn man den Mahnbescheidsantrag in der Form des Barcode-Ausdrucks wählt. Voraussetzung hierfür ist eigentlich nur ein Internetzugang, ein Drucker, weißes Papier und ein sauberer Ausdruck, vgl. Kap. III.5.b) S. 38 ff.

Handschriftliche Eintragungen in den amtlichen Vordruck sollten – wenn überhaupt – in Handblockschrift gemacht werden; Stiftfarben in den Hintergrundfarben (grün, blau, rot etc.) sollten möglichst ganz vermieden werden. Problemlos können vor allem Eintragungen mit schwarzer Stiftfarbe verarbeitet werden.

Das ganze Verfahren wird – nicht zuletzt aus Kostengründen – von möglichst wenig, aber spezialisiertem und qualifiziertem Personal betreut. Die Mahnabteilungen der betreffenden Amtsgerichte sind dabei beinahe schon eigenständige Behörden mit teilweise eigenen Gebäuden und Verwaltungsstrukturen. Nicht nur umgangssprachlich, sondern auch in behördlichen Verordnungen taucht deshalb auch immer wieder die Bezeichnung „Mahngericht" auf, die in der gesetzlichen Gerichtsorganisation jedoch eigentlich keine Rechtfertigung findet.

Neben den typischen Gerichtsmitarbeitern (Gerichtswachtmeister, Geschäftsstellenverwalter, Kanzleikräfte und Rechtspfleger) sind bei den Mahngerichten allerdings auch noch eine relativ große Zahl von Datentypistinnen und einige wenige IT-Fachleute beschäftigt.

Insgesamt gehen bei vielen Mahngerichten nur noch rund 10 % der Anträge und Erklärungen der Antragsteller auf den amtlichen Vordrucken ein. Elektronischer Datenträgeraustausch mit Disketten oder über das EGVP und der Online-Mahnantrag mit seinen Möglichkeiten der Antragsübermittlung über das EGVP bzw. den Barcodeausdruck haben inzwischen einen Anteil von bis zu 90 % am Antragseingang.

Zahlreiche Softwareunternehmen unterstützen inzwischen in speziellen Produkten oder als Modul einer Bürosoftware den elektronischen Datenaustausch, so dass nicht nur Anträge nahezu beleglos an das Mahngericht übermittelt werden können, sondern auch das Mahngericht seine Verfahrensnachrichten elektronisch versendet, siehe Kap. B.III.5. Elektronischer Datenaustausch, S. 36 ff.

Und nicht nur die Kommunikation zwischen Antragsteller und Gericht funktioniert weitestgehend beleglos, auch die Verfahrensbearbeitung innerhalb des Gerichts ist auf ein Minimum von Papierbelegen und Akten beschränkt. In der überwiegenden Zahl der Verfahren erfolgt die Sachbearbeitung im Mahnverfahren beleg- und aktenlos, elektronisch mit Hilfe von leistungsstarken Großrechner-Computerprogrammen.

Diese Programme prüfen nicht nur die Vollständigkeit und Richtigkeit der Antragsdaten bis ins Detail, sondern diese Programme entscheiden auch – fast eigenständig –, ob die Anträge fehlerfrei sind und der Mahn- oder Vollstreckungsbescheid erlassen werden kann oder ob fehlende oder unrichtige Angaben zu rein computergesteuerten Beanstandungsschreiben führen, die dann über große automatische Poststraßen ausgedruckt, kuvertiert und versandfertig gemacht werden.

Lagen dem Verfahren zu Beginn Antragsvordrucke oder Dateien der Antragsteller zugrunde, werden diese „Datenträger" (Papier oder Disketten) – nach elektronischer gerichtlicher Speicherung – binnen kürzester Fristen entsorgt.

⊃ **Praxis- und Rechtsprechungshinweis:**
Übersenden Sie im Regelfall mit dem Mahnbescheidsantrag keine Original-Unterlagen (wie z.B. Rechnungen, Verträge, Rückschecks etc.) an das Gericht, da diese nicht benötigt werden und in den hier eingehenden „Papiermassen" verloren gehen könnten bzw. mit den Antragsvordrucken – nach der Datenerfassung – vernichtet werden! Auch wenn der BGH in seinem Urteil vom 10.7.2008 (IX ZR 160/07) feststellt, dass „nur dann, wenn ein solches Schriftstück dem Schuldner bereits bekannt ist, es dem Mahnbescheid nicht in Abschrift beigefügt zu werden braucht", ist nicht davon auszugehen, dass der BGH hier das standardmäßige Beifügen von Rechnungen u.a. zur Regel machen wollte. Vgl. auch Kap. B.IV.3.a), S. 93 ff.

III. Allgemeine Ausfülltipps und -tricks

Obwohl die notwendigen Angaben im gerichtlichen Mahnverfahren vom Gesetzgeber sehr genau vorgegeben sind und durch die strenge Vordruckgestaltung und die präzise Vorgabe der notwendigen Antragsinformationen in den Konditionen für den elektronischen Datenaustausch eine gute Abfrage der geforderten Informationen gewährleistet ist, ist die Dateneingabe beim Mahnbescheidsantrag doch die größte und fehlerträchtigste Hürde auf dem Weg zum „einfachen" Vollstreckungstitel.

Häufig scheitern gerade die „Profis" daran, dass sie die Antragangaben zwar nach bestem Wissen machen, hierbei jedoch den besonderen Ausfüllregeln und Besonderheiten der automatisierten Verfahrensbearbeitung keine Beachtung schenken.

Leider ist hier strenge Disziplin und ein gewisses Maß an Insiderwissen – auch hinsichtlich der besonderen maschinellen Verfahrensabläufe – gefragt, um den gerichtlichen Beanstandungen (so genannte „Monierungen") zu entgehen.

1. Datenerfassung der amtlichen Formulare beim Gericht (Scanning)

Um die Antragsfluten im gerichtlichen Mahnverfahren in möglichst kurzer Zeit bewältigen zu können, verwenden inzwischen alle zentralen Mahngerichte, im Rahmen der Datenerfassung, ein hochmodernes Scanning-System. Mit Hilfe von Hochleistungsscannern werden die diversen Antragsvordrucke hierbei gescannt und die in den Vordrucken enthaltenen Informationen danach mit einer speziellen Zeichenerkennungssoftware herausgefiltert. Natürlich hängt der hierfür erforderliche Aufwand und damit auch die Erledigungszeit ganz von der Ausfüllqualität in den Belegen ab.

Bei den Papierformularen beginnt es schon bei so scheinbar banalen Fragen wie der Schrift. Trägt der Antragsteller seine Antragsdaten z.B. handschriftlich in den Antragsvordruck ein und verwendet er hierfür z.B. beim grünen Mahnbescheidsantrag einen grünen oder beim Vollstreckungsbescheidsantrag einen blauen Stift, so ist Ärger fast schon vorprogrammiert.

Die Hintergrundfarben der gerichtlichen Vordrucke sind nämlich so genannte Blindfarben, die im Rahmen der automatisierten Datenerfassung (Scanning und Zeichenerkennung) herausgefiltert werden. Je ähnlicher die Hintergrundfarbe also der Stiftfarbe ist, desto größer ist die Gefahr von Erfassungsfehlern, längeren Bearbeitungszeiten oder sogar des Datenverlusts.

Auch wenn die meisten Hintergrundfarben der Vordrucke bewusst so gewählt wurden, dass sie weit entfernt sind von den gängigen Stiftfarben (schwarz und blau), kommt es doch immer wieder vor, dass trotzdem ähnliche Farbstifte verwendet werden, was beim Mahngericht zu nicht unerheblichem Nachbearbeitungsaufwand zur Sicherstellung der korrekten Datenübernahme führt.

Zum Glück kommt die Verwendung eines farbigen Stifts beim Ausfüllen der gerichtlichen Vordrucke aber gar nicht so oft vor. Was jedoch relativ oft vorkommt, ist der Ausdruck der persönlichen Individualität im Unterschriftenfeld durch Verwendung eines farbigen Stifts bei der Unterschrift. Aber auch hier ist Vorsicht geboten, ist doch z.B. die mit einem grünen Stift geleistete Unterschrift unter dem grünfarbigen Mahnbescheidsantrag, nach dem Scannen, für das Gericht nicht mehr erkennbar. So könnte es also vorkommen, dass das Mahngericht – wenn auch zu Unrecht – beanstandet, der Antrag sei nicht unterschrieben.

Noch problematischer stellt sich das Farbproblem im Rahmen des Vollstreckungsbescheidsantrags dar, da dieser einen blauen Hintergrund besitzt. Hier gibt es ein echtes Kontrastproblem zwischen der blauen Hintergrund- und blauen Stiftfarbe.

⊃ **Praxishinweis:**

Wer hier allen Problemen aus dem Weg gehen will, muss beim handschriftlichen Ausfüllen unbedingt zu einem schwarzen Stift greifen!

Aber auch wer die Anträge maschinenschriftlich ausfüllt, sollte hierbei einige Richtlinien beachten, die dem Mahngericht die Bearbeitung erleichtern und damit für eine beschleunigte und fehlerfreie Bearbeitung sorgen.

Zunächst gilt es einige **Grundregeln** zu beachten:

▷ Eintragungen müssen sich in den dafür vorgesehenen weiß unterlegten Feldern befinden.
▷ Jede Zeile darf nur einzeilig beschrieben werden.
▷ Es sollte mindestens der Schriftgrad 10 Punkt verwendet werden (besser größer, z.B. 12).
▷ Verwenden Sie nicht den Eco-Modus Ihres Druckers, sondern sorgen Sie für ein klares kräftiges Druckbild (aber Vorsicht bei Fettdruck – Schriftbild kann „verschwimmen").
▷ Sofern in Ihrem Büro noch ein Nadeldrucker im Einsatz ist, genehmigen Sie ihm doch bitte auch einmal ein neues Farbband.

Hinsichtlich der verwendeten Schriftart sollten keine Proportionalschriften (z.B. Arial) verwendet werden, die jedem einzelnen Zeichen nur den Raum gewähren, den es maximal benötigt. Besser sind insoweit nichtproportionale Schriftarten wie z.B. Courier, denn hier wird jedem Zeichen ein gleicher Raum zur Verfügung gestellt.

⊃ **Praxishinweis:**

Den dargestellten Ausfüllproblemen kann man heute hinsichtlich des Antrags auf Erlass eines Mahnbescheides entgehen, indem man sich für den Online-Mahnantrag enscheidet. Hierbei handelt es sich um das Mahnportal der Justiz, in dem man die Daten des Mahnantrags online eingeben und am Ende als Barcodeantrag auf weißem Papier ausdrucken oder sogar online versenden kann. Vgl. Kap. B.III.5.b), S. 38 ff.

2. Das gerichtliche Aktenzeichen

Im Rahmen der Verfahrensbearbeitung macht man sehr schnell Bekanntschaft mit dem ungewöhnlichen, regelmäßig rein aus Ziffern und Strichen bestehenden gerichtlichen Aktenzeichen. Dieses wird von den Mahngerichten dann auch treffend als „Geschäftsnummer" bezeichnet.

Auch wenn diese Nummer natürlich ausschließlich von den Mahngerichten selbst vergeben wird, ist es sinnvoll, den Aufbau dieser Geschäftsnummer zu kennen, da hieraus so manche zusätzliche Information gewonnen werden kann.

Eine typische Geschäftsnummer eines zentralen Mahngerichts gliedert sich in die nachstehend erläuterten Einzelbereiche a, b, c, d und e und sähe zum Beispiel wie folgt aus:

	09	–	1923456	–	0	–	9	–	N
Bereiche	a		b		c		d		e

Im Bereich „a" findet man die zweistellige Jahreszahl, die im Regelfall für das Jahr des Antragseingangs beim Mahngericht steht. Wer also seinen Mahnbescheidsantrag zum Jahreswechsel absendet, kann später in der Regel an den ersten beiden Stellen der Geschäftsnummer ablesen, ob der Antragseingang beim Gericht noch im alten oder schon im neuen Jahr verbucht wurde. Genauso kann der Antragsgegner hier u.U. erkennen, ob der Antrag noch vor Verjährungseintritt bei Gericht einging. **Aber Vorsicht:** Die grundsätzliche Regel der Dokumentation des Eingangsjahres wird von den Mahngerichten in Einzelfällen aus besonderen praxisrelevanten Notwendigkeiten bei der Verfahrensbearbeitung durchbrochen, so dass es auch vorkommen kann, dass einzelne Verfahren schon das neue Jahresdatum dokumentieren, jedoch gleichwohl noch im alten Jahr beim Gericht eingegangen sind. Ähnlich problematisch ist es teilweise bei „per Fax" oder sonstwie in unzulässiger Form vorab übermittelten Anträgen, bei denen der erste Antrag im alten, das fehlerfreie Original aber erst im neuen Jahr eingeht

◯ **Rechtsprechungshinweis:**

Zur Frage, der Wirkungen eines Mahnbescheidsantrags auf ungültigem Formular hat der BGH in seinem Urteil vom 16.9.1999 (VII ZR 307/98, MDR 1999, 1460) wie folgt entschieden:

„a) Wird ein Mahnbescheid nach der Berichtigung des Antrags erlassen, wirkt seine Zustellung auf den Zeitpunkt zurück, wenn sie im Sinne des § 693 Abs. 2 ZPO ‚demnächst' erfolgt. (Hinweis: Es handelt sich um den § 693 ZPO alter Fassung; eine entspr. Regelung ist heute in den §§ 240 Abs. 1, Satz 3 BGB i.V.m. § 167 ZPO enthalten.)

b) Wird dem Antragsteller durch eine Zwischenverfügung des Rechtspflegers die Möglichkeit eröffnet, den Mangel seines Antrags zu beheben, treten die Rechtsfolgen des § 693 Abs. 2 ZPO unabhängig von dem Gewicht des behobenen Mangels ein.

c) Ein behebbarer Mangel des Mahnantrags liegt auch dann vor, wenn der Antragsteller für den ursprünglichen Antrag unzulässige Formulare verwendet hat."

In der Begründung wird danach noch ausdrücklich festgestellt:

„Zu den Mängeln, die die Unzulässigkeit des Mahnantrags begründen und die im Prüfungsverfahren behoben werden können, gehört gemäß § 691 Abs. 1 Nr. 1 ZPO auch ein Verstoß gegen die in § 703c Abs. 2 ZPO geregelte Verpflichtung, die vorgeschriebenen Vordrucke i.S.d. § 703c Abs. 1 ZPO zu verwenden. ... Wird der berichtigte Mahnbescheid erlassen, dann kann die Unterbrechung der Verjährung nach § 693 Abs. 2 ZPO auch dann eintreten, wenn der Antrag im Zeitpunkt unzulässig war, als er bei Gericht eingereicht worden ist (st. Rspr.: Urteil vom 24. Januar 1983 – VII ZR 178/81, BGHZ 86, 313, 323f; Urteil vom 29. September 1983 – VII ZR 31/83, NJW 1984, 242=BauR 1994, 89; Urteil vom 27. Mai 1999 - VII ZR 24/98, zur Veröffentlichung bestimmt, in Juris dokumentiert). Wird dem Antragsteller durch eine Zwischenverfügung des Rechtspflegers die Möglichkeit eröffnet, den Mangel zu beheben, treten die Rechtsfolgen des § 693 Abs. 2 ZPO unabhängig von dem Gewicht des behobenen Mangels ein. ... Die Rückbeziehung der die Verjährung unterbrechenden Wirkung der Zustellung des geheilten Mahnantrags auf den Zeitpunkt, zu dem der fehlerhafte Antrag gestellt worden ist, setzt voraus, dass der Mahnbescheid demnächst zugestellt wird (§ 693 Abs. 2 ZPO)."

Auch wenn der BGH sich hier nicht ausdrücklich mit dem Problem „Fax" beschäftigt, dürfte weitestgehend unstreitig sein, dass auch ein gefaxter Mahnbescheidsantrag als unzulässiger Antrag zu werten ist. Dementsprechend wird die vorstehend zitierte BGH-Rechtsprechung von einigen Mahngerichten auch schon unmittelbar auf gefaxte Mahnbescheidsanträge entsprechend angewandt.

◯ **Praxishinweis:**

Die vorstehend zitierte Rechtsprechung ist nicht zwangsläufig auch auf „nicht maschinell lesbar" gestellte Anträge (z.B. fehlerhaft gedruckter Barcodeantrag) eines Rechtsanwalts anwendbar, da es sich insoweit nicht um einen Mangel nach § 703c Abs. 2 ZPO, sondern um einen Mangel nach § 690 Abs. 3 ZPO handelt. In beiden Fällen hat der Gesetzgeber allerdings im § 691 Abs. 2 ZPO die Rechtsfolge vorgesehen, dass für den Fall des Zurückweisung die Wirkung einer Fristwahrung oder Verjährungsunterbrechung oder -hemmung mit der Einreichung oder Anbringung des Mahnbescheidsantrags eintritt, wenn „innerhalb eines Monats seit der Zustellung der Zurückweisung des Antrags Klage eingereicht" wird und die Zustellung der Klage dann demnächst erfolgt.

Im Bereich „b" befindet sich die eigentliche Geschäftsnummer, die fortlaufend für die Anträge, die bei einem Mahngericht eingehen, hochgezählt wird. Jede Geschäftsnummer beginnt mit einer ein- bis zweistelligen Länderkennung, d.h., dass jede Geschäftsnummer eines Mahngerichts in der Bundesrepublik nur einmal vorkommt und der Nummernkreis einem Mahngericht eindeutig zugeordnet werden kann. Außerdem kann man aus der Länderkennung am Anfang auch ablesen, in welcher Form (Antragsvordruck oder elektronische Antragstellung) der Mahnbescheidsantrag beim Mahngericht gestellt wurde. Die Zuordnung der verschiedenen Nummernkreise ergibt sich für das Jahr 2009 bundesweit aus folgender Tabelle (Stand 1.5.2009 – ohne Gewähr –):

Bundesland	Belegantäge von [...] bis	elektronische Anträge von [...] bis
Baden-Württemberg (AG Stuttgart)	0.000.001 – 0.249.999	9.100.000 – 9.749.999
Bremen	0.250.000 – 0.299.999	7.350.000 – 7.399.999
Niedersachsen (AG Uelzen)	0.300.000 – 0.499.999	8.600.000 – 9.099.999
Hamburg/Mecklenburg-Vorpommern (AG Hamburg)	0.500.000 – 0.599.999	4.400.000 – 5.099.999
Nordrhein-Westfalen (AG Euskirchen)	0.600.000 – 0.749.999	5.100.000 – 6.199.999
Rheinland-Pfalz/Saarland (AG Mayen)	0.750.000 – 0.899.999	6.900.000 – 7.349.999
Schleswig-Holstein (AG Schleswig)	0.900.000 – 0.999.999	9.750.000 – 9.999.999
Berlin/Brandenburg (AG Wedding)	1.000.000 – 1.149.999	2.200.000 – 2.699.999
Nordrhein-Westfalen (AG Hagen)	1.150.000 – 1.499.999	3.000.000 – 4.399.999
Bayern (AG Coburg)	1.500.000 – 1.849.999	7.400.000 – 8.599.999
Sachsen-Anhalt/Sachsen/Thüringen (AG Aschersleben)	1.850.000 – 1.999.999	2.700.000 – 2.999.999
Hessen (AG Hünfeld)	2.000.000 – 2.199.999	6.200.000 – 6.899.999

⊃ **Praxishinweis:**

Die Zuweisung der entsprechenden Geschäftsnummern an die Mahngerichte kann sich jährlich ändern. In früheren Jahren galten andere Verteilungen.

Im Bereich „c" der Geschäftsnummer findet man eine besonders wichtige Information, denn bei der hier dokumentierten Ziffer handelt es sich um einen Zähler, der – soweit sich das Mahnverfahren gegen mehrere Antragsgegner richtet – angibt, welcher Antragsgegner hier konkret gemeint ist. Solange sich das Mahnverfahren nur gegen einen einzigen Antragsgegner richtet, lautet die Ziffer im Bereich „c" immer „0".

Hierzu das folgende Beispiel:

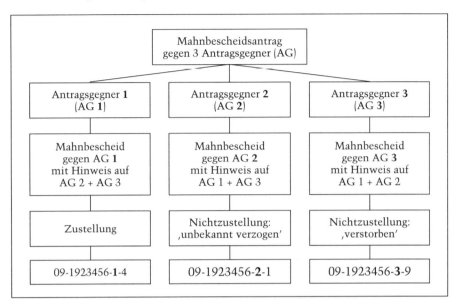

Richtet sich die Forderung eines Mahnverfahrens also etwa gegen drei Antragsgegner (AG1, AG2 und AG3), so wird vom Antragsteller oder seinem Prozessbevollmächtigten unabhängig vom Haftungsverhältnis der Gegner (z.B. nach Bruchteilen oder als Gesamtschuldner), nur ein einziger Antrag gestellt, in dem aber sämtliche Antragsgegner genannt werden – beim Formular ggf. mit Hilfe eines Ergänzungsblattes (siehe Kap. B.III.4. Maximalangaben und Ergänzungsblatt, S. 34 ff.).

Das Mahngericht erlässt nun aber drei getrennte Mahnbescheide, und zwar gegen jeden einzelnen der drei Antragsgegner mit einem Verweis auf die entsprechende Haftung auch der beiden anderen Antragsgegner.

Nachdem die Mahnbescheide erlassen sind, erfolgt deren Zustellung, und nun können sich die Verfahren völlig unterschiedlich entwickeln:

- das Verfahren gegen AG 1 wird z.B. zugestellt,
- das Verfahren gegen AG 2 wird z.B. nicht zugestellt, weil er umgezogen ist (neue Adresse nicht bekannt),
- das Verfahren gegen AG 3 wird z.B. nicht zugestellt, weil er verstorben ist.

Der Antragsteller bzw. sein Prozessbevollmächtigter bekommt jetzt also – obwohl nur ein einziger einheitlicher Mahnbescheidsantrag gestellt wurde –, drei Verfahrensnachrichten vom Mahngericht und die Zuordnung, welche Nachricht sich auf welchen Antragsgegner bezieht, ergibt sich nicht immer nur aus einem „Betreff", sondern z.T. allein aus dem Bereich „c" der Geschäftsnummer.

Das Gericht erteilt also

- eine Zustellungsnachricht zum Verfahren 09-1923456-1-4 (bzgl. AG 1)
  ▷ hier ist nun zunächst abzuwarten, ob AG 1 zahlt oder Widerspruch einlegt; danach kann ggf. ein Antrag auf Erlass eines Vollstreckungsbescheids gestellt werden (siehe Kap. B.XIII Zustellung des Mahnbescheids und Antrag auf Erlass des Vollstreckungsbescheids, S. 192 ff.),
- eine Nichtzustellungsnachricht zum Verfahren 09-1923456-2-1 (bzgl. AG 2)
  ▷ hier ist nun die neue Anschrift von AG 2 zu ermitteln und dann ein Neuzustellungsantrag zu stellen (siehe Kap. B.XII Nichtzustellungsnachricht und Neuzustellung des Mahnbescheids, S. 187 ff.),
- eine Nichtzustellungsnachricht zum Verfahren 09-1923456-3-9 (bzgl. AG 3)
  ▷ hier ist festzustellen, ob AG 3 wirklich verstorben ist (ggf. wann: vor oder nach Beantragung bzw. Erlass des Mahnbescheids) und von wem er ggf. beerbt wurde. Wie es dann weitergeht, richtet sich nach dem Ergebnis der Ermittlungen.

Ohne die Kenntnis des Aufbaus und der Bedeutung der verschiedenen Bereiche innerhalb der Geschäftsnummer wäre eine sachgerechte Bearbeitung dieser Fallkonstellation z.T. nur schwer möglich.

Der Bereich „d" enthält eine so genannte Prüfziffer, d.h. eine auf eine Ziffer reduzierte, mathematisch aus den davor stehenden Ziffern errechnete Zahl, die verhindern soll, dass – z.B. im Rahmen der Datenerfassung beim Gericht oder Antragsteller – Zahlendreher vorkommen. Die Berechnungsformel wird von den Mahngerichten auf Wunsch auch offen gelegt, um eine Integration dieser Sicherungsmaßnahme in die Softwareprodukte der Anwender zu ermöglichen. Viele auf dem Softwaremarkt erhältliche Standardprodukte für das automatisierte gerichtliche Mahnverfahren beinhalten diese Prüfziffernformel bereits.

Der Bereich „e" der Geschäftsnummer ist im Normalfall eigentlich gar nicht vorhanden. Nur in einer kleinen Zahl von Fällen findet man hier einen Buchstaben, nämlich ein „N" für „Nichtmaschinelle Bearbeitung" oder ein „B" für ein Verfahren mit einer vom Gericht manuell geführten „Beiakte". Ergeben sich also im Laufe eines Mahnverfahrens Besonderheiten, die nicht oder zumindest vorübergehend nicht maschinell erledigt werden können, muss das betreffende Verfahren ggf. ganz oder teilweise aus einer Akte heraus bearbeitet werden. Leider geht in solchen Fällen der eigentliche Vorteil des automatisierten gerichtlichen Mahnverfahrens, nämlich die schnelle Verfahrenserledigung, verloren. Außer an der Kennzeichnung solcher Verfahren durch den Buchstaben am Ende der Geschäftsnummer lassen sich diese Verfahren an der schwarzen Sortierecke – rechts oben, auf den vom Gericht versandten amtlichen Vordrucken – erkennen.

3. Die Kennziffer

Insgesamt ist das automatisierte gerichtliche Mahnverfahren sehr zahlenorientiert. Neben der „bedeutungsvollen" Geschäftsnummer gibt es auch im Rahmen der Parteibezeichnung auf der Seite des Antragstellers und seines Prozessbevollmächtigten eine Nummer, die die Bearbeitung des Mahnverfahrens nicht unerheblich erleichtern kann: die Kennziffer.

III. Allgemeine Ausfülltipps und -tricks

Bei der Kennziffer handelt es sich um eine gerichtlich vergebene achtstellige, eindeutige Codenummer für eine bestimmte natürliche oder juristische Person oder Personengruppe. Die in jedem Mahnverfahren des Antragstellers oder seines Prozessbevollmächtigten erforderlichen Daten (Name, Anschrift, ggf. gesetzliche Vertreter, Bankverbindung etc.) werden hierbei einmal dem Mahngericht mitgeteilt und dort gespeichert. Das Mahngericht erteilt daraufhin eine eindeutige Codenummer, die nun in Zukunft in allen Mahnverfahren für diesen Antragsteller bzw. Prozessbevollmächtigten benutzt werden kann. Wird sie verwendet, ersetzt das Gericht die Kennziffer wiederum durch die in ihr hinterlegten vollständigen Daten. Gerade bei Antragstellern und Prozessbevollmächtigten, die häufiger mit den Mahngerichten zu tun haben, ist die Verwendung von Kennziffern eine nicht unerhebliche Arbeitserleichterung, weil sie doch unnötige und immer gleiche Schreibarbeit erspart.

Sie erhalten eine solche Kennziffer – auf einen **entsprechenden, formfreien Antrag hin** (verschiedene Mahngerichte bieten zur Verfahrensvereinfachung auch vorbereitete Vordrucke hierfür an) – kostenfrei vom zuständigen zentralen Mahngericht. Das Mahngericht benötigt in diesem Rahmen einmal alle vollständigen Daten, die zur Partei- oder Prozessbevollmächtigtenbezeichnung erforderlich sind. Hierzu gehören insbesondere

▷ Name (ausgeschriebener Vor- und Zuname bzw. vollständiger Firmenname bzw. vollständige Namen des Anwalts bzw. der Sozietät)

▷ Adresse (Straße mit Hausnummer, PLZ, Ort)

▷ ggf. gesetzlicher Vertreter (Funktionsbezeichnung, ggf. ausgeschriebener Vor- und Zuname)

Darüber hinaus kann auch eine Bankverbindung (als Zahlkonto für den Antragsgegner) und – soweit gewünscht – eine abweichende Versandanschrift für die Gerichtspost in Mahnverfahren (z.B. Postfach oder zu Händen eines speziellen Sachbearbeiters) angegeben werden.

Hinsichtlich der beim Gericht – in der Kennziffer – hinterlegten Daten erhält der Antragsteller eine genaue Mitteilung. Diese ist – vor erstmaliger Verwendung der Kennziffer – genau zu prüfen, denn jeder Fehler würde in jedes Verfahren übernommen, in dem die Kennziffer angegeben wird. Deshalb ist es auch unbedingt erforderlich, dem Mahngericht alle Änderungen (z.B. neuer Rechtsanwalt in der Sozietät, neue Adresse, Änderung des gesetzlichen Vertreters oder der Bankverbindung) so schnell wie nur möglich mitzuteilen, damit die Daten in der Kennziffer immer aktuell sind.

Die Eintragung der Antragsteller-Kennziffer im Mahnbescheidsantrag erfolgt – egal ob es sich um natürliche oder juristische Personen handelt – immer in der Zeile 9 des Vordrucks nach folgendem Muster:

	Spalte 3	Nur Firma, juristische Person u. dgl. als Antragsteller	Rechtsform, z.B. GmbH, AG, OHG, KG
8	◀	3= nur Einzelfirma 4= nur GmbH u. Co.KG sonst Rechtsform:	
9	Vollständige Bezeichnung **05233736**		
10	Fortsetzung von Zeile 9		
11	Straße, Hausnummer -Bitte kein Postfach!-	Postleitzahl Ort	Ausl.Kz

Die Eintragung einer Prozessbevollmächtigten-Kennziffer im Mahnbescheidsantrag erfolgt – soweit die Nutzung des Vordrucks zulässig ist – in der Zeile 47.

Auch im online-Mahnantrag kann die Kennziffer problemlos verwendet werden:

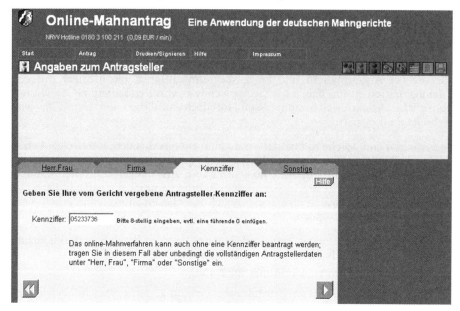

Durch die Verwendung der Kennziffer kann also einige unnötige Schreibarbeit eingespart werden.

Auch der Prozessbevollmächtigte kann – gleich ob er Rechtsanwalt, registrierter Inkassodienstleister oder als Bevollmächtigter tätig wird, in seiner Fachsoftware oder im online-Mahnantrag eine Kennziffer verwenden. Im online-Mahnantrag sieht die Eintragung des Prozessbevollmächtigten dann z.B. einfach wie folgt aus:

III. Allgemeine Ausfülltipps und -tricks

Online-Mahnantrag — Eine Anwendung der deutschen Mahngerichte
NRW Hotline 0180 3 100 211 (0,09 EUR / min)

| Rechtsanwalt/-beistand | RA-Gesellschaft | Herr/Frau | Reg. Inkassounternehmen | Verbraucherzentr. Verbraucherverb. |

[Hilfe]

Beauftragungsdatum: [ ]
Auslagen: [ ] Anstelle der Auslagenpauschale Nr. 7002 VV RVG werden die nebenstehenden Auslagen verlangt, deren Richtigkeit versichert wird.

☐ Der Antragsteller ist **nicht** zum Vorsteuerabzug berechtigt

Geben Sie Ihre vom Gericht vergebene Prozessvertreter-Kennziffer an (für die Antragstellung nicht zwingend erforderlich):
Kennziffer: [05507721] Bitte 8-stellig eingeben, evtl. eine führende 0 einfügen.

Oder geben Sie Ihre Daten ein:
Bezeichnung: [▼]
Vor- und Nachname: [ ]
Straße, Hausnummer: [ ]
PLZ/Ort/Ausl.Kz.: [ ] [ ] [ ]

Abw. MwSt.-Satz
für Vergütung (RVG): [ ] Nur angeben, bei ausländischen Proz.bevollmächtigten, wenn abweichend vom gesetz. Steuersatz.

Prozessbevollmächtigten löschen

◁ ▷

⊃ **Praxishinweis:**

Bei der Geltendmachung eigener Gebührenansprüche von Rechtsanwälten gegen ihre Mandanten bleibt der Antragstellerbereich leer und der Prozessbevollmächtigte trägt seine Kennziffer nach obigen Regeln nur im Prozessbevollmächtigten-Bereich ein.

Voraussetzung für die Zulässigkeit der Verwendung einer Kennziffer des Prozessbevollmächtigten im Rahmen der Geltendmachung eigener Gebührenansprüche ist, dass die Namen aller berechtigten Rechtsanwälte mit ausgeschriebenen Vor- und Zunamen vollständig in der Kennziffer gespeichert sind.

Schließlich bietet die Kennziffer aber auch noch einen ganz besonderen Zusatzservice an: Im Rahmen der Kennziffer kann man nämlich der zuständigen Gerichtskasse auch eine Einzugsermächtigung im Lastschriftverfahren erteilen.

Diese Bankeinzugsermächtigung erstreckt sich dann lediglich auf die vom Antragsteller im gerichtlichen Mahnverfahren zwingend zu zahlenden Gerichtskosten und Auslagen für das Mahnverfahren. Nicht hierunter fallen dementsprechend die im Falle eines Widerspruchs zusätzlich anfallenden Gebühren des Klageverfahrens, da mit der Zahlung dieser Gebühren die Entscheidung zur Durchführung des streitigen Verfahrens verbunden ist. Diese Entscheidung kann und darf dem Antragsteller und seinem Prozessbevollmächtigten nicht automatisiert abgenommen werden, so dass es insoweit bei der individuellen Kostenanforderung und -zahlung verbleibt (vgl. Kap. B.IX.1. Gerichtskosten, S. 169 ff.).

Wurde eine Einzugsermächtigung erteilt, erfolgt der Kosteneinzug zur Zeit einmal wöchentlich als Sammelbuchung in einer Summe. Gleichzeitig erhält der Kontoinhaber eine genaue Auflistung der betroffenen Verfahren und Einzelbeträgen, und zwar zusätzlich zu den üblichen Kostenrechnungen für jedes einzelne Verfahren.

⊃ **Praxishinweis:**

Einige Personengruppen sollten unbedingt oder müssen sogar Kennziffern verwenden, nämlich

- kostenbefreite Antragsteller („sollen")
- gebührenbefreite Antragsteller („sollen")
- alle Teilnehmer am elektronischen Datenaustausch (Antragsteller und/oder Prozessbevollmächtigte) („müssen").

Jedes Mahngericht vergibt übrigens eigene Kennziffern, die inzwischen auch länderübergreifend für andere Mahngericht gültig sind. Allerdings gilt es hierbei ggf. gleichwohl einige Einschränkungen zu beachten:

Bundesland	Mahngericht	Umgang mit „fremden" Kennziffern
Sachsen, Sachsen-Anhalt und Thüringen	Aschersleben	Einzugsermächtigung und Ausbaugrad werden übernommen
Bremen	Bremen	Einzugsermächtigung und Ausbaugrad werden übernommen
Bayern	Coburg	Einzugsermächtigung und Ausbaugrad werden übernommen
Nordrhein-Westfalen, OLG-Bezirk Köln	Euskirchen	Einzugsermächtigung wird nur verwendet, wenn diese vom AG Euskirchen selbst oder bei einem anderen Mahngericht als „bundesweit gültig" erteilt wurde. Alle Nachrichten werden – auch wenn ein anderer Ausbaugrad mit einem anderen Mahngericht vereinbart wurde – immer schriftlich erteilt.
Nordrhein-Westfalen, OLG-Bezirke Hamm und Düsseldorf	Hagen	Einzugsermächtigung wird nur verwendet, wenn diese vom AG Hagen selbst oder bei einem anderen Mahngericht als „bundesweit gültig" erteilt wurde. Alle Nachrichten werden – auch wenn ein anderer Ausbaugrad mit einem anderen Mahngericht vereinbart wurde – immer schriftlich erteilt.
Hamburg, Mecklenburg-Vorpommern	Hamburg	– werden nicht akzeptiert –

Bundesland	Mahngericht	Umgang mit „fremden" Kennziffern
Hessen	Hünfeld	Einzugsermächtigung wird nur verwendet, wenn diese vom AG Hünfeld selbst oder bei einem anderen Mahngericht als „bundesweit gültig" erteilt wurde. Alle Nachrichten werden – auch wenn ein anderer Ausbaugrad mit einem anderen Mahngericht vereinbart wurde – immer schriftlich erteilt.
Rheinland-Pfalz und Saarland	Mayen	Einzugsermächtigung und Ausbaugrad werden übernommen
Schleswig-Holstein	Schleswig	Einzugsermächtigung wird nur verwendet, wenn diese vom AG Schleswig selbst oder bei einem anderen Mahngericht als „bundesweit gültig" erteilt wurde. Alle Nachrichten werden – auch wenn ein anderer Ausbaugrad mit einem anderen Mahngericht vereinbart wurde – immer schriftlich erteilt.
Baden-Württemberg	Stuttgart	Einzugsermächtigung und Ausbaugrad werden übernommen
Niedersachsen	Uelzen	– werden nicht akzeptiert –
Berlin, Brandeburg, (auch Antragsteller aus dem Ausland)	Wedding	Einzugsermächtigung und Ausbaugrad werden übernommen

Lediglich Hamburg (Hamburg/Mecklenburg-Vorpommern) und Uelzen (Niedersachsen) akzeptieren folglich die Kennziffern der anderen Mahngerichte überhaupt nicht. Die Kennziffern sind bundesweit eindeutig und anhand der ersten beiden der insgesamt 8 Ziffern wie folgt zuzuordnen:

Bundesland	Länderkennzeichen (1.+2. Ziffer)
Berlin/Brandenburg	01
Hamburg/Mecklenburg-Vorpommern	02
Niedersachsen	03
Bremen	04
Nordrhein-Westfalen	05
Hessen	06
Baden-Württemberg	07
Rheinland-Pfalz/Saarland	08
Bayern	09
Schleswig-Holstein	11
Sachsen-Anhalt/Sachsen/Thüringen	23

⊃ **Praxishinweis:**

Außerdem achten Sie immer darauf, dass die in Ihrer Kennziffer hinterlegten Daten noch aktuell sind. Die Kennziffer selbst bleibt für Sie immer unverändert;

die Daten allerdings müssen von Ihnen selbstverständlich regelmäßig kontrolliert und Änderungen müssen dem Mahngericht sofort mitgeteilt werden.

4. Maximalangaben und Ergänzungsblatt

Die zweiseitige Gestaltung des Vordrucks für das automatisierte gerichtliche Mahnverfahren erweiterte die früheren Möglichkeiten des einseitigen konventionellen Vordrucks hinsichtlich der Eintragung von mehreren Antragstellern, -gegnern, Hauptforderungen und Zinsansprüchen.

Allerdings wird die schnelle maschinelle Bearbeitung bei den zentralen Mahngerichten trotzdem durch die Möglichkeit der Datendarstellung beim Ausdruck eingeschränkt. Daher ist eine schnelle maschinelle Bearbeitung zurzeit nur möglich bei Anträgen mit **maximal**

▷ 6 Antragstellern
▷ **insgesamt** 6 gesetzlichen Vertretern des/der Antragsteller/-s
▷ 5 Antragsgegnern
▷ bis zu 6 gesetzlichen Vertretern je Antragsgegner
▷ 12 katalogisierten Hauptforderungen
▷ 4 Zusatzangaben zu den Katalognummern 19, 20 oder 90 (Zeile 35: PLZ und Ort des Miet-/Wohnungseigentumsobjekts)
▷ 4 Zusatzangaben zu der Katalognummer 28 (Zeile 35: Vertragsart)
▷ 2 sonstigen Ansprüchen
▷ 15 Zinsansprüchen (laufende bzw. ausgerechnete Zinsen)
▷ 5 Prozessgerichten (Zeile 45) – 1 Prozessgericht je möglichem Antragsgegner –

Diese Grenzen schränken den Antragsteller grundsätzlich nicht ein, da es sich um rein praktische „Beschränkungen" bei der gerichtlichen Bearbeitung handelt. Tatsächlich kann und darf selbstverständlich jeder Antragsteller und Prozessbevollmächtigte auch in jeder Hinsicht umfangreichere Anträge stellen. Allerdings sollte man die gerichtlichen Bearbeitungsmöglichkeiten kennen, denn Anträge, die mehr als obigen „Maximaldaten" enthalten, müssen vom Gericht z.T. zeitaufwändig manuell bearbeitet werden.

Bei Antragstellung auf dem amtlichen Vordruck stellt sich natürlich auch sofort die Frage, wie man denn solche Mengen von Daten überhaupt in den zweiseitigen Antragsvordruck hineinbekommt, denn der Raum für die o.g. Rubriken ist definitiv nicht vorhanden. Die amtlichen Ausfüllhinweise, die Bestandteil jedes Vordrucksatzes sein sollten, sehen insoweit folgendes Vorgehen vor:

„Wenn der im Vordruck vorgesehene Raum nicht ausreicht, können Sie weitere Antragsteller, Antragsgegner, gesetzliche Vertreter, Hauptforderungen, Zinsen (...) und Prozessgerichte (...) auf einem gesonderten Blatt aufführen. Machen Sie die Angaben in der Reihenfolge und Systematik des Vordrucks und verwenden Sie bitte zur jeweiligen Kennzeichnung die im Vordruck enthaltenen Abschnittsüberschriften. Ergänzungsblatt mit dem Vordruck bitte fest verbinden."

Das Zauberwort heißt also „**Ergänzungsblatt**". Dieses Blatt soll so strukturiert sein wie der Originalantrag und fest mit ihm verbunden sein. Hierzu kann man ein neu-

III. Allgemeine Ausfülltipps und -tricks

trales weißes Blatt verwenden, auf dem man dann die nicht in den Originalantrag passenden zusätzlichen Angaben so strukturiert einträgt, wie man es auch im Originalantrag getan hätte, wenn dort noch entsprechender Platz zur Verfügung gestanden hätte.

Einige Vordruckverlage bieten jedoch auch spezielle, amtliche, graue Ergänzungsblätter an, die genau so aussehen wie „graue Mahnbescheidsanträge". Da dieses amtliche Ergänzungsblatt aber ebenfalls wieder nur eingeschränkten Raum für Eintragungen bietet, muss man – z.B. bei der Geltendmachung von 12 Hauptforderungen – eventuell sogar mehrere dieser Ergänzungsblätter verwenden; hier werden dann beispielsweise:

- die Forderungen 1, 2 und 3 im **Originalantrag** (neben den übrigen Daten zum Antragsteller, -gegner etc.),
- die Forderungen 4, 5 und 6 im **Ergänzungsblatt I**,
- die Forderungen 7, 8 und 9 im **Ergänzungsblatt II** und
- die Forderungen 10, 11 und 12 im **Ergänzungsblatt III**,

eingetragen.

⊃ **Praxishinweis:**

Rein vorsorglich sei an dieser Stelle auch angemerkt, dass jedem Eintragungsfeld auf dem Vordruck für die maschinelle Bearbeitung eine feste Zahl von maximalen Zeichen (Buchstaben, Ziffern und Leerzeichen) zugewiesen sind, z.B. in der Regel:

- Namensfelder = 35 Zeichen
- Vollständige (Firmen-)Bezeichnung = insgesamt 140 Zeichen
- Straßenfelder (einschl. Hausnummer) = 35 Zeichen
- Ortsfelder = 27 Zeichen
- Rechnungsfeld = 35 Zeichen
- Nummer der Rechnung = 35 Zeichen
- Sonstiger Anspruch = 159 Zeichen
- Bezeichnung (Auslagen/Nebenforderungen) = 35 Zeichen
- Vor- und Nachname (des Prozessbevollmächtigten) = 105 Zeichen

Beschreiben sie also jedes Feld nur einzeilig in üblicher Schriftgröße und orientieren Sie sich an den o.g. Feldlängen. Die im Handel verfügbaren Softwareprodukte für das automatisierte gerichtliche Mahnverfahren und der Online-Mahnantrag lassen üblicherweise ohnehin keine darüber hinausgehenden Eintragungen zu.

Natürlich können auch Anträge mit größerem – als dem oben aufgelisteten – „maximalen" Datenumfang (z.B. 25 Antragsgegner oder 150 Hauptforderungspositionen) bei den Mahngerichten eingereicht werden, jedoch müssen diese Verfahren dann von den Sachbearbeitern aufwendig manuell bearbeitet werden, was zu deutlich längeren Bearbeitungszeiten führt.

Die Eintragung der Daten, die in den Antragsvordruck passen, müssen insoweit auch dann grundsätzlich in den grünen Originalvordruck eingetragen werden. Die darüber hinausgehenden Antragsdaten können jedoch als Anlagen in Listenform eingereicht werden und zwar **jeweils 6fach**. Bei den Eintragungen im Originalvordruck kann dann – u.U. auch lediglich durch Eintragung eines Verweises – auf die Anlagen verwiesen werden, in denen dann sämtliche Daten dieses Bereichs aufgelistet sind (z.B. als Antragstellerbezeichnung: „Erbengemeinschaft ‚Theo Müller' – siehe anliegende Liste der Erben"; die Liste der Erben mit den vollständigen Namen und Anschriften ist dann als Anlage beizufügen).

⊃ Praxishinweis:

Für Rechtsanwälte und registrierte Inkassodienstleister gilt seit dem 1.12.2008 eine ausnahmslose Nutzungsverpflichtung für die nur maschinell lesbare Antragstellung – faktisch also ein Verbot der Nutzung des Mahnbescheidsantragsvordrucks. **Diese Nutzungsverpflichtung gilt grundsätzlich auch für Rechtsanwälte, die eigene – auch nicht anwaltliche – Zahlungsansprüche geltend machen.** In diesem Zusammenhang bestehen bei der Antragstellung keine Grenzen der Maximalangaben mehr. Allerdings erfolgt die Bearbeitung solcher Maximal-Anträge bei den Mahngerichten gleichwohl noch immer zeitaufwändig manuell.

5. Elektronischer Datenaustausch und Online-Mahnantrag

Wer seine Mahnverfahren noch weiter optimieren will, sollte sich über die Möglichkeiten des elektronischen Datenträgeraustauschs mit dem Gericht informieren.

Hierunter versteht man die Kommunikation mit dem Mahngericht

- per Datenträger (Diskette), oder
- über das Internet (z.B. Projekte „Online-Mahnantrag" oder „EGVP") siehe auch *www.mahnverfahren-aktuell.de*.

a) Elektronischer Datenaustausch

Hierbei ist es nicht nur möglich, dem Mahngericht sämtliche Anträge (Mahnbescheids-, Neuzustellungs-, Vollstreckungsbescheids- und Abgabeanträge) elektronisch zukommen zu lassen, sondern teilnehmende Antragsteller und Prozessbevollmächtigte können – je nach Leistungsfähigkeit des eingesetzten Softwareproduktes – auch alle Verfahrensnachrichten des Gerichts (Zustellungs-, Nichtzustellungs-, Erlass-, Kosten-, Widerspruchs- und Abgabenachrichten) auf demselben Wege erhalten, was eine weitestgehend papierlose Verfahrensführung ermöglicht.

Wer den elektronischen Datenaustausch nutzt und dafür sorgt, dass seine Anträge im automatisierten Mahnverfahren mit der täglichen Post am Vormittag bei Gericht eingegangen sind, kann sich regelmäßig darauf verlassen, dass seine Anträge am selben Tage, spätestens aber am darauf folgenden Tage bearbeitet werden. Dieser Zeitvorteil wird vom Gesetzgeber in § 689 Abs. 1, Satz 3 ZPO gesetzlich garantiert.

III. Allgemeine Ausfülltipps und -tricks

Lediglich die Möglichkeiten der eigenen Mahnsoftware schränken die Rationalisierungschancen der Antragsteller bzw. deren Prozessbevollmächtigten ein. Auf dem Markt gibt es inzwischen für Antragsteller und Prozessbevollmächtigte, die an dieser modernen gerichtlichen Verfahrenserledigung teilnehmen wollen, eine Vielzahl von Standard-Software-Produkten. Da der Markt diesbezüglich ständig in Bewegung ist, wird an dieser Stelle auf eine Momentaufnahme verzichtet. Eine unverbindliche Auflistung solcher Softwareanbieter findet man jedoch – regelmäßig aktualisiert – im Internet unter *www.mahnverfahren-aktuell.de*.

Ein besonderer Vorteil guter Softwareprodukte ist, dass sie durch eine Vielzahl von integrierten Plausibilitätsprüfungen, die das gerichtliche Prüfungsverfahren nachbilden, eine sehr geringe Fehlerquote erreichen. Dadurch sind elektronisch gestellte Anträge um ein Vielfaches weniger fehlerhaft als konventionell auf Papier geschriebene oder gedruckte Mahnbescheidsanträge.

Hat man sich für die Teilnahme am elektronischen Datenaustausch und die Nutzung des Programms eines Softwareanbieters entschieden, ist lediglich noch die Erteilung einer besonderen Kennziffer und EDA-ID beim zuständigen Mahngericht zu beantragen.

Hierzu geben die meisten Mahngerichte und auch einige Softwareanbieter interessierten Anwendern besondere Vordrucke heraus (evtl. auch per Fax oder Mail), die vor allem folgende Erklärungen enthalten:

- förmlicher Antrag auf Zuteilung einer Kennziffer für den elektronischen Datenaustausch (EDA);
- Angabe des Softwareprodukts, das verwendet werden soll;
- Angabe, welche gerichtlichen Nachrichten der Antragsteller elektronisch vom Gericht entgegennehmen will (= Ausbaugrad);
- Angabe aller Antragsteller-/Prozessbevollmächtigtendaten (mit ausgeschriebenen Vor-/Zu-/Firmennamen; Anschrift; Wohn-/Firmensitz [für evtl. Zuständigkeitsprüfung]; Bankverbindung; ggf. abweichende Versandanschrift [z.B. Postfachanschrift]); Ansprechpartner mit Telefonnummer (Durchwahl) für evtl. Rückfragen;
- falls gewünscht: ggf. Erteilung einer Bankeinzugsermächtigung für die anfallenden Gerichtskosten (nur Gebühren/Auslagen für das Mahnverfahren) – kann lokal oder bundesweit erteilt werden (s.o.).

Vordruckzwang besteht insoweit aber nicht, so dass regelmäßig auch formfreie (schriftliche) Anträge von den Mahngerichten akzeptiert werden.

Zusätzlich zu diesen Standard-Angaben ist zu entscheiden, wie die Kommunikation mit dem Mahngericht denn nun praktisch ablaufen soll: über Diskettenaustausch (nicht in Bremen) oder als Dateiaustausch über das Internet (EGVP). Da Disketten bereits heute zu den aussterbenden Medien gehören (viele neue Standard-PCs besitzen überhaupt kein Diskettenlaufwerk mehr), kommt für immer mehr Anwender nur noch das Internet als Kommunikationsmedium in Frage.

Nachdem der Gesetzgeber die wesentlichen rechtlichen Rahmenbedingungen für den elektronischen Rechtsverkehr geschaffen hatte, haben das Bundesverwaltungsgericht und der Bundesfinanzhof zusammen mit dem Bundesamt für Sicherheit in der Informationstechnik, dem Oberverwaltungsgericht Münster und in Abstimmung mit den Ländern Bremen und Hessen ein „Elektronisches Gerichts- und Verwaltungspostfach – EGVP –" konzipiert. Mit dem EGVP, das die unter Federführung des Bundesministeriums des Inneren entwickelte BundOnline-Basiskomponente Datensicherheit (= virtuelle Poststelle) nutzt, können Sie nunmehr alle zugelassenen Schriftsätze und Dokumente in elektronischer Form rechtswirksam an alle teilnehmenden Gerichte/Behörden schnell und sicher übermitteln.

Für die Übermittlung müssen Sie auf Ihrem Rechner das Programm „Elektronisches Gerichts- und Verwaltungspostfach" installieren. Sie können es mit allen erforderlichen Zusatzprogrammen über die Internetseite *www.egvp.de* lizenzkostenfrei herunterladen. Regelmäßig werden Sie sich auch selbst ein Postfach für den elektronischen Empfang von Dokumenten einrichten; Sie können aber auch ohne Einrichtung eines eigenen Postfaches eine Übermittlung vornehmen, verzichten dann aber auf den Vorteil einer elektronischen Eingangsbestätigung. (Quelle: *www.egvp.de*). Hinweise zur Installation, Einrichtung und Bedienung des EGVP finden Sie im gleichnamigen Kapitel C.

Um aber auch tatsächlich rechtswirksam über das Internet mit dem Mahngericht kommunizieren zu können, bedarf es zusätzlich noch einer Signaturkarte für die qualifizierte elektronische Signatur sowie eines geeigneten Chip-Karten-Lesers. Auch hinsichtlich der geeigneten Signaturkarten und Kartenleser erhalten Sie im Internet auf der EGVP-Seite eine Vielzahl von nützlichen Informationen.

⊃ **Praxishinweis:**

Bei einigen Gerichten ist vor der Zulassung zur Teilnahme am elektronischen Datenaustausch ein kurzes – zumeist standardisiertes – Testverfahren zu absolvieren.

b) Online-Mahnantrag/Barcode-Mahnantrag

Der Online-Mahnantrag richtet sich an Antragsteller und Prozessbevollmächtigte ohne eigene Fachsoftware. In der Regel lohnt sich der Kauf eines solchen Fachsoftware bereits bei einem mittleren Antragsaufkommen vgl. vorstehendes Kapitel). Wer aber nur geringe Mengen von Mahnbescheidsanträgen zu stellen hat und dankbar für jede Hilfe bei der Antragstellung ist, der findet hier eine sehr komfortable Möglichkeit der kontrollierten Antragseingabe.

Für die Nutzung des Online-Mahnantrags sind lediglich folgende Voraussetzungen erforderlich:

– Computer
– Internetanschluss
– Adobe Reader (kann kostenlos heruntergeladen werden)
– Drucker mit funktionierender Tintenpatrone bzw. ausreichendem Toner (schlechte Druckqualität kann zur Zurückweisung des Antrags führen!)
– Mehrere Blätter weißes Papier (einseitiger DINA4 Druck)

Alternativ für die Online-Übertragung anstelle des Antragsausdrucks (vgl. auch Kap. C., S. 209):

- Signaturkarte
- Kartenlesegerät
- „JAVA™ Web Start" (ist Teil des Java Runtime Environment (JRE)
- Elektronisches Gerichts und Verwaltungspostfach

Die Daten werden auf der Internetseite *www.online-mahnantrag.de* online im Internet-Browser in ein Formular eingetragen, gleichzeitig bereits grob hinsichtlich Vollständigkeit und Richtigkeit der Angaben überprüft und nach Abschluss der Eingaben entweder

- auf weißes DIN A4-Papier als sog. Barcode-Mahnantrag ausgedruckt, oder
- digital signiert und verschlüsselt online an das Mahngericht gesandt.

Da die Option der Online-Übertragung das Vorhandensein einer Signaturkarte und eines Kartenlesers voraussetzen, ist die einfachste und ohne größere Vorbereitungen günstigste Variante für „Gelegenheitsantragsteller" der „Barcode-Mahnantrag".

Hier werden die Daten über das Online-Mahnantrags-Portal eingegeben und – nach ausführlichen Plausibilitätsprüfungen – gleichzeitig in Klarschrift und als Barcode auf mehreren weißen Seiten ausgedruckt. Zusätzlich bietet die neue Antragsform dem Antragsteller – im Gegensatz zum amtlichen Vordruck – auch noch quasi uneingeschränkten Raum für die notwendigen Antragsinformationen ohne dass umständlich mit Ergänzungsblättern hantiert werden muss.

Beispiel:

Wie einfach die Mahn-Antragstellung über den Online-Mahnantrag ist, soll durch das nachstehende Beispiel gezeigt werden. Nach dem Seitenaufruf *www.online-mahnantraqg.de* im Internetbrowser (z.B. Internetexplorer, Firefox o. Ä.) öffnet sich erst einmal die folgende Begrüßungseite:

B. Automatisiertes gerichtliches Mahnverfahren (AuGeMa)

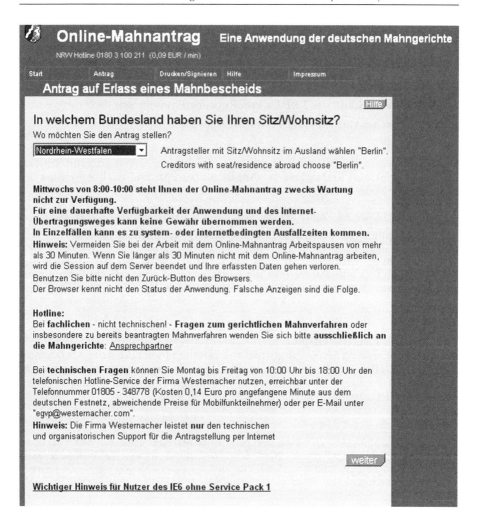

Hier findet man bereits drei wichtige Hinweise, die späteren Stress bei der Nutzung des Online-Mahnantrags ersparen können:

▷ Immer Mittwochs von 8.00 bis 10.00 Uhr steht der online-Mahnantrag wegen Wartungsarbeiten nicht zur Verfügung

▷ Bei der Dateneingabe muss man Eingabepausen von mehr als 30 Minuten vermeiden, da die eingegebenen Daten nach einer längeren Pause verloren gehen und man ggf. wieder ganz von vorn anfangen muss.

▷ Beim Navigieren innerhalb der Anwendung stehen jeweils eigene „Knöpfe" (Schalter) zum Vor- und Zurückgehen in der Anwendung zur Verfügung; der Zurück-Schalter des Browsers sollte insoweit nicht verwendet werden!

Als erste Eingabe ist auf der Begrüßungsseite die Auswahl des Bundeslandes gefordert, in dem man den Mahnantrag stellen will. Hierzu steht ein Ausklapp-Menü zur Verfügung, dass man über einen Mausklick auf den Pfeil am rechten Feldrand

III. Allgemeine Ausfülltipps und -tricks

(neben der Standardeinstellung „Baden-Württemberg") aufklappen kann. Es zeigt sich dann eine Liste mit allen 16 Bundesländern, obwohl gar nicht jedes Bundesland ein eigenes Mahngericht besitzt (siehe vorn). Das Programm wird aber später – nach Eingabe sämtlicher notwendigen Antragsinformationen – den Mahnantrag automatisch an das zuständige Mahngericht adressieren.

Nach der Auswahl des zuständigen Bundeslandes (vgl. Kap. „Zuständigkeit", S. 11 ff.), startet man die Antragseingaben über die rechts unten befindliche „Weiter-Schaltfläche":

Nun folgt die Feststellung, wie der Antrag am Ende der Dateneingaben an das Mahngericht versandt werden soll. Es stehen zwei Optionen zur Auswahl, nämlich:

▷ Druck auf Papier (Barcode)
▷ Versand per Internet.

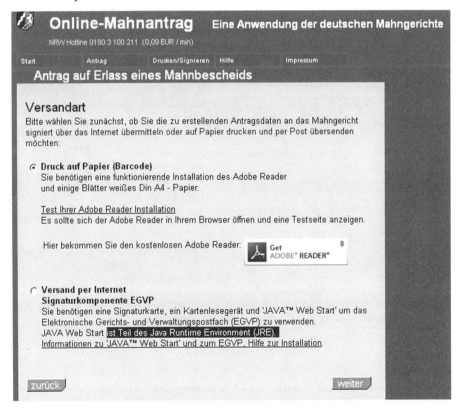

Für die Option „Druck auf Papier (Barcode)" benötigt man – neben einem funktionierenden und sauber druckenden Drucker und weißem Papier auch das kostenlos verfügbare Programm Adobe Reader, das heute nahezu jeder Computeranwender bereits auf seinem Rechner installiert hat.

⊃ Hinweis:

Es existieren auf dem Markt auch andere, vergleichbare Produkte, die in der Lage sind, PDF-Dokumente zu erstellen. Leider ist nicht immer gewährleistet, dass der damit erstellte Ausdruck von den Mahngerichten auch verwendet werden kann! Deshalb bieten die Landesjustizverwaltungen auf der Seite auch eine komfortable Möglichkeit an, das Programm hier direkt aus dem Internet herunter zu laden. Wer prüfen will, ob er bereits eine Adobe-Reader-Version auf seinem Rechner verfügbar hat, kann die Testmöglichkeit durch einen Mausklick auf den Text „Test Ihrer Adobe Reader Installation" nutzen:

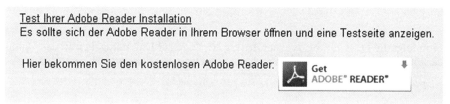

Wenn das Programm fehlerfrei verfügbar ist, erscheint dann eine Bestätigung, die wie folgt aussieht:

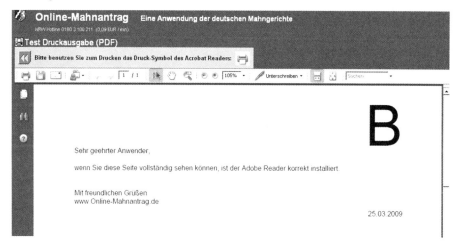

Zurück in die Anwendung zur Eingabe der Mahnantragsdaten kommt man nun wieder durch Betätigung des „Zurück-Schalters" oben links:

Hier startet man nun die Eingabe der Mahnantragsdaten wiederum durch Betätigung des „Weiter-Schalters" rechts unten:

III. Allgemeine Ausfülltipps und -tricks

Nun öffnet sich eine Übersichtsseite, die die weiteren Eingabemöglichkeiten in den folgenden 8 Schritten anzeigt:

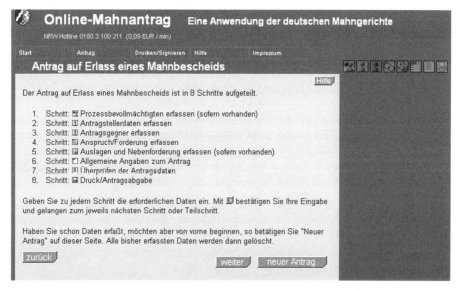

Die Antragseingaben berginnen nach Betätigung des Schalters „weiter" oder „neuer Antrag" – beides führt zu dem selben Ergebnis:

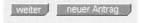

Als Nächstes muss angegeben werden, für wen der Antrag gestellt wird:

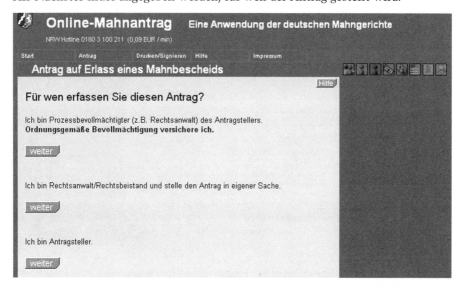

Hier stehen drei Optionen zur Auswahl, die über die Betätigung des jeweils unmittelbar unter der Erklärung angebrachten „weiter-Schalters" erfolgt:

▷ Die erste Erklärung ist für einen Prozessbevollmächtigten (z.B. Rechtsanwalt oder registrierter Inkassodienstleister) vorgesehen, der den Antragsteller im Mahnverfahren vertritt. Mit der Betätigung des folgenden „weiter"-Schalters wird auch die ordnungsgemäße Bevollmächtigung versichert. Im Mahnverfahren bedarf es des Nachweises einer Vollmacht nicht. Wer als Bevollmächtigter einen Antrag einreicht oder einen Rechtsbehelf einlegt, hat nur gem. § 703 ZPO seine ordnungsgemäße Bevollmächtigung zu versichern.

▷ Die zweiter Erklärung ist für Rechtsanwälte und Rechtsbeistände gedacht, die den Antrag in eigener Sache (also z.B. Gebührenforderungen an den eigenen Mandanten, aber auch Mietforderungen an den eigenen Mieter) stellen.

▷ Als dritten Fall ist die Antragstellung ohne Einschaltung eines Prozessbevollmächtigten, also durch den Antragsteller selbst vorgesehen.

Nach der Betätigung des „weiter"-Schalters unter der ersten Erklärung (Prozessbevollmächtigter) öffnet sich die Eingabemaske zur Erfassung der Daten des Prozessbevollmächtigten:

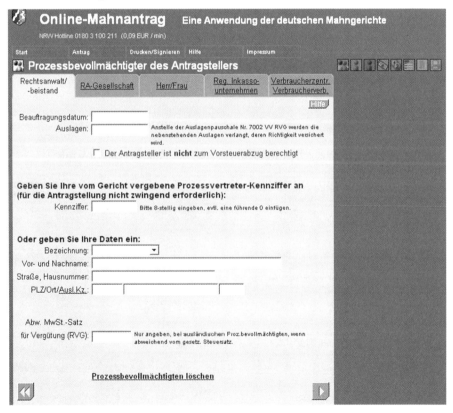

Unterhalb der Abschnittsüberschrift „Prozessbevollmächtigter des Antragstellers" wird – in Form von Karteikarten – eine weitere Auswahl geboten. Vorausgewählt

III. Allgemeine Ausfülltipps und -tricks

ist standardmäßig die hellgrün markierte Karteikarte „Rechtsanwalt/Rechtsbeistand":

Alternativ stehen insgesamt zur Auswahl:

▷ Rechtsanwalt/Rechtsbeistand
▷ RA-Gesellschaft (Rechtsanwaltsgesellschaft)
▷ Herr/Frau (natürliche Personen)
▷ Reg. Inkassounternehmen (registriertes Inkassounternehmen)
▷ Verbraucherzentr., Verbraucherverb. (Verbraucherzentrale, Verbraucherverband)

Die Auswahl erfolgt durch das Anklicken des entsprechend zutreffenden Feldes bzw. Begriffes und führt zu unterschiedlich gestalteten Eintragungsmasken:

1. für die Eintragung von Rechtsanwälten und Rechtsbeiständen z.B.:

B. Automatisiertes gerichtliches Mahnverfahren (AuGeMa)

⊃ **Hinweis:**

In dieser Eintragungsmaske findet man in dem kleinen unscheinbaren Ankreuzfeld „Der Antragsteller ist nicht zum Vorsteuerabzug berechtigt" die Ursache vieler (zumeist unnötiger) Monierungen im Nebenforderungsbereich (Inkassokosten bzw. vorgerichtliche Anwaltsvergütung). Hat man nämlich hier kein Kreuzchen bzw. Häkchen gesetzt, geht das Gericht bei seinen Prüfungen im Nebenforderungsbereich selbstverständlich ebenfalls davon aus, dass der Antragsteller vorsteuerabzugsberechtigt ist und daher auch keine Mehrwertsteuer vom Antragsggner erstattet bekommen kann.

2. für die Eintragung von Rechtsanwaltsgesellschaft z.B.

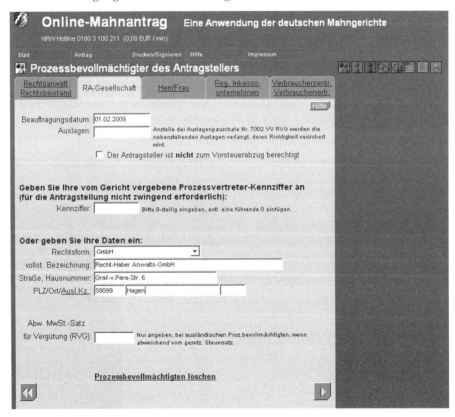

III. Allgemeine Ausfülltipps und -tricks

Hier würde in einer folgenden Eintragungsmaske auch noch nach dem gesetzlichen Vertreter gefragt:

3. für die Eintragung von Prozessbevollmächtigten mit der der Anrede „Herr" oder „Frau" (also ohne juristische Funktionsbezeichnung wie z.B. Rechtsanwalt):

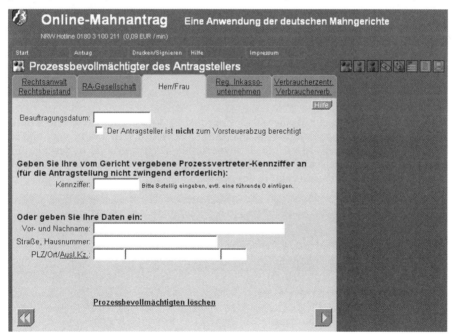

⊃ **Hinweis:**

Vorsicht! Gem. § 79 ZPO ist nur ein sehr eingeschränkter Personenkreis berechtigt, als Prozessbevollmächtigte im gerichtlichen Verfahren aufzutreten (vgl. Kap. B., IV.5, S. 111)

4. für die Eintragung von registrierten Inkassodienstleistern

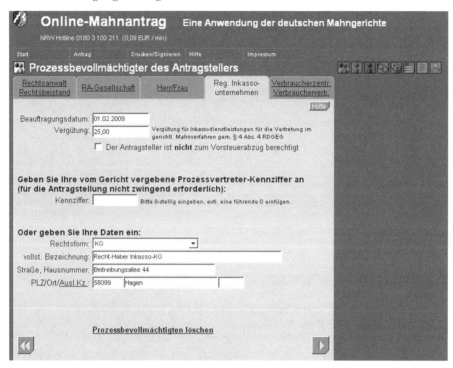

Zu beachten ist in dieser Eingabemaske, dass die in § 4 Abs. 4 des Rechtsdienstleistungsgesetzes als Erstattungsfähig anerkannte Vergütung in Höhe von bis zu 25,00 EUR (ggf. einschl. Mwst.) in dem speziellen Vergütungsfeld in der zweiten Zeile einzutragen ist. Außerdem öffnet sich dann auch hier wieder eine Folgemaske zur ergänzenden Eintragung des gesetzlichen Vertreters:

5. für die Eintragung von Verbraucherzentralen oder Verbraucherverbänden:

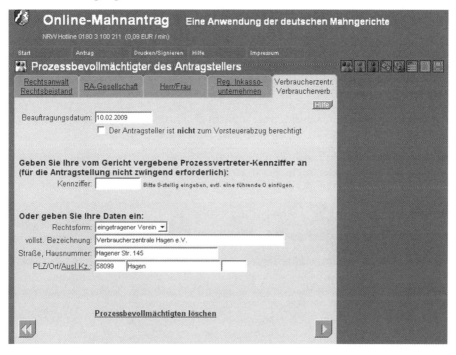

Auch hier öffnet sich danach ein zusätzliches Eintragungsfeld für die Eintragung des gesetzlichen Vertreters:

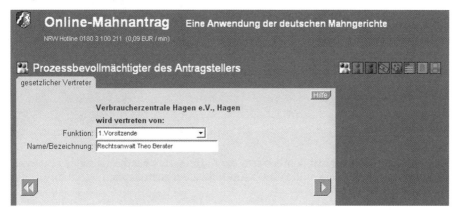

⊃ **Hinweis:**

In allen Fällen kann von Prozessbevollmächtigten, die sich Schreibarbeit ersparen wollen und eine Kennziffer vorab beim zuständigen Mahngericht beantragt haben (vgl. Kap. B.III.3., S. 28 ff.) auch diese Kennziffer – anstelle der vollständigen Eintragung aller Daten – in dem entsprechenden Feld vermerkt werden.

Wird der Mahnbescheidsantrag **nicht vom Prozessbevollmächtigten für einen Mandanten**, sondern vom Rechtsanwalt oder Rechtsbeistand in eigener Sache gestellt, wird in der Maske „Für wen erfassen Sie diesen Antrag" die zweite Option ausgewählt. Es öffnet sich dann das vorstehende Eintragungsfeld, in dem sich der Prozessbevollmächtigte dann ggf. nur selbst (auch) als Antragsteller des Mahnverfahrens einzutragen hat. Die notwendigen Eintragungen entsprechen denen der vorstehenden Muster für Rechtsanwälte, Rechtsbeistände oder Rechtsanwaltsgesellschaften, wobei insoweit noch genauer auf eine präzise Bezeichnung (z.B. mit ausgeschriebenen Vornamen etc.) zu achten ist, da es dabei dann ja nicht nur um den Prozessbevollmächtigtigten, sondern gleichzeitig auch um den Antragsteller geht.

In allen anderen Fällen – also wenn ein Prozessbevollmächtigter einen „fremden" Mandanten vertritt oder auch, wenn gar kein Prozessbevollmächtigter vorhanden ist – folgt die Eintragung des Antragstellers:

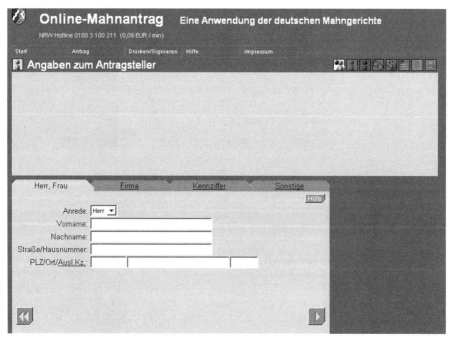

Auch hier wird wieder mit dem System der Karteikarten gearbeitet, wobei hier vier Optionen zur Wahl stehen, die durch Anklicken der zutreffenden Bezeichnung aktiviert werden:

Zur Wahl stehen als Antragsteller folglich:

▷ Herr/Frau – für natürliche Personen –
▷ Firma – für alle gewerblichen Unternehmen –

III. Allgemeine Ausfülltipps und -tricks

▷ Kennziffer – für Antragsteller, die sich Schreibarbeit ersparen wollen und eine solche Kennziffer vorab beim zuständigen Mahngericht beantragt haben (vgl. Kap. B.III.3, S. 28 ff.)
▷ Sonstige
  ▷ für Parteien kraft Amtes (z.B. Insolvenzverwalter, Testamentsvollstrecker etc.),
  ▷ für Wohnungseigentümergemeinschaften und deren Verwalter, sowie
  ▷ für „Weitere" Organisationen (z.B. eingetragene Vereine, Kirchen, Körperschaften, Anstalten, BehördenPartnerschaften etc.)

Die Eintragung einer GmbH und Co KG würde dementsprechend in der Karteikarte „Firma" wie folgt erfolgen:

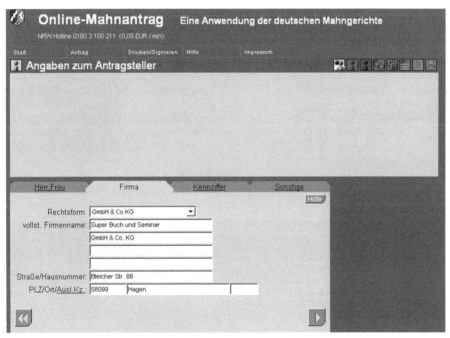

Wird nun der „Weiter-Schalter" (Pfeil nach rechts) rechts unten betätigt, erfolgt automatisch die zusätzliche Abfrage der Verwaltungs-GmbH ...

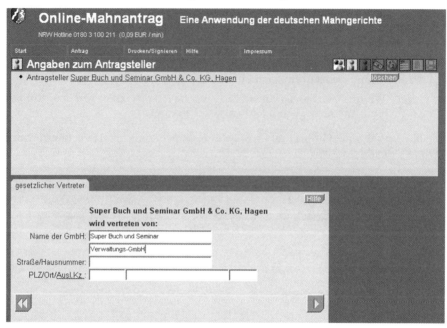

... sowie – nach weitere Betätigung des nächsten „Weiter-Schalters" – ebenso die Aufforderung, den gesetzlichen Vertreter der Verwaltungs-GmbH einzutragen:

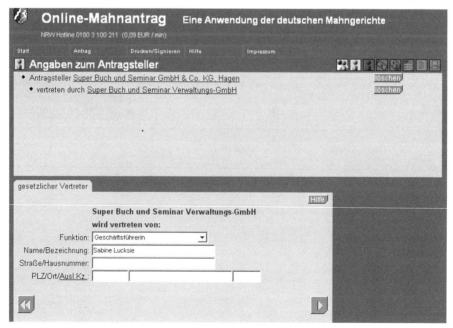

III. Allgemeine Ausfülltipps und -tricks

⊃ **Hinweis:**

Die Anschriften der Verwaltungs-GmbH sowie des Geschäftsführers sind an dieser Stelle jeweils nicht unbedingt erforderlich. Daher kann man hier im Regelfall auf eine Eintragung der Adressen verzichten. Dies gilt selbstverständlich nicht für den Antragsteller (hier: GmbH & Co. KG) selbst!

Betätigt man jetzt den „Weiter-Schalter", wird man erst gefragt, ob man einen weiteren gestzlichen Vertreter angeben möchte ...

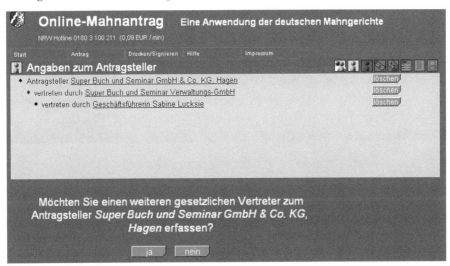

... und antwortet man hier mit „nein", muss man auch noch angeben, ob nun noch ein weiterer Antragsteller erfasst werden soll:

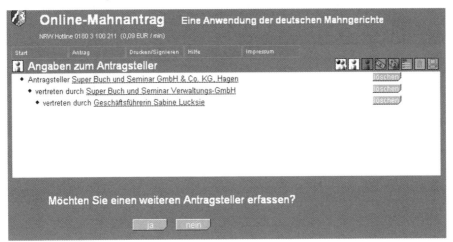

Lautet die Antwort auch hier „nein", gelangt man zum Bereich der Antragsgegnereingabe, die genau wie die Antragstellereingabe konzipiert ist:

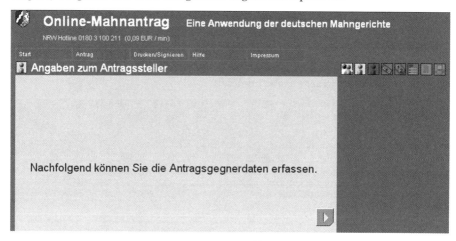

Nach Betätigung des „weiter"-Schalters erscheint wieder eine Karteikartenauswahl:

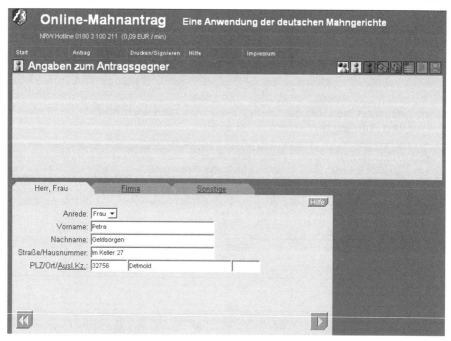

Hier stehen allerdings – da es für Antragsgegner keine Kennziffern gibt – nur die Optionen

▷ Herr/Frau – für natürliche Personen –
▷ Firma – für alle gewerblichen Unternehmen –

▷ Sonstige
   ▷ für Parteien kraft Amtes (z.B. Insolvenzverwalter, Testamentsvollstrecker etc.),
   ▷ für Wohnungseigentümergemeinschaften und deren Verwalter, sowie
   ▷ für „Weitere" Organisationen (z.B. eingetragene Vereine, Kirchen, Körperschaften, Anstalten, Partnerschaften etc.)

zur Auswahl, wobei die Gestaltung der Masken und die notwendigerweise einzutragenden Informationen die selben sind, wie beim Antragsteller.

Auch die Antragsgegnereingabe endet mit den bekanten Abfragen, ob ein (ggf. weiterer) gesetzlicher Vertreter erfasst werden soll ...

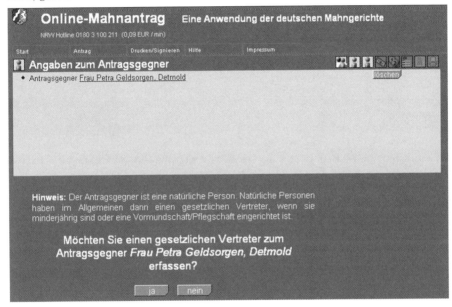

... bzw. ob ein weiterer Antragsgegner angegeben werden soll:

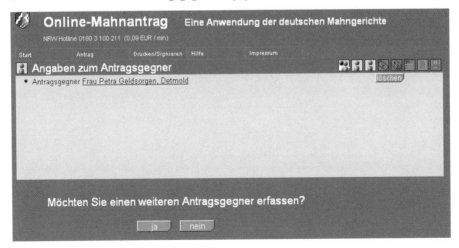

Verneint man beide Abfragen, ist die Eingabe der Parteien des Verfahrens beendet und es folgt die Feststellung, welche Mahnverfahrensart denn gewählt wird:

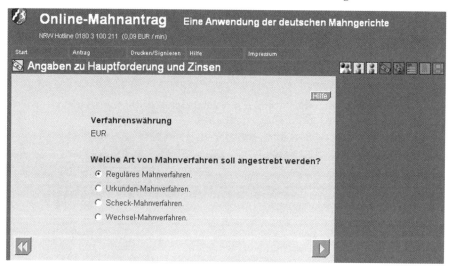

Der Regelfall hier ist sicherlich das „Reguläre Mahnverfahren", wobei der Begriff etwas unglücklich gewählt wurde, sind doch wohl auch alle anderen Verfahrensformen „regulär". Hier soll das Wort aber nur das „Standardverfahren" von den Sonderformen des Mahnverfahrens

▷ Urkundenmahnverfahren

▷ Scheck-Mahnverfahren

▷ Wechselmahnverfahren

abgrenzen (vgl. zu den „Besonderen Verfahrensarten": Kap. B.V., S. 118)

Nach der Auswahl führt die Betätigung des „Weiter-Schalters" zur Entragung der Hauptforderungen:

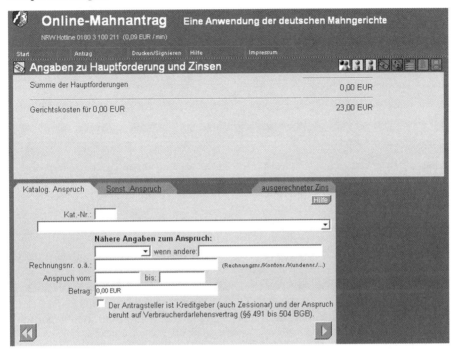

Bei der Eintragung der Forderungen stehen wieder jeweils drei Karteikarten zur Wahl:

Der jeweilige Anspruch kann dementsprechend als „Katalog. Anspruch" (katalogisierter Anspruch) oder als „Sonst. Anspruch" (Sonstiger Anspruch) angegeben werden. Zusätzlich zu den Hauptforderungen können dann hier auch noch ausgerechnete Zinsen kapitalisiert geltend gemacht werden.

Der katalogisierte Anspruch verlangt im Hinblick auf den Anspruchsgrund entweder die Eingabe der Katalognummer, die dann auch unmittelbar im folgenden Feld in die dahinter verschlüsselte Bezeichnung umgesetzt wird, oder – in dem Feld unter dem Katalognummernfeld – die unmittelbare Auswahl des Anspruchsgrundes aus dem entspr. Dropdownmenü, das sich durch einen Klick auf den Pfeil am rechten Rand des Feldes öffnet.

B. Automatisiertes gerichtliches Mahnverfahren (AuGeMa)

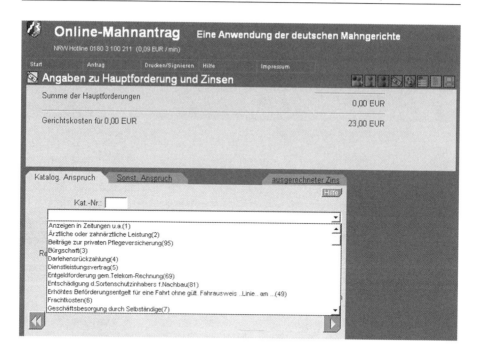

Insgesamt werden zur Forderungsbezeichnung folgende Informationen benötigt:

▷ Anspruchsgrund (in der Regel in der Form einer Katalognummer)
▷ Nähere Angaben zum Anspruch
   (z.B. Bezugnahme auf „Schreiben", „Rechnung", „Mahnung", „Aufstellung", Vertrag", o. Ä.)
▷ Rechnungsnummer o. Ä.:
▷ Vom-Datum (ist immer anzugeben)
▷ Bis-Datum (soweit zutreffend)
▷ Betrag (ohne €-Zeichen!):

⊃ **Hinweis:**

Zum Thema „Ausreichende Individualisierung des Anspruchs" und die dazu vorhandene Rechtsprechung vgl. Kap. B.IV.3., S. 93 ff.

III. Allgemeine Ausfülltipps und -tricks

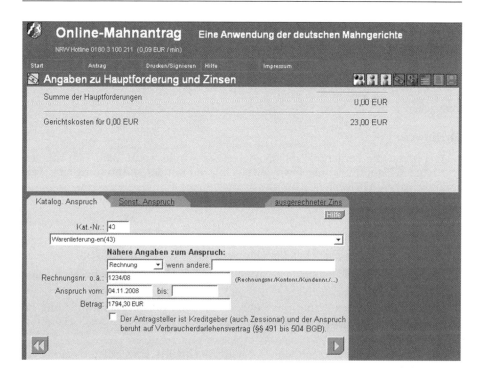

Ist die (erste) Forderung vollständig eingetragen, führt die Betätigung des „Weiter-Schalters" zur nächsten Entscheidungsfrage, wie die Eintragungen fortgesetzt werden sollen:

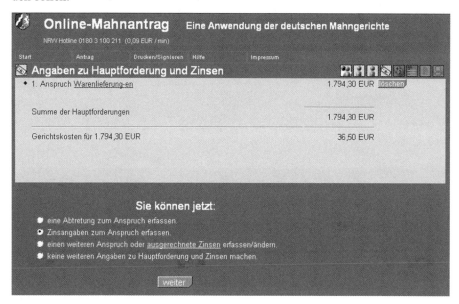

Hier ist dringend zu empfehlen – vor der Eingabe der nächsten Forderung – zunächst eine Forderung zuende zu bearbeiten, d.h. nach der Forderung ggf. sofort

▷ eine ggf. vorhandene Abtretung und

▷ die zu dieser Forderung gehörende Verzinsung

anzugeben.

⊃ **Hinweis:**

Erst wenn die Forderung vollständig erfasst wurde, sollte man sich mit der nächsten Hauptforderung sowie jeweils folgend mit deren Abtretung bzw. Verzinsung beschäftigen.

Die Verzinsung erfordert

▷ die Eingabe des Zinssatzes

▷ ggf. mit dem Zusatzhäkchen bei „Prozentpunkte über dem Basiszins"

▷ die Feststellung, ob des sich um jährliche, monatliche oder tägliche Verzinsung handelt (Regelfall: „jährlich")

▷ den zu verzinsenden Betrag (nur wenn abweichend von der Hauptforderung; zu versinsender Betrag darf in keinem Falle größer als die zu verzinsende Hauptforderung sein!)

▷ das Zinsbeginndatum („ab/vom") – wird hier nichts eingegeben, beginnt die Verzinsung mit dem Tage der Zustellung des Mahnbescheids –

▷ ggf. das Zinsendedatum („bis") – soweit dieses bereits feststeht; in der Regel bleibt das Feld leer, damit die Verzinsung bis zur Schuldenbegleichung andauert –

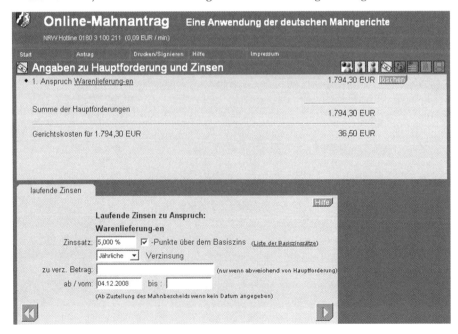

Die Betätigung des „weiter"-Schalters führt erneut zur Abfrage, womit die Eintragung nun fortgesetzt werden soll:

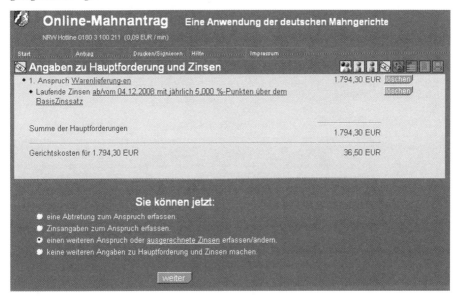

Im oberen – hell unterlegten – Feld werden nun bereits die vorherigen Eintragungen von Hauptforderungen und Zinsangaben dokumentiert. Soll nun also eine weitere Forderung eingegeben werden, wird die dritte Option gewählt („einen weiteren Anspruch oder ausgerechnete Zinsen erfassen/ändern"). Dann öffnet sich wieder das bekannte Fenster zur Eingabe einer (weiteren) Hauptforderung, das nun mit den neuen Daten der nächsten Forderung auszufüllen ist:

B. Automatisiertes gerichtliches Mahnverfahren (AuGeMa)

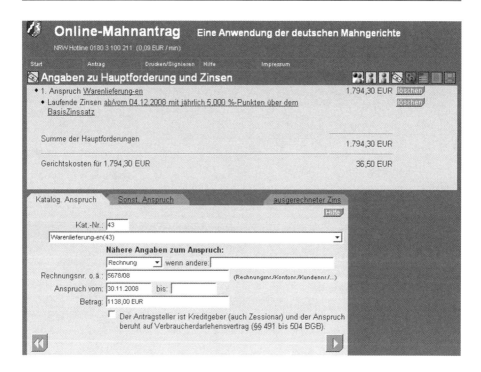

Die Betätigung des „Weiter-Schalters" führt wieder zu Abfrage, womit die Eintragung nun fortgesetzt werden soll:

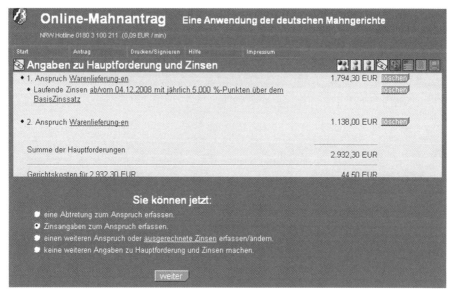

Im oberen – hell unterlegten – Feld werden nun bereits wieder alle bisher angegebenen Angaben von Hauptforderungen und Zinsen dokumentiert. Soll nun also auch die zweite Forderung verzinst werden, gilt jetzt die dritte Option („Zinsangaben zum Anspruch erfassen") und Betätigung des „weiter"-Schalters. Dann öffnet sich wieder das bekannte Fenster zur Eingabe der Zinsen zur zuletzt erfassten Hauptforderung (in nachstehender Maske bereits vervollständigt):

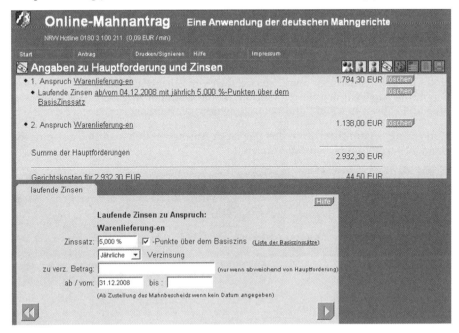

Und wieder verlässt man das Feld über den „Weiter-Schalter" der zur bekannten Zwischenauswahl führt:

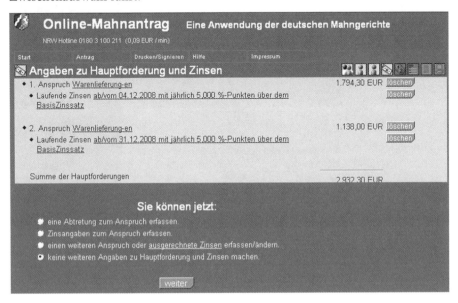

Im oberen, hell unterlegten Fenster sind nun alle eingegebenen Hauptforderungen und deren Verzinsung ersichtlich.

⊃ **Hinweis:**

Gibt man mehr als zwei Forderungen mit Verzinsung ein, reicht der Platz in dem hell unterlegten Fensterteil nicht aus. Es erscheint dann am rechten Rand ein „Scroll-Balken", den man nach unten verschieben kann, um alle Angaben der Reihe nach anschauen zu können.

Sind nun alle Forderungs- und Zinsangaben vervollständigt, verlässt man diesen Teil durch Auswahl der vierten Option „keine weiteren Angaben zu Hauptforderung und Zinsen machen" und Betätigung des „Weiter-Schalters".

Man gelangt so unmittelbar in den nächsten Antragsbereich, nämlich zur Eingabe von „Auslagen und Nebenforderungen":

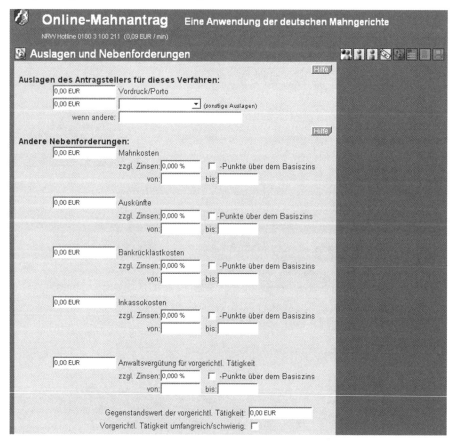

III. Allgemeine Ausfülltipps und -tricks

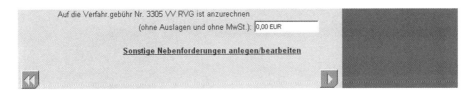

Hier besteht die Möglichkeit in den linksbündig angebrachten Betragsfeldern:

▷ als Auslagen
  ▷ Vordruck/Porto-Kosten und/oder
  ▷ Sonstige Auslagen (entweder über das Ausklappmenüfeld – Pfeil am rechten Feldrand – auswählen oder in das darunter befindliche Feld eintragen)

oder

▷ Als Nebenforderungen
  ▷ Mahnkosten,
  ▷ Auskünfte,
  ▷ Bankrücklastkosten,
  ▷ Inkassokosten und/oder
  ▷ Anwaltsvergütung für vorgerichtliche Tätigkeit
    ▷ ggf. mit Angabe eines vorgerichtlich abweichenden Streitwertes
    ▷ ggf. mit der Versicherung, dass die Angelegenheit vorgerichtlich umfangreich und schwierig war
    (nur als Begründung für eine vorgerichtliche Anwaltsvergütung von **mehr** als 1,3 RVG-Gebühren!)
    ▷ immer mit Angabe des auf die Mahnverfahrensgebühr gem. Nr. 3305 KV RVG anzurechnenden Gebührenteils (ohne Mwst. und Auslagen)

einzutragen.

⊃ **Hinweis:**

Weitere Informationen zur Problematik der Anrechnung der vorgerichtlichen Anwaltsvergütung mit Berechnungsanleitungen und Beispielen finden Sie im Kap. B.IV.3.f), S. 105 ff.

Bei den Nebenforderungen kann zusätzlich (jeweils rechts neben der Nebenforderung) auch eine Verzinsung angegeben werden. Allerdings müssen ggf. die Voraussetzungen der Verzinsung auch geben sein, was im Einzelfall zu prüfen ist!

B. Automatisiertes gerichtliches Mahnverfahren (AuGeMa)

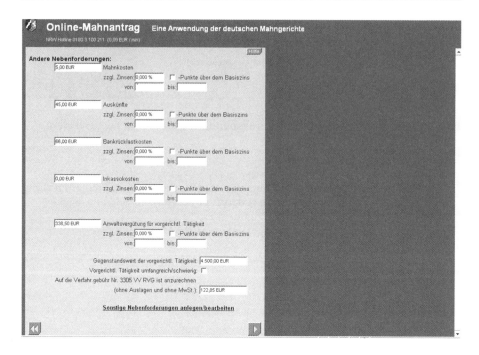

Sofern – neben den vorgegebenen Nebenforderungen weitere Nebenforderungen geltend zu machen sein sollten, ist dies am Ende der Seite unter „Sonstige Nebenforderungen anlegen/bearbeiten" möglich. Ansonsten verlässt man den Bericht Auslagen/ Nebenforderungen über den „weiter"-Schalter, wodurch man automatisch zur Anzeige des vom Programm eigenständig ermittelten Prozessgerichts gelangt:

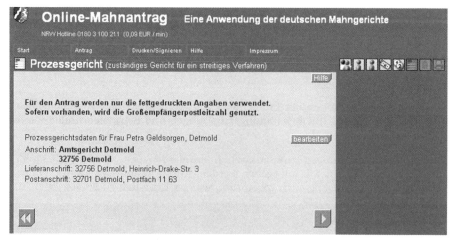

Ggf. notwendige Änderungen nimmt man hier über den „bearbeiten"-Schalter vor, üblicherweise dürfte aber der vom Programm ermittelte „allgemeine" oder „aus-

III. Allgemeine Ausfülltipps und -tricks

schließliche" Gerichtsstand zutreffend sein. Somit wären Änderungen in der Regel nicht erforderlich und man kann unmittelbar mit dem „weiter"-Schalter zur nächsten Seite gehen:

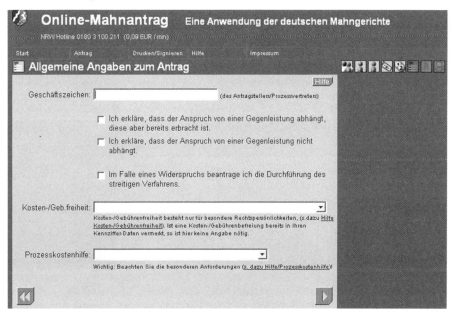

Hier sind einige allgemeine Angaben zu machen, wobei einige zwingend, die anderen freiwillig sind:

▷ eigenes Geschäftszeichen (freiwillig)
▷ Gegenleistungsmerkmal (eine von beiden Angaben muss zutreffen und mit einem Häkchen versehen werden, vgl. Kap. B.IV.8., S. 116ff.):
  ▷ „Ich erkläre, dass der Anspruch von einer Gegenleistung abhängt, die aber bereits erbracht ist."
  ▷ „Ich erkläre, dass der Anspruch von einer Gegenleistung nicht abhängt."
▷ Im Falle eines Widerspruchs wird die Durchführung des streitigen Verfahrens beantragt (freiwillig, vgl. Kap. B.IV.4., S. 109ff.)
▷ Kosten-/Gebührenfreiheit wird beantragt (nur soweit die Voraussetzungen vorliegen, z.B. bei Kommunen, Kirchen etc.)
▷ Prozesskostenhilfe wird beantragt (nur soweit die persönlichen und wirtschaftlichen Voraussetzungen vorliegen, und das Mahnverfahren Erfolg verspricht; die persönlichen und wirtschaftlichen Verhältnisse sind auf dem entsprechenden Zusatzformular offen zu legen und durch entspr. Belege nachzuweisen).

Üblicherweise wird also hier nur das eigene Geschäftszeichen vermerkt, das zutreffende Gegenleistungsmerkmal markiert und – wenn man den Anspruch auch nach einem evtl. Widerspruch sicher weiterverfolgen will, die Durchführung des streitigen Verfahrens im Falle eines Widerspruchs beantragt.

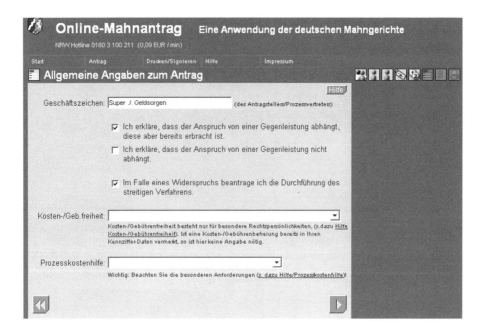

Auch hier geht es erst nach einem Klick auf den „weiter"-Schalter zur nächsten Eingabe, nämlich der Mitteilung der eigenen Bankverbindung an den Antragsgegner. Die Angabe ist zwar nicht zwingens, macht aber Sinn, da man doch immer davon ausgehen sollte, dass das Ziel des Mahnverfahrens letztlich doch die „freiwillige" Zahlung durch den Antragsgegner sein sollte. Um eine evtl. Zahlung in Folge des Mahnbescheids zu erleichtern, ist die Mitteilung der Bankverbindung also unbedingt anzuraten:

III. Allgemeine Ausfülltipps und -tricks

Im Rahmen der Kontozuordnung in der untersten Zeile kann man hier auch bestimmen, ob es sich um das Konto des Prozessbevollmächtigten oder des Antragstellers handelt.

Dies war nun auch die letzte Angabe im Online-Mahnantrag. Nach Betätigung des „Weiter-Schalters" gelangt man nun in die Datenübersicht, in der man nochmals alle Eingaben überprüfen sollte:

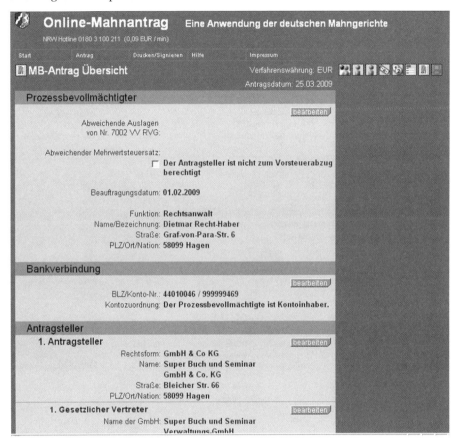

B. Automatisiertes gerichtliches Mahnverfahren (AuGeMa)

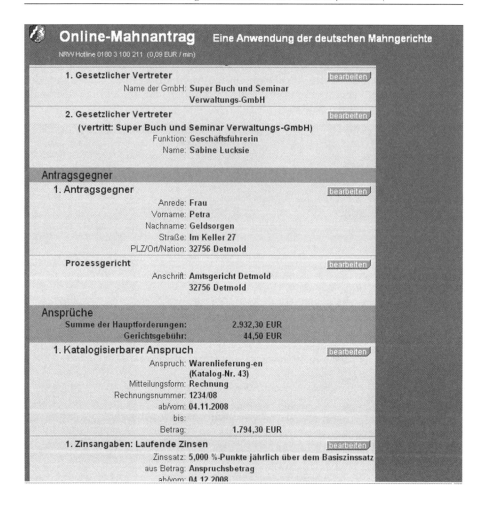

III. Allgemeine Ausfülltipps und -tricks

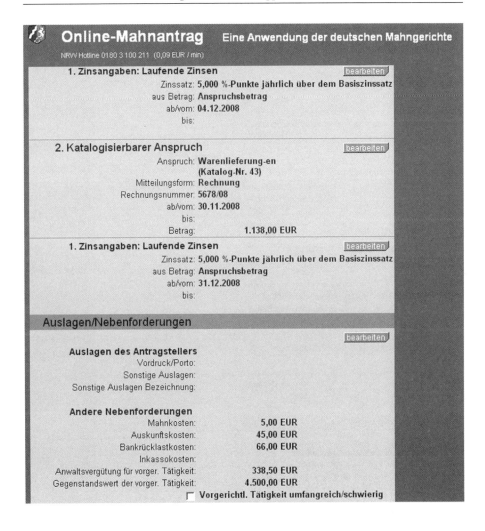

B. Automatisiertes gerichtliches Mahnverfahren (AuGeMa)

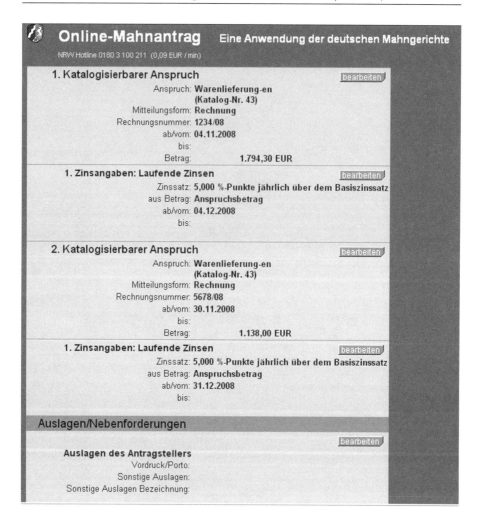

III. Allgemeine Ausfülltipps und -tricks

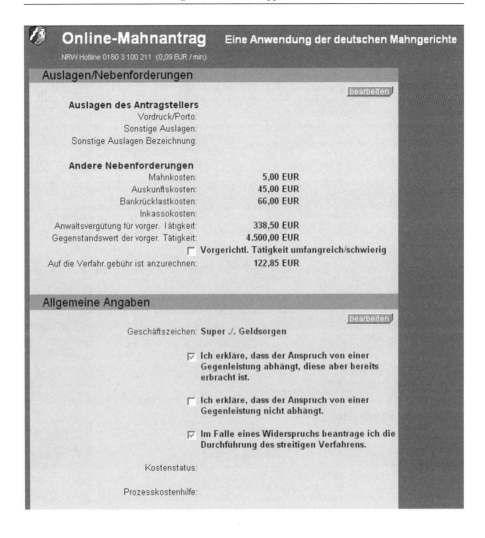

B. Automatisiertes gerichtliches Mahnverfahren (AuGeMa)

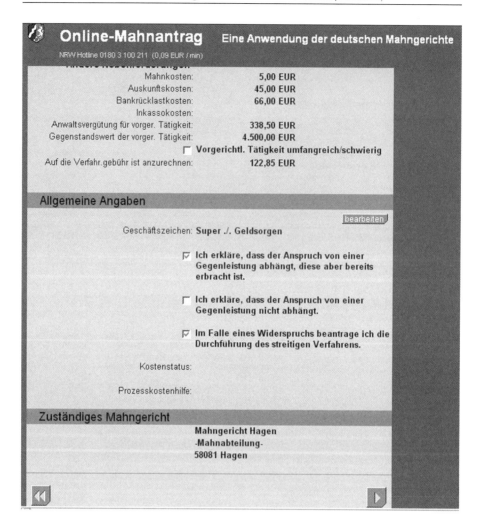

Fehler oder Warnungen würden in der Datenübersicht am Rand kenntlich gemacht. Sind alle Daten korrekt, gelangt man nach Betätigung des „Weiter-Schalters" zur Seite „Drucken/Signieren".

III. Allgemeine Ausfülltipps und -tricks

Soll nun der Barcodeausdruck erfolgen, sollte man unbedingt vorher die „Hinweise zum Barcode-Druck" lesen und beachten. Die Hinweise werden nach einem Mausklick auf auf den unterstrichenen Text angezeigt:

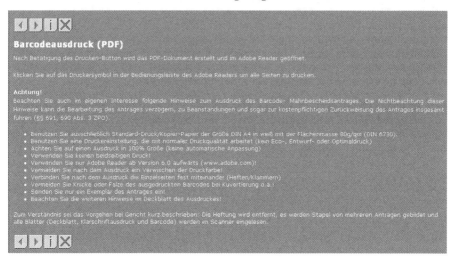

◯ **Wichtig:**

Die Beachtung der hier jeweils aktuell angezeigten Bedingungen ist unverzichtbar. Werden die sehr strengen Barcode-Druck-Vorgaben nicht beachtet, kann dies zur Unzulässigkeit und Zurückweisung des Mahnbescheidsantrags führen!

Wurden die Bedingungen gelesen (und beachtet) kann das Hinweisfeld mit einem Mausklick auf das „X" unten rechts wieder verlassen und zur Drucken-Seite zurückgekehrt werden. Hier bestätigt man nun mit einem Mausklick und dem

Bestätigungshäkchen, dass man die Druckvorgaben gelesen hat und beachten wird. Schließlich muss jetzt noch das Feld „Drucken" angeklickt werden:

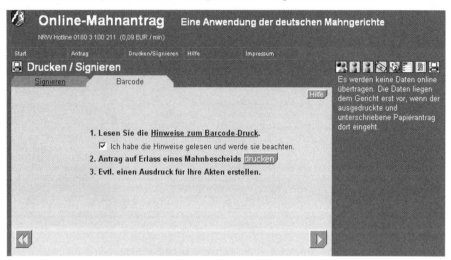

Jetzt öffnet sich das Programm Adobe Reader und zeigt den fertigen Barcode Mahnantrag an. Der Barcode-Mahnbescheidsantrag ist eine besondere Antragsform des elektronischen Datenaustauschs (vgl. vorstehendes Kap., S. 36 ff.). Er wird erst wirksam, wenn der vollständige Ausdruck beim Mahngericht auf Papier eingeht und ist nur zulässig, wenn seine speziellen Regeln beachtet werden. Ein Verstoß hiergegen kann die Bearbeitung des Antrags verzögern oder zur Beanstandungen oder Zurückweisung des Antrags führen (§§ 691, 690 ZPO).

Der Barcode-Antrag besteht immer aus einem Deckblatt (Seite 1), dem Kontrollausdruck der Daten in Klarschrift (Seite 2 und ggf. weitere) sowie dem darauf folgenden Barcode-Ausdruck, der sich ebenfalls über mehrere einzelne Blöcke auf einer Seite bzw. auch über mehrere Seiten erstrecken kann.

III. Allgemeine Ausfülltipps und -tricks

Antrag auf Erlass eines Mahnbescheids   - Deckblatt -   Seite 1 von 4
    Super Buch und Seminar GmbH & Co. KG
gegen   Petra Geldsorgen
- maschinell lesbarer Antrag für das automatisierte Verfahren -   001 BARC0001 698777 8E64054

B

An das
Mahngericht Hagen
- Zentrale Mahnabteilung -
58081 Hagen

25.03.2009

Ich beantrage, aufgrund der im beigefügten Barcode verschlüsselten Daten einen Mahnbescheid zu erlassen und in diesen die Kosten des Verfahrens aufzunehmen. Die unten aufgeführten Hinweise des Gerichts habe ich beachtet.

Absender (Antragsteller / ges. Vertreter / Prozessbevollmächtigter):

Rechtsanwalt
Dietmar Recht-Haber
Graf-von-Para-Str. 6
58099 Hagen

Ordnungsgemäße Bevollmächtigung versichere ich.

--------------------------------- -------------------------------- ---
Ort   Datum   Unterschrift des Antragstellers/Vertreters/Prozessbevollm.

Hinweise des Gerichts:

1. Dieses Anschreiben muss unterschrieben und zusammen mit dem Kontrollausdruck (Seiten 2 bis 3) sowie dem anschließenden Barcode-Ausdruck (Seiten 4 bis 4) beim zuständigen Mahngericht eingereicht werden. Die Übermittlung des Antrags per Fax oder E-Mail ist unzulässig. Verwenden Sie zum Druck ausschließlich weißes Standardpapier der Größe DIN A 4 (80g/qm) und versenden Sie die Unterlagen, ohne sie zu knicken.

2. Die rechts oben angegebene Nummer (001 BARC0001 698777 8E64054) muss auf allen Seiten identisch sein, der Antrag darf nur aus 4 Seiten bestehen. Nachträgliche Ergänzungen, Veränderungen oder Streichungen des Textes oder Barcodes sind unzulässig. Bei erforderlichen Änderungen geben Sie bitte die Daten neu ein und drucken den Antrag für das Gericht erneut aus.

3. Ist eine Druckseite fehlerhaft gedruckt, verschmutzt oder nicht lesbar, so drucken Sie bitte den gesamten Antrag erneut aus.

4. Beachten Sie auch die Hinweise in der Internetanwendung www.online-mahnantrag.de zu Papier, Druck und Versand.

Die Nichtbeachtung der Hinweise gefährdet die maschinelle Lesbarkeit (§ 690 Abs. 3 ZPO) und kann damit die Bearbeitung des Antrags verzögern, zu Beanstandungen oder zur Zurückweisung führen (§ 691 ZPO).

Antrag auf Erlass eines Mahnbescheids   Seite 1

B. Automatisiertes gerichtliches Mahnverfahren (AuGeMa)

Antrag auf Erlass eines Mahnbescheids　　　　　　　　　　　**Seite 2 von 4**

　　　　Super Buch und Seminar GmbH & Co. KG
gegen　Petra Geldsorgen
- maschinell lesbarer Antrag für das automatisierte Verfahren -　　　　001 BARC0001 698777 8E64054

　　　　　　　　Verfahrenswährung: **EUR**

Prozessbevollmächtigter
　　　　　Beauftragungsdatum: **01.02.2009**
　　　　　　　　　　Funktion: **Rechtsanwalt**
　　　　　　Name/Bezeichnung: **Dietmar Recht-Haber**
　　　　　　　　　　　Straße: **Graf-von-Para-Str. 6**
　　　　　　　　PLZ/Ort/Nation: **58099 Hagen**

Bankverbindung
　　　　　　　　BLZ/Konto-Nr.: **44010046 / 999999469**
　　　　　　　Kontozuordnung: **Der Prozessbevollmächtigte ist Kontoinhaber.**

Antragsteller
　1. Antragsteller
　　　　　　　　　　Rechtsform: **GmbH & Co KG**
　　　　　　　　　　　　Name: **Super Buch und Seminar**
　　　　　　　　　　　　　　　　GmbH & Co. KG
　　　　　　　　　　　　Straße: **Bleicher Str. 66**
　　　　　　　　PLZ/Ort/Nation: **58099 Hagen**

　1. Gesetzlicher Vertreter
　　　　　　　　Name der GmbH: **Super Buch und Seminar**
　　　　　　　　　　　　　　　　Verwaltungs-GmbH

　2. Gesetzlicher Vertreter
　　(vertritt: Super Buch und Seminar Verwaltungs-GmbH)
　　　　　　　　　　　　Funktion: **Geschäftsführerin**
　　　　　　　　　　　　　　Name: **Sabine Lucksie**

Antragsgegner
　1. Antragsgegner
　　　　　　　　　　　　　Anrede: **Frau**
　　　　　　　　　　　　Vorname: **Petra**
　　　　　　　　　　　Nachname: **Geldsorgen**
　　　　　　　　　　　　Straße: **Im Keller 27**
　　　　　　　　PLZ/Ort/Nation: **32756 Detmold**
　Prozessgericht
　　　　　　　　　　　Anschrift: **Amtsgericht Detmold**
　　　　　　　　　　　　　　　　32756 Detmold

III. Allgemeine Ausfülltipps und -tricks

Antrag auf Erlass eines Mahnbescheids Seite 3 von 4
Super Buch und Seminar GmbH & Co. KG
gegen Petra Geldsorgen
- maschinell lesbarer Antrag für das automatisierte Verfahren -   001 BARC0001 698777 8E64054

Ansprüche
Summe der Hauptforderungen: **2.932,30 EUR**
1. Katalogisierbarer Anspruch
    Anspruch: **Warenlieferung-en**
    (Katalog-Nr. 43)
    Mitteilungsform: **Rechnung**
    Rechnungsnummer: **1234/08**
    ab/vom: **04.11.2008**
    Betrag: **1.794,30 EUR**

    1. Zinsangaben: Laufende Zinsen
        Zinssatz: **5,000 %-Punkte jährlich über dem Basiszinssatz**
        aus Betrag: **Anspruchsbetrag**
        ab/vom: **04.12.2008**

2. Katalogisierbarer Anspruch
    Anspruch: **Warenlieferung-en**
    (Katalog-Nr. 43)
    Mitteilungsform: **Rechnung**
    Rechnungsnummer: **5678/08**
    ab/vom: **30.11.2008**
    Betrag: **1.138,00 EUR**

    1. Zinsangaben: Laufende Zinsen
        Zinssatz: **5,000 %-Punkte jährlich über dem Basiszinssatz**
        aus Betrag: **Anspruchsbetrag**
        ab/vom: **31.12.2008**

Auslagen/Nebenforderungen
Andere Nebenforderungen
    Mahnkosten: **5,00 EUR**
    Auskunftskosten: **45,00 EUR**
    Bankrücklastkosten: **66,00 EUR**

Anwaltsvergütung vorger. Tätigkeit: **338,50 EUR**
Gegenstandswert vorger. Tätigkeit: **4.500,00 EUR**
Auf die Verfahr.gebühr Nr. 3305
    VV RVG ist anzurechnen: **122,85 EUR**

Allgemeine Angaben
    Geschäftszeichen: **Super ./. Geldsorgen**
Ich erkläre, dass der Anspruch von einer Gegenleistung abhängt, diese aber bereits erbracht ist.
Im Falle eines Widerspruchs beantrage ich die Durchführung des streitigen Verfahrens.

Zuständiges Mahngericht
    Mahngericht Hagen
    58081 Hagen

Antrag auf Erlass eines Mahnbescheids   Seite 3

Antrag auf Erlass eines Mahnbescheids	Seite 4 von 4
Super Buch und Seminar GmbH & Co. KG	
gegen Petra Geldsorgen	
- maschinell lesbarer Antrag für das automatisierte Verfahren -	001 BARC0001 698777 8E64054

001BARC00016987778E640540010020020 04

Vermerke des Gerichts:

Dezernat

Eingangsdatum (TT.MM.JJ)

Bearbeitungsdatum

Bearbeitungsschlüssel

Zusatzschl.

Betrag EUR (Schlüssel 16/17)

Früheres Eingangsdatum (Schl. 52)

Antrag auf Erlass eines Mahnbescheids — Seite 4

III. Allgemeine Ausfülltipps und -tricks

Ist ein Ausdruck fehlerhaft (z.B. verschmutzt, verwischt oder wegen Papierstau verzerrt oder stark zerknittert) oder nicht lesbar, muss der gesamten Antrag nochmals fehlerfrei und sauber neu ausgedruckt werden. Sind Antragsinhalte nach einem erfolgreichen Ausdruck noch zu ändern, müssen die Daten im Internet korrigiert oder vollständig neu eingegeben werden.

Stellt man den Fehler noch fest, während die Anwendung noch aktiv ist und hat man in der Zwischenzeit noch keinen neuen Antrag eingegeben, dann kann man einfach vom Programm Adobe Reader wieder zurück in die Eingabemasken des Online-Mahnantrags gehen, indem man den „Zurück"-Schalter

in der grünen Zeile unterhalb der Seitenüberschrift „Druckausgabe (PDF)" und unmittelbar oberhalb der Antragsanzeige betätigt:

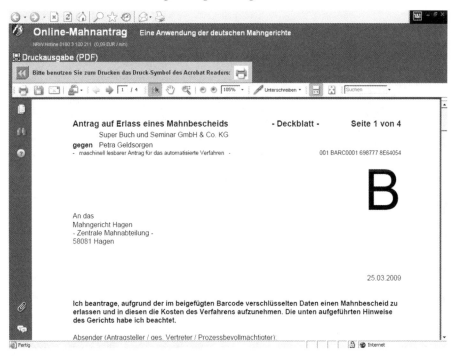

Man gelangt so wieder auf die Drucken/Signieren-Auswahlseite, über deren Menüzeile im Seitenkopf man dann auch gezielt unmittelbar den fehlerhaften Bereich (hier z.B. „Antragsgegner") ansteuern kann:

B. Automatisiertes gerichtliches Mahnverfahren (AuGeMa)

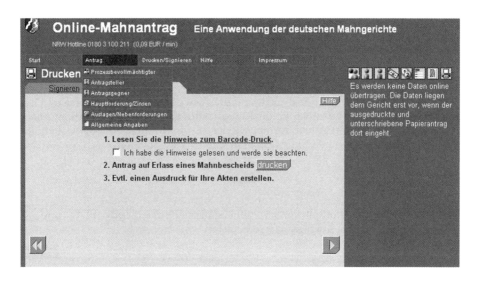

Es öffnet sich nun allerdings zunächst eine leere Antragsgegnerseite:

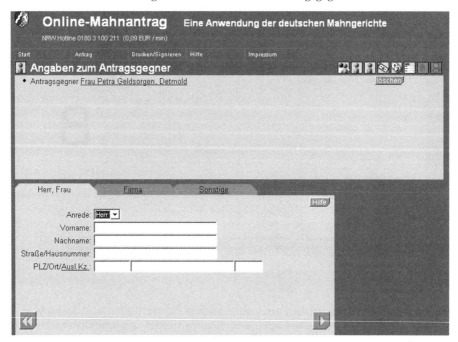

Zum Ändern der bereits eingegebenen Daten (z.B. Hausnummer „72" anstelle bisher „27") muss man nun die in der oberen Seitenhälfte angezeigten Antragsgegnerdaten durch Anklicken des unterstrichenen Textes wieder in die Eingabefelder holen:

III. Allgemeine Ausfülltipps und -tricks

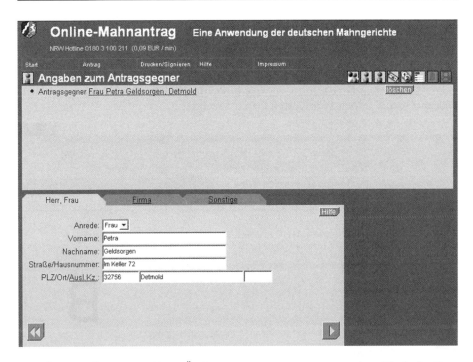

Jetzt können die notwendigen Änderungen vorgenommen werden. Nach der Korrektur muss die Eingabe auf der Seite unbedingt durch Anklicken des „weiter"-Schalters beendet werden. Das Programm aktualisiert damit dann den gesamten Antrag und stellt die schon von der ursprünglichen Antragseingabe bekannte Entscheidungsfrage:

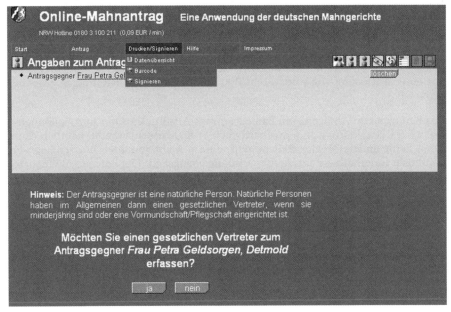

Hier muss man nun aber nicht alle weiteren Schritte erneut ausführen. Es genügt – wieder über das Menü im Seitenkopf – den Menüpunkt „Drucken/Signieren" mit der Unterauswahl „Dateiübersicht" (falls man nochmals nachkontrollieren will) oder unmittelbar mit der Auswahl „Barcode" wieder zur Drucken-Seite zu gelangen. Hier ist dann wieder das Lesen der Hinweise zu bestätigen und der „Drucken"-Schalter zu betätigen, bevor das Programm Adobe Reader den neuen Barcodeantrag mit seinen korrigierten Daten anzeigt:

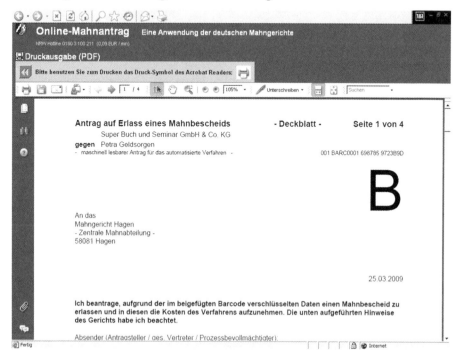

Sämtliche Seiten wären nun neu auszudrucken und nur der neue, korrekte Ausdruck beim Mahngericht einzureichen. Gedruckt werden sollte jeweils möglichst mit einer Auflösung von mindestens 300 dpi (in Druckereinstellungen auswählbar).

Das Beifügen von Anlagen zum Barcodeantrags-Ausdruck ist nur in Ausnahmefällen (z.B. PKH-Erklärung zu wirtschaftlichen Verhältnissen) erlaubt, nämlich dann, wenn keine andere Möglichkeit besteht, die im Mahnverfahren notwendigen Erklärungen innerhalb der Internetanwendung abzugeben. Der Barcode-Mahnantrag darf nicht per Fax oder E-Mail an das Mahngericht übersandt werden.

⊃ **Hinweis:**

Der Barcodeantrag wird von den Mahngerichten als Antrag im Wege des elektronischen Datenaustauschs gewertet. Bereits in der Begründung zum Entwurf des Zweiten Justizmodernisierungsgesetzes wird der Barcode-Mahnantrag als Not-Alternative für Rechtsanwälte im Zusammenhang mit der Nutzungsverpflichtung erwähnt:

„Die vorgeschlagene Neufassung des § 690 Abs. 3 ZPO verzichtet auf eine Härteklausel für besondere Fälle. Sie wäre in einem automatisierten Mahnverfahren nicht praktikabel. Zudem ist davon auszugehen, dass bis zum Inkrafttreten der Gesetzesänderung (...) das so genannte Barcodeverfahren entwickelt und überall einsetzbar sein wird. Bei diesem Verfahren wird mit Hilfe eines Internet-Formulars ein elektronischer Datensatz erstellt, im Barcodeformat auf Standardpapier ausgedruckt, unterschrieben und per Post an das zuständige Mahngericht übermittelt. Auch hierbei handelt es sich um einen Antrag in maschinell lesbarer Form im Sinne des § 690 Abs. 3 ZPO (Anm.: n.F. ab 1.12.2008). Die Daten werden vom Gericht über Scanner (ohne manuelle Nachbearbeitung) erfasst, in das Host-Verfahren eingespielt und weitgehend automatisiert bearbeitet. Der Antragsteller benötigt für die Antragstellung nur einen PC mit Internetanschluss und einen Drucker. Beides wird regelmäßig vorhanden sein; notfalls stehen öffentliche Nutzerplätze zur Verfügung. Rechtsanwälte würden also nicht zur Anschaffung einer Signaturkarte mit Lesegeräte gezwungen, sondern könnten auf diese Form des elektronischen Datenaustauschs ausweichen."

⊃ **Hinweis:**

Zur alternativen Möglichkeit der signierten Online-Übersendung vergl. Kap. B.III.5., S. 36ff. und C.

IV. Formular für den Antrag auf Erlass eines Mahnbescheids

Neben der Online-Antragstellung (vgl. Kap. B.III.5.b, S. 38 ff.) ist der amtliche Vordruck „Antrag auf Erlass eines Mahnbescheids" die eigentlich klassische Antragsform. Allerdings darf dieser Vordruck seit dem 1.12.2008 nur noch von natürlichen oder juristischen Personen (also Menschen, Unternehmen und Organisationen) verwendet werden, die nicht Rechtsanwälte oder registrierte Inkassodienstleister sind.

Der Vordruck zur Beantragung eines Mahnverfahrens bei einem zentralen Mahngericht besteht grundsätzlich aus 2 Seiten und gliedert sich dabei in folgende Bereiche:

Information	Seite	Zeile/n
allgemeine Verwaltungsinformationen	1	1
Antragsteller und Antragsgegner	1	2–31
Hauptforderungen, Nebenforderungen, Auslagen	2	32–44
Informationen zum streitigen Verfahren	2	45
Prozessbevollmächtigter und Bankverbindung	2	46–49
Zusatzangaben bei Verbraucherdarlehensverträgen gem. §§ 491 bis 504 BGB	2	50
Geschäftszeichen des Antragstellers bzw. Prozessbevollmächtigten	2	51
Ort des Mahngerichts (links) und Unterschrift (rechts)	2	53

Der Vordruck besitzt einen hellgrünen Hintergrund und dunkelgrüne Feldumrandungen. Die Eintragungsfelder haben einen weißen Feldhintergrund.

Die Vordrucke enthalten in aller Regel ein „Fassungsdatum" das zur Feststellung der Gültigkeit der Vordrucke von besonderer Bedeutung ist. Zurzeit (Stand

1.7.2009) sind nur noch die Vordrucke mit dem Fassungsdatum 1.1.2009 gültig. Diese neue Vordruckversion gibt es als Spätfolge des Inkrafttretens des 2. Justizmodernisierungsgesetzes sowie des Rechtsdienstleistungsgesetzes (RDG) da in diesem Zusammenhang letzlich der Vordruckverbot für Rechtsanwälte und registrierte Inkassodienstleister seit dem 1.12.2008 geregelt wurde. – Allerdings bieten diese Formulare nur wenige Neuerungen (z.B. Versionskennung „B" in Zeile1, Anpassung der Anredemerkmale in Zeile 46 und Wegfall der Entscheidungsfrage zum Gegenleistungsmerkmals und Ersetzung dieser Erklärung durch einen festen Antragstext in der Zeile 52). Für die Alt-Version „A" (1.5.2007) wurde eine halbjährige Aufbrauchfrist bis zum 30.6.2009 vorgesehen, die inzwischen abgelaufen ist. Aktuelle Informationen zu den jeweils gültigen Antragsvordrucken finden Sie im Internet unter *www.mahnverfahren-aktuell.de*.

Die im Vordruck verwendeten Grüntöne sind von der Koordinierungsstelle für das Mahnverfahren verbindlich festgelegt. Alle Vordruckverlage sind verpflichtet, genau diese definierten Farben zu verwenden. Die Einhaltung dieser Farbvorschriften ist für die zentralen Mahngerichte deshalb so wichtig, weil die Hintergrundfarben im Rahmen der Scanning-Datenerfassung herausgefiltert werden. Deshalb darf beim handschriftlichen Ausfüllen eines Antrags auf Erlass eines Mahnbescheids auch niemals ein grüner Stift verwendet werden – die Daten würden verloren gehen! Dasselbe gilt übrigens auch für die Stiftfarbe, mit der der Vordruck unterschrieben wird, vgl. Kap. B.III.1. Datenerfassung von Formularen beim Gericht, S. 22 ff.

Hinsichtlich der Antragsformate existieren inzwischen fast nur noch Vordrucke im DIN A 4 (selten auch noch im 12-Zoll)-Format. Die beiden Vordruckseiten können auf einem Blatt als Vorder-/Rückseite, endlos auf zwei aneinander hängenden Blättern oder auf zwei getrennten Blätter gedruckt sein. Die Proportionen, Feldgrößen und -abstände sind ebenfalls streng definiert und müssen unbedingt eingehalten werden.

Aus diesem Grunde werden vom Antragsteller oder Prozessbevollmächtigten selbst hergestellte Farbkopien oder Farbausdrucke gescannter Mahnbescheidsanträge von den Mahngerichten – sobald es auffällt – beanstandet.

⊃ **Praxishinweis:**

Auch im Internet gibt es Seiten, die einen – evtl. sogar farbigen – Ausdruck der Mahnbescheidsantragsvordrucke anbieten. Diese „Vordrucke" werden – nach dem momentanen Stand der Rechtsprechung – von den Mahngerichten nicht anerkannt.

Nicht zu verwechseln ist das natürlich mit dem justizeigenen Internet-Angebot, das im Internet ein Druckprogramm anbietet, mit dessen Hilfe man die über den PC eingegebenen Daten – nach einigen Plausibilitätsüberprüfungen – entweder in das im Papierfach des heimischen Druckers liegende amtliche Antragsformular oder als Barcodeantrag auf weißes Blanko-Papier druckt (vgl. auch *www.online-mahnantrag.de*).

Aus drucktechnischen Gründen erfolgt die nachstehende Abbildung des Antragsvordrucks in Schwarz-Weiß:

IV. Formular für den Antrag auf Erlass eines Mahnbescheids

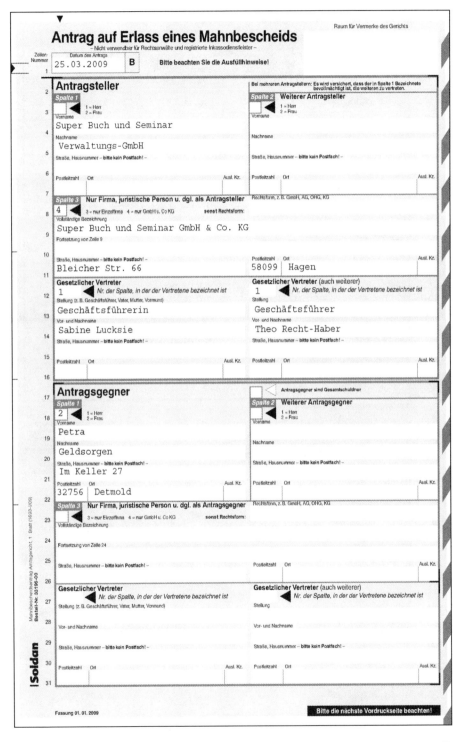

B. Automatisiertes gerichtliches Mahnverfahren (AuGeMa)

Bezeichnung des Anspruchs

I. Hauptforderung – siehe Katalog in den Hinweisen –

Zeilen-Nummer	Katalog-Nr.	Rechnung/Aufstellung/Vertrag oder ähnliche Bezeichnung	Nr. der Rechng./des Kontos u. dgl.	Datum bzw. Zeitraum (TT.MM.JJ) vom	bis	Betrag EUR
32	43	Rechnung	1234/08	04.11.08		1794,30
33	43	Rechnung	5678/08	30.11.08		1138,00
34						
35	Postleitzahl	Ort als Zusatz bei Katalog-Nr. 17, 19, 20, 90		Ausl. Kz.	Vertragsart als Zusatz bei Katalog-Nr. 28	-Vertrag

Sonstiger Anspruch – nur ausfüllen, wenn im Katalog nicht vorhanden – mit Vertrags-/Lieferdatum/Zeitraum vom ... bis ...

36						
37	Fortsetzung von Zeile 36			vom	bis	Betrag EUR

Nur bei Abtretung oder Forderungsübergang:
Früherer Gläubiger – Vor- und Nachname, Firma (Kurzbezeichnung)   Datum   Seit diesem Datum ist die Forderung an den Antragsteller abgetreten/auf ihn übergegangen.

38						
39				Postleitzahl	Ort	Ausl. Kz.

IIa. Laufende Zinsen

	Zeilen-Nr. der Hauptforderung	Zinssatz %	oder % Punkte über Basiszinssatz	1 = jährl. 2 = mtl. 3 = tägl.	Betrag EUR nur angeben, wenn abweichend vom Hauptforderungsbetrag	Ab Zustellung des Mahnbescheids, wenn kein Datum angegeben. ab oder vom	bis
40	32	5,00		1		04.12.08	
41	33	5,00		1		31.12.08	
42							

IIb. Ausgerechnete Zinsen
Gemäß dem Antragsgegner mitgeteilter Berechnung für die Zeit
vom   bis   Betrag EUR

III. Auslagen des Antragstellers für dieses Verfahren
Vordruck/Porto Betrag EUR   Sonstige Auslagen Betrag EUR   Bezeichnung

43							

IV. Andere Nebenforderungen

	Mahnkosten Betrag EUR	Auskünfte Betrag EUR	Bankrücklastkosten Betrag EUR	Inkassokosten Betrag EUR	Anwaltsvergütung für vorgerichtl. Tätigkeit Betrag EUR	Sonstige Nebenforderung Betrag EUR	Bezeichnung
44	5,00	45,00	66,00				

Ein streitiges Verfahren wäre durchzuführen vor dem

45	1	1 = Amtsgericht 2 = Landgericht 3 = Landgericht - KfH 8 = Amtsgericht - Familiengericht 6 = Sozialgericht	Postleitzahl 32756	Ort Detmold	X	Im Falle eines Widerspruchs beantrage ich die Durchführung des streitigen Verfahrens.

Prozessbevollmächtigter des Antragstellers

	3 = Rechtsbeistand 4 = Herr, Frau 9 = Verbraucherzentrale, -verband	Betrag EUR	Ordnungsgemäße Bevollmächtigung versichere ich. Bei Rechtsbeistand: Anstelle der Auslagenpauschale (Nr. 7002 VV RVG) werden die nebenstehenden Auslagen verlangt, deren Richtigkeit versichert wird.	Der Antragsteller ist nicht zum Vorsteuerabzug berechtigt.
46	Vor- und Nachname/Bezeichnung			
47	Straße, Hausnummer - bitte kein Postfach! -		Postleitzahl Ort	Ausl. Kz.
48	IBAN oder: Bankleitzahl 44010046	Konto-Nr. 999999469	BIC (Bank Identifier Code)	
49				

Von Kreditgebern (auch Zessionar) zusätzlich zu machende Angaben bei Anspruch aus Verbraucherdarlehensvertrag (§§ 491 bis 504 BGB):

	Zeilen-Nr. der Hauptforderung	Vertragsdatum	Effektiver Jahreszins	Zeilen-Nr. der Hauptforderung	Vertragsdatum	Effektiver Jahreszins	Zeilen-Nr. der Hauptforderung	Vertragsdatum	Effektiver Jahreszins
50									

Geschäftszeichen des Antragstellers/Prozessabevollmächtigten

| 51 | |

An das
Amtsgericht
– Mahnabteilung –

Ich erkläre, dass der Anspruch von einer Gegenleistung abhängt, die bereits erbracht wurde oder nicht von einer Gegenleistung abhängt.
Ich beantrage, einen Mahnbescheid zu erlassen und in diesen die Kosten des Verfahrens aufzunehmen.

| 52 | |
| 53 | Postleitzahl, Ort |

Unterschrift des Antragstellers/Vertreters/Prozessbevollmächtigten

Redt - Hder

Fassung 01.01.2009

IV. Formular für den Antrag auf Erlass eines Mahnbescheids

⊃ **Hinweis:**

Nachfolgend sollen nun die Besonderheiten der einzelnen Bereiche des Formulars erläutert werden. Für Rechtsanwälte und registrierte Inkassodienstleister gilt zwar ein Vordruckverwendungsverbot, jedoch gelten die grundsätzlichen Erläuterungen und Prüfungsroutinen der Gerichte im Online-Mahnantrag und den per elektronischen Datenaustausch übermittelten Anträgen aus Fachsoftwareprodukten gleichermaßen. Aus diesem Grunde werden in den nachfolgenden Erläuterungen auch Themen behandelt, die im Formular gar nicht mehr unmittelbar problematisiert zu werden brauchten (z.B. Anrechnung der vorgerichtlichen Anwaltsvergütung). Wie berits vorn dargestellt, ist der Antragsvordruck die Basis des gesamten – auch elektronischen – Verfahrens und dient daher hier als Erläuterungsgrundlage für alle Antragsformen.

1. Allgemeine Verwaltungsinformationen (1. Seite, Zeile 1)

Der Mahnbescheidsantrag beginnt mit einer Kopfzeile, in der sich

- das Feld für die Eintragung des Antragsdatums (links) und
- der Raum für Vermerke des Gerichts (rechts)

befinden.

Das Datumsfeld ist weiß hinterlegt und wird vom Mahngericht hinsichtlich des Antragsdatums ausgewertet. Relevant für die gerichtliche Bearbeitung ist grundsätzlich natürlich allein das Datum des Antragseingangs bei dem zuständigen Mahngericht. Allerdings hat man die Erfahrung gemacht, dass, z.B. im Rahmen von Änderungen des Kostenrechts, u.U. auch das Datum der eigentlichen „Antragstellung" von Bedeutung sein kann.

Das Eingangsdatum wird – sofort nach Antragseingang – vom Mahngericht in den „Raum für Vermerke des Gerichts" eingestempelt. Gleichzeitig erhält hier jeder Antrag sofort eine Geschäftsnummer, die jedes Mahnverfahren eindeutig individualisiert (vgl. Tabelle im Kap. III.2., S. 24 ff.).

2. Antragsteller und Antragsgegner (1. Seite, Zeilen 2–31)

Auf der 1. Seite des Mahnbescheidsantrags befinden sich ansonsten nur noch Felder zur Bezeichnung der beteiligten Parteien, die im Mahnverfahren „Antragsteller" und „Antragsgegner" genannt werden. Für beide Parteiseiten steht ein nahezu identischer Raum zur Verfügung:

Zeile 2–16 = Antragstellerbereich,

Zeile 17–31 = Antragsgegnerbereich.

Beide Bereiche sind wiederum in Felder, zum Teil auch Spalten genannt, unterteilt, nämlich:

	Antragsteller	Antragsgegner
Spalte 1 (Zeile 2–7, links)	natürliche Person	
Spalte 2 (Zeile 2–7, rechts)	natürliche Person	
Spalte 3 (Zeile 8–11)	Firma, juristische Person oder dgl.	
gesetzlicher Vertreter (Zeile 12–16, links)	1. gesetzlicher Vertreter einer natürlichen oder juristischen Person	
gesetzlicher Vertreter (Zeile 12–16, rechts)	2. gesetzlicher Vertreter einer natürlichen oder juristischen Person	
Spalte 1 (Zeile 17–22, links)		natürliche Person
Spalte 2 (Zeile 17–22, rechts)		natürliche Person
Spalte 3 (Zeile 23–26)		Firma, juristische Person oder dgl.
gesetzlicher Vertreter (Zeile 27–31, links)		1. gesetzlicher Vertreter einer natürlichen oder juristischen Person
gesetzlicher Vertreter (Zeile 27–31, rechts)		2. gesetzlicher Vertreter einer natürlichen oder juristischen Person

Die im Mahnverfahren benötigten Daten sind auf Antragsteller- und -gegnerseite identisch. Prinzipiell benötigt man

- das Geschlecht (Herr, Frau) – zum Teil zur eindeutigen Klarstellung erforderlich, z.B. falls der Vorname nicht eindeutig ist –
- den Namen (bei natürlichen Personen mit ausgeschriebenen Vor- und Familiennamen) und
- die Anschrift (Straße, Hausnummer, Postleitzahl, Ort; keine Postfach- oder Großkundenanschriften)

Eine Besonderheit stellt im Antragsgegnerbereich das Ankreuzfeld in der Zeile 17 (Mitte) dar. Hier muss erklärt werden, ob mehrere angegebene Antragsgegner als Gesamtschuldner in Anspruch genommen werden.

⊃ **Hinweis:**

Gesetzliche Grundlagen in diesem Zusammenhang:

„§ 420 BGB

Schulden mehrere eine teilbare Leistung oder haben mehrere eine teilbare Leistung zu fordern, so ist im Zweifel jeder Schuldner nur zu einem gleichen Anteil verpflichtet, jeder Gläubiger nur zu einem gleichen Anteil berechtigt.

§ 421 BGB
Schulden mehrere eine Leistung in der Weise, dass jeder die ganze Leistung zu bewirken verpflichtet, der Gläubiger aber die Leistung nur einmal zu fordern berechtigt ist (Gesamtschuldner), so kann der Gläubiger die Leistung nach seinem Belieben von jedem der Schuldner ganz oder zu einem Teil fordern. Bis zur Bewirkung der ganzen Leistung bleiben sämtliche Schuldner verpflichtet.

§ 427 BGB
Verpflichten sich mehrere durch Vertrag gemeinschaftlich zu einer teilbaren Leistung, so haften sie im Zweifel als Gesamtschuldner.

§ 428 BGB
Sind mehrere eine Leistung in der Weise zu fordern berechtigt, dass jeder die ganze Leistung fordern kann, der Schuldner aber die Leistung nur einmal zu bewirken verpflichtet ist (Gesamtgläubiger), so kann der Schuldner nach seinem Belieben an jeden der Gläubiger leisten. Dies gilt auch dann, wenn einer der Gläubiger bereits Klage auf die Leistung erhoben hat."

Das kleine – fast unscheinbare – Ankreuzfeld entscheidet folglich später, ob die gegen mehrere Antragsgegner titulierten Ansprüche, nach Kopfteilen (Bruchteilen) verteilt, nur anteilig von jedem der Gegner verlangt werden können oder ob man den Gesamtbetrag von jedem der Gegner – insgesamt aber von allen nur ein Mal – fordern kann.

Was zunächst nebensächlich erscheint, gewinnt an Bedeutung, wenn einige Antragsgegner vermögend, andere Antragsgegner aber vermögenslos sind. Bei nicht gesamtschuldnerischer Haftung würde der Antragsteller später im Rahmen der Zwangsvollstreckung nur den Teil beitreiben können, der auf den vermögenden Antragsgegner entfiele und hinsichtlich des Rests „in die Röhre schauen". Hier gibt es also ein echtes Risiko. Haften dagegen mehrere Gegner als Gesamtschuldner, kann es dem Antragsteller gleich sein, ob sich darunter auch vermögenslose Gegner befinden, da seine titulierten Ansprüche von den vermögenden Antragsgegnern immer vollständig beglichen werden. Welche Ausgleichsansprüche Gesamtschuldner danach untereinander besitzen, kann dem Antragsteller dann eigentlich egal sein.

⊃ Hinweis:

Für den Antragstellerbereich gibt es im Formular zur Zeit keine Möglichkeit, die „Gesamtgläubigerschaft" zum Ausdruck zu bringen (vgl. Kap. VI.2. Ausfüllmuster, S. 125f.). Dies kann – lt. LG Detmold (Beschluss vom 11.12.2008, 3 T 277/08) dazu führen, dass der Vollstreckungsbescheid nicht vollstreckbar ist:

„Zu Recht hat das Amtsgericht den Antrag der Gläubiger auf Erlass eines Pfändungs- und Überweisungsbeschlusses vom 06.10.2008 zurückgewiesen. Der von ihnen beigebrachte Vollstreckungsbescheid des Amtsgerichts Hagen -07–2000374-0-7 - vom 27.11.2007 ist nicht vollstreckungsfähig. Sind – wie hier – in einem Titel auf Gläubigerseite mehrere Personen aufgeführt, so gehört zur erforderlichen Bestimmtheit des Titels auch, dass darin das Beteiligungsverhältnis klargestellt ist. Diesen Anforderungen genügt der von den Gläubigem erwirkte Vollstreckungsbescheid nicht. Ihm ist nicht zu entnehmen, ob den Gläubigern die titulierte Forderung als Teilgläubiger im Sinne des § 420 BGB, als Gesamtgläubiger im Sinne des § 428 BGB, gesamthänderisch als Mitgliedern einer Gesellschaft bürgerlichen Rechts oder gemeinschaftlich als Mitgliedern einer Bruchteilsgemeinschaft zusteht. Diese Zweifel lassen sich auch nicht im Wege der Auslegung beseitigen, da der Vollstreckungstitel dazu keine eindeutigen Anhaltspunkte liefert. Mit Recht hat das Amtsgericht in diesem Zusammenhang darauf hingewiesen, dass auch keine Vermutung für das Bestehen einer Gesamtgläubigerschaft besteht (vgl. dazu BGH, NJW 1984, S. 1357). Schließlich ist auch unerheblich, ob der Vordruck, mit dem die Gläubiger den Erlass des Mahnbescheids beantragten, die Möglichkeit vorsah, ihr Beteiligungsverhältnis zu bezeichnen oder nicht. (...)" – Problemlösung: vgl. 2. Muster, S. 125.

Sind der Antragsteller oder der Antragsgegner nicht selbst handlungsfähig, benötigt man zusätzlich auch noch die Daten der **gesetzlichen Vertreter**, und zwar grundsätzlich zumindest

▷ die Zuordnung – Welcher der in den Spalten 1, 2 oder 3 angegebenen Antragsteller bzw. -gegner wird gesetzlich vertreten? –
▷ die Funktion, z.B.
  - bei natürlichen Personen: „Vater", „Mutter", „Vormund", „Betreuer" etc.
  - bei Firmen und juristischen Personen: „Geschäftsführer", „Gesellschafter", „Komplementär", „Vorstand" etc.
  - den Namen (mit ausgeschriebenen Vor- und Familiennamen) – allerdings kann hier sogar auch auf die namentliche Bezeichnung verzichtet werden (vgl. nachstehenden Rechtsprechungshinweis).
  - die Anschrift – nur bei gesetzlichen Vertretern natürlicher Personen, Gesellschaften des bürgerlichen Rechts, Partnerschaften und Verwaltern von Wohnungseigentümergemeinschaften– (ggf. Straße, Hausnummer, Postleitzahl, Ort; keine Postfach- oder Großkundenanschriften).

⊃ **Rechtsprechungshinweis:**

„Eine namentliche Bezeichnung des gesetzlichen Vertreters einer juristischen Person als Antragsgegner ist nicht gefordert, vielmehr genügt die Kennzeichnung des Zustellungsadressaten durch die bloße Angabe der Organstellung."(BGH, Urt. v. 29.6.1993, Rpfleger 1993, 499)

Die richtige Eintragungsweise der unterschiedlichen natürlichen und juristischen Personen, Personenmehrheiten, Einzelfirmen, Personenhandelsgesellschaften und Parteien kraft Amtes entnehmen Sie bitte den Ausfüllmustern im speziellen, gleichnamigen Kapitel. Hierbei wurden zwar – auf der Basis des amtlichen Formulars – fast ausschließlich Eintragungsmuster auf Antrags**gegner**seite abgebildet, jedoch können nach denselben Regeln auch entsprechende Eintragungen in den Bereichen auf der Antrags**steller**seite gemacht werden. Alle Fachsoftwareprodukte bieten – genau wie der Online-Mahnantrag – regelmäßig vergleichbare Eintragungsfelder, so dass die Formular-Ausfüllmuster der „kleinste gemeinsame Nenner" aller Eintragungsmasken darstellen dürfte. Muster der Eintragungsmasken des Online-Mahnantrags finden Sie darüber hinaus im Kapitel B.III.5.b), S. 38 ff.

Wenn der im Vordruck vorgesehene Raum für die notwendigen Angaben nicht ausreicht (z.B. mehr als 2 natürliche Personen als Antragsteller/-gegner bzw. mehr als 3 Hauptforderungen), können die weiteren Antragsteller, -gegner, gesetzlichen Vertreter und Haupt- und Zinsforderungen auf einem Ergänzungsblatt eingetragen werden.

Die Reihenfolge und Systematik der Daten in dem Ergänzungsblatt sollte der des Originalvordrucks entsprechen. Außerdem sollten zur Kennzeichnung der Spalten, Zeilen und Felder dieselben Spaltennummern, Feldnamen und Abschnittsüberschriften verwendet werden. Das Ergänzungsblatt ist unbedingt fest mit dem Originalvordruck zu verbinden.

⊃ **Praxishinweis:**

Verwenden Sie als Ergänzungsblatt niemals einen farbigen Original-Mahnbescheidsantragsvordruck. Es droht insoweit eine getrennte Bearbeitung! Bitte nutzen Sie auch niemals die bei verschiedenen Originalantragsvordrucken vorhandenen grauen Antragsdurchschriften. Diese sind allein für Ihre Unterlagen bestimmt. Sofern Sie keine Durchschrift benötigen, kaufen Sie einfach Vordrucke ohne Durchschriften, denn diese sind i.d.R. ohnehin preiswerter. Und noch ein Tipp: Wer seinen Antrag nicht per Formular, sondern mit dem Online-Mahnantrag stellt, kann beliebig viele Daten eingeben ohne sich um Ergänzungsblätter kümmern zu müssen.

Einige Vordruckverlage geben zur Arbeitserleichterung für Vordruckantragsteller auch graue „amtliche Ergänzungsblätter" heraus, die aussehen wie kopierte Mahnbescheidsanträge und entsprechend viele und gleich strukturierte weitere Eingaben ermöglichen. Die Verwendung dieser Form der Ergänzungsblätter ist unbedingt empfehlenswert. Wenn bei Ihnen also häufiger das Platzangebot des Originalvordrucks nicht ausreicht und Sie sich nicht für den Online-Mahnantrag (z.B. Barcodeausdruck) entscheiden wollen, können Sie hiermit den meisten Problemen entgehen.

Reicht der Raum des Originalvordrucks und *eines* Ergänzungsblattes nicht aus, dürfen auch mehrere Ergänzungsblätter verwendet werden.

Soweit Sie die der Form des Barcode-Mahnbescheidsantrags nutzen, sind Ergänzungsblätter unzulässig. Allerdings bietet der Online-Mahnantrag ohnehin bereits die Möglichkeit, eine quasi unbegrenzte Zahl von Parteien, Forderungen und Zinsansprüchen einzugeben (vgl. Kap. III.4., S. 34 ff.).

3. Anspruchsbezeichnung/Haupt- und Nebenforderungen, Auslagen (2. Seite, Zeilen 32–44)

Gem. § 690 ZPO muss der Antrag auf Erlass eines Mahnbescheids enthalten:

„Die Bezeichnung des Anspruchs unter bestimmter Angabe der verlangten Leistung: Haupt- und Nebenforderungen sind gesondert und einzeln zu bezeichnen (...)".

Dementsprechend sieht bereits der Mahnbescheidsantrag im Rahmen der Anspruchsbezeichnung auch die Unterscheidung von

▷ Hauptforderungen,

▷ Zinsen,

▷ Auslagen und

▷ sonstigen Nebenforderungen

vor.

a) Hauptforderung

Die Hauptforderungsbezeichnung im automatisierten gerichtlichen Mahnverfahren ist sehr stark standardisiert. Hierbei werden als Minimalangaben zumindest

▷ der Anspruchsgrund,

▷ ein Datum (zumindest Vom-Datum) oder Zeitraum sowie
▷ die Betragsangabe

von den Mahngerichten gefordert. Da man aber damit rechnen muss, dass ein Mahnverfahren – infolge eines Widerspruchs oder Einspruchs – auch an das Prozessgericht abgegeben werden kann, darf man insoweit niemals die spezielleren Anforderungen der Prozessgerichte an eine „**vollständige**" Anspruchsbezeichnung aus den Augen verlieren. Die von den Mahngerichten akzeptierten Minimalangaben reichen nämlich den Prozessgerichten teilweise nicht aus.

Deshalb sollte die Möglichkeit der Spezifizierung der Anspruchsbezeichnung in den vorgesehenen Feldern mit den Überschriften

– Rechnung/Aufstellung/Vertrag oder ähnliche Bezeichnung und
– Nummer der Rechnung/des Kontos u. dgl.

unbedingt genutzt werden.

„Nach der ständigen Rechtsprechung des Bundesgerichtshofs unterbricht ein Mahnbescheid die Verjährung nur dann, wenn der geltend gemachte Anspruch nach § 690 Abs. 1 Nr. 3 ZPO hinreichend individualisiert worden ist. Er muss durch seine Kennzeichnung von anderen Ansprüchen so unterschieden und abgegrenzt werden, dass er Grundlage eines der materiellen Rechtskraft fähigen Vollstreckungstitels sein und der Schuldner erkennen kann, welcher Anspruch oder welche Ansprüche gegen ihn geltend gemacht werden, damit er beurteilen kann, ob und in welchem Umfang er sich zur Wehr setzen will (vgl. BGH, Urt. v. 5.12.1991 – VII ZR 106/91, WM 1992, 493, 494; v. 28.10.1993 – IX ZR 21/93, WM 1994, 33, 35; v. 18.5.1995 – VII ZR 191/94, WM 1995, 1413, 1414; v. 8.5.1996 – XII ZR 8/95, NJW 1996, 2152, 2153 und v. 30.11.1999 – VI ZR 207/98, WM 2000, 686, 687f.) Bei der Geltendmachung einer Mehrzahl von Einzelforderungen muss deren Bezeichnung im Mahnbescheid dem Beklagten ermöglichen, die Zusammensetzung des verlangten Gesamtbetrages aus für ihn unterscheidbaren Ansprüchen zu erkennen (vgl. BGH, Urt. v. 17.12.1992 – VII ZR 84/92, WM 1993, 418, 419)."
(BGH, Urt. v. 17.10.2000 – XI ZR 312/99, MDR 2001, 346)

Insbesondere das Zusammenfassen mehrerer Hauptforderungen – womöglich noch unter Verrechnung von einzelnen Teilzahlungen – stößt insoweit immer wieder auf Kritik. In Extremfällen führte dies immer wieder auch dazu, dass Forderungen, die – zwecks Verjährungsunterbrechung (siehe Kap. B.I.1. Fälligkeit, Verzug, vorgerichtliche Streitschlichtung, S. 5ff.) – im Mahnverfahren geltend gemacht wurden, mangels ausreichender Individualisierung des Anspruchs, als „nicht zur Verjährungsunterbrechung geeignet" bewertet wurden. Die Folge war die Verjährung des Anspruchs trotz rechtzeitiger Mahnantragstellung.

Welche zusätzlichen Angaben insoweit zur hinreichenden Individualisierung notwendig sind, lässt sich nicht allgemein festlegen. Die Art und der Umfang der erforderlichen Angaben hängen im Einzelfall vor allem von dem zwischen den Parteien bestehenden Rechtsverhältnis ab (BGH, Urt. v. 17.12.1992 – IX ZR 8/92, NJW 1993, 863 m.w.N.).

Selbst eine „sehr dürftige" Bezeichnung (hier konkret: „Forderung aus einem Werkvertrag/Werklieferungsvertrag") kann zur Individualisierung des Anspruchs genügen, wenn zwischen den Parteien keine (weiteren) rechtlichen Beziehungen bestanden (BGH, Urt. v. 6.12.2001 – VII ZR 183/00, Rpfleger 2002, 214).

Auch wenn Individualisierung keine Substantiierung im Sinne eines schlüssigen Klagevorbringens bedeutet, muss der Anspruch doch in seiner Eigentümlichkeit hervorgehoben und dadurch von anderen Ansprüchen unterschieden werden (LG Gießen, Urt. v. 25.1.1995 – 1 S 383/94, WM 1995, 588). Dazu gehört, dass in aller Regel auch Rechtsgrund und Datum des Kaufs, des Werkvertrages, der Bestellung, des Unfalls usw. angegeben werden (OLG Frankfurt, Urt. v. 22.3.1991 – 22 U 148/90, NJW 1991, 2091).

Im Falle einer Zusammenfassung mehrerer Einzelforderungen als Gesamtanspruch muss – außer der ziffernmäßigen Bestimmbarkeit des geltend gemachten Gesamtbetrages – darüber hinaus auch eine klare Abgrenzbarkeit der Einzelposten möglich sein, LG Gießen a.a.O. Der BGH verlangt, dass in diesem Falle deren Bezeichnung im Mahnbescheid dem Beklagten ermöglichen muss, die Zusammensetzung des verlangten Gesamtbetrages, aus für ihn unterscheidbaren Ansprüchen, zu erkennen (BGH v. 17.12.1992 – VII ZR 84/92, MDR 1993, 381).

Im Rahmen jedes Mahnverfahrens muss also absolut sichergestellt sein, dass der Schuldner erkennen kann, woraus der geltend gemachte Zahlungsanspruch hergeleitet wird. Hier kann und darf sich auch kein Antragsteller darauf berufen, dass es ihm – wegen der vorgegebenen Einschränkungen des Vordrucks – nicht möglich gewesen sei, den geltend gemachten Anspruch weiter zu konkretisieren. Auch im automatisierten Verfahren sind ergänzende Formulierungen möglich. Außerdem kann auf vorgerichtliche Mahnschreiben zur Konkretisierung des Anspruchs Bezug genommen werden (LG Köln, Urt. v. 30.9.1997 – 12 S 112/97, WM 1997, 632).

Auch ist es zulässig, dass ein Mahnbescheid sich auf eine bereits dem Schuldner zugestellte Aufschlüsselung bezieht (LG Bremen, NJW-RR 1991, 58, zitiert von LG Bielefeld, Urt. v. 4.12.1996 – 2 S 391/96, WM 1997, 112), wobei sich allerdings oft die Frage des Zugangsnachweises stellt, da z.B. selbst ein Einschreiben mit Rückschein nicht den Inhalt des Briefes (leerer Briefumschlag?) belegen kann. In jedem Falle muss der Anspruch nur mit einigen Stichworten bezeichnet und beziffert werden, wobei strenger Formblattzwang (§ 703c Abs. 2 ZPO) herrscht (LG Hagen, Beschl. v. 28.4.1998 – 3 T 293/98, n.v.).

„Nimmt der Gläubiger in einem Mahnantrag auf Rechnungen Bezug, die dem Mahngegner weder zugegangen noch dem Mahnbescheid als Anlage beigefügt sind, so sind die angemahnten Ansprüche nicht hinreichend bezeichnet, soweit sich ihre Individualisierung nicht aus anderen Umständen ergibt".(BGH-Urteil vom 10.7.2008 – IX ZR 160/07). Hieraus darf aber nicht geschlossen werden, dass der BGH womöglich grundsätzlich das Beifügen der Unterlagen zum Mahnbescheidsantrag befürwortet.. In seinen Gründen führt der BGH aus: „... Zur Bezeichnung des geltend gemachten Anspruchs kann auch auf Rechnungen oder andere Schriftstücke Bezug genommen werden. Stammen solche Schriftstücke, wie Unternehmerrechnungen, vom Gläubiger, so müssen sie dem Schuldner zugegangen sein. ... Stehen Gläubiger und Schuldner in vertraglichen Beziehungen, so ist es vielmehr regelmäßig keine Schwierigkeit, die Mahnforderung durch Angabe der Aufträge oder Bestellungen zu bezeichnen, also durch Willenserklärungen, die vom Schuldner herrühren. ... Rechnungen und andere einseitig vom Gläubiger erstellte Urkunden sind dagegen zur Bezeichnung von Forderungen gem. § 690 Abs. 1 Nr. 3 ZPO nur dann ohne Einschränkung geeignet, wenn ihr Zugang an den Schuldner außer Zweifel steht, so etwa, wenn der Schuldner gerade die Berechtigung der erhaltenen Rechnung bereits schriftlich bestritten hat. ..."

Gerade für Rechtsanwälte und registrierte Inkassodienstleister ist hier übrigens doppelte Vorsicht geboten! Beide Bevollmächtigte unterliegen der Verpflichtung der „nur maschinell lesbaren" Antragstellung gem. § 690 Abs. 3 S. 2 ZPO. In seinem Beschluss vom 12.2.2009 (08-5555627-05 N) hat das Amtsgericht Hagen in einem Fall, in dem der Prozessbevollmächtigte auf die Beifügung von Anlagen bestand, die Zurückweisung des Mahnbescheidsantrags wie folgt begründet:

„Der Antrag hat durch die beigefügten Anlagen, die in dem zu erlassenden Mahnbescheid Berücksichtigung finden sollen, den Charakter der nur maschinell lesbaren Form verloren und erscheint dem Gericht für seine maschinelle Bearbeitung nicht mehr geeignet. Zudem ist der durch einen Rechtsanwalt gestellte Antrag durch den Verlust der nur maschinell lesbaren Form unzulässig geworden. Das maschinelle Mahnverfahren stellt ein vereinfachtes Verfahren zur Erlangung eines Vollstreckungstitels dar. Dem Gläubiger soll ein einfacherer, kostengünstigerer und schnellerer Weg zur Durchsetzung seiner Forderungen ermöglicht werden. Nur die strengen Formvorgaben im Mahnverfahren ermöglichen den Gerichten eine weitestgehend maschinelle, schnelle und daher kostengünstige Verfahrensabwicklung. Jeder notwendige Eingriff in die automatisierten Verfahrensabläufe bedeutet Zeitverlust und manuellen Aufwand, den die Zentralen Mahngerichte – nicht zuletzt auch aus Kostengründen – nicht uneingeschränkt mehr in der Lage sind, zu erbringen. Die Verbindung von Anlagen mit dem Mahnbescheid ist im Rahmen der maschinellen Bearbeitung nicht möglich und läuft somit dem Grundgedanken des maschinellen Mahnverfahrens zuwider. ... Soweit der Bundesgerichtshof in seinem vorgenannten Urteil festgestellt hat, dass zur Bezeichnung des geltend gemachten Anspruchs auch auf Rechnungen oder andere Schriftstücke Bezug genommen werden kann und, dass diese Schriftstücke, sofern sie vom Gläubiger stammen, nur dann nicht dem Mahnbescheid beigefügt zu werden brauchen, wenn sie dem Schuldner bereits bekannt sind und damit die Möglichkeit der Beifügung von Anlagen zum Mahnbescheid zu suggerieren scheint, kann nicht davon ausgegangen werden, dass eine generelle Prüfung der Zulässigkeit von Anlagen im maschinellen Mahnverfahren erfolgt ist. ... Der Bundesgerichtshof macht in seinem Urteil keinerlei Ausführungen dazu, ob bei der Geltendmachung von Forderungen, bei denen die zu Grunde liegenden Schriftstücke, die vom Gläubiger stammen, gleichzeitig noch zuzustellen sind, das Mahnverfahren der geeignete Weg ist. Es dürfte weiter kaum davon auszugehen sein, dass der Bundesgerichtshof generelle abweichende Möglichkeiten der Forderungsbezeichnung aufzeigen wollte. Der Gläubiger, der sich die Vorzüge des gerichtlichen Mahnverfahrens zu Nutze machen will, muss sich notwendigerweise auch den Einschränkungen des Verfahrens unterwerfen (vgl. auch BGH, Urteil vom 21.10.2008 – XI ZR 466/07). Die Nutzung des gerichtlichen Mahnverfahrens setzt folglich für den Antragsteller und seinen verantwortungsbewussten Prozessbevollmächtigten die Beurteilung voraus, ob diese schnelle, kostengünstige und formalisierte Verfahrensform im Einzelfall überhaupt geeignet ist, den offen stehenden Anspruch in geeigneter Weise geltend zu machen. Kommt diese Prüfung im Vorfeld des Verfahrens zu dem Ergebnis, dass die formalen Möglichkeiten des Mahnverfahrens die Geltendmachung zu sehr einschränken, ist das Mahnverfahren offensichtlich nicht der geeignete Weg zur Geltendmachung dieser Forderung. Dass das Mahnverfahren insoweit nicht zur Verfügung steht, stellt im Einzelfall auch keine unangemessene Benachteiligung des Gläubigers dar, da es ihm insoweit frei steht – mit identischen Rechtsfolgen in Bezug auf die evtl. drohende Verjährung eines Anspruchs – das Klageverfahren zu beschreiten (§ 204 BGB i.V.m. § 167 ZPO). Das Mahngericht ist nicht befugt, die maßgeblichen Vorteile und Absichten der Verfahrensautomation zur Realisierung einer rationellen, schnellen und kostengünstigen Bearbeitung der Mahnverfahren für die Allgemeinheit wegen der vorgerichtlichen Versäumnisse einzelner Antragsteller innerhalb der Verjährungsfrist zu opfern. Insoweit dürfte davon auszugehen sein, dass dies auch nicht die Absicht des Bundesgerichtshofes in seiner Entscheidung vom 10.07.2008 war."

⊃ **Hinweis:**

Der BGH entschied darüber hinaus, dass ein rechtsfehlerhaft erlassener, nicht individualisierter Mahnbescheid die Verjährung auch dann nicht unterbricht, wenn die Individualisierung nach Ablauf der Verjährungsfrist im anschließenden Streitverfahren nachgeholt wird.

Das AG Wuppertal ging in seinem Urteil vom 22.3.1989 (91 C 475/88, MDR 1990, 437) sogar noch einen Schritt weiter. Für den Fall, dass der Anspruch im Mahn- und Vollstreckungsbescheidsantrag nicht ausreichend individualisiert war, könne nicht festgestellt werden, was überhaupt in Rechtskraft erwachsen sei. Der im Vollstreckungsbescheid festgeschriebenen Forderungshöhe könnten u.U. vom Antragsteller nachträglich wechselnde Positionen untergeschoben werden, wobei lediglich wieder die Endsumme stimmen muss. Auf diese Weise könnte der Antragsteller einseitig weitere Einzelforderungen anhängig machen, ohne dass objektiv feststellbar wäre, welche Ansprüche dem Vollstreckungsbescheid zugrunde liegen. Diese Unsicherheit aber könne dazu führen, dass der Vollstreckungsbescheid – mangels Rechtskraft – auf Dauer anfechtbar bleibt.

Denselben Ansatz vertritt auch das LG Traunstein in seinem Beschluss vom 16.9.2003 – 4 T 3311/03, Rpfleger 2004, 366, mit der folgenden Feststellung:

„... Dabei dient die hinreichende Individualisierung des Anspruchs im Vollstreckungsbescheid nicht nur dazu, dem Schuldner die Entscheidung zu ermöglichen, ob er wegen materiell-rechtlicher Einwände gegen den Vollstreckungsbescheid vorgehen will, sondern auch dazu, sicherzustellen, dass der Anspruch objektiv identifiziert werden kann, und zwar in einer Weise, dass die materielle Rechtskraft gem. § 322 ZPO, die über § 700 Abs. 1 ZPO eintreten kann, zur Abgrenzung von anderen Ansprüchen (Streitgegenständen) eindeutig feststellbar ist (m.w.N.)".

Als Konsequenz wird festgestellt, dass der Schuldner „diesen Einwand auch noch nach Ablauf der Widerspruchs- bzw. Einspruchsfrist im Wege der Erinnerung (Anm. der Autoren: im Rahmen der Zwangsvollstreckung) geltend machen" konnte.

Immer öfter wird im Rahmen der Anspruchsbezeichnung zusätzlich auch noch versucht, die Feststellung zu treffen, dass der Anspruch aus einer **„vorsätzlich begangenen unerlaubten Handlung"** resultiert, um im späteren Vollstreckungs- oder Insolvenzverfahren die hieraus resultierenden Privilegien in Anspruch nehmen zu können. Immer mehr Mahngerichte entscheiden allerdings, dass ein entsprechender Anspruchszusatz im Mahnverfahren nicht zulässig ist, da es sich insoweit um einen Feststellungsanspruch handelt, über den im Mahnverfahren – mangels Schlüssigkeitsprüfung – nicht entschieden werden kann.

⊃ **Rechtsprechungshinweis:**

Zur Möglichkeit der Feststellung der „vorsätzlich begangenen unerlaubten Handlung" im gerichtlichen Mahnverfahren hat der BGH im Beschluss vom 5.4.2005 (VII ZB 17/05, MDR 2005, 1014) wie folgt entschieden:

„(...) Das Mahnverfahren soll dem Gläubiger einen einfachen und kostengünstigen Weg zu einem Vollstreckungsbescheid eröffnen (BGH, Urteil vom 21. März 2002 – VII ZR 230/01, BGHZ 150, 221, 225). Ob der geltend gemachte Anspruch zu Recht besteht, wird in diesem Verfahren nicht geprüft, auf seine Begründung und die bis zur Neuregelung der §§ 688 ff. ZPO durch die Vereinfachungsnovelle vom 3. Dezember 1976 (BGBl. I S. 3281) vorgesehene Schlüssigkeitsprüfung verzichtet. Auch zur Individualisierung des Anspruchs (§ 690 Abs. 1 Nr. 3 ZPO) ist eine nähere Angabe des Rechtsgrundes, aus dem er hergeleitet wird, nicht erforderlich (BGH, Urteil vom 25. Oktober 1990 – IX ZR 62/90, BGHZ 112, 367, 370). Eine materiell-rechtliche Befassung des Prozessgerichts findet nicht statt; die rechtliche Einordnung des Anspruchs beruht allein auf einseitigen, vor der Titulierung nicht überprüften Angaben des Gläubigers. Schon deshalb kann eine Bindung für das Vollstreckungsgericht nicht eintreten (Schuschke/Walker, a.a.O.). Dem steht nicht entgegen, dass ein Vollstreckungsbescheid der materiellen Rechtskraft fähig ist und diese sämtliche Rechtsgründe für den geltend gemachten Anspruch erfasst (BGH, Urteil vom 25. Oktober 1990 – IX ZR 62/90, a.a.O.). Denn es geht bei § 850f Abs. 2 ZPO für den Gläubiger darum, die Voraussetzungen des Vollstreckungsprivilegs nachzuweisen. Dazu bedarf er eines Titels, der seine Berechtigung zu einem erweiterten Vollstreckungszugriff für das Vollstreckungsgericht erkennen lässt. Diese Berechtigung ist ausschließlich durch das Prozessgericht zu beurteilen; die ihm obliegende Prüfung kann durch die bloße Behauptung des Gläubigers, der Anspruch ergebe sich (auch) aus einer vorsätzlich begangenen deliktischen Handlung, nicht ersetzt werden.

(...) Hinzu tritt Folgendes: Das Mahnverfahren, das zum Erlass des Vollstreckungsbescheides geführt hat, kann nur wegen eines Anspruchs, der die Zahlung einer bestimmten Geldsumme zum Gegenstand hat, eingeleitet werden (§ 688 Abs. 1 ZPO). Es ist nicht dazu bestimmt, zur Vorbereitung der privilegierten Vollstreckung den deliktischen Schuldgrund und den für § 850f Abs. 2 ZPO erforderlichen Verschuldensgrad feststellen zu lassen (Stein/Jonas/Brehm, a.a.O.). Der Widerspruch des Schuldners und der dadurch bedingte Übergang in das streitige Verfahren zielen auf die Abwehr des geltend gemachten Zahlungsanspruchs. Für den Schuldner besteht zur Einlegung des Widerspruchs keine Veranlassung, wenn er nach seiner Auffassung den geforderten Betrag – obschon aus einem anderen Rechtsgrund – jedenfalls im Ergebnis schuldet. Denn will er lediglich eine Abänderung der rechtlichen Begründung, die der Gläubiger für den Anspruch gegeben hat, oder eine abweichende Feststellung des Verschuldensgrades (Fahrlässigkeit statt Vorsatz) erreichen, bleibt er mit dem vollen Kostenrisiko belastet. Das muss er ebenso wenig hinnehmen, wie er darauf zu verweisen ist, im streitigen Verfahren eine negative Feststellungswiderklage zu erheben. Es ist nicht seine Aufgabe, die vom Gläubiger behaupteten Voraussetzungen für § 850f Abs. 2 ZPO auszuräumen. Vielmehr obliegt es dem Gläubiger, den Nachweis für das von ihm beanspruchte Vollstreckungsprivileg zu erbringen. Dazu muss er seinerseits eine Feststellungsklage erheben, für die die Verfahrensart der §§ 688 ff. ZPO nicht geeignet ist."

Die Frage, wie der Gläubiger in diesem Falle alternativ vorgehen kann, wird unterschiedlich beurteilt: Der BGH entschied in seinem Beschluss vom 14.3.2003 – IXa ZB 52/03 ZVI 2003, 301, dass das Vollstreckungsgericht – wenn der Titel die entsprechende Feststellung nicht enthält – der privilegierten Pfändung nur stattgeben kann, wenn der Gläubiger dem Gericht eine Urkunde vorlegt, in welcher der Schuldner einer solchen Pfändung zustimmt. Ggf. ist es dem Gläubiger hiernach zuzumuten, Feststellungsklage zu erheben, um dem Schuldner, der bisher keinen Anlass hatte, sich gegen den Vorwurf einer vorsätzlich unerlaubten Handlung zu wehren, eine sachgerechte Verteidigung vor dem Prozessgericht zu ermöglichen (vgl. BGH, Beschl. v. 26.9.2002 – IX ZB 180/02, NJW 2003, 515).

Das LG Münster dagegen stellt in seinem Beschluss vom 6.3.2002 – 5 T 137/02, ZVI 2002, 271, fest,

„dass die Voraussetzungen des § 850f. Abs. 2 ZPO auf Antrag des Gläubigers uneingeschränkt vom Vollstreckungsgericht selbständig festgestellt werden müssen, wenn sich aus dem Schuldtitel nicht oder nicht eindeutig das Vorliegen einer vorsätzlich begangenen unerlaubten Handlung ergibt und die Frage für die Entscheidung im Erkenntnisverfahren auch nicht von Bedeutung war. Das gilt auch für Vollstreckungsbefehle und Versäumnisurteile. Es muss den Parteien insoweit möglich bleiben, den Umfang des Pfändungsschutzes im Vollstreckungsverfahren überprüfen zu lassen, ohne diese Frage erneut im Rahmen einer neuen Feststellungs- oder Leistungsklage vom Prozessgericht klären zu lassen (...). Das bedeutet, dass der Gläubiger, dessen Titel die unerlaubte Handlung nicht ausweist, nicht auf einen neuen Prozess verwiesen werden kann. Das Vollstreckungsgericht hat daher aufgrund der vom Gläubiger dargelegten Beweise zu prüfen, ob ein im Vollstreckungstitel nicht bezeichneter Schuldgrund aus unerlaubter Handlung vorliegt. Ob die Darlegung des Gläubigers die Feststellung der Voraussetzungen einer unerlaubten Handlung ermöglicht, ist eine Frage des Einzelfalls ...

... Schafft der Schuldner, der bereits die eidesstattliche Versicherung abgegeben hat, einen Gegenstand zu einem erheblichen Preis an, der für die Lebensführung nicht unbedingt erforderlich ist, rechtfertigt dies u.U. hiernach den Schluss, dass der Schuldner bereits bei der Bestellung die Bezahlung nicht beabsichtigte, was eine vorsätzlich begangene unerlaubte Handlung darstellt."

b) Anspruchsgrund und Katalognummern

Zur Standardisierung der Hauptforderungsbezeichnungen wurden aus Anlass der Konzeption des automatisierten Mahnverfahrens – anhand statistischer Erhebungen – die am häufigsten vorkommenden Anspruchsbegründungen in der Form sogenannter Katalognummern verschlüsselt. Zur weiteren Individualisierung des Anspruchs sind zusätzliche Felder vorgesehen, die ausgefüllt werden können, teilweise auch ausgefüllt werden müssen (Rechnung, .../Nummer der ...).

Im Mahn- und Vollstreckungsbescheid werden dann die durch die Katalognummern repräsentierten Langtexte ausgedruckt. In der Tabelle in der „**Anlage A**" sind die Standardlangtexte, die zugewiesenen Katalognummern sowie ggf. zu beachtende Besonderheiten dokumentiert.

Schnell stellte sich in der Praxis des Mahnverfahrens heraus, dass neben den allgemein gültigen und jedem Antragsteller im automatisierten Verfahren zur Verfügung stehenden Standardbezeichnungen (Katalognummern „1" bis „46") weitere, speziellere Anspruchsgründe für die „Lebenssachverhalte" diverser Großantragsteller, wie etwa

- Versicherungen
- Banken
- Energieversorger
- Unternehmen des Öffentlichen Personennahverkehrs
- Telekommunikationsdienstleister

benötigt wurden.

Hieraus resultierten die ebenfalls in der „**Anlage A**" aufgelisteten so genannten „**Sonderkatalognummern**". Zum Teil sind diese Sonderkatalognummern (als Ergänzung durch die Koordinierungsstelle) bereits in die offiziellen, amtlichen Ausfüllhinweise aufgenommen worden (Nrn. 61, 70, 75, 76, 77, 78, 79, 90, 95); andere Sonderkatalognummern wurden intern lediglich speziellen Antragstellern mitgeteilt.

Wer also auf der Suche nach einer zutreffenden Anspruchsbezeichnung meint, dass der einer Sonderkatalognummer zugewiesene Langtext passend ist, sollte die Sonderkatalognummer jedoch erst nach Rücksprache mit dem zuständigen Mahngericht verwenden.

Konkrete Beispiele zur Eintragung von Anspruchsbezeichnungen mit Katalognummern finden Sie in Kap. B.VI. Ausfüllmuster und spezielle Ausfüllhinweise, S. 141 ff.

c) Sonstiger Anspruch (2. Seite, Zeilen 36–37)

Bei der Konzeption des automatisierten gerichtlichen Mahnverfahrens wurden – wie vorstehend beschrieben – für die häufigsten Ansprüche Katalognummern eingerichtet, welche die Anspruchstexte in einer für die Bezeichnung des Anspruchs ausreichenden Weise repräsentieren.

Da der Anspruchskatalog nicht beliebig erweiterbar ist, wurde für Fälle, in denen eine der Katalognummern nicht zutreffend oder ausreichend ist, ein Textbereich für einen frei formulierten Anspruchstext vorgesehen, der „Sonstige Anspruch".

Dabei wurde festgelegt, dass die Prüfung dieses Anspruchs grundsätzlich durch den Rechtspfleger erfolgt, was – wegen des damit verbundenen Mehraufwands – immer eine längere Bearbeitungsdauer erfordert.

Die Prüfung des „Sonstigen Anspruchs" orientiert sich ebenfalls regelmäßig an den o.g. Kriterien einer katalogisierten Anspruchsbezeichnung, mit den notwendigen Angaben:

- Anspruchsgrund
- ggf. Zusatzinformationen zur Individualisierung
- Vom-Datum oder Zeitraum (von ... bis ...)
- Betrag (in EUR).

Konkrete Ausfüllmuster finden Sie im gleichnamigen Kapitel.

d) Zinsen (2. Seite, Zeilen 40–42, 43 links)

Gem. § 288 BGB kann eine Geldschuld während des Verzugs verzinst werden. Hiermit will man dem Gläubiger den aus dem Verzug des Schuldners resultierenden Schaden – die Nichtverfügbarkeit des geschuldeten Betrags – ersetzen. Vgl. auch Kap. B.I.1., S. 5ff.

Das Verzugsrecht unterscheidet insoweit zwischen Rechtsgeschäften mit und ohne Verbraucherbeteiligung. Der Verzugszinssatz beträgt grundsätzlich 5 %-Punkte über dem Basiszinssatz jährlich. Bei Rechtsgeschäften, an denen ein Verbraucher nicht beteiligt ist, beträgt der Zinssatz sogar 8 %-Punkte über dem Basiszinssatz.

Der Wert des Basiszinses beträgt gem. § 247 Abs. 1 BGB 3,62 %. Dieser Fixwert ist jedoch nur eine Ausgangsgröße für die vom Gesetzgeber vorgesehenen regelmäßigen Anpassungen, die zeitweilig bis zu dreimal jährlich, inzwischen nur noch zum 1. Januar und 1. Juli eines jeden Jahres geplant sind. So hat sich der Basiszinssatz (welcher den ehemaligen Diskontsatz ersetzte) in den vergangenen Jahren wie folgt entwickelt (Stand: 1.7.2009 – ohne Gewähr):

Änderungsdatum	Basiszinssatz in %
1.7.2009	0,12
1.1.2009	1,62
1.7.2008	3,19
1.1.2008	3,32

Änderungsdatum	Basiszinssatz in %
1.7.2007	3,19
1.1.2007	2,70
1.7.2006	1,95
1.1.2006	1,37
1.7.2005	1,17
1.1.2005	1,21
1.7.2004	1,13
1.7.2004	1,13
1.1.2004	1,14
1.7.2003	1,22
1.1.2003	1,97
1.7.2002	2,47
1.1.2002	2,57
1.9.2001	3,62
1.9.2000	4,26
1.5.2000	3,42
1.1.2000	2,68

Die aktuelle Höhe des Basiszinssatzes erfahren Sie im Internet auf den Seiten der Bundesbank unter *www.bundesbank.de*.

Entsteht dem Gläubiger aus einem anderen Rechtsgrund ein höherer Schaden, etwa, weil er einen Bankkredit in Höhe der ausstehenden Forderung in Anspruch nimmt, kann er – unabhängig ob Verbraucherbeteiligung vorliegt oder nicht – seinem Schuldner auch diesen, von ihm selbst zu zahlenden höheren Zinssatz in Rechnung setzen.

Selbstverständlich ist auch die Geltendmachung eines geringeren oder eines evtl. vertraglich vereinbarten höheren Zinssatzes möglich. Ein Nachweis der Richtigkeit der verlangten Zinsen muss im gerichtlichen Mahnverfahren grundsätzlich nicht erfolgen. Die maximale Höhe wird letztlich allein durch die Grenze der Sittenwidrigkeit beschränkt.

Allerdings muss jeder Antragsteller im Mahnverfahren damit rechnen, dass er die Voraussetzungen der Geltendmachung eines zwischen dem gesetzlichen und dem sittenwidrigen Zinssatz liegenden Zinses – im Falle eines Widerspruchs des Antragsgegners – vor dem Prozessgericht nachweisen muss.

Im Antragsvordruck auf Erlass eines Mahnbescheids werden die geltend gemachten Zinsen in den Zeilen 40 bis 43 eingetragen. Hierbei wird zwischen

– laufenden Zinsen (Zeilen 40–42) und
– ausgerechneten Zinsen (Zeile 43)

unterschieden.

Bei den laufenden Zinsen sind folgende Angaben erforderlich:

▷ Zeilennummer der zu verzinsenden Hauptforderung (mögliche Angaben nur: 32, 33, 34, 36 oder 37 bzw. auch 32–34!)
▷ Festzinssatz oder alternativ Prozentpunkte über Basiszins
▷ Bezugszeitraum jährlich (= 1), monatlich (= 2) oder täglich (= 3) – Regelfall = „1"; bei Verzinsung über Basiszins nur „1" möglich" –
▷ zu verzinsender Betrag (nur erforderlich, wenn abweichend vom Hauptforderungsbetrag)
▷ Zinsbeginn, ggf. auch Zinsende (= Zinszeitraum).

⊃ **Praxishinweis:**

Im Online-Mahnantrag sollte die Eingabe von laufenden Zinsen immer unmittelbar nach der jeweils zu verzinsenden Forderung erfolgen, da hier die Zuordnung immer davon abhängig ist, welche Hauptforderung zuletzt angezeigt wurde!

Bei den ausgerechneten Zinsen sind folgende Felder vorgesehen, die entweder alle leer bleiben oder vollständig auszufüllen sind, wobei unterstellt wird, dass dem Antragsgegner die Berechnung des Zinsbetrags bereits im Vorfeld des Mahnverfahrens besonders mitgeteilt wurde:

– Berechnungszeitraum (vom ... bis ...)
– Zinsbetrag.

Allerdings sollte man mit den „ausgerechneten Zinsen" möglichst vorsichtig agieren, da das Mahngericht hier auf der Basis der vorliegenden Informationen (Zinssatz der laufenden Zinsen, Zeitraum) kontrolliert, ob die Zinsen richtig ausgerechnet wurden. Ist der vom Antragsteller ausgerechnete Betrag geringer als der **Kontrollbetrag des Gerichts**, wird der angegebene Betrag akzeptiert. Übersteigt der ausgerechnete Betrag den errechneten Kontrollbetrag, erfolgt in der Regel eine Beanstandung.

⊃ **Praxishinweis:**

Da die vom Antragsteller ausgerechneten Zinsen häufig Auslöser von gerichtlichen Monierungen sind, sollten Sie – wenn irgendwie möglich – auf die Ausrechnung verzichten. Geben Sie lieber die vollständige Zinsstaffel als laufende Zinsen an (vgl. Ausfüllmuster 24, S. 148). Im Regelfall rechnet sogar das Mahngericht – auch wenn es hierzu nicht verpflichtet ist und im Einzelfall auch davon abgesehen werden kann – die Zinsen in seinen Bescheiden bis zum Erlass des Mahnbescheids aus.

⊃ **Praxishinweis:**

Problematisch ist dieser Bereich insbesondere auch, wenn jetzt nur noch eine **Rest-Hauptforderung** geltend gemacht wird, zum Zeitpunkt der Zinsberechnung aber noch die Gesamt-Hauptforderung offen war und die Zinsen daher aus einer – damals höheren Hauptforderung berechnet wurden. Insoweit ist allerdings zu beachten, dass Zinsen auf eine (teilweise) nicht mehr existente Hauptforderung – zumindest, soweit sie sich auf den getilgten Hauptforderungsteil beziehen – keine Nebenforderungen mehr sind. Dieser Zinsbetragsanteil ist dann ggf. als eigenständige Hauptforderung geltend zu machen (Katalog-Nr. 46).

Konkrete Ausfüllmuster finden Sie im gleichnamigen Kapitel S. 147 ff.

e) Auslagen (2. Seite, Zeile 43 rechts)

Gem. § 690 Abs. 1 Ziff. 3 ZPO sind die Auslagen, die dem Antragsteller im Zusammenhang mit der Vorbereitung und der tatsächlichen gerichtlichen Geltendmachung des Anspruchs entstehen, als Nebenforderung im Mahnbescheidsantrag anzugeben.

Diese Auslagen werden vom Gericht in den Mahnbescheid übernommen und sind – als Kosten des Verfahrens – später auch in den Vollstreckungsbescheid aufzunehmen, § 699 Abs. 3 Satz 1 ZPO.

Die in den Mahnbescheid aufzunehmenden Gerichts- und Anwaltskosten (Rechtsbeistandskosten) berechnet das Gericht eigenständig und nimmt diese auch automatisch in die Bescheide auf. Im Bereich „Auslagen" sind daher nur „andere Auslagen" des Antragstellers anzugeben, und zwar nur solche, die in unmittelbarem Zusammenhang mit der Vorbereitung und Durchführung des Mahnverfahrens stehen und zur zweckentsprechenden Rechtsverfolgung entstanden, notwendig und erstattungsfähig sind.

Im Mahnbescheidsantragsvordruck sind für die Geltendmachung von Auslagen zwei Bereiche vorgesehen, nämlich:

- Vordruck/Porto und
- Sonstige Auslagen.

Der Bereich Vordruck/Porto wendet sich also insbesondere an alle Antragsteller, die ihre Mahnverfahren **nicht im Wege des elektronischen Datenaustauschs, sondern noch auf Papier (Formular- oder Barcode-Mahnantrag)** betreiben. Hier können dann die Kosten, die für die Beschaffung des amtlichen Antragsvordrucks und für dessen Übersendung an das Mahngericht angefallen sind, vermerkt werden. Für Rechtsanwälte war dieses Feld – zumindest hinsichtlich des Portos – schon immer tabu, da diese Kosten durch die Auslagenpauschale gem. § 7002 VV RVG oder den an Stelle dessen in der Zeile 46 (Mitte) des Antragsvordrucks verlangten Auslagenbetrag abgegolten sind. Dasselbe gilt für die Anwaltschaft auch im Rahmen des Online-Mahnantrags.

Im Feld „Sonstige Auslagen" werden darüber hinausgehende Aufwendungen des Antragstellers bzw. seines Prozessbevollmächtigten eingetragen. Allerdings handelt es sich auch hier nur um Kosten, die gegenüber Dritten entstanden sind. Es ist hier jeweils eine charakteristisch beschreibende Kurzbezeichnung der Auslagen sowie der dazugehörige Betrag anzugeben. Bei der Bezeichnung sollte man nicht zu kreativ sein, sondern lieber auf „übliche" und „allgemein gebräuchliche" Begriffe zurückgreifen, um die automatisierte Überprüfung des Mahngerichts hier nicht zu erschweren, was u.U. zu unnötigen gerichtlichen Beanstandungen (Monierungen) führen kann.

Die Prüfung und Entscheidung im automatisierten Verfahren geschieht formalisiert und standardisiert. Für alle zu erwartenden Bezeichnungen im Bereich „Auslagen des Antragstellers" wurden im gerichtlichen Verarbeitungsprogramm spezielle Begriffsgruppen gebildet und in eine Prüfdatei eingestellt. Jeder dieser Gruppen wurde eine zugehörige Anzahl hierzu passender möglicher Begriffe zugeordnet. Außerdem wird vom jeweiligen Mahngericht ein Höchstbetrag für sämtliche Begriffe dieser Begriffsgruppe festgelegt.

Beispiel (auszugsweise):

Begriff	Gruppe	Höchstbetrag
...	...	...
Adressermittlungskosten	004	30 EUR
Einwohnermeldeamtsauskunft	004	30 EUR
Formularkostenersatz	001	5 EUR
Nachnahmegebühr	001	20 EUR
Postanschriftenprüfung	004	30 EUR
Portoauslagen	002	15 EUR
...	...	...

Bei den vorstehend genannten Begriffen handelt es sich um gerichtlich zugelassene Auslagenbezeichnungen, die dann jedoch auch noch der Höhe nach formalisiert überprüft werden. Hierzu wird ein Vergleich mit den in der Tabelle hinterlegten Höchstbeträgen vorgenommen. Diese Höchstbeträge werden von den Verantwortlichen bei jedem Mahngericht individuell – teilweise streitwertabhängig – festgelegt (oben angegebene Beträge sind nur Beispiele).

Liegt der geltend gemachte Betrag oder die Summe der Beträge zu Begriffen derselben Gruppe unterhalb der festgelegten Grenze, werden die Auslagen – ohne weitere Nachweise – vom Mahngericht akzeptiert. Wird ein Auslagenbetrag oder eine Summe von Beträgen zu Begriffen derselben Gruppe oberhalb des Grenzbetrages gefordert, erhält der Antragsteller eine Monierung dahin gehend, dass der geforderte Betrag zu hoch (oder auch „zweifelhaft") erscheint. Nun muss der Antragsteller in der Monierungsantwort entweder den Betrag verringern oder eine für das Mahngericht nachvollziehbare Begründung – ggf. mit Nachweisen – beibringen, vgl. Kap. B.X. Die Monierung und die Monierungsantwort, S. 175 ff.

Eigene Kosten – wie etwa die zusätzlichen Aufwendungen der eigenen Angestellten in der Rechtsabteilung oder der Buchhaltung infolge des Zahlungsverzugs des Gegners (häufig „Bearbeitungskosten" genannt) – sind regelmäßig nicht erstattungsfähig, da diese Kosten zum allgemeinen Geschäftsaufwand eines kaufmännischen Unternehmens gehören, die bereits über die Preise an „gute" und „schlechte" Kunden weitergegeben werden.

Die Frage, ob das Gericht an dieser Stelle – mangels Schlüssigkeitsprüfung im Mahnverfahren – überhaupt ein Prüfungsrecht besitzt, wird von den meisten Gerichten bejaht. Da es sich insoweit tatsächlich um eine Sonderform der gerichtlichen Kostenfestsetzung handelt, hat das Gericht in diesem Bereich auch – eingeschränkt – das Recht und die Pflicht,

– das tatsächliche Entstehen und
– die Notwendigkeit

zu prüfen und letztlich über die Erstattungsfähigkeit der Beträge zu entscheiden.

Werden die verlangten Auslagen vom Gericht akzeptiert und in den Mahn- bzw. Vollstreckungsbescheid mit aufgenommen, behandelt das Gericht diese „Auslagen" als „Kosten des Antragstellers", so dass die entsprechenden Beträge – wie die übrigen Kosten des Verfahrens (Gerichts-/Anwaltskosten) – auf Antrag hin verzinst werden.

⊃ **Rechtsprechungshinweis:**

Zur Berechtigung des Rechtspflegers, die geltend gemachten **Nebenforderungen** zu überprüfen hat das AG Schleswig in seinem Beschluss vom 20.6.2006 (05-9585675-0-3, n.v.) wie folgt entschieden:

„Der Antragstellerin weist (...) zu Recht darauf hin, dass der Rechtspfleger im Mahnverfahren grundsätzlich nicht die materielle Berechtigung der geltend gemachten Ansprüche zu prüfen hat. Die Rechtspflegerin hat jedoch zutreffend – im Einklang mit der überwiegenden Ansicht – in dem angefochtenen Beschluss darauf hingewiesen, dass der Rechtspfleger als unabhängiges Organ der Rechtspflege der materiellen Gerechtigkeit verpflichtet ist und er daher nicht sehenden Auges einen unrichtigen Titel schaffen darf. Ihm steht deshalb auch nach Wegfall der Schlüssigkeitsprüfung ein eng begrenztes Prüfungsrecht und eine diesem entsprechende Prüfungspflicht zu. Entsprechend dem Grundgedanken des Mahnverfahrens, der Durchsetzung ‚eindeutig gegebener Ansprüche' zu dienen, ist es anerkannt, dass der Antrag dann zurückgewiesen werden muss, wenn sich aus den Angaben ergibt, dass die behauptete Forderung offensichtlich unbegründet oder gerichtlich undurchsetzbar ist (Vollkommer-Zöller, ZPO, 24. Auflage, § 691 Randnummer 1; Holch/Münchener Kommentar, ZPO, 2. Auflage, § 691 Randnummer 14, Voit-Musielak, ZPO, 4. Auflage, § 691 Randnummer 2 jeweils mit weiteren Nachweisen). Letztlich erscheint es mit dem Rechtsstaatsgebot unvereinbar, wenn der Rechtspfleger gezwungen wäre, formell einwandfreie, materiell aber erkennbar zweifelhafte Ansprüche ohne jede Möglichkeit zur Ausräumung dieser Zweifel zu titulieren. Auch wenn die Möglichkeit eines Widerspruchs bzw. Einspruchs besteht, zeigt doch die Erfahrung, dass nicht alle Schuldner mit diesem Rechtsbehelf mit der gebotenen Weise umzugehen vermögen (AG Bremen, Beschluss vom 17. Februar 2005 Az.: 04-0978577-07-N und 23. August 2005 Az.: 05-0961172-05-N). Dass es im Bereich der Nebenforderungen durchaus häufiger Missbrauchskonstellationen gibt, ist bereits vom OLG Dresden (NJW 1994, 1139) eindrucksvoll dargestellt worden und wird im Übrigen belegt durch die Vielzahl der Rücknahmen von Nebenforderungen vor Übergang ins streitige Verfahren und nach gerichtlichem Hinweis im streitigen Verfahren."

f) Sonstige Nebenforderungen (2. Seite, Zeile 44) – einschl. vorgerichtlicher Geschäftsgebühr und Anrechnung auf Mahnverfahrensgebühren –

Vorgerichtliche Aufwendungen des Antragstellers, die diesem nicht unmittelbar im Zusammenhang mit der gerichtlichen Geltendmachung oder deren Vorbereitung entstanden sind, können im Bereich „Nebenforderungen" in der Zeile 44 des Antragsvordrucks geltend gemacht werden. Zur Erleichterung der Eintragung und deren automatisierten Überprüfung sind im Vordruck bereits einige Standardbegriffe aufgelistet, nämlich:

▷ Mahnkosten
▷ Auskünfte
▷ Bankrücklastkosten
▷ Inkassokosten.
▷ Anwaltsvergütung für vorgerichtliche Tätigkeit.

⊃ **Rechtsprechungshinweis:**

Zur Erstattungsfähigkeit von Inkassokosten entschied das OLG Köln in seinem Urteil vom 17.10.2003 (6 U 60/03, MDR 2004, 480):

„Eine (...) einheitliche Rechtsprechung gibt es indes nicht. Zu Recht ist es zwischen den Parteien nicht streitig, dass die Gerichte (...) die Erstattungsfähigkeit von Inkassokosten für das erste Mahnschreiben nicht der Höhe nach auf eine 10/10-Anwaltsgebühr beschränken, sondern dem jeweiligen klagenden Inkassounternehmen in zahlreichen Urteilen bescheinigt haben, dass sie für das erste Mahnschreiben mehr als 10/10 einer entsprechenden Anwaltsgebühr, häufig 15/10, gelegentlich sogar 20/10 oder 25/10, verlangen dürfen. Nach der vom Landgericht (...) eingeholten Auskunft (...) ist es im Übrigen gerade im Landgerichtsbezirk Köln so, dass auch andere Inkassounternehmen von den Schuldnern bis zu 15/10 einer entsprechenden BRAGO-Gebühr fordern, so dass diesbezügliche Dienstaufsichtsbeschwerden von Schuldnern in der Vergangenheit zurückgewiesen worden sind. Solange (...) keine Regelung oder zumindest eine einheitliche Rechtsauffassung dahingehend besteht, dass Inkassokosten losgelöst von den Umständen des Einzelfalles niemals zu einem höheren Betrag als 10/10 der entsprechenden Anwaltsgebühr erstattungsfähig sind, ist es nicht sittenwidrig, wenn die Beklagte von den von ihr angeschriebenen Schuldnern die Erstattung von Kosten fordert, die ihr möglicherweise in dem einen Gerichtsverfahren als berechtigt zugesprochen würden, in dem anderen hingegen nicht."

In seinem Urteil vom 29.6.2005 (VIII ZR 299/04, NJW 2005, 2991) stellte der BGH zudem fest:

„Denn die Erstattungsfähigkeit von Mahn- und Inkassokosten ist in Rechtsprechung und Schrifttum stark umstritten. Insbesondere ob, unter welchen Voraussetzungen und in welcher Höhe der Schuldner für Kosten einzustehen hat, die (...) durch die Einschaltung eines Inkassobüros entstanden sind, ist bisher nicht abschließend geklärt (...). Der Senat hat in einer Entscheidung vom 24. Mai 1967 (VIII ZR 278/64, unter II) die einem Gläubiger durch den Auftrag zur Einziehung einer Forderung bei einem Inkassobüro entstandenen Kosten als möglichen Verzugsschaden angesehen, der grundsätzlich gem. § 286 BGB zu ersetzen ist, und lediglich unter dem Gesichtspunkt der Schadensminderungspflicht des Gläubigers nach § 254 Abs. 2 BGB die Frage aufgeworfen, ob der Gläubiger eine Erfolglosigkeit der Bemühungen des Inkassobüros voraussehen konnte."

⊃ **Rechtsprechungshinweis:**

Über die angemessene Höhe von Mahnkosten hat sich das Amtsgericht Brandenburg a. d. Havel imUrteil vom 25.1.2007 – 31 C 190/06, NJW 31/2007, S. 2268 sehr konkrete Gedanken gemacht:

„Denn zu beachten ist, dass unter Berücksichtigung der durch die Computeranlagen erfolgten Vereinfachung einer Mahnung und eines durchschnittlichen Bruttolohns einer Schreibkraft von höchstens 10 bis 18 Euro Brutto/Stunde sowie einer Bearbeitungszeit im automatisierten Verfahren mittels Computer von ca. 2 bis 4 Minuten, das heißt somit bei hier nur anzunehmenden Lohnkosten von 0,60 EUR bis 1,20 EUR Brutto je Mahnschreiben und einer Postgebühr für einen Brief von 0,55 Euro sowie den Kosten für ein Blatt Papier und einen Briefumschlag ein Betrag von pauschal 2,50 Euro für das Mahnschreiben zwar (noch) nicht als unangemessen, aber zugleich auch als ausreichend anzusehen ist."

Zusätzlich steht auch ein Feld zur eigenen Nebenforderungsbezeichnung sowie ein hierzu gehörendes Betragsfeld, zur individualisierten Nebenforderungsbezeichnung, zur Verfügung.

Auch hier geschieht die Prüfung und Entscheidung im automatisierten Verfahren formalisiert und standardisiert. Für alle juristisch möglichen Konstellationen im Bereich „Andere Nebenforderungen" wurden im gerichtlichen Verarbeitungsprogramm – vergleichbar mit dem Bereich „Auslagen des Antragstellers" – spezielle

IV. Formular für den Antrag auf Erlass eines Mahnbescheids

Begriffsgruppen gebildet und in eine Prüfdatei eingestellt. Jeder dieser Gruppen wurde auch hier eine zugehörige Anzahl passender, möglicher Begriffe zugeordnet. Ferner wird vom jeweiligen Mahngericht auch in diesem Bereich ein Höchstbetrag für sämtliche Begriffe dieser Begriffsgruppe festgelegt (siehe Beispiel im Kap. B.IV.3.e Auslagen, S. 104 ff.).

Ergibt der Vergleich mit den in der Tabelle hinterlegten Begriffen und Höchstbeträgen, dass der Begriff bekannt und der Betrag oder die Summe der Beträge zu Begriffen derselben Gruppe unterhalb der festgelegten Grenze liegt, werden die Nebenforderungen – ohne weitere Nachweise – vom Mahngericht akzeptiert. Wird ein Nebenforderungsbetrag oder eine Summe von Beträgen zu Begriffen derselben Gruppe oberhalb des Grenzbetrages gefordert, erhält der Antragsteller eine Monierung dahin gehend, dass der geforderte Betrag zu hoch (oder auch „zweifelhaft") erscheint. Nun muss der Antragsteller in der Monierungsantwort auch insoweit entweder den Betrag verringern oder eine für das Mahngericht nachvollziehbare Begründung – ggf. mit Nachweisen – beibringen.

Abweichend von dem vorstehend dargestellten Vergleich des geltend gemachten Auslagenbetrags mit dem vom Gericht festgelegten Grenzbetrag werden von den Mahngerichten die „Inkassokosten" behandelt. Hierbei wird nämlich der gerichtliche Vergleichswert streitwertabhängig auf der Basis der potentiellen Gebühren des Rechtsanwaltsvergütungsgesetzes (RVG) berechnet.

⊃ **Praxishinweis:**

Problematisch ist im Nebenforderungsbereich die Geltendmachung der vorgerichtlichen Geschäftsgebühr gem. Nr. 2300 und 2302 VV RVG. Auch wenn der Rechtsanwalt das amtliche Formular gar nicht mehr verwenden darf, gelten die selben gerichtlichen Prüfungsregeln ja auch beim Online-Mahnantrag bzw. bei Antragstellung über eine anwaltliche Fachsoftware. Die Geschäftsgebühr entsteht zunächst für das außergerichtliche Betreiben des Geschäfts durch den Rechtsanwalt einschließlich der Information und beträgt bei Nr. 2300 VV RVG 0,5 bis 2,5 Gebühren, wobei mehr als 1,3 Gebühren nur gefordert werden können, wenn die Tätigkeit besonders umfangreich und schwierig war. Bei Nr. 2302 – soweit sich der Auftrag nur auf ein Schreiben einfacher Art beschränkt – können 0,3 Gebühren angesetzt werden Eine Erhöhung der Geschäftsgebühren ist nach § 1008 RVG im Falle der Vertretung mehrerer Antragsteller i. H. v. 0,3 Gebühren je weiterem Antragsteller, höchstens jedoch insgesamt i. H. v. zusätzlich 2,0 Gebühren vorgesehen.

Im Gegensatz zu den früheren Regelungen in den §§ 118, 120 der Bundesrechtsanwaltsgebührenordnung (BRAGO) ist in Vorbem. 3 Abs. 4 VV RVG geregelt, dass die Geschäftsgebühren, soweit wegen desselben Gegenstandes später Gebühren in einem gerichtlichen Verfahren – vorliegend also z.B. dem Mahnverfahren – entstehen, hierauf lediglich zur Hälfte, höchstens jedoch mit einem Gebührensatz von 0,75 angerechnet werden. Die Anrechnung erfolgt nach dem Wert des Gegenstandes, der in das gerichtliche Verfahren übergegangen ist. Die weit verbreitete Methode, nur den nicht anrechenbaren Anteil der Geschäftsgebühr als Nebenforderung geltend zu machen, ist nach Ansicht des BGH (Urt. v. 7.3.2007 – VIII ZR 86/06, NJW 2007, 2049) unzulässig; die Anrechnung hat richtigerweise auf die Verfahrensgebühr zu erfolgen.

Häufig wird also vorgerichtlich eine 1,3fache Gebühr gem. Nr. 2300 VV RVG zzgl. Auslagenpauschale und Umsatzsteuer entstehen. Diese Beträge sind im

Mahnverfahren insgesamt als Nebenforderung in dem Feld „Anwaltsvergütung für vorgerichtl. Tätigkeit" (Online-Mahnantrag oder Fachsoftware) einzutragen. Der anzurechnende Anteil hiervon (in der Regel eine 0,65-fache Gebühr nach dem Wert des Streitgegenstandes) wird auf das nachfolgende Mahnverfahren angerechnet, so dass sich die Mahnverfahrensgebühr gem. Nr. 3305 insoweit entsprechend verringert. Der anzurechnende Teil der reinen Geschäftsgebühr (also ohne Auslagen und MwSt.) kann im Online-Mahnantrag oder den Fachsoftwareprodukten in dem Feld „Auf die Verfahrensgebühr Nr. 3305 VV RVG ist anzurechnen ..." oder „Anrechnungsbetrag" oder „Minderungsbetrag" angegeben werden. Dieser Minderungsbetrag wird dann vom Mahngericht im Rahmen der Kostenfestsetzung für das Mahnverfahren von der Mahnverfahrensgebühr gem. Nr. 3305 abgesetzt, wobei aber die Auslagenpauschale anrechnungsfrei in voller Höhe (20 %, höchstens 20 EUR) verbleibt.

Beispiel 1 (Vertretung von 1 Mandanten):

Streitwert:	1 432,65 Euro
Anwaltsvergütung für vorgerichtl. Tätigkeit (1,3 Gebühren)	136,50 Euro
Auslagenpauschale	20,00 Euro
Umsatzsteuer (zurzeit 19 %)	29,74 Euro
Summe:	186,24 Euro

Davon **anrechenbar** auf die Gebühr des Mahnverfahrens und somit als „Minderungsbetrag gem. Nr. 3305 VV RVG" anzugeben:
½ der Geschäftsgebühr Nr. 2300 VV RVG (= 0,65-fache Gebühr)   = 68,25 Euro.

Beispiel 2 (Vertretung von 2 Mandanten):

Streitwert: 144,68 Euro	
Anwaltsvergütung für vorgerichtl. Tätigkeit (1,3 Gebühren)	32,50 Euro
Erhöhung gem. Nr. 1008 VV RVG (0,3 Gebühren)	7,50 Euro
Auslagenpauschale	8,00 Euro
Umsatzsteuer (zurzeit 19 %)	9,12 Euro
Summe:	57,12 Euro

Davon **anrechenbar** auf die Gebühr des Mahnverfahrens und somit als „Minderungsbetrag gem. Nr. 3305 VV RVG" anzugeben
½ der Geschäftsgebühr Nr. 2300 VV RVG
(jedoch maximal 0,75 Gebühren)   = 18,75 Euro.
(Höchstanrechnung in Höhe von 0,75 Gebühren gem. Teil 3, Vorbem. 3 Abs. 4 VV RVG.)

⊃ **Hinweis:**

Der Deutsche Bundestag hat im April 2009 mit dem Gesetz zur Modernisierung von Verfahren im anwaltlichen und notariellen Berufsrecht, eine für Rechtsanwälte und Gerichte bedeutsame Änderung des anwaltlichen Vergütungsrechts beschlossen, das Gesetz ist inzwischen verkündet (BGBl. I 2009, S. 2449 ff. und am 5.8.2009 in Kraft getreten:

Mit dem neuen § 15a RVG beseitigt der Gesetzgeber die Probleme, die in der Praxis aufgrund von Entscheidungen des BGH zur Anrechnung der anwaltlichen Geschäftsgebühr auf die Verfahrensgebühr aufgetreten sind. Zur Erläuterung: Die Geschäftsgebühr entsteht für die außergerichtliche Vertretung des Mandanten, die Verfahrensgebühr für die Vertretung des Mandanten im Prozess. Hat der Rechtsanwalt den Mandanten in einem Streitfall bereits außergerichtlich vertreten, muss er sich einen Teil der Geschäftsgebühr auf die Verfahrensgebühr anrechnen lassen. Der Grund: Er hat sich durch die vorgerichtliche Tätigkeit bereits in den Fall eingearbeitet.

Gewinnt der Mandant den Prozess, kann er von seinem Gegner stets volle Erstattung der Prozesskosten, aber nur unter besonderen Voraussetzungen Erstattung der außergerichtlichen Kosten verlangen. In mehreren vielbeachteten Entscheidungen hat der Bundesgerichtshof die Auffassung vertreten, dass die Verfahrensgebühr nur zu den Prozesskosten zählt, soweit sie nicht durch die Anrechnung einer vorgerichtlichen Geschäftsgebühr getilgt worden ist. Damit steht der Mandant schlechter, wenn er vorgerichtlich einen Rechtsanwalt eingeschaltet hat, als wenn er ihn sogleich mit der Prozessvertretung beauftragt hätte. Das Vergütungsrecht behindert daher die vorgerichtliche Streiterledigung durch Rechtsanwälte. Durch das neue Gesetz wird die Wirkung der Anrechnung sowohl im Innenverhältnis zwischen Anwalt und Mandant als auch gegenüber Dritten, also insbesondere im gerichtlichen Kostenfestsetzungsverfahren, nunmehr ausdrücklich geregelt. Insbesondere ist klargestellt, dass sich die Anrechnung im Verhältnis zu Dritten grundsätzlich nicht auswirkt. In der Kostenfestsetzung muss also etwa eine Verfahrensgebühr auch dann in voller Höhe festgesetzt werden, wenn eine Geschäftsgebühr entstanden ist, die auf sie angerechnet wird. Sichergestellt wird jedoch, dass ein Dritter nicht über den Betrag hinaus auf Ersatz oder Erstattung in Anspruch genommen werden kann, den der Rechtsanwalt von seinem Mandanten verlangen kann. (Quelle: Pressemitteilung des BMJ vom 28.4.09) Die neue Anrechnungsvorschrift ds § 15a RVG lautet:

„Sieht dieses Gesetz die Anrechnung einer Gebühr auf eine andere Gebühr vor, kann der Rechtsanwalt beide Gebühren fordern, jedoch nicht mehr als den um den Anrechnungsbetrag verminderten Gesamtbetrag der beiden Gebühren. Ein Dritter kann sich auf die Anrechnung nur Berufen, soweit er den Anspruch auf eine der beiden Gebühren erfüllt hat, wegen eines dieser Ansprüche gegen ihn ein Vollstreckungstitel besteht oder beide Gebühren in demselben Verfahren gegen ihn geltend gemacht werden."

Im Ergebnis bietet diese Regelung im Mahnverfahren jetzt – neben der oben ausführlich dargestellten Anrechnungsoption – auch (wieder) die Möglichkkeit, die Mahnverfahrensgebühr ungekürzt in voller Höhe zu erhalten und die vorgeschriebene Anrechnung bei der Geltendmachung der vorgerichtlichen Geschäftsgebühr durch deren Kürzung zu berücksichtigen.

Hinsichtlich der Frage des Prüfungsrechts bzw. der Prüfungspflicht des Mahngerichts gelten die gleichen Grundsätze, die oben im Kap. B.IV.3.e Auslagen, S. 103 ff. bereits dargestellt wurden.

4. Informationen zum streitigen Verfahren (2. Seite, Zeile 45)

Gem. § 690 Abs. 1 Ziff. 5 ZPO muss der Mahnantrag zwingend die Bezeichnung des Gerichts enthalten, das für ein streitiges Verfahren zuständig ist. In den Mahnbescheid wird dann – für den Fall des Widerspruchs – die Ankündigung aufgenommen, dass das Verfahren an dieses Gericht abgegeben wird, dass diesem Gericht jedoch die Prüfung seiner Zuständigkeit vorbehalten bleibt.

Der Antragsgegner soll also von Beginn an wissen, gegenüber welchem Gericht er sich – im Falle seines Widerspruchs – verantworten muss. Diese Information ist ggf. für ihn wichtig, wenn er sich – zur Kostenersparnis – am Ort des Prozessgerichts einen Rechtsanwalt nehmen will oder wenn in einer vergleichbaren streitigen Angelegenheit die Rechtsansicht des dortigen Richters oder einer dortigen Kammer aus einem Parallelverfahren bekannt ist. So kann die Angabe des voraussichtlich zuständigen Prozessgerichts widerspruchsfördernd (im Falle einer bekannten Bestätigung der Rechtsansicht des Antragsgegners) oder auch widerspruchshemmend (im Falle einer bekannten Bestätigung der Rechtsansicht des Antragstellers) sein.

Die Angabe des Prozessgerichts muss immer erfolgen, selbst wenn der Antragsteller gar nicht beabsichtigt, im Falle eines Widerspruchs, das Verfahren weiterzubetreiben. Notwendig ist die Angabe der sachlichen und der örtlichen Zuständigkeit. Bei der Suche nach dem zuständigen Gericht kann die Gerichtsdatenbank der NRW-Justiz im Internet unter *www.justizadressen.nrw.de* sehr hilfreich sein.

Bei der sachlichen Zuständigkeit muss eine der folgenden vorgegebenen Schlüsselzahlen in dem dafür vorgesehenen Kästchen eingetragen werden:

1 = Amtsgericht

2 = Landgericht

3 = Landgericht – KfH (= Kammer für Handelssachen) –

6 = Amtsgericht – Familiengericht –

8 = Sozialgericht – nur bei Beitragsansprüchen der privaten Pflegeversicherung –

Hinsichtlich der örtlichen Zuständigkeit ist das Gericht mit der zutreffenden Postleitzahl und dem Ort zu bezeichnen. In der Regel sollte die Straßenpostleitzahl verwendet werden.

Welches Gericht nun tatsächlich zuständig ist, prüft das Mahngericht nur bei Forderungen, die einen ausschließlichen Gerichtsstand besitzen (z.B. Mietforderungen). Ansonsten dürfte im Regelfall wohl der „allgemeine Gerichtsstand" am (Wohn-)Sitz des Antragsgegners für das Streitverfahren zuständig sein (ggf. sind aber auch abweichende, z.B. deliktische oder vereinbarte Zuständigkeiten zu beachten). Ob der angegebene Gerichtsstand jedoch tatsächlich zutrifft bzw. korrekt vom Antragsteller bezeichnet wurde, prüft das Mahngericht nicht.

Im Übrigen prüft das Gericht im Regelfall – also wenn kein ausschließlicher Gerichtsstand gegeben ist – ohnehin nur, ob es unter der angegebenen Postleitzahl in dem genannten Ort überhaupt ein entsprechendes Amts-, Land- oder Sozialgericht gibt. Ist das Gericht also vor Ort existent, wird dann die tatsächliche Zuständigkeit nicht mehr hinterfragt, da u.U. jedes Gericht in der Bundesrepublik von den Parteien wirksam als potentielles Prozessgericht vereinbart worden sein kann (Ausnahmen: Miet- und WEG-Forderungen).

Das Ankreuzfeld am Ende der Zeile 45 bietet dem Antragsteller die Möglichkeit, direkt bei Beantragung des Mahnbescheids einen – für den Fall der Widerspruchseinlegung – bedingten Abgabeantrag zu stellen.

⊃ **Praxishinweis:**

Bis zum Inkrafttreten des Kostenrechtsmodernisierungsgesetzes am 1.7.2004 bestand das Risiko, dass die Mahngerichte vom Entstehen einer Verfahrensgebühr nach KV 1210 GKG (bzw. reduziert auf die Gebühr nach KV 1211 GKG), für den Fall, dass der Antrag auf Durchführung des streitigen Verfahrens bereits im Mahnbescheidsantrag gestellt wurde, später bereits mit Eingang des Widerspruchs beim Mahngericht ausgingen. Diese allgemein kaum nachvollziehbare Gesetzesauslegung wurde längst im Rahmen des Kostenrechtsmodernisierungsgesetzes klargestellt: Die Gebühr gem. KV 1210 GKG entsteht nun erst mit Eingang der Akten beim Prozessgericht; sie ist beim Mahngericht nur als Vorschuss gem. § 12 Abs. 3 GKG zu erheben.

Aber: Der vorab gestellte Abgabeantrag kann das Verfahren selbst bei unbedingtem Abgabewillen des Antragstellers nicht beschleunigen, da die Prozessgebühren als Vorschuss zu zahlen sind. Zahlt der Antragsteller also die Differenzgebühren, wird sein Verfahren auch ohne ausdrücklichen Abgabeantrag an das Prozessgericht abgegeben, da die Mahngerichte die Zahlungshandlung als schlüssigen Abgabeantrag werten. Hat der Antragsteller den Abgabeantrag bereits vorab gestellt, zahlt er aber die angeforderten Prozessgebühren nicht, erfolgt trotz allem keine Verfahrensabgabe. Die vorweggenommene Beantragung der Verfahrensabgabe im Falle des Widerspruchs ist daher häufig überflüssig. Lediglich für kosten- oder gebührenbefreite Antragsteller kann sich ein geringfügiger Zeitvorteil bei einem frühzeitig gestellten Abgabeantrag ergeben, allerdings besteht hier gleichwohl das Risiko, dass auch Verfahren – unnötigerweise – an das Prozessgericht abgegeben werden, in denen selbst der Antragsteller eigentlich kein Interesse mehr an der Abgabe besitzt (z.B. bei vollständiger Zahlung und gleichzeitiger Widerspruchseinlegung zur Sicherstellung, dass das Verfahren vom Antragsteller nicht weiter betrieben wird). Hier kann es also evtl. zweckdienlicher sein, den konkreten Abgabeantrag erst nachträglich – im Falle eines Widerspruchs und nach nochmaliger Prüfung des Abgabewillens – zu stellen.

Allerdings: Der vorab gestellte Abgabeantrag führt auch dazu, dass der (scheinbar) unbedingte Abgebewille des Antragstellers auch ausdrücklich im Mahnbescheid – für den Antragsgegner also sichtbar – dokumentiert wird. Hier kann also unter Umständen ein „psychologischen Druck" erzeugt werden, der dem Antragsgegner die (scheinbare) Ernsthaftigkeit der beabsichtigten gerichtlichen Rechtsverfolgung signalisiert, obwohl der Antragsteller diese Entscheidung tatsächlich doch erst dann trifft, wenn er die zusätzlichen Differenzgebühren bezahlt – oder auch nicht bezahlt.

5. Prozessbevollmächtigter und Bankverbindung (2. Seite, Zeilen 46–49)

Die Zeilen 46 bis 48 des Antragsvordrucks sind für die Eintragung des Prozessbevollmächtigten vorgesehen. Zu beachten ist aber besonders, dass hier nur Prozessbevollmächtigte eingetragen werden dürfen, die auch tatsächlich vom Antragsteller mit der Vertretung **in diesem konkreten Mahnverfahren** bevollmächtigt wurden.

Stellt ein Forderungsinhaber den Mahnbescheidsantrag selbst – also ohne Mithilfe eines Prozessbevollmächtigten –, müssen zumindest die Zeilen 46 bis 48 des Antragsvordrucks vollständig **un**ausgefüllt bleiben.

Allerdings kann der Antragsteller gleichwohl – auch ohne Prozessbevollmächtigten – in der Zeile 49 seine Bankverbindung angeben. Diese wird dem Antragsgegner dann vom Mahngericht als Konto für seine evtl. beabsichtigte Zahlung benannt.

Wird der Mahnbescheidsantrag von einem Prozessbevollmächtigten gestellt, muss dieser zunächst in der Zeile 46 die korrekte Anredeform wählen. Zur Auswahl stehen hier nur noch folgende Anredeschlüssel:

3 = Rechtsbeistand

4 = Herr/Frau

9 = Verbraucherzentrale, -verband.

Gesetzeshinweis:

Gem. § 79 Abs. 2 ZPO können sich die Parteien durch einen Rechtsanwalt als Bevollmächtigten vertreten lassen (dass dieser aber keine Mahnantragsformulare mehr verwenden darf, sind im Formular auch keine Anredeschlüssel für Rechtsanwälte vorgesehen. Darüber hinaus sind als Bevollmächtigte vertretungsbefugt nur

1. Beschäftigte der Partei oder eines mit ihr verbundenen Unternehmens (§ 15 des Aktiengesetzes); Behörden und juristische Personen des öffentlichen Rechts einschließlich der von ihnen zur Erfüllung ihrer öffentlichen Aufgaben gebildeten Zusammenschlüsse können sich auch durch Beschäftigte anderer Behörden oder juristischer Personen des öffentlichen Rechts einschließlich der von ihnen zur Erfüllung ihrer öffentlichen Aufgaben gebildeten Zusammenschlüsse vertreten lassen,

2. volljährige Familienangehörige (§ 15 der Abgabenordnung, § 11 des Lebenspartnerschaftsgesetzes), Personen mit Befähigung zum Richteramt und Streitgenossen, wenn die Vertretung nicht im Zusammenhang mit einer entgeltlichen Tätigkeit steht,

3. Verbraucherzentralen und andere mit öffentlichen Mitteln geförderte Verbraucherverbände bei der Einziehung von Forderungen von Verbrauchern im Rahmen ihres Aufgabenbereichs,

4. Personen, die Inkassodienstleistungen erbringen (registrierte Personen nach § 10 Abs. 1 Satz 1 Nr. 1 des Rechtsdienstleistungsgesetzes) im Mahnverfahren bis zur Abgabe an das Streitgericht, bei Vollstreckungsanträgen im Verfahren der Zwangsvollstreckung in das bewegliche Vermögen wegen Geldforderungen einschließlich des Verfahrens zur Abnahme der eidesstattlichen Versicherung und des Antrags auf Erlass eines Haftbefehls, jeweils mit Ausnahme von Verfahrenshandlungen, die ein streitiges Verfahren einleiten oder innerhalb eines streitigen Verfahrens vorzunehmen sind.

Bevollmächtigte, die keine natürlichen Personen sind, handeln durch ihre Organe und mit der Prozessvertretung beauftragten Vertreter.

Gem. § 79 Abs. 3 ZPO weist das Gericht Bevollmächtigte, die nicht nach Maßgabe des Absatzes 2 vertretungsbefugt sind, durch unanfechtbaren Beschluss zurück. Prozesshandlungen eines nicht vertretungsbefugten Bevollmächtigten und Zustellungen oder Mitteilungen an diesen Bevollmächtigten sind bis zu seiner Zurückweisung wirksam. Das Gericht kann den in Absatz 2 Satz 2 Nr. 1 bis 3 bezeichneten Bevollmächtigten durch unanfechtbaren Beschluss die weitere Vertretung untersagen, wenn sie nicht in der Lage sind, das Sach- und Streitverhältnis sachgerecht darzustellen.

Der Anredeschlüssel „4 = Herr/Frau" wird leider sehr oft fehlerhaft und überflüssigerweise verwendet. Häufig wird, vor allem von Unternehmen – ohne anwaltliche Vertretung –, der Mitarbeiter der Rechtsabteilung mit diesem Anredeschlüssel eingetragen. Hierbei ist jedoch zu bedenken, dass das Gericht in diesen Fällen verpflichtet ist, die gesamte Gerichtspost unmittelbar an diesen „Prozessbevollmächtigten" persönlich zu adressieren. Da regelmäßig als Anschrift jedoch die Geschäftsadresse angegeben wird, führt dies häufig zu Problemen, wenn der benannte Mitarbeiter dem örtlichen Postbediensteten nicht persönlich unter der Firmenadresse bekannt ist. Bearbeitet ein Unternehmen folglich seine gerichtlichen Mahnverfahren selbst, sollte ohne besonderen Grund auf die Benennung eines firmeninternen „Prozessbevollmächtigten" verzichtet werden. Die Adressierung der Gerichtspost erfolgt dann an das Unternehmen selbst, oder, falls eine Kennziffer verwendet wurde (vgl. Kap. B.III.3. Die Kennziffer, S. 28f.), an die dort hinterlegte spezielle Versandanschrift (z.B.: „Rechtsabteilung, z. Hdn. Frau Müller").

In der Mitte der Zeile 46 befindet sich ein Betragsfeld für die Geltendmachung von Auslagenbeträgen des Rechtsbeistands, die von der gesetzlich vorgesehenen Pauschale der Nr. 7002 VV RVG abweichen.

Auch wenn die Formulierung der Feldbeschreibung eigentlich eindeutig ist, wird es immer wieder missverstanden und führt nicht selten zu Problemen. Häufig wird hier der Wert „0,00 EUR" vermerkt, um zum Ausdruck zu bringen, dass nicht mehr als die Auslagenpauschale (also genau diese) geltend gemacht wird. Die Felddefinition sieht aber vor, dass hier der Betrag angegeben wird, der *„an Stelle"* der Pauschale verlangt wird. Und wer hier „0,00 EUR" vermerkt, darf sich nicht wundern, wenn auch nur „0,00 EUR" als Auslagenbetrag vom Gericht festgesetzt wird. Die Nutzung dieses Auslagenfeldes ist also an sich denjenigen Prozessbevollmächtigten vorbehalten, die – in der Regel mit Hilfe einer entsprechenden Software – fallspezifisch tatsächliche Auslagenbeträge nachhalten und diese an Stelle der Pauschalabrechnung geltend machen.

Ganz rechts in der Zeile 46 befindet sich dann noch ein Ankreuzfeld, in dem man zutreffenderweise vermerkt, wenn ein durch einen Prozessbevollmächtigten vertretener Antragsteller **nicht** zum Vorsteuerabzug berechtigt ist. Daraus ergibt sich, dass dieses Feld immer dann anzukreuzen ist. Wird es leer gelassen, bringt man damit zum Ausdruck, dass der Antragsteller zum Vorsteuerabzug berechtigt ist, was zur Folge hat, dass die auf die Vergütung des Rechtsbeistands entfallende Mehrwertsteuer **nicht** in den Mahn- und Vollstreckungsbescheid aufgenommen wird.

⊃ **Praxishinweis:**

Wer als Prozessbevollmächtigter Anspruch auf den Ersatz der auf seine Vergütung entfallenden Umsatzsteuer hat, muss auch das Kreuz machen! Dies gilt im Online-Mahnantrag und bei Verwendung von anwaltlicher Mahn-Fachsoftware in gleicher Weise!

In den Zeilen 47 bis 49 des Mahnbescheidsantrags trägt sich der Prozessbevollmächtigte mit Namen, Straße und Hausnummer, Postleitzahl und Ort, sowie – falls gewünscht – unter Angabe einer Bankverbindung (für Zahlungen des Antragsgegners) ein.

⊃ **Hinweis:**

Durch das Zweite Justizmodernisierungsgesetz vom 30.12.2006 hat der Gesetzgeber im neuen § 690 Abs. 3 ZPO mit Wirkung zum 1.12.2008 eine Nutzungsverpflichtung hinsichtlich des elektronischen Datenaustauschs für Rechtsanwälte angeordnet. Die Nutzung des amtlichen Mahnbescheidsantragsvordrucks für Rechtsanwälte ist damit ab diesem Tage verboten. Alle vorstehenden Ausfüllregeln beziehen sich dann ausschließlich auf die entsprechenden Eintragungen in der jeweiligen Rechtsanwaltssoftware bzw. im Rahmen des justizeigenen Internetportals *www.online-mahnantrag.de*. Weitere Informationen hierzu finden Sie auch im Kap. B.III.5., S. 36 ff.).

6. Zusatzangaben zum Verbraucherkreditgesetz bzw. §§ 491 bis 504 BGB (2. Seite, Zeile 50)

Die ursprünglich seit dem 1.1.1992 im Verbraucherkreditgesetz enthaltenen Vorschriften für Verbraucherdarlehensverträge wurden durch das Schuldrechtsmodernisierungsgesetz vom 26.11.2001 mit Wirkung ab 1.1.2002 in das Bürgerliche Gesetzbuch in die §§ 491 bis 504 eingearbeitet.

Diese Vorschriften finden allerdings gem. § 491 Abs. 2 BGB keine Anwendung auf Verbraucherdarlehensverträge,

1. bei denen das auszuzahlende Darlehen (Nettodarlehensbetrag) 200 EUR nicht übersteigt,
2. die ein Arbeitgeber mit seinem Arbeitnehmer zu Zinsen abschließt, die unter den marktüblichen Sätzen liegen,
3. die im Rahmen der Förderung des Wohnungswesens und des Städtebaus aufgrund öffentlich-rechtlicher Bewilligungsbescheide oder aufgrund von Zuwendungen aus öffentlichen Haushalten unmittelbar zwischen der die Fördermittel vergebenden öffentlich-rechtlichen Anstalt und dem Darlehensnehmer zu Zinssätzen abgeschlossen werden, die unter den marktüblichen Sätzen liegen.

Keine Anwendung finden ferner

1. § 358 Abs. 2, 4 und 5 und die §§ 492 bis 495 auf Verbraucherdarlehensverträge, die in ein nach den Vorschriften der Zivilprozessordnung errichtetes gerichtliches Protokoll aufgenommen oder notariell beurkundet sind, wenn das Protokoll oder die notarielle Urkunde den Jahreszins, die bei Abschluss des Vertrags in Rechnung gestellten Kosten des Darlehens sowie die Voraussetzungen enthält, unter denen der Jahreszins oder die Kosten geändert werden können;
2. § 358 Abs. 2, 4 und 5 und § 359 auf Verbraucherdarlehensverträge, die der Finanzierung des Erwerbs von Wertpapieren, Devisen, Derivaten oder Edelmetallen dienen.

Unterliegt der im Mahnverfahren geltend gemachte Anspruch den Vorschriften des Verbraucherkreditgesetzes oder den §§ 491 bis 504 BGB, so sieht § 690 Abs. 1 Ziff. 3 ZPO in diesen Fällen vor, dass vom Antragsteller, im Rahmen der Anspruchsbezeichnung, zusätzliche Angaben im Mahnbescheidsantrag zu machen sind, nämlich:

▷ das Datum des Vertragsabschlusses und
▷ der nach §§ 492, 502 BGB anzugebende effektive oder anfänglich effektive Jahreszins.

Hierfür sieht die Zeile 50 des Mahnbescheidsantrags insgesamt drei Eintragungsblöcke vor, die jeweils wiederum aus folgenden drei Feldern bestehen:
▷ Bezugnahme auf die Zeilennummer der betreffenden Hauptforderung
▷ Vertragsdatum
▷ Effektiver Jahreszins

Von Kreditgebern (auch Zessionar) zusätzlich zu machende Angaben bei Anspruch aus Verbraucherdarlehensvertrag (§§ 491 bis 504 BGB):								
Zeilen-Nr. der Hauptforderung	Vertragsdatum	Effektiver Jahreszins	Zeilen-Nr. der Hauptforderung	Vertragsdatum	Effektiver Jahreszins	Zeilen-Nr. der Hauptforderung	Vertragsdatum	Effektiver Jahreszins
50								

Diese Zusatzangaben sind erforderlich, da in § 688 Abs. 2 Ziff. 1 ZPO vorgeschrieben ist, dass das Mahnverfahren unzulässig ist bei Ansprüchen eines Unternehmens aus einem Vertrag gem. den §§ 491 bis 504 BGB, wenn der nach den §§ 492, 502 BGB anzugebende effektive oder anfänglich effektive Jahreszins den bei Vertragsabschluss geltenden Basiszinssatz um mehr als 12 Prozentpunkte übersteigt. Folglich muss das Gericht in diesen Fällen entsprechende Prüfungen anstellen.

Allerdings ist bei Ansprüchen aus **Leasing/Mietkauf (Katalog-Nr. 15)** nur die Angabe der **Zeilennummer sowie des Vertragsdatums** erforderlich, der Zinssatz darf insoweit fehlen. Bei Ansprüchen aus **Überziehung des Bankkontos (Katalog-Nr. 36)** genügt sogar nur die Angabe der **Zeilennummer** der betreffenden Hauptforderung, hier wird also weder das Vertragsdatum noch der effektive Jahreszinssatz benötigt.

Darüber hinaus existiert allerdings auch hinsichtlich der Höhe des Verzugszinses eine besondere Ausnahmevorschrift. Gem. § 497 BGB ist bei Verbraucherdarlehensverträgen grundsätzlich lediglich eine Verzinsung gem. § 288 Abs. 1 BGB, d.h. mit 5 Prozentpunkten über dem Basiszinssatz zulässig; dies gilt nicht für Immobiliardarlehensverträge. Bei diesen Verträgen beträgt der Verzugszinssatz für das Jahr zweieinhalb Prozentpunkte über dem Basiszinssatz. Im Einzelfall kann der Darlehensgeber einen höheren oder der Darlehensnehmer einen niedrigeren Schaden nachweisen.

Auch die besonderen Buchungs- und Verrechnungsvorschriften bei Verbraucherdarlehensverträgen sind – z.B. im Falle von vorab geleisteten Teilzahlungen – im Rahmen der Vorbereitung des Mahnverfahrens zu berücksichtigen. Gem. § 497 Abs. 2 BGB sind die nach Eintritt des Verzugs anfallenden Zinsen auf einem gesonderten Konto zu verbuchen und dürfen nicht in ein Kontokorrent mit dem geschuldeten Betrag oder anderen Forderungen des Darlehensgebers zusammengerechnet werden. Zahlungen des Darlehensnehmers, die zur Tilgung der gesamten fälligen Schuld nicht ausreichen, werden gem. § 497 Abs. 3 BGB, abweichend von § 367 BGB, zunächst auf die Kosten, dann auf die Hauptforderung und erst zuletzt auf die Zinsen angerechnet. Außerdem lässt § 497 Abs. 2 Satz 2 BGB bzgl. der rückständigen Zinsen auf Verbraucherdarlehensverträge ausnahmsweise sogar einen Zinseszins in Höhe des gesetzlichen Zinssatzes (§ 246 BGB) zu.

Die Eintragungsmuster für einen Anspruch aus einem Verbraucherdarlehensvertrag mit rückständigen Zinsen sowie deren Verzinsung finden Sie als Ausfüllmuster 26 in Kap. B.VI. Ausfüllmuster und spezielle Ausfüllhinweise, S. 149 ff.

Wegen der abweichenden Vorschriften zur Zahlungsverrechnung können im Mahnverfahren insoweit Probleme vor allem in der Zeile 43 des Antragsvordrucks im Bereich „ausgerechnete Zinsen" auftreten, da das Gericht eine prüfende Vergleichsrechnung auf der Basis der geltend gemachten Hauptforderung und der laufenden Zinsen vornimmt. Hierbei kann – im Falle einer durch Teilzahlung bereits reduzierten Hauptforderung – vom Gericht eine monierungsträchtige Unstimmigkeit festgestellt werden. In diesen Fällen sollte man folglich den Bereich „Ausgerechnete Zinsen" möglichst meiden.

Die Geltendmachung solcher Zinsen kann problemloser als kapitalisierte Hauptforderung mit der Katalognummer 46 (nur unverzinslich) oder als „Sonstiger Anspruch" in den Zeilen 36, 37 erfolgen.

Problematisch ist hierbei allerdings, dass sich die Geltendmachung der Zinsen als Hauptforderung streitwerterhöhend auswirken kann, was bei Nebenforderungen an sich nicht geschehen darf. Soweit jedoch eine Streitwerterhöhung keine gebührenrechtlichen Auswirkungen hat, ist diese Form der Eintragung unbedingt der oben dargestellten (eigentlich korrekten) Eintragung als Nebenforderung vorzuziehen.

7. Geschäftszeichen des Antragstellers bzw. Prozessbevollmächtigten (2. Seite, Zeile 51)

In der Zeile 51 des Mahnbescheidsantrags kann der Antragsteller bzw. Prozessbevollmächtigte sein bis zu 35 Zeichen (einschließlich Leerzeichen) langes Geschäftszeichen eintragen. Die dort vermerkte Angabe wird im weiteren Verfahren in jedem gerichtlichen Schreiben als Betreff vermerkt und auch der Antragsgegner wird vom Gericht in den Bescheiden aufgefordert, im Falle der Kommunikation mit dem Antragsteller das genannte Geschäftszeichen anzugeben.

Die Eintragung des Geschäftszeichens ist nicht zwingend vorgeschrieben, macht aber dann Sinn, wenn das betreffende Mahnverfahren nicht anhand der Parteinamen identifiziert werden kann.

Inhaltlich gibt es – außer der maximalen Feldlänge – keinerlei Beschränkungen; das Geschäftszeichen kann sowohl numerisch als auch alphanumerisch aufgebaut sein. Gerichtliche Prüfungen gibt es bei den hier eingetragenen Daten nicht.

8. Gegenleistungsmerkmal (2. Seite, Zeile 52)

In der Zeile 52 des Mahnbescheidsantragsformulars ist – im Gegensatz zu allen anderen Antragsformen – die gem. § 690 Abs. 1 Ziff. 4 ZPO notwendige Erklärung zur Gegenleistung inzwischen fest vorgegeben. Eine Entscheidung, ob der Anspruch von einer Gegenleistung abhängig ist, die bereits erbracht wurde oder nicht von einer Gegenleistung abhängig ist, muss im Formular also nicht mehr erfolgen.

In allen anderen Antragsformen (Online-Mahnantrag oder Fachsoftware) bleibt es aber bei der Entscheidungsfrage, deren Erklärung kann lauten, dass der geltend gemachte Zahlungsanspruch

- von einer Gegenleistung abhängig ist, die bereits vom Antragsteller erbracht wurde, oder
- nicht von einer Gegenleistung des Antragstellers abhängig ist.

Notwendig ist diese grundsätzliche Angabe, da § 688 Abs. 2 Ziff. 2 ZPO vorschreibt, dass das Mahnverfahren unzulässig ist, wenn die Geltendmachung des Anspruchs von einer noch nicht erbrachten Gegenleistung abhängig ist.

Im gewöhnlichen kaufmännischen Geschäftsverkehr (z.B. bei Ansprüchen aus Warenlieferung, Darlehensrückzahlung etc.) dürfte die Variante „von einer bereits erbrachten Gegenleistung abhängig" der Regelfall sein.

Als typische Beispiele für Zahlungsansprüche, die „nicht von einer Gegenleistung abhängig sind", können z.B. folgende genannt werden:

– Unterhalt
– Rente
– Schadensersatz
– Schmerzensgeld
– ungerechtfertigte Bereicherung.

Aber auch beim Kaufvertrag ist (wie so viele Nutzer von Internet-Auktionshäusern schon teilweise schmerzhaft erfahren mussten) der Zahlungsanspruch in der Regel nicht zwingend von der vorherigen Übergabe der Ware abhängig.

Werden in einem Mahnbescheidsantrag mehrere Zahlungsansprüche aus unterschiedlichen Anspruchsgründen geltend gemacht, für die u.U. auch unterschiedliche Gegenleistungsmerkmale gelten, so können im Online-Mahnantrag bzw. bei Einsatz von Fachsoftware auch beide Erklärungsvarianten zur Gegenleistung angegeben werden, ohne dass die jeweilige Erklärung dem dazugehörigen Anspruchsgrund speziell zugeordnet werden kann. Das Mahngericht prüft hier nur, ob die jeweilige Erklärung überhaupt bei mindestens einem der angegebenen Anspruchsbegründungen zulässig wäre.

9. Unterschrift des Antragstellers/Vertreters/Prozessbevollmächtigten (2. Seite, Zeile 53)

Am Ende des Mahnbescheidsantragsformulars befindet sich das Unterschriftenfeld. Hier ist der Antragsvordruck folglich handschriftlich zu unterschreiben. Neben der Unterschrift sind keine weiteren Angaben erforderlich. Firmenstempel oder auch nur die maschinenschriftliche Wiederholung des Namens des Unterzeichnenden sind mehr schädlich als nützlich, da – insbesondere bei der Verwendung von Stempeln – die Gefahr besteht, dass die Informationen aus dem vorgesehenen Unterschriftenfeld herausragen und Eintragungen in anderen Datenbereichen verdecken oder ein zu „fetter" Stempelabdruck bis auf die Belegvorderseite durchscheint und damit Probleme beim Einscannen der Daten auftreten können.

Ob die Person, die den Antrag unterzeichnet hat, auch tatsächlich zur Antragstellung berechtigt war, kann das Mahngericht ohnehin nicht prüfen. Hier wird nur festgestellt, ob der Antragsvordruck überhaupt unterschrieben ist.

Die Verantwortung dafür, dass nur berechtigte Personen im Mahnverfahren für den Antragsteller tätig werden, trägt letztlich der Antragsteller allein. Kommt es hier zu „Unregelmäßigkeiten", haftet der Vertreter ohne Vertretungsmacht dem Antragsteller gegenüber u.U. für den ggf. entstandenen Schaden.

⊃ **Hinweis:**

Auch der Barcode-Mahnbescheidsantrag ist vom Antragsteller bzw. ggf. seinem Prozessbevollmächtigten handschriftlich zu unterschreiben. Bei der Antragstellung über Fachsoftwareprodukte und der Antragsübermittlung mit Hilfe des EGVP (vgl. Kapitel C.) erfolgt die Unterschrift nach dem Signaturgesetz mit Hilfe einer qualifizierten Signaturkarte.

V. Besondere Verfahrensarten

1. Scheck-/Wechselmahnverfahren und Urkundenmahnverfahren

Scheck-, Wechsel- und Urkundenmahnverfahren sind besondere Verfahrensarten, die im Mahnbescheidsantrag auch speziell als solche gekennzeichnet werden müssen.

Im Antragsformular ist

▷ für ein „Urkundenmahnverfahren" genau dieser Begriff in der Zeile 36 (Sonstiger Anspruch) des Formulars als erstes Wort einzutragen; dahinter folgt dann die Bezeichnung der Urkunde sowie der Hauptforderung mit Datum (zumindest Vom-Datum) und Betrag.

▷ bei einem Scheckmahnverfahren oder Wechselmahnverfahren die Hauptforderung in den Zeilen 32 – 34 des Formulars mit der entsprechenden Nummer des Hauptforderungskatalogs (Nr. 30, 31 und/oder 32), einer Bezeichnung in den Feldern „Rechnung" und Rechnungsnummer (ggf. Scheck-/Wechselnummer!), (zumindest) dem Vom-Datum und dem Betrag einzutragen. Zusätzlich ist in der Zeile 36 (Sonstiger Anspruch) allein das Wort „Scheckmahnverfahren" oder „Wechselmahnverfahren" einzutragen (vgl. Muster Nr. 21 und 22, S. 145 ff.).

Im Online-Mahnantrag ist die Festlegung der besonderen Verfahrensart einfach durch Auswahl und Markierung in der Eingangsmaske zur Eingabe der „Angaben zu Hauptforderung und Zinsen" vorzunehmen:

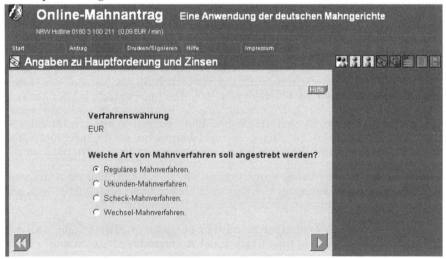

Wählt der Antragsteller in seinem Mahnbescheidsantrag eine dieser besonderen Verfahrensarten aus, wird auch der Mahnbescheid gem. § 703a Abs. 1 ZPO ausdrücklich als Scheck-, Wechsel- und Urkundenmahnbescheid bezeichnet.

Für solche Mahnverfahren gelten dann folgende besondere Vorschriften:

▷ Die Prüfung der tatsächlichen Statthaftigkeit der gewählten Prozessart erfolgt nicht im Mahnverfahren, sondern erst – im Falle der Widerspruchseinlegung – beim Prozessgericht.

▷ Die Bezeichnung als Scheck-, Wechsel- oder Urkundenmahnbescheid hat die Wirkung, dass die Streitsache, wenn rechtzeitig Widerspruch erhoben wird, im Scheck-, Wechsel- oder Urkundenprozess anhängig wird.

▷ Die Urkunden sollen im Antrag auf Erlass des Mahnbescheids und im Mahnbescheid genau bezeichnet werden. Ist die Sache an das Streitgericht abzugeben, so müssen die Urkunden in Urschrift oder in Abschrift der Anspruchsbegründung beigefügt werden.

▷ Beschränkt sich der Widerspruch des Antragsgegners auf den Antrag, dem Beklagten die Ausführung seiner Rechte vorzubehalten, so ist der Vollstreckungsbescheid unter diesem Vorbehalt zu erlassen.

▷ Auf das weitere Verfahren ist dann die Vorschrift des § 600 ZPO entsprechend anzuwenden. Damit bleibt der Rechtsstreit dann im ordentlichen Verfahren (Nachverfahren) anhängig.

▷ Ergibt sich hierbei, dass der Anspruch des Klägers unbegründet war, ist der Vollstreckungsbescheid aufzuheben, der Kläger mit dem Anspruch abzuweisen und über die Kosten ist besonders zu entscheiden. Der Kläger ist zum Ersatz des Schadens verpflichtet, der dem Beklagten durch die Vollstreckung aus dem Urteil oder durch eine zur Abwendung der Vollstreckung gemachte Leistung entstanden ist. Der Beklagte kann diese Ansprüche in dem anhängigen Rechtsstreit geltend machen, §§ 703a Abs. 2 Ziff. 4, 600 Abs. 2, 302 Abs. 4 Satz 2 bis 4 ZPO.

Ist die Streitsache also im Scheck-, Wechsel- und Urkundenprozess anhängig, hat das zur Folge, dass der Antragsteller die anspruchsbegründenden Tatsachen nur durch Vorlage des Schecks, des Wechsels oder der angegebenen Urkunden beweisen kann. Darüber hinausgehende Beweismittel sind unzulässig. Selbstverständlich gilt dasselbe auch für den Antragsgegner. Die Originale der Urkunden bzw. Abschriften müssen dem Prozessgericht erst im Falle des Widerspruchs – gemeinsam mit der Anspruchsbegründung – vorgelegt werden. Nutzt der Antragsgegner die Möglichkeit, seinen Widerspruch gem. § 703a Abs. 2 Ziff. 2 ZPO insoweit zu beschränken, dass ihm die Ausführung seiner Rechte vorbehalten bleiben, kann dann auf Antrag des Antragstellers nur ein Vollstreckungsbescheid mit diesem Vorbehalt erlassen werden. Gegen einen solchen Vollstreckungsbescheid findet **kein Einspruch** mehr statt. Das Verfahren wird zur Durchführung des Nachverfahrens **von Amts wegen** an das Prozessgericht abgegeben.

Wegen dieser besonderen Verfahrensabläufe ist eine gleichzeitige Geltendmachung und Kombination mit andersartigen Hauptforderungen **unzulässig**.

Deshalb kommt als Anspruchskatalognummer im Scheck-/Wechselmahnverfahren allein die Katalognummer „30" in Betracht. Neben der Scheck-/Wechsel-

Hauptforderung können nur noch folgende Ansprüche in demselben Verfahren geltend gemacht werden:

Katalognummer „31" = Scheck-/Wechselprovision

Katalognummer „32" = Scheck-/Wechselunkosten.

Der Betrag der Scheck-Wechselprovision („31") wird hierbei vom Gericht insoweit auf Schlüssigkeit überprüft, als in einer Überschlagsrechnung 0,33 % der Scheck-/Wechsel-Hauptforderungen („30") als Vergleichswert zur Überprüfung errechnet wird.

Allerdings werden diese beiden Nebenansprüche, sofern sie neben der Scheck-/Wechselhauptforderung („30") im Hauptforderungsbereich eingetragen sind, als Nebenforderung behandelt, so dass Datumsangaben hier fehlen dürfen und die Ansprüche auch nicht streitwerterhöhend wirken. Dementsprechend ist allerdings bei diesen (Neben-)Forderungen auch insoweit keine (Nebenforderungs-)Verzinsung zulässig.

Unterbleibt der Hinweis auf die besondere Verfahrensform „Scheckmahnverfahren" bzw. „Wechselmahnverfahren", ergeht der Mahnbescheid als „einfacher, regulärer" Mahnbescheid. Im Falle eines Widerspruchs wird dann ein „normales" Prozessverfahren – ohne die o.g. Besonderheiten – durchgeführt.

Werden die Ansprüche aus den Katalognummern „31" und „32" ohne eine Hauptforderung aus der Katalognummer „30" geltend gemacht, werden sie als ganz normale Zahlungsansprüche (Hauptforderungen) behandelt, die z.B. auch Datumsangaben etc. in der Anspruchsbezeichnung benötigen.

Vgl. Ausfüllmuster 21, 22 und 27 im Kap. B.VI. Ausfüllmuster und spezielle Ausfüllhinweise, S. 145 ff.

⊃ **Rechtsprechungshinweis:**

Scheck- und Wechselmahnverfahren haben heute kaum noch praktische Bedeutung. Anders sieht dies bei den Urkundenmahnverfahren aus, seit der BGH in seinem Urteil vom 1.6.2005 (VIII ZR 216/04, MDR 2005, 1399) zusammenfassend folgende Feststellungen getroffen hat:

„§ 592 Satz 1 ZPO öffnet den Urkundenprozess grundsätzlich unterschiedslos für die Geltendmachung aller Ansprüche, welche die Zahlung einer bestimmten Geldsumme zum Gegenstand haben, was bei Mietforderungen der Fall ist. Voraussetzung für die Statthaftigkeit des Urkundenprozesses ist nach § 592 Satz 1 ZPO lediglich, dass sämtliche zur Begründung des Anspruchs erforderlichen Tatsachen durch Urkunden bewiesen werden können. Im vorliegenden Fall ist dies durch Vorlage des Mietvertrags, der auf unbestimmte Zeit geschlossen ist und die vereinbarte Miete ausweist, geschehen. Schließlich wird die Statthaftigkeit des Urkundenprozesses auch nicht durch Regelungen des materiellen Mietrechts ausgeschlossen. Die Vorschriften des § 536 Abs. 4 BGB und des § 556b Abs. 2 Satz 2 BGB verbieten unmittelbar nur rechtsgeschäftliche Vereinbarungen, durch die zulasten des Mieters von den Minderungsvorschriften des § 536 Abs. 1 bis 3 BGB und der Aufrechnungsbefugnis des Mieters nach § 556b Abs. 2 Satz 1 BGB abgewichen wird. Mit der Inanspruchnahme des Urkundenprozesses macht der Vermieter dagegen Gebrauch von einer durch die Zivilprozessordnung eingeräumten Befugnis, die grundsätzlich allen Gläubigern einer Geldschuld zukommt. Das materielle Mietrecht bietet keine hinreichende Legitimation für eine teleologische Reduktion der §§ 592 ff. ZPO dahingehend, dass Mietansprüche aus Wohnraummietverhältnissen nicht als ein auf Zahlung einer bestimmten Geldsumme gerichteter Anspruch im Sinne von § 592 Satz 1 ZPO anzusehen sind."

Diese Rechtsprechung wurde vom BGH mit Urteil vom 20.12.2006 (VIII ZR 112/06, MDR 2007, 671) dahingehend fortgeführt, dass die Klage jedenfalls auch dann im Urkundenprozess statthaft ist, wenn der Mieter unstreitig die Wohnung in vertragsgemäßem Zustand erhalten hat und die Einrede des nicht erfüllten Vertrages darauf stützt, ein Mangel sei nachträglich eingetreten. Hat der Mieter die Mietsache unstreitig mangelfrei erhalten, trifft ihn grundsätzlich die Darlegungs- und Beweislast, wenn er später eingetretene Mängel geltend macht und darauf gestützt die Einrede des nicht erfüllten Vertrages erhebt. Allein diese Ansicht vermeidet einen ansonsten nicht lösbaren Widerspruch. Denn wenn sich ein Mieter auf während der Mietzeit eingetretene Mängel beruft und deshalb Minderung geltend macht, ist er grundsätzlich für deren Vorhandensein darlegungs- und beweispflichtig. Erhebt er darüber hinaus auch noch die Einrede des nicht erfüllten Vertrages, kann dies nicht dazu führen, nunmehr dem Vermieter die Darlegungs- und Beweislast aufzuerlegen. Denn auch wer die Einrede aus § 320 BGB geltend macht, muss beweisen, dass ihm eine unter das Gegenseitigkeitsverhältnis fallende Gegenforderung zusteht. Der das Zurückbehaltungsrecht des Mieters begründende, auf Mangelbeseitigung gerichtete Erfüllungsanspruch aus § 535 Abs. 1 Satz 2 Halbs. 2 BGB setzt bei einer mangelfrei übergebenen Mietsache das nachträgliche Eintreten eines Mangels voraus, für das der Mieter die Beweislast trägt.

2. WEG-Verfahren – Zulässigkeit und Ablauf

Nach dem Gesetz zur Änderung des Wohnungseigentumsgesetzes (und anderer Gesetze) vom 26.3.2007 (BGBl. I, S. 370) werden auch Wohnungseigentumssachen im gerichtlichen Verfahren nach der Zivilprozessordnung behandelt. **Die Gemeinschaft der Wohnungseigentümer** kann im Rahmen der gesamten Verwaltung des gemeinschaftlichen Eigentums gegenüber Dritten und Wohnungseigentümern selbst Rechte erwerben und Pflichten eingehen. Sie ist Inhaberin der als Gemeinschaft gesetzlich begründeten und rechtsgeschäftlich erworbenen Rechte und Pflichten. Sie übt die gemeinschaftsbezogenen Rechte der Wohnungseigentümer aus und nimmt die gemeinschaftsbezogenen Pflichten der Wohnungseigentümer wahr, ebenso sonstige Rechte und Pflichten der Wohnungseigentümer, soweit diese gemeinschaftlich geltend gemacht werden können oder zu erfüllen sind.

Die Gemeinschaft muss die Bezeichnung „Wohnungseigentümergemeinschaft" gefolgt von der bestimmten Angabe des gemeinschaftlichen Grundstücks führen. Sie kann so vor Gericht klagen und verklagt werden.

Das **Verwaltungsvermögen** gehört der Gemeinschaft der Wohnungseigentümer. Es besteht aus den im Rahmen der gesamten Verwaltung des gemeinschaftlichen Eigentums gesetzlich begründeten und rechtsgeschäftlich erworbenen Sachen und Rechten sowie den entstandenen Verbindlichkeiten. Zu dem Verwaltungsvermögen gehören insbesondere die Ansprüche und Befugnisse aus Rechtsverhältnissen mit Dritten und mit Wohnungseigentümern sowie die eingenommenen Gelder.

Jeder **Wohnungseigentümer** haftet einem Gläubiger nach dem Verhältnis seines Miteigentumsanteils für Verbindlichkeiten der Gemeinschaft der Wohnungseigentümer, die während seiner Zugehörigkeit zur Gemeinschaft entstanden oder während dieses Zeitraums fällig geworden sind; für die Haftung nach Veräußerung des Wohnungseigentums ist § 160 HGB entsprechend anzuwenden. Er kann gegenüber einem Gläubiger neben den in seiner Person begründeten auch die der Gemeinschaft zustehenden Einwendungen und Einreden geltend machen, nicht aber seine Einwendungen und Einreden gegenüber der Gemeinschaft. Für die Einrede der Anfechtbarkeit und Aufrechenbarkeit ist § 770 BGB entsprechend anzuwenden. Die Haftung eines Wohnungseigentümers gegenüber der Gemeinschaft wegen nicht ordnungsmäßiger Verwaltung bestimmt sich nach Satz 1.

Der Verwalter ist jetzt berechtigt, im Namen aller Wohnungseigentümer und mit Wirkung für und gegen sie

1. Willenserklärungen und Zustellungen entgegenzunehmen, soweit sie an alle Wohnungseigentümer in dieser Eigenschaft gerichtet sind;
2. Maßnahmen zu treffen, die zur Wahrung einer Frist oder zur Abwendung eines sonstigen Rechtsnachteils erforderlich sind, insbesondere einen gegen die Wohnungseigentümer gerichteten Rechtsstreit gemäß § 43 Nr. 1, Nr. 4 oder Nr. 5 WEG im Erkenntnis- und Vollstreckungsverfahren zu führen;
3. Ansprüche gerichtlich und außergerichtlich geltend zu machen, sofern er hierzu durch Vereinbarung oder Beschluss mit Stimmenmehrheit der Wohnungseigentümer ermächtigt ist;
4. mit einem Rechtsanwalt wegen eines Rechtsstreits gemäß § 43 Nr. 1, Nr. 4 oder Nr. 5 WEG zu vereinbaren, dass sich die Gebühren nach einem höheren als dem gesetzlichen Streitwert, höchstens nach einem gemäß § 49a Abs. 1 Satz 1 GKG bestimmten Streitwert bemessen.

Der Verwalter ist berechtigt, im Namen der Gemeinschaft der Wohnungseigentümer und mit Wirkung für und gegen sie

1. Willenserklärungen und Zustellungen entgegenzunehmen;
2. Maßnahmen zu treffen, die zur Wahrung einer Frist oder zur Abwendung eines sonstigen Rechtsnachteils erforderlich sind, insbesondere einen gegen die Gemeinschaft gerichteten Rechtsstreit gemäß § 43 Nr. 2 oder Nr. 5 WEG im Erkenntnis- und Vollstreckungsverfahren zu führen;
3. die laufenden Maßnahmen der erforderlichen ordnungsmäßigen Instandhaltung und Instandsetzung gemäß § 27 Abs. 1 Nr. 2 WEG zu treffen;
4. die Maßnahmen gemäß Absatz 1 Nr. 3 bis Nr. 5 und Nr. 8 zu treffen;
5. im Rahmen der Verwaltung der eingenommenen Gelder gemäß § 27 Abs. 1 Nr. 6 WEG Konten zu führen;
6. mit einem Rechtsanwalt wegen eines Rechtsstreits gemäß § 43 Nr. 2 oder Nr. 5 WEG eine Vergütung gemäß § 27 Abs. 2 Nr. 4 WEG zu vereinbaren;
7. sonstige Rechtsgeschäfte und Rechtshandlungen vorzunehmen, soweit er hierzu durch Vereinbarung oder Beschluss der Wohnungseigentümer mit Stimmenmehrheit ermächtigt ist.

Fehlt ein Verwalter oder ist er zur Vertretung nicht berechtigt, so vertreten alle Wohnungseigentümer die Gemeinschaft. Die Wohnungseigentümer können durch Beschluss mit Stimmenmehrheit einen oder mehrere Wohnungseigentümer zur

Vertretung ermächtigen. Die vorstehenden, dem Verwalter zustehenden Aufgaben und Befugnisse können durch Vereinbarung der Wohnungseigentümer nicht eingeschränkt oder ausgeschlossen werden.

Das Gericht, **in dessen Bezirk das Grundstück liegt**, ist ausschließlich zuständig für

1. Streitigkeiten über die sich aus der Gemeinschaft der Wohnungseigentümer und aus der Verwaltung des gemeinschaftlichen Eigentums ergebenden Rechte und Pflichten der Wohnungseigentümer untereinander;
2. Streitigkeiten über die Rechte und Pflichten zwischen der Gemeinschaft der Wohnungseigentümer und Wohnungseigentümern;
3. Streitigkeiten über die Rechte und Pflichten des Verwalters bei der Verwaltung des gemeinschaftlichen Eigentums;
4. Streitigkeiten über die Gültigkeit von Beschlüssen der Wohnungseigentümer;
5. Klagen Dritter, die sich gegen die Gemeinschaft der Wohnungseigentümer oder gegen Wohnungseigentümer richten und sich auf das gemeinschaftliche Eigentum, seine Verwaltung oder das Sondereigentum beziehen;
6. Mahnverfahren, wenn die **Gemeinschaft der Wohnungseigentümer** Antragstellerin ist. Insoweit ist § 689 Abs. 2 ZPO nicht anzuwenden.

Wird die Klage durch oder gegen alle Wohnungseigentümer mit Ausnahme des Gegners erhoben, so genügt für ihre nähere Bezeichnung in der Klageschrift die bestimmte Angabe des gemeinschaftlichen Grundstücks; wenn die Wohnungseigentümer Beklagte sind, sind in der Klageschrift außerdem der Verwalter und der gemäß § 45 Abs. 2 Satz 1 WEG bestellte Ersatzzustellungsvertreter zu bezeichnen. Die namentliche Bezeichnung der Wohnungseigentümer hat spätestens bis zum Schluss der mündlichen Verhandlung zu erfolgen.

Sind an dem Rechtsstreit nicht alle Wohnungseigentümer als Partei beteiligt, so sind die übrigen Wohnungseigentümer entsprechend Absatz 1 von dem Kläger zu bezeichnen. Der namentlichen Bezeichnung der übrigen Wohnungseigentümer bedarf es nicht, wenn das Gericht von ihrer Beiladung gemäß § 48 Abs. 1 Satz 1 WEG absieht.

Der Verwalter ist Zustellungsvertreter der Wohnungseigentümer, wenn diese Beklagte oder gemäß § 48 Abs. 1 Satz 1 WEG beizuladen sind, es sei denn, dass er als Gegner der Wohnungseigentümer an dem Verfahren beteiligt ist oder aufgrund des Streitgegenstandes die Gefahr besteht, der Verwalter werde die Wohnungseigentümer nicht sachgerecht unterrichten. Die Wohnungseigentümer haben für den Fall, dass der Verwalter als Zustellungsvertreter ausgeschlossen ist, durch Beschluss mit Stimmenmehrheit einen Ersatzzustellungsvertreter sowie dessen Vertreter zu bestellen, auch wenn ein Rechtsstreit noch nicht anhängig ist. Der Ersatzzustellungsvertreter tritt in die dem Verwalter als Zustellungsvertreter der Wohnungseigentümer zustehenden Aufgaben und Befugnisse ein, sofern das Gericht die Zustellung an ihn anordnet; § 45 Abs. 1 WEG gilt entsprechend. Haben die Wohnungseigentümer entgegen § 45 Abs. 2 WEG keinen Ersatzzustellungsvertreter bestellt oder ist die Zustellung aus sonstigen Gründen nicht ausführbar, kann das Gericht einen Ersatzzustellungsvertreter bestellen.

⊃ **Hinweis:**

Sie können die Rechte der Wohnungseigentümer

– als Gemeinschaft der Wohnungseigentümer,
– als Wohnungseigentümer oder
– durch den Verwalter als Prozessstandschafter

geltend machen.

Welche Form der Parteibezeichnung insoweit „richtig" ist, muss der Antragsteller bzw. Prozessbevollmächtigte entscheiden. Im Rahmen der Ausfüllmuster finden Sie alle Fälle erläutert.

⊃ **Praxishinweis:**

Als Anspruchsbezeichnung für Wohngeldforderungen der Gemeinschaft ist regelmäßig die Katalognummer „90" (Wohngeld/Hausgeld) zu verwenden. Hier benötigt das Gericht dann in der Zeile 35 die zusätzliche Angabe von Postleitzahl und Ort der Immobilie, um in der Zeile 45 das ausschließlich zuständige Prozessgericht (§ 43 WEG) an diesem Ort prüfen zu können.

VI. Ausfüllmuster und spezielle Ausfüllhinweise

Bei den nachstehenden Ausfüllmustern wurden – hinsichtlich der Parteibezeichnungen – überwiegend Antragsausschnitte aus dem Bereich „Antragsgegner" verwendet. Da für den Antragstellerbereich dieselben Ausfüllregeln gelten, können alle diesbzgl. Muster problemlos auf den Antragstellerbereich übertragen werden (und umgekehrt). Die Ausfüllmuster werden in der Regel auf der Basis der Felder des amtlichen Antragsformulars dargestellt, da es sich insoweit um den „kleinsten gemeinsamen Nenner" der verschiedenen Antragsformen (online-Mahnantrag, Fachsoftware) handelt. In einzelnen Sonderfällen, in denen die Darstellung in elektronischen Anträgen häufig anders aussieht als im Formular, wird auch die korrekte Darstellung im Online-Mahnantrag alternativ dargestellt. Zusätzliche Ausfüllmuster zum Online-Mahnantrag sind auch im Kap. B.III.5.b, S. 38 ff. enthalten.

1. Muster: Natürliche Person

Zeile	Antragsgegner				Antragsgegner sind Gesamtschuldner	
17				◁		
	Spalte 1			**Spalte 2**	Weiterer Antragsteller	
18	**2** ◁	1 = Herr 2 = Frau			1 = Herr 2 = Frau	
19	Vorname **Petra**			Vorname		
20	Nachname **Geldsorgen**			Nachname		
21	Straße, Hausnummer -Bitte kein Postfach!- **Im Keller 27**			Straße, Hausnummer -Bitte kein Postfach!-		
22	Postleitzahl **32756**	Ort **Detmold**	Ausl.Kz	Postleitzahl	Ort	Ausl.Kz

2. Muster: Zwei natürliche Personen als Gesamtschuldner/Gesamtgläubiger

17	Antragsgegner			X ◁	Antragsgegner sind Gesamtschuldner
	Spalte 1			Spalte 2	Weiterer Antragsteller
18	2 ◀	1 = Herr 2 = Frau		1 ◀	1 = Herr 2 = Frau
19	Vorname Petra			Vorname Herbert	
20	Nachname Geldsorgen			Nachname Geldsorgen	
21	Straße, Hausnummer -Bitte kein Postfach!- Im Keller 27			Straße, Hausnummer -Bitte kein Postfach!- Auf der Parkbank 24	
22	Postleitzahl 32756	Ort Detmold	Ausl.Kz	Postleitzahl 58099	Ort Hagen	Ausl.Kz

⊃ **Praxishinweis:**

Handelt es sich um Gesamtgläubiger, fehlt ein entsprechendes Ankreuzfeld. Gleichwohl ist das Beteiligungsverhältnis auch hier nicht ganz unwichtig, wie das Landgericht Detmold festgestellt hat (Beschluss vom 11.12.2008 – 3 T 277/08):

„Sind – wie hier – in einem Titel auf Gläubigerseite mehrere Personen aufgeführt, so gehört zur erforderlichen Bestimmtheit des Titels auch, dass darin das Beteiligungsverhältnis klargestellt ist. Diesen Anforderungen genügt der von den Gläubigern erwirkte VB nicht. Ihm ist nicht zu entnehmen, ob den Gläubigern die titulierte Forderung als Teilgläubiger im Sinne des § 420 BGB, als Gesamtgläubiger im Sinne des § 428 BGB, gesamthänderisch als Mitgliedern einer GbR oder gemeinschaftlich als Mitgliedern einer Bruchteilsgemeinschaft zusteht. Diese Zweifel lassen sich auch nicht im Wege der Auslegung beseitigen, da der Vollstreckungstitel dazu keine eindeutigen Anhaltspunkte liefert. Mit Recht hat das AG in diesem Zusammenhang darauf hingewiesen, dass auch keine Vermutung für das Bestehen einer Gesamtgläubigerschaft besteht (vgl. dazu BGH, NJW 84, 1357). Schließlich ist auch unerheblich, ob der Vordruck, mit dem die Gläubiger den Erlass des Mahnbescheids beantragten, die Möglichkeit vorsah, ihr Beteiligungsverhältnis zu bezeichnen oder nicht."

Hier muss dann also ggf. etwas getrickst werden, indem ein kurzer Beteiligungsverhältnis-Hinweis hinter jedem Familiennamen vermerkt wird:

▷ z.B. bei „Gesamtgläubigern":

2	Antragsteller			Bei mehreren Antragstellern: Es wird versichert, daß der in Spalte 1 Bezeichnete bevollmächtigt ist, die weiteren zu vertreten	
	Spalte 1			Spalte 2	Weiterer Antragsteller
3	2 ◀	1 = Herr 2 = Frau		1 ◀	1 = Herr 2 = Frau
4	Vorname Susanne			Vorname Theo	
5	Nachname Reich - als Gesamtgläubiger -			Nachname Kaufmann - als Gesamtgläubiger -	
6	Straße, Hausnummer -Bitte kein Postfach!- Auf dem Geldhügel 7			Straße, Hausnummer -Bitte kein Postfach!- Auf dem Geldhügel 7	
7	Postleitzahl 58640	Ort Iserlohn	Ausl.Kz	Postleitzahl 58640	Ort Iserlohn	Ausl.Kz

B. Automatisiertes gerichtliches Mahnverfahren (AuGeMa)

▷ z.B. bei „Bruchteilsgläubigern":

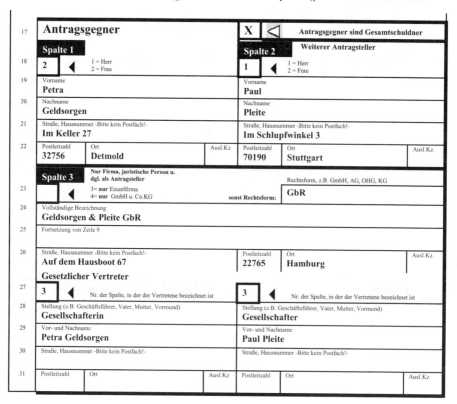

◯ **Hinweis:**

Achten Sie unbedingt darauf, dass die bezifferten Anteile insgesamt einen ganzen Anteil ergeben!

3. Muster: Gesellschaft bürgerlichen Rechts (GbR)/Gesamtschuldner

VI. Ausfüllmuster und spezielle Ausfüllhinweise

◯ **Rechtsprechungshinweis:**

Der BGH hat in seinem Urteil vom 29.1.2001 (II ZR 331/00, ZIP 2001, 330) entschieden:

„Die (Außen-)Gesellschaft bürgerlichen Rechts besitzt Rechtsfähigkeit, soweit sie durch Teilnahme am Rechtsverkehr eigene Rechte und Pflichten begründet. In diesem Rahmen ist sie zugleich im Zivilprozess aktiv und passiv parteifähig ...

Der Senat verkennt zwar nicht, dass es wegen der fehlenden Publizität in einigen Fällen schwierig werden könnte, eine GbR im Prozess so klar zu bezeichnen, dass eine eindeutige Identifizierung – vor allem im Vollstreckungsverfahren – möglich ist ...

Im Passivprozess ist es wegen der persönlichen Gesellschafterhaftung für den Kläger – wie bei der OHG (...) – praktisch immer ratsam, neben der Gesellschaft auch die Gesellschafter persönlich zu verklagen ...

Stellt sich während des Prozesses heraus, dass die Gesellschafter nicht als Gesamthandgemeinschaft verpflichtet sind, sondern nur einzeln als Gesamtschuldner aus einer gemeinschaftlichen Verpflichtung schulden (§ 427 BGB), wird nur die Klage gegen die Gesellschaft – nicht aber die Gesellschafter persönlich – abgewiesen. Stellt sich erst während der Zwangsvollstreckung heraus, dass überhaupt kein Gesellschaftsvermögen vorhanden ist, bleiben dem Gläubiger noch die Titel gegen die einzelnen Gesellschafter."

4. Muster: Wohnungseigentümergemeinschaft als Antragsteller (Verwalter = natürliche Person)

Zeile	Spalte 1: Antragsteller		Spalte 2: Weiterer Antragsteller	
2	**Antragsteller**		Bei mehreren Antragstellern: Es wird versichert, daß der in Spalte 1 Bezeichnete bevollmächtigt ist, die weiteren zu vertreten **Weiterer Antragsteller**	
3	◀	1 = Herr / 2 = Frau	◀	1 = Herr / 2 = Frau
4	Vorname		Vorname	
5	Nachname		Nachname	
6	Straße, Hausnummer -Bitte kein Postfach!-		Straße, Hausnummer -Bitte kein Postfach!-	
7	Postleitzahl / Ort / Ausl.Kz		Postleitzahl / Ort / Ausl.Kz	
8	**Spalte 3** ◀ Nur Firma, juristische Person u. dgl. als Antragsteller 3= nur Einzelfirma 4= nur GmbH u. Co.KG sonst Rechtsform:		Rechtsform, z.B. GmbH, AG, OHG, KG **Wohnungseigentümergemeinschaft**	
9	Vollständige Bezeichnung **Wohnungseigentümergemeinschaft „Leere Kassenstr. 17, 39418 Staßfurt"**			
10	Fortsetzung von Zeile 9			
11	Straße, Hausnummer -Bitte kein Postfach!- **Leere-Kassenstr. 17**	Postleitzahl **39418**	Ort **Staßfurt**	Ausl.Kz
12	**Gesetzlicher Vertreter** **3** ◀ Nr. der Spalte, in der der Vertretene bezeichnet ist		◀ Nr. der Spalte, in der der Vertretene bezeichnet ist	
13	Stellung (z.B. Geschäftsführer, Vater, Mutter, Vormund) **Verwalter**		Stellung (z.B. Geschäftsführer, Vater, Mutter, Vormund)	
14	Vor- und Nachname **Theo Hausgeld**		Vor- und Nachname	
15	Straße, Hausnummer -Bitte kein Postfach!- **Mohnblumenweg 6**		Straße, Hausnummer -Bitte kein Postfach!-	
16	Postleitzahl **58640**	Ort **Iserlohn** / Ausl.Kz	Postleitzahl / Ort / Ausl.Kz	

⊃ Amtlicher Ausfüllhinweis:

„Die Wohnungseigentümergemeinschaft als solche mit genauer Angabe des Grundstücks, auf dem die Wohnanlage sich befindet (z.B. Straße, Hausnummer, PLZ und Ort) unter Angabe der Rechtsform ‚Wohnungseigentümergemeinschaft' stets in Spalte 3 bezeichnen und den gesetzlichen Vertreter (Verwalter/ Eigentümer) bitte in Zeile 12–16 eintragen."

4a. Muster: Wohnungseigentümergemeinschaft als Antragsteller (Verwalter = natürliche Person)

Im Online-Mahnantrag werden die Eingabefelder für eine „Wohnungseigentümergemeinschaft" mit dem Auswahlschalter „WEG" in den Bereichen „Antragsteller" bzw. „Antragsgegner", dann über die Karteikarte „Sonstige" und dort über den Auswahlschalter „WEG" angesteuert. Letztlich erreicht man so die folgende Auswahlmaske, in der man dann zunächst festlegt, wer konkret WEG-Antragsteller bzw. -Antragsgegner ist:

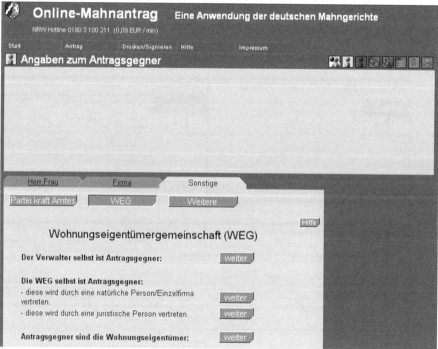

Zur Auswahl stehen hier:
▷ der Verwalter selbst (in eigenem Namen)
▷ die Eigentümergemeinschaft, vertreten durch einen Verwalter, der eine natürliche Person oder Einzelfima ist,
▷ die Eigentümergemeinschaft, vertreten durch einen Verwalter, der eine juristische Person ist,

VI. Ausfüllmuster und spezielle Ausfüllhinweise

▷ die einzelnen Wohnungseigentümer.

Je nach hier getroffener Auswahl über den jeweiligen „weiter"-Auswahlschalter, öffnen sich dann die weiteren Eingabemasken, also z.B. zur vergleichbaren Eintragung wie vorstehendes Muster 4:

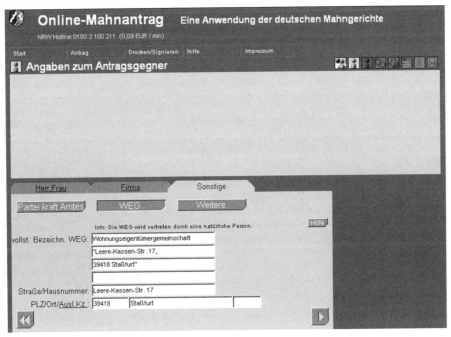

Nach Betätigung des „weiter"-Auswahlschalters folgt die Aufforderung zur Eingabe der Daten des Verwalters:

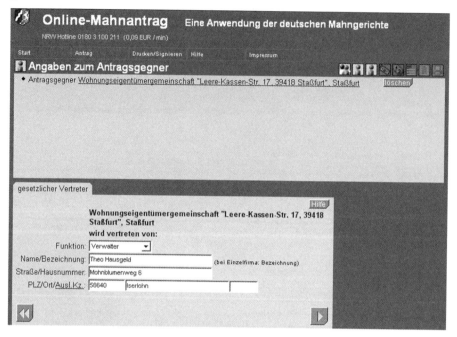

VI. Ausfüllmuster und spezielle Ausfüllhinweise

5. Muster: Wohnungseigentümergemeinschaft als Antragsteller (Verwalter = juristische Person)

	Antragsteller		Bei mehreren Antragstellern: Es wird versichert, daß der in Spalte 1 Bezeichnete bevollmächtigt ist, die weiteren zu vertreten	
2	**Spalte 1**		**Spalte 2**	**Weiterer Antragsteller**
3		1 = Herr / 2 = Frau		1 = Herr / 2 = Frau
4	Vorname **Hausgeld Verwaltungs GmbH**		Vorname	
5	Nachname		Nachname	
6	Straße, Hausnummer -Bitte kein Postfach!- **Mohnblumenweg 6**		Straße, Hausnummer -Bitte kein Postfach!-	
7	Postleitzahl **58640** / Ort **Iserlohn** / Ausl.Kz		Postleitzahl / Ort / Ausl.Kz	
	Spalte 3	Nur Firma, juristische Person u. dgl. als Antragsteller	Rechtsform, z.B. GmbH, AG, OHG, KG	
8		3= nur Einzelfirma / 4= nur GmbH u. Co.KG / sonst Rechtsform:	**WEG, vertreten durch Verwalter-GmbH**	
9	Vollständige Bezeichnung **Wohnungseigentümergemeinschaft "Leere-Kassenstr. 17, 39418 Staßfurt"**			
10	Fortsetzung von Zeile 9			
11	Straße, Hausnummer -Bitte kein Postfach!- **Leere-Kassenstr. 17**		Postleitzahl **39418** / Ort **Staßfurt** / Ausl.Kz	
	Gesetzlicher Vertreter			
12	**1**	Nr. der Spalte, in der der Vertretene bezeichnet ist		Nr. der Spalte, in der der Vertretene bezeichnet ist
13	Stellung (z.B. Geschäftsführer, Vater, Mutter, Vormund) **Geschäftsführer**		Stellung (z.B. Geschäftsführer, Vater, Mutter, Vormund)	
14	Vor- und Nachname **Theo Hausgeld**		Vor- und Nachname	
15	Straße, Hausnummer -Bitte kein Postfach!-		Straße, Hausnummer -Bitte kein Postfach!-	
16	Postleitzahl / Ort / Ausl.Kz		Postleitzahl / Ort / Ausl.Kz	

⊃ **Amtlicher Ausfüllhinweis:**

„Ist der Verwalter eine juristische Person, tragen Sie bitte die Verwaltungsgesellschaft in Spalte 1, Zeile 4–7 ein und den gesetzlichen Vertreter der Verwaltungsgesellschaft in Zeile 12–16. Ergänzen Sie bitte in diesem Fall in Zeile 8 die Angabe ‚WEG' um den Zusatz ‚vertreten durch Verwalter- 1 Rechtsform 2', z.B. ‚WEG, vertreten durch Verwalter-GmbH'."

6. Muster: Wohnungseigentümer als Antragsteller

	Antragsteller			Bei mehreren Antragstellern: Es wird versichert, daß der in Spalte 1 Bezeichnete bevollmächtigt ist, die weiteren zu vertreten		
2	**Spalte 1**			**Spalte 2**	**Weiterer Antragsteller**	
3	2 ◄	1 = Herr 2 = Frau		1 ◄	1 = Herr 2 = Frau	
4	Vorname **Petra**			Vorname **Paul**		
5	Nachname **Häuschen**			Nachname **Wohner**		
6	Straße, Hausnummer -Bitte kein Postfach!- **Leere-Kassenstr. 17**			Straße, Hausnummer -Bitte kein Postfach!- **Leere-Kassenstr. 17**		
7	Postleitzahl **39418**	Ort **Staßfurt**	Ausl.Kz	Postleitzahl **39418**	Ort **Staßfurt**	Ausl.Kz
	Spalte 3	Nur Firma, juristische Person u. dgl. als Antragsteller		Rechtsform, z.B. GmbH, AG, OHG, KG		
8	◄	3= nur Einzelfirma 4= nur GmbH u. Co.KG	sonst Rechtsform:	**OHG-Verwalter**		
9	Vollständige Bezeichnung **Hausgeld-Verwaltungs-OHG**					
10	Fortsetzung von Zeile 9					
11	Straße, Hausnummer -Bitte kein Postfach!- **Mohnblumenweg 6**			Postleitzahl **58640**	Ort **Iserlohn**	Ausl.Kz
	Gesetzlicher Vertreter					
12	3 ◄	Nr. der Spalte, in der Vertretene bezeichnet ist		◄	Nr. der Spalte, in der Vertretene bezeichnet ist	
13	Stellung (z.B. Geschäftsführer, Vater, Mutter, Vormund) **Gesellschafter**			Stellung (z.B. Geschäftsführer, Vater, Mutter, Vormund)		
14	Vor- und Nachname **Theo Hausgeld**			Vor- und Nachname		
15	Straße, Hausnummer -Bitte kein Postfach!-			Straße, Hausnummer -Bitte kein Postfach!-		
16	Postleitzahl	Ort	Ausl.Kz	Postleitzahl	Ort	Ausl.Kz

⊃ **Amtlicher Ausfüllhinweis:**

„Ersten und zweiten Wohnungseigentümer bitte in Spalte 1, 2 bezeichnen, die weiteren in einer mit dem Antrag fest verbundenen Liste. Den zur gerichtlichen Geltendmachung des Anspruchs ermächtigten Verwalter (nat. oder jur. Person) stets in Spalte 3 eintragen, und zwar in Zeile 8 unter Rechtsform seine Funktion (Verwalter, Verwalterin), ggf. zusammen mit der Rechtsform (z.B. GmbH-Verwalterin), in Zeile 9, 10 Vor- und Nachnamen bzw. vollständigen Namen der jur. Person, in Zeile 11 die Anschrift und in Zeile 12 bis 16 den gesetzlichen Vertreter einer in Spalte 3 bezeichneten Verwaltungsgesellschaft."

⊃ **Amtlicher Ausfüllhinweis:**

„Werden Ansprüche Dritter gegen eine Wohnungseigentümergemeinschaft/gegen Wohnungseigentümer geltend gemacht, geben Sie bitte in Zeile 45 den gemeinsamen Gerichtsstand für ein etwaiges streitiges Verfahren an. Bezeichnen Sie im Antrag eine Wohnungseigentümergemeinschaft oder Wohnungseigentümer so unter ‚Antragsgegner', wie oben unter ‚Wohnungseigentümergemeinschaft als Antragsteller' bzw. ‚Wohnungseigentümer als Antragsteller' entsprechend beschrieben."

7. Muster: WEG-Verwalter als Prozessstandschafter

Antragsteller Spalte 1		Bei mehreren Antragstellern: Es wird versichert, daß der in Spalte 1 Bezeichnete bevollmächtigt ist, die weiteren zu vertreten **Weiterer Antragsteller** Spalte 2
	1 = Herr / 2 = Frau	1 = Herr / 2 = Frau
Vorname		Vorname
Nachname		Nachname
Straße, Hausnummer -Bitte kein Postfach!-		Straße, Hausnummer -Bitte kein Postfach!-
Postleitzahl / Ort / Ausl.Kz		Postleitzahl / Ort / Ausl.Kz
Spalte 3 Nur Firma, juristische Person u. dgl. als Antragsteller	3= nur Einzelfirma / 4= nur GmbH u. Co.KG / sonst Rechtsform:	Rechtsform, z.B. GmbH, AG, OHG, KG **GmbH-Verwalter**
Vollständige Bezeichnung **Hausgeld-Verwaltungs-GmbH**		
Fortsetzung von Zeile 9		
Straße, Hausnummer -Bitte kein Postfach!- **Mohnblumenweg 6**	Postleitzahl **58640**	Ort **Iserlohn** / Ausl.Kz
Gesetzlicher Vertreter		
3 Nr. der Spalte, in der der Vertretene bezeichnet ist		Nr. der Spalte, in der der Vertretene bezeichnet ist
Stellung (z.B. Geschäftsführer, Vater, Mutter, Vormund) **Geschäftsführer**		Stellung (z.B. Geschäftsführer, Vater, Mutter, Vormund)
Vor- und Nachname **Theo Hausgeld**		Vor- und Nachname
Straße, Hausnummer -Bitte kein Postfach!-		Straße, Hausnummer -Bitte kein Postfach!-
Postleitzahl / Ort / Ausl.Kz		Postleitzahl / Ort / Ausl.Kz

⊃ **Amtlicher Ausfüllhinweis:**

„Ist der Verwalter zur Geltendmachung des Anspruchs in eigenem Namen berechtigt, ist die Wohnungseigentümergemeinschaft/sind die Wohnungseigentümer nicht zu bezeichnen; bitte den Verwalter zusammen mit der Rechtsform ‚Verwalter' in Spalte 3 eintragen, bei juristischen Personen ggf. zusammen mit deren Rechtsform (‚GmbH-Verwalter') und den gesetzlichen Vertreter der Verwaltungsgesellschaft in die Zeilen 12–16."

⊃ **Rechtsprechungshinweis:**

Das AG Hagen hat in seinem Beschluss vom 26.4.2004 (03–2517217–17-N, n.v.) zur Funktion des Verwalters einer WEG Folgendes festgestellt:

„Hier handelt der Verwalter in Prozessstandschaft, und zwar nicht in gesetzlicher, sondern in gewillkürter Prozessstandschaft. Die Rechtsfolgen einer gewillkürten Prozessstandschaft sind, dass der Prozessstandschafter – also der Antragsteller – die Forderung in eigenem Namen als Partei geltend macht (vgl. Zöller, § 50 Rz.. 27). (…) Seine Funktionsbezeichnung (Anm. der Verf.: ‚Verwalter der WEG …') ist für die Bestimmung seiner Parteieigenschaft – seine Eigenschaft als Prozesspartei – ohne jegliche nähere Bedeutung. Infolgedessen ist grundsätzlich auch weder seine Eigenschaft als Verwalter der WEG und erst recht nicht die der WEG als solcher bei der Antragstellerbezeichnung aufzunehmen."

Die Eintragung des WEG-Verwalters, der berechtigt ist, die Ansprüche der Gemeinschaft in eigenem Namen geltend zu machen, erfolgt immer in der Spalte „3", auch wenn er eine natürliche Person ist. Als Anspruchsbezeichnung ist regelmäßig die Katalognummer „90" (Wohngeld/Hausgeld) zu verwenden. Hier benötigt das Gericht dann in der Zeile 35 die zusätzliche Angabe von Postleitzahl und Ort der Immobilie, um in der Zeile 45 das ausschließlich zuständige Prozessgericht (§ 43 WEG) an diesem Ort prüfen zu können.

⊃ **Rechtsprechungshinweis:**

Zur Frage, ob die WEG oder der Verwalter als Antragsteller auftreten sollen (wegen Erhöhungsgebühr bei anwaltlicher Vertretung) sei auf folgende Ausführungen des LG Essen (LG Essen, Beschl. v. 2.10.2001 – 2 T 168/01+, Rpfleger 2002, 101) verwiesen:

„Die Antragsteller können die Erhöhung der Prozessgebühr nach den § 6 (...) BRAGO nicht gegenüber dem Antragsgegner geltend machen, da es sich nicht um Kosten handelt, die zur Rechtsverfolgung notwendig waren. Im Verhältnis der Wohnungseigentümer untereinander gilt das Gebot der Kostenschonung. Die Eigentümer sind daher nach ständiger Rechtsprechung der Kammer gehalten, den Verwalter zu ermächtigen, Hausgelder im eigenen Namen gerichtlich geltend zu machen (gewillkürte Verfahrensstandschaft). Geschieht das nicht, kann der in Anspruch genommenen Miteigentümer dies im Kostenfestsetzungsverfahren über den Grundsatz von Treu und Glauben (§ 242 BGB) einwenden."

8. Muster: Einzelfirma

	Spalte 3	Nur Firma, juristische Person u. dgl. als Antragsteller		Rechtsform, z.B. GmbH, AG, OHG, KG
23	**3** ◄	3= nur Einzelfirma 4= nur GmbH u. Co.KG	sonst Rechtsform:	
24	Vollständige Bezeichnung **CD Handel Weltweit e.K.**			
25	Fortsetzung von Zeile 9			
26	Straße, Hausnummer -Bitte kein Postfach!- **Im Keller 27**	Postleitzahl **32756**	Ort **Detmold**	Ausl.Kz.
27	Gesetzlicher Vertreter ◄ Nr. der Spalte, in der der Vertretene bezeichnet ist		◄ Nr. der Spalte, in der der Vertretene bezeichnet ist	
28	Stellung (z.B. Geschäftsführer, Vater, Mutter, Vormund)		Stellung (z.B. Geschäftsführer, Vater, Mutter, Vormund)	
29	Vor- und Nachname		Vor- und Nachname	
30	Straße, Hausnummer -Bitte kein Postfach!-		Straße, Hausnummer -Bitte kein Postfach!-	
31	Postleitzahl / Ort	Ausl.Kz	Postleitzahl / Ort	Ausl.Kz.

⊃ **Praxishinweis:**

Nach „neuem" Handelsrecht (Handelsrechtsreformgesetz vom 22.6.1998 mit Übergangsfrist für Altfirmen bis zum 31.3.2003) muss die Firma eines Einzelkaufmanns keinen Namen des Inhabers mehr enthalten. Eine Firma mit reinem Phantasienamen ist zulässig, sofern der Name nicht täuscht und einen Hinweis auf den „eingetragenen Kaufmann" (abgekürzt z.B.: „e. K.") enthält. Die Angabe des Inhabernamens ist hier nicht erforderlich. Auch hier existiert kein gesetzlicher Vertreter.

Nach „altem" Handelsrecht musste die Firma eines Einzelkaufmanns zumindest den ausgeschriebenen Vornamen und Familiennamen des Inhabers enthalten. Dies konnte auch durch einen speziellen Inhaberzusatz realisiert werden, der dann Bestandteil der Firmierung war. Leider hat es der Gesetzgeber im Rahmen der Gesetzesänderung zugelassen, dass die alten Einzelfirmen die notwendige Ergänzung ihres Firmennamens hinsichtlich des e. K.-Zusatzes nicht zum Handelsregister anmelden müssen. Damit besteht die Gefahr, dass der Firmenname, der im Rechtsverkehr verwendet wird, nicht mit dem eingetragenen Firmennamen übereinstimmt. In solchen Fällen muss man sich notfalls irgendwie behelfen, z.B. durch Anhängen des e. K.-Zusatzes an den eingetragenen Firmennamen. Stellt sich hinterher heraus, dass der Firmenzusatz z.B. nicht „e. K." sondern „eingetr. Kauffrau" lautet, muss man ggf. – d.h., soweit überhaupt vom Vollstreckungsorgan im Rahmen der Zwangsvollstreckung verlangt – Rubrumsberichtigung beantragen (vgl. auch Aufsatz der Autoren in MDR 2003, 1097: „Neues Firmenrecht – Die Parteibezeichnung der Einzelkaufleute im Zivilprozess –".)

9. Muster: Juristische Personen und Personenhandelsgesellschaften (vollständig)

	Spalte 3 Nur Firma, juristische Person u. dgl. als Antragsteller		Rechtsform, z.B. GmbH, AG, OHG, KG	
23	◄ 3= nur Einzelfirma 4= nur GmbH u. Co.KG	sonst Rechtsform:	**GmbH**	
24	Vollständige Bezeichnung **Geldsorgen CD-Handelsgesellschaft mbH**			
25	Fortsetzung von Zeile 9			
26	Straße, Hausnummer -Bitte kein Postfach!- **Im Schlupfwinkel 3**	Postleitzahl **70190**	Ort **Stuttgart**	Ausl.Kz
	Gesetzlicher Vertreter			
27	**3** ◄ Nr. der Spalte, in der der Vertretene bezeichnet ist		**3** ◄ Nr. der Spalte, in der der Vertretene bezeichnet ist	
28	Stellung (z.B. Geschäftsführer, Vater, Mutter, Vormund) **Geschäftsführerin**		Stellung (z.B. Geschäftsführer, Vater, Mutter, Vormund) **Geschäftsführer**	
29	Vor- und Nachname **Petra Geldsorgen**		Vor- und Nachname **Paul Pleite**	
30	Straße, Hausnummer -Bitte kein Postfach!-		Straße, Hausnummer -Bitte kein Postfach!-	
31	Postleitzahl	Ort	Ausl.Kz	Postleitzahl	Ort	Ausl.Kz

○ **Praxishinweis:**

Dieses Ausfüllmuster kann bei fast allen juristischen Personen und Personenhandelsgesellschaften als Mustervorlage dienen. Immer muss allerdings, individuell auf den Einzelfall abgestimmt,

- die Rechtsform, ggf. auch als Kurzform, im Rechtsformfeld angegeben werden, da keine spezielle „Anredeziffer" existiert;
- die Firmenbezeichnung vollständig, einschließlich dazugehörigem Rechtsformzusatz als Firmenbestandteil, im Feld „Vollständige Bezeichnung" angegeben werden;
- die „Stellung" des gesetzlichen Vertreters, abhängig von der angegebenen Rechtsform, individuell bezeichnet werden.

10. Muster: Ausländische Gesellschaften, z.B. „Limited"

	Spalte 3	Nur Firma, juristische Person u. dgl. als Antragsteller			Rechtsform, z.B. GmbH, AG, OHG, KG	
23		3= **nur** Einzelfirma 4= **nur** GmbH u. Co.KG		sonst Rechtsform:	Ltd.	
24	Vollständige Bezeichnung **Geldsorgen CD-Limited**					
25	Fortsetzung von Zeile 9					
26	Straße, Hausnummer -Bitte kein Postfach!- **Im Schlupfwinkel 3**			Postleitzahl **70190**	Ort **Stuttgart**	Ausl.Kz.
	Gesetzlicher Vertreter					
27	3	Nr. der Spalte, in der der Vertretene bezeichnet ist		3	Nr. der Spalte, in der der Vertretene bezeichnet ist	
28	Stellung (z.B. Geschäftsführer, Vater, Mutter, Vormund) **Geschäftsführerin**			Stellung (z.B. Geschäftsführer, Vater, Mutter, Vormund) **Geschäftsführer**		
29	Vor- und Nachname **Petra Geldsorgen**			Vor- und Nachname **Paul Pleite**		
30	Straße, Hausnummer -Bitte kein Postfach!-			Straße, Hausnummer -Bitte kein Postfach!-		
31	Postleitzahl	Ort	Ausl.Kz	Postleitzahl	Ort	Ausl.Kz.

⊃ Rechtsprechungshinweise:

„Dies aber bedeutet, dass die Beklagte ..., auch als so genannte Schein-Auslandsgesellschaft, hier als Limited Company englischen Rechts anzuerkennen ist und sich ihr allgemeiner Gerichtsstand nach der EuGVVO bestimmt. ... Nach Art. 60 Abs. 1 lit. b EuGVVO hatte die Beklagte ..., da sich ihre Hauptverwaltung in D. befindet, ... einen allgemeinen Gerichtsstand auch im Inland. ... Entsprechend Art. 48 Abs. 1 EG, der das Niederlassungsrecht der Gesellschaften in der Gemeinschaft regelt, ist Hauptverwaltung der Ort, an dem die Willensbildung und die eigentliche unternehmerische Leitung der Gesellschaft erfolgt (...) ... der Kläger hat in erster Instanz unbestritten vorgetragen, dass die Beklagte ihre Geschäfte ausschließlich und unmittelbar in Deutschland über die im Handelsregister von D. eingetragene Zweigniederlassung führe. Daraus ergibt sich, dass die Geschäftsführung nicht von England aus erfolgte, sondern ‚unmittelbar' in Deutschland vorgenommen wurde. In Deutschland wurden somit auch die jeweiligen unternehmerischen Entscheidungen getroffen. Damit steht im Einklang, dass die gesetzliche Vertreterin der Beklagten ... nach den unbestrittenen Angaben in der Klageschrift und dem Rubrum des erstinstanzlichen Urteils in W. (Anm.: in Deutschland) ansässig ist. Daraus folgt, dass sich die Hauptverwaltung der Beklagten ... bei Eintritt der Rechtshängigkeit im Inland befand, so dass die Beklagte ... zu diesem Zeitpunkt – unstreitig – einen allgemeinen Gerichtsstand nicht nur im Vereinigten Königreich, sondern auch in Deutschland hatte."(BGH, Beschluss vom 27.06.2007 – XII ZB 114/06)

Im Online-Mahnantrag sowie in einigen Fachsoftwareprodukten besteht die Möglichkeit in einem speziellen Eingabefenster nach Eingabe aller Parteidaten, die im Falle von ausländischen Antragstellern oder – gegnern abzugebende notwendige Zuständigkeitsbegründung unmittelbar elektronisch zu erklären:

VI. Ausfüllmuster und spezielle Ausfüllhinweise

▷ auf Antragstellerseite:

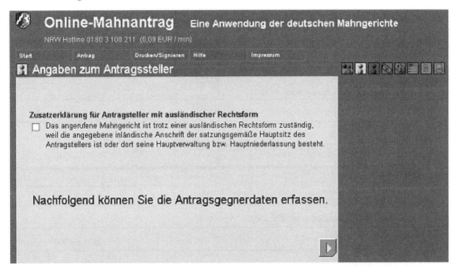

▷ bzw. auf Antragsgegnerseite:

11. Muster: GmbH & Co. KG (vollständig)

	Antragsgegner			Antragsgegner sind Gesamtschuldner
17				
	Spalte 1		Spalte 2	Weiterer Antragsteller
18	◄ 1 = Herr / 2 = Frau		◄ 1 = Herr / 2 = Frau	
19	Vorname **Geldsorgen Verwaltungsgesellschaft mbH**		Vorname	
20	Nachname		Nachname	
21	Straße, Hausnummer -Bitte kein Postfach!-		Straße, Hausnummer -Bitte kein Postfach!-	
22	Postleitzahl	Ort	Ausl.Kz	Postleitzahl	Ort	Ausl.Kz
	Spalte 3	Nur Firma, juristische Person u. dgl. als Antragsteller		Rechtsform, z.B. GmbH, AG, OHG, KG	
23	4 ◄	3= nur Einzelfirma / 4= nur GmbH u. Co.KG	sonst Rechtsform:		
24	Vollständige Bezeichnung **Geldsorgen CD-Handels-GmbH & Co KG**				
25	Fortsetzung von Zeile 9				
26	Straße, Hausnummer -Bitte kein Postfach!- **Im Schlupfwinkel 3**		Postleitzahl **70190**	Ort **Stuttgart**	Ausl.Kz
	Gesetzlicher Vertreter				
27	1 ◄ Nr. der Spalte, in der die Vertretene bezeichnet ist		1 ◄ Nr. der Spalte, in der die Vertretene bezeichnet ist	
28	Stellung (z.B. Geschäftsführer, Vater, Mutter, Vormund) **Geschäftsführerin**		Stellung (z.B. Geschäftsführer, Vater, Mutter, Vormund) **Geschäftsführer**	
29	Vor- und Nachname **Petra Geldsorgen**		Vor- und Nachname **Paul Pleite**	
30	Straße, Hausnummer -Bitte kein Postfach!-		Straße, Hausnummer -Bitte kein Postfach!-	
31	Postleitzahl	Ort	Ausl.Kz	Postleitzahl	Ort	Ausl.Kz

⊃ **Praxishinweis:**

Das Besondere der „GmbH & Co. KG" ist der dreistufige Aufbau:

- eine „GmbH & Co. KG" ist eigentlich eine KG,
- die gesetzlich vertreten wird durch die GmbH als „persönlich haftende Gesellschafterin",
- und diese wird wiederum gesetzlich vertreten durch deren Geschäftsführer.

Die von den Mahngerichten vorgesehenen Eintragungsregeln sind hier teilweise abwegig und sachlich nicht nachvollziehbar. Natürlich wird die „GmbH & Co. KG" als Partei in der Spalte 3 mit dem Anredemerkmal „4" eingetragen. Die Eintragung der „GmbH" als 1. gesetzliche Vertreterin im Vornamensfeld der Spalte 1 (bei langen Bezeichnungen kann die Fortsetzung im Nachnamensfeld erfolgen) ist jedoch völlig unerklärlich und muss als Regel einfach hingenommen und beachtet werden. Folgerichtig nimmt man dann allerdings im Bereich „Gesetzlicher Vertreter" auf die Spalte 1 Bezug, da dort ja die von dem als gesetzlichen Vertreter angegebenen Geschäftsführer vertretene GmbH vermerkt ist.

12. Muster: Juristische Personen und dgl. (unvollständig)

	Spalte 3 Nur Firma, juristische Person u. dgl. als Antragsteller	Rechtsform, z.B. GmbH, AG, OHG, KG	
23	◄ 3= **nur** Einzelfirma 4= **nur** GmbH u. Co.KG sonst Rechtsform:	GmbH	
24	Vollständige Bezeichnung **Geldsorgen CD-Handelsgesellschaft mbH**		
25	Fortsetzung von Zeile 9		
26	Straße, Hausnummer -Bitte kein Postfach!- **Im Schlupfwinkel 3**	Postleitzahl **70190**	Ort **Stuttgart**	Ausl.Kz.
	Gesetzlicher Vertreter		
27	**3** ◄ Nr. der Spalte, in der der Vertretene bezeichnet ist	**3** ◄ Nr. der Spalte, in der der Vertretene bezeichnet ist	
28	Stellung (z.B. Geschäftsführer, Vater, Mutter, Vormund) **Geschäftsführerin**	Stellung (z.B. Geschäftsführer, Vater, Mutter, Vormund) **Geschäftsführer**	
29	Vor- und Nachname	Vor- und Nachname	
30	Straße, Hausnummer -Bitte kein Postfach!-	Straße, Hausnummer -Bitte kein Postfach!-	
31	Postleitzahl	Ort	Ausl.Kz	Postleitzahl	Ort	Ausl.Kz

⊃ **Rechtsprechungshinweis:**

Der BGH hat in seinem Urteil vom 29.6.1993 (X ZR 6/93, NJW 1993, 2811) entschieden:

„... § 690 Abs. 1 Nr. 1 ZPO verlangt die Bezeichnung der gesetzlichen Vertreter ... Die Revision führt jedoch zu Recht aus, dass die Anforderung kein Selbstzweck ist, sondern die Durchführung der Zustellung sichern soll ... Rechtsprechung und Schrifttum stellen bei Zustellungen mit Wirkung gegen juristische Personen an die nach § 191 Nr. 3 ZPO (Anm.: a.F., entspricht jetzt § 182 Abs. 2 Nr. 1 ZPO) vorgeschriebene Bezeichnung des Zustellungsadressaten geringe Anforderungen. **So ist nicht unbedingt die namentliche Bezeichnung des gesetzlichen Vertreters gefordert. Es genügt vielmehr die Kennzeichnung des Zustellungsadressaten durch die bloße Angabe der Organstellung wie z.B. ‚vertreten durch den Geschäftsführer'.**"

Die Angabe des Namens des gesetzlichen Vertreters ist allerdings dann unverzichtbar, wenn kein Geschäftslokal mehr vorhanden ist und die Zustellung an die Privatanschrift des gesetzlichen Vertreters erfolgen muss.

13. Muster: GmbH & Co. KG (unvollständig)

Zeile	Spalte 1 / Feld	Spalte 2 / Feld
17	**Antragsgegner** — Spalte 1	☐ Antragsgegner sind Gesamtschuldner / Weiterer Antragsteller — Spalte 2
18	◀ 1 = Herr / 2 = Frau	◀ 1 = Herr / 2 = Frau
19	Vorname	Vorname
20	Nachname	Nachname
21	Straße, Hausnummer -Bitte kein Postfach!-	Straße, Hausnummer -Bitte kein Postfach!-
22	Postleitzahl / Ort / Ausl.Kz	Postleitzahl / Ort / Ausl.Kz
23	**Spalte 3** — Nur Firma, juristische Person u. dgl. als Antragsteller — **4** ◀ 3= nur Einzelfirma / 4= nur GmbH u. Co.KG — sonst Rechtsform:	Rechtsform, z.B. GmbH, AG, OHG, KG
24	Vollständige Bezeichnung: **Geldsorgen CD-Handels-GmbH & Co KG**	
25	Fortsetzung von Zeile 9	
26	Straße, Hausnummer -Bitte kein Postfach!- **Im Schlupfwinkel 3**	Postleitzahl **70190** / Ort **Stuttgart** / Ausl.Kz
27	**Gesetzlicher Vertreter** — **3** ◀ Nr. der Spalte, in der die Vertretene bezeichnet ist	◀ Nr. der Spalte, in der die Vertretene bezeichnet ist
28	Stellung (z.B. Geschäftsführer, Vater, Mutter, Vormund) **Geschäftsführer**	Stellung (z.B. Geschäftsführer, Vater, Mutter, Vormund)
29	Vor- und Nachname	Vor- und Nachname
30	Straße, Hausnummer -Bitte kein Postfach!-	Straße, Hausnummer -Bitte kein Postfach!-
31	Postleitzahl / Ort / Ausl.Kz	Postleitzahl / Ort / Ausl.Kz

⊃ **Rechtsprechungshinweis:**

Der BGH setzt seine vorstehend zitierte Entscheidung hinsichtlich der Bezeichnung einer GmbH & Co. KG u.a. wie folgt fort:

„... Diese Grundsätze sind auch auf die Bezeichnung einer GmbH & Co. KG gem. § 690 Abs. 1 Nr. 1 ZPO anwendbar. Die hiernach an sich erforderliche Angabe ‚vertreten durch die persönlich haftende Gesellschafterin' fehlt in dem ursprünglichen Antrag auf Erlass eines MB. **Das schadet jedoch nicht.** In Anwendung derselben Grundsätze war die Angabe ‚vertreten durch die Geschäftsführer' ausreichend, auch wenn eine KG nach der gesetzlichen Regelung nicht durch Geschäftsführer, sondern durch den phG gesetzlich vertreten wird ... Vorliegend hatten Zustellungen ... nicht an die GmbH ... sondern an die Geschäftsführer dieser GmbH zu erfolgen."

Somit dürfte nicht nur die unverständliche Eintragung der GmbH in der Spalte 1, sondern auch die namentliche Bezeichnung der Geschäftsführer unnötig sein. Dementsprechend akzeptieren die Zentralen Mahngerichte auch die vorstehende „unvollständige" Angabe der „gesetzlichen Vertreter".

VI. Ausfüllmuster und spezielle Ausfüllhinweise

14. Muster: Partei kraft Amtes

2	**Antragsteller**		Bei mehreren Antragstellern: Es wird versichert, daß der in Spalte 1 Bezeichnete bevollmächtigt ist, die weiteren zu vertreten	
	Spalte 1		**Spalte 2** **Weiterer Antragsteller**	
3	2 ◀	1 = Herr 2 = Frau	◀	1 = Herr 2 = Frau
4	Vorname **Hermine**		Vorname	
5	Nachname **Hilfe**		Nachname	
6	Straße, Hausnummer -Bitte kein Postfach!- **Trauerstr. 9**		Straße, Hausnummer -Bitte kein Postfach!-	
7	Postleitzahl **70173**	Ort **Stuttgart**	Ausl.Kz	Postleitzahl	Ort	Ausl.Kz
	Spalte 3	Nur Firma, juristische Person u. dgl. als Antragsteller	Rechtsform, z.B. GmbH, AG, OHG, KG	
8	◀	3= **nur** Einzelfirma 4= **nur** GmbH u. Co.KG sonst Rechtsform:	**Testamentsvollstreckerin**	
9	Vollständige Bezeichnung **das Vermögen des am 17.01.2002 verstorbenen Hannibal Geldsorgen, 59065 Hamm**			
10	Fortsetzung von Zeile 9			
11	Straße, Hausnummer -Bitte kein Postfach!-		Postleitzahl	Ort	Ausl.Kz

⊃ Praxishinweis:

Die Eintragung des Verwalters in der Spalte 1 und des vertretenen Vermögens in der Spalte 3 erfolgt entsprechend auch bei Konkurs-, Insolvenz- und Nachlassverwaltern.

15. Muster: Hauptforderungen (Regelfall)

Zeilen-Nummer	Katalog-Nr.	Rechnung/Aufstellung/ Vertrag oder ähnliche Bezeichnung	Nr. der Rechng./des Kontos u. dgl.	Datum bzw. Zeitraum vom	bis	Betrag EUR
		Bezeichnung des Anspruchs				
		1. Hauptforderung - siehe Katalog in den Hinweisen -				
32	**43**	**Rechnung**	**56789**	**05.11.06**		**5.231,41**
33	**43**	**Aufstellung**		**19.01.2007**		**431,59**
34	**43**	**Mahnung**		**09.05.07**		**789,27**

16. Muster: Hauptforderungen (Restbetrag)

Zeilen-Nummer	Katalog-Nr.	Rechnung/Aufstellung/ Vertrag oder ähnliche Bezeichnung	Nr. der Rechng./des Kontos u. dgl.	Datum bzw. Zeitraum vom	bis	Betrag EUR
		Bezeichnung des Anspruchs				
		1. Hauptforderung - siehe Katalog in den Hinweisen -				
32	**43**	**Mahnung (Rest) abzgl.**	**gez. 1.000 EUR**	**05.11.06**		**1.360,00**
33						
34						
35	Postleitzahl	Ort als Zusatz bei Katalog -Nr. 17, 19, 20, 90	Ausl.Kz	Vertragsart als Zusatz bei Katalog-Nr. 28		-Vertrag

141

⊃ **Praxishinweis:**

Wichtig ist die ausreichende Individualisierung der Hauptforderung. Der Antragsgegner muss wissen, was konkret von ihm verlangt wird. Allerdings steht im Mahnverfahren nur beschränkter Raum für die Forderungseintragung zur Verfügung und dieser Raum – eine Zeile pro Anspruch – muss ausreichen. Auf keinen Fall dürfen zusätzliche Informationen in eine andere Forderungszeile eingetragen werden, da diese ansonsten als eigenständige Forderungseintragung missverstanden werden könnten (vgl. Kap. B.IV.3.a) Hauptforderung, S. 93 ff.).

17. Muster: Hauptforderungen (Katalog Nr. 17/19/20/90 mit Zusatzangaben)

Zeilen-Nummer	Katalog-Nr.	Rechnung/Aufstellung/Vertrag oder ähnliche Bezeichnung	Nr. der Rechng./des Kontos u. dgl.	Datum bzw. Zeitraum vom	bis	Betrag EUR
32	19	Vertrag	123456	01.03.07	31.03.07	475,00
33	19	Vertrag	123456	01.04.07	30.04.07	475,00
34	20	Reparatur	Rechnung	22.05.07		789,68
35	Postleitzahl	Ort als Zusatz bei Katalog -Nr. 17, 19, 20, 90		Vertragsart als Zusatz bei Katalog-Nr. 28		
	58099	Hagen, Hagener Str. 4				-Vertrag

⊃ **Praxishinweis:**

Bei den Katalognummern 17, 19, 20 und 90 benötigt das Gericht in der Zeile 35 (linke Hälfte) die zusätzliche Angabe von Postleitzahl und Ort des Miet- bzw. Wohnungseigentumsobjekts, um das ausschließlich zuständige Mahn- bzw. Prozessgericht an diesem Ort prüfen zu können.

⊃ **Rechtsprechungshinweis:**

Inzwischen haben aber auch diverse Gerichte entschieden, dass die zusätzlich Angabe der Daten des Mietobjekts für die eindeutige Bezeichnung (Individualisierung) des Anspruchs erforderlich sind:

„Auch wenn eine Individualisierung der Mietwohnung im amtlichen Mahnbescheidsvordruck nicht vorgesehen ist, werden derartige Angaben für erforderlich erachtet, um den Eintritt der Verjährung zu hemmen." (LG Düsseldorf, Urteil vom 25.1.2007 – 21S 430/05, NZM 2007, Heft 16). Aus diesem Grunde besteht für Nutzer des Online-Mahnantrags sowie für Fachsoftwareanbieter die Möglichkeit, Straße, Hausnummer, Straßenzusätze (z.B. „3. Etage links"), Postleitzahl und Ort des Mietobjekts in zusätzlichen Feldern anzugeben:

VI. Ausfüllmuster und spezielle Ausfüllhinweise

```
Online-Mahnantrag   Eine Anwendung der deutschen Mahngerichte
NRW Hotline 0180 3 100 211 (0,09 EUR / min)
Start    Antrag    Drucken/Signieren    Hilfe    Impressum

Angaben zu Hauptforderung und Zinsen
• 1. Anspruch  Miete für Wohnraum einschl. Nebenkosten              1.560,00 EUR  löschen

Summe der Hauptforderungen                                           1.560,00 EUR

Gerichtskosten für 1.560,00 EUR                                         36,50 EUR

Katalog. Anspruch
              Die Katalogart: Miete für Wohnraum einschl. Nebenkosten
              erfordert folgende Zusatzangaben der Wohnung:

PLZ/Ort/Ausl.Kz.: [       ][              ][              ]
Straße/Hausnummer: [              ][              ]
```

18. Muster: Hauptforderungen (Katalog Nr. 28 mit Zusatzangaben)

Zeilen-Nummer	Bezeichnung des Anspruchs					
	I. Hauptforderung - siehe Katalog in den Hinweisen -					
	Katalog-Nr.	Rechnung/Aufstellung/ Vertrag oder ähnliche Bezeichnung	Nr. der Rechng./des Kontos u. dgl.	Datum bzw. Zeitraum vom	bis	Betrag EUR
32	28	Aufforderung		17.03.07		2.360,00
33						
34						
35	Postleitzahl	Ort als Zusatz bei Katalog -Nr. 17, 19, 20, 90	Ausl.Kz	Vertragsart als Zusatz bei Katalog-Nr. 28 **Kauf**		-Vertrag

⊃ **Praxishinweis:**

Zur Anspruchsbezeichnung der Katalognummer 28 (Schadensersatz aus ...-Vertrag) gehört die zusätzliche Angabe der zugrunde liegenden Vertragsart in der Zeile 35 (rechte Hälfte).

19. Muster: Hauptforderungen mit Zusatzangaben gem. VerbrKrG bzw. §§ 491 bis 504 BGB

Zeilen-Nummer	Bezeichnung des Anspruchs					
	I. Hauptforderung - siehe Katalog in den Hinweisen -					
	Katalog-Nr.	Rechnung/Aufstellung/Vertrag oder ähnliche Bezeichnung	Nr. der Rechng./des Kontos u. dgl.	Datum bzw. Zeitraum vom	bis	Betrag EUR
32	4	Mahnung		03.02.07		2.360,00
33	15	Rechnung	123456	28.03.07		6.333,00
34	36	Aufforderung		12.04.07		873,00

...

	Von **Kreditgeber** (auch Zessionar) zusätzlich zu machende Angaben bei Anspruch aus Vertrag, für den das Verbraucherkreditgesetz oder die §§ 491 bis 504 BGB gelten:								
	Zeilen-Nr. der Hauptforderung	Vertragsdatum	Effektiver Jahreszins	Zeilen-Nr. der Hauptforderung	Vertragsdatum	Effektiver Jahreszins	Zeilen-Nr. der Hauptforderung	Vertragsdatum	Effektiver Jahreszins
50	32	09.01.03	9,75	33	09.05.03		34		

⊃ **Praxishinweis:**

Bei allen Ansprüchen nach dem Verbraucherkreditgesetz bzw. den §§ 491 bis 504 BGB sind vom Kreditgeber (bzw. Zessionar) in der Zeile 50 des Antragsvordrucks grundsätzlich folgende zusätzliche Angaben zu machen:

– die Zeilennummer, in der der betreffende Anspruch eingetragen ist,
– das Vertragsdatum (auch um zu prüfen, ob die Vorschriften überhaupt anwendbar sind),
– der effektive Jahreszins.

Ausnahmen:

Bei Ansprüchen aus Katalognummer **15** sind **nur** die Zeilennummer und das Vertragsdatum (**kein** effektiver Jahreszins), und bei der Katalognummer **36** ist nur die Zeilennummer (kein Vertragsdatum und **kein** effektiver Jahreszins) anzugeben.

20. Muster: Hauptforderungen („Sonstiger Anspruch")

	Sonstiger Anspruch - nur ausfüllen, wenn im Katalog nicht vorhanden - mit Vertrags-/Lieferdatum/Zeitraum vom ... bis ...		
36	**Pflichtteilsanspruch aufgrund des Erbfalls nach Friedrich**		
	Fortsetzung von Zeile 36	vom	bis	Betrag EUR
37	Geldsorgen, Hünfeld	19.06.06		14.500,00

⊃ **Praxishinweis:**

Der „Sonstige Anspruch" bietet ausnahmsweise die Möglichkeit zur Forderungsbezeichnung ohne Katalognummer. Stößt man also im Rahmen der Anspruchsbezeichnung auf das Problem, dass die in den Katalognummern vorgegebenen Anspruchsgrundlagen nicht den zugrunde liegenden Lebenssachverhalt treffen, muss die Anspruchsbezeichnung frei formuliert werden. Auch hier sind die Kriterien

- Anspruchsgrund,
- Datum oder Zeitraum und
- Betrag

als Minimalangaben aufzuführen.

Der „Sonstige Anspruch" sollte nur im Notfall verwendet werden, da er vom Gericht nicht maschinell geprüft werden kann und daher zeitaufwändiger in der Bearbeitung ist. Außerdem können in der automatisierten Bearbeitung der Mahngerichte überhaupt nur zwei „Sonstige Ansprüche" je Antrag berücksichtigt werden.

21. Muster: Hauptforderungen (Scheckmahnverfahren)

Zeilen-Nummer	Katalog-Nr.	Rechnung/Aufstellung/Vertrag oder ähnliche Bezeichnung	Nr. der Rechng./des Kontos u. dgl.	Datum bzw. Zeitraum vom	bis	Betrag EUR
		Bezeichnung des Anspruchs				
		I. Hauptforderung - siehe Katalog in den Hinweisen -				
32	30	Schecknummer	123456	09.03.07		9.500,00
33	31	Rechnung		26.03.07		31,66
34	32	Rechnung		26.03.07		20,00
35	Postleitzahl	Ort als Zusatz bei Katalog -Nr. 17, 19, 20, 90	Ausl.Kz	Vertragsart als Zusatz bei Katalog-Nr. 28		-Vertrag
36		Sonstiger Anspruch - nur ausfüllen, wenn im Katalog nicht vorhanden - mit Vertrags-/Lieferdatum/Zeitraum vom ... bis ...				
		Scheckmahnverfahren				
37		Fortsetzung von Zeile 36		vom	bis	Betrag EUR

⊃ Praxishinweis:

Ein Mahnverfahren aus Scheckforderungen wird erst durch die ausdrückliche Eintragung der Bezeichnung „Scheckmahnverfahren" in der Zeile 36 tatsächlich zum Scheckmahnverfahren. Fehlt diese zusätzliche Bezeichnung, handelt es sich um ein „gewöhnliches" Mahnverfahren. Im Online-Mahnantrag findet die Festlegung dieser besonderen Verfahrensart in dem gleichnamigen Auswahlfenster, das sich immer unmittelbar vor der Eingabe der Forderungsdaten öffnet – statt:

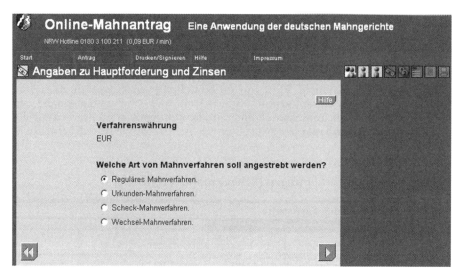

Bei einem Scheckmahnverfahren kommen als Anspruchsgrund nur die Katalognummern 30, 31 und 32 in Betracht. Sofern die Scheckforderung (Katalognummer 30) neben der Provision und den Unkosten geltend gemacht wird, werden die unter den Katalognummern 31 und 32 angegebenen Beträge vom Mahngericht als Nebenforderungen behandelt. Aus diesem Grund dürfen sie auch nur unverzinslich verlangt werden. Diese Beträge werden dann folglich auch im Rahmen der Streitwertermittlung nicht kostenrelevant. Andererseits hat das Mahngericht im Rahmen der Titulierung von Nebenforderungen ein eingeschränktes Recht der Schlüssigkeitsprüfung, was insoweit zu bedingten gerichtlichen Überprüfungen der Nebenforderungen führt. Vgl. auch Kap. B.V.1. Scheck-/Wechselmahnverfahren und Urkundenmahnverfahren, S. 118 ff.

22. Muster: Hauptforderungen (Urkundenmahnverfahren)

Zeilen-Nummer	Bezeichnung des Anspruchs					
	I. Hauptforderung - siehe Katalog in den Hinweisen -					
	Katalog-Nr.	Rechnung/Aufstellung/Vertrag oder ähnliche Bezeichnung	Nr. der Rechng./des Kontos u. dgl.	Datum bzw. Zeitraum vom	bis	Betrag EUR
32						
33						
34						
35	Postleitzahl	Ort als Zusatz bei Katalog -Nr. 17, 19, 20, 90	Ausl.Kz	Vertragsart als Zusatz bei Katalog-Nr. 28		-Vertrag
36	Sonstiger Anspruch - nur ausfüllen, wenn im Katalog nicht vorhanden - mit Vertrags-/Lieferdatum/Zeitraum vom ... bis ...					
	Urkundenmahnverfahren Notarielles Schuldanerkenntnis des Notars					
	Fortsetzung von Zeile 36			vom	bis	Betrag EUR
37	Fleißig, UR-Nr. 387/06			17.12.06		32.145,00

○ Praxishinweis:

Ein Mahnverfahren, dessen Anspruch auf einer Urkunde basiert, wird erst durch die ausdrückliche Eintragung der Bezeichnung „Urkundenmahnverfahren" in der Zeile 36 tatsächlich zum Urkundenmahnverfahren. Im Online-Mahnantrag findet die Festlegung dieser besonderen Verfahrtensart in dem gleichnamigen Auswahlfenster, das sich immer unmittelbar vor der Eingabe der Forderungsdaten öffnet (vgl. Muster 21) – statt:

Fehlt diese zusätzliche Bezeichnung, handelt es sich um ein „gewöhnliches" Mahnverfahren.

Bei einem Urkundenmahnverfahren dürfen keine weiteren katalogisierten Ansprüche geltend gemacht werden. In der Zeile 36/37 steht als erstes Wort der Begriff „Urkundenmahnverfahren" und dahinter folgt die möglichst genaue Bezeichnung der dem Anspruch zugrunde liegenden Urkunde.

23. Muster: Zinsen (Regelfall)

Zeilen-Nummer	Katalog-Nr.	Rechnung/Aufstellung/Vertrag oder ähnliche Bezeichnung	Nr. der Rechng./des Kontos u. dgl.	Datum bzw. Zeitraum vom	bis	Betrag EUR
32	43	Rechnung	56789	05.11.06		5.231,41
33	43	Aufstellung		19.01.2007		431,59
34	43	Mahnung		09.05.07		789,27

	IIa. Laufende Zinsen		1 = jährl. 2 = mtl. 3 = tägl.	Betrag EUR, nur angeben, wenn abweichend vom Hauptforderungsbetrag	Ab Zustellung des Mahnbescheids, wenn kein Datum angegeben. ab oder vom	bis
	Zeilen-Nr. der Hauptforderung	Zinssatz % oder %-punkte über Basiszinssatz				
40	32	5	1		07.12.06	
41	33	5	1	350,00	20.02.07	
42	34	5	1			

○ Praxishinweis:

Der zu verzinsende Betrag braucht nur dann angegeben zu werden, wenn er geringer ist als der in der Forderungszeile angegebene Betrag (z.B. wenn nur ein Teilbetrag verzinst werden soll und der darüber hinausgehende Betrag unverzinslich geltend gemacht wird).

Ist **kein** Zins**beginn**datum angegeben, beginnt die Verzinsung der in der genannten Zeile bezeichneten Hauptforderung mit dem Tage der Zustellung des Mahnbescheids. Ist kein Zins**ende**datum angegeben (Regelfall), dauert die angegebene Verzinsung bis zur Zahlung an.

24. Muster: Zinsen (Staffelzins)

Bezeichnung des Anspruchs

I. Hauptforderung - siehe Katalog in den Hinweisen -

Zeilen-Nummer	Katalog-Nr.	Rechnung/Aufstellung/ Vertrag oder ähnliche Bezeichnung	Nr. der Rechng./des Kontos u. dgl.	Datum bzw. Zeitraum vom	bis	Betrag EUR
32	43	Mahnschreiben		06.09.2006		4.500,00
33						
34						

...

IIa. Laufende Zinsen

	Zeilen-Nr. der Hauptforderung	Zinssatz %	oder %-punkte über Basiszinssatz	1 = jährl. 2 = mtl. 3 = tägl.	Betrag EUR, nur angeben, wenn abweichend vom Hauptforderungsbetrag	Ab Zustellung des Mahnbescheids, wenn kein Datum angegeben. ab oder vom	bis
40	32	7,25		1		07.10.06	06.11.06
41	32	8,5		1		07.11.06	06.01.07
42	32	9,75		1		07.01.07	

➲ **Praxishinweis:**

Hier wird dieselbe Hauptforderung (immer Zeilennummer 32) in unterschiedlichen Zeiträumen mit unterschiedlichen Zinssätzen verzinst.

Häufig resultieren hier Fehler daraus, dass nicht sauber darauf geachtet wird, dass sich das Bis-Datum des vorhergehenden Zeitraumes nicht mit dem Vom-Datum des Folgezeitraumes überschneidet.

25. Muster: Zinsen (Teilbeträge)

Bezeichnung des Anspruchs

I. Hauptforderung - siehe Katalog in den Hinweisen -

Zeilen-Nummer	Katalog-Nr.	Rechnung/Aufstellung/ Vertrag oder ähnliche Bezeichnung	Nr. der Rechng./des Kontos u. dgl.	Datum bzw. Zeitraum vom	bis	Betrag EUR
32	4	3 mtl. Teilraten -	je 4.750 EUR	01.01.07	01.03.07	14.250,00
33						
34						

...

IIa. Laufende Zinsen

	Zeilen-Nr. der Hauptforderung	Zinssatz %	oder %-punkte über Basiszinssatz	1 = jährl. 2 = mtl. 3 = tägl.	Betrag EUR, nur angeben, wenn abweichend vom Hauptforderungsbetrag	Ab Zustellung des Mahnbescheids, wenn kein Datum angegeben. ab oder vom	bis
40	32	5		1	4.750,00	15.01.2007	
41	32	5		1	4.750,00	15.02.2007	
42	32	5		1	4.750,00	15.03.2007	

⊃ **Praxishinweis:**

Dasselbe Ergebnis wäre erreicht worden mit einer Kombination von Staffelzins und Verzinsung von Teilbeträgen.

26. Muster: Zinsen bei Anwendbarkeit von §§ 491 bis 504 BGB

Zeilen-Nummer	Bezeichnung des Anspruchs					
	I. Hauptforderung - siehe Katalog in den Hinweisen -					
	Katalog-Nr.	Rechnung/Aufstellung/Vertrag oder ähnliche Bezeichnung	Nr. der Rechng./des Kontos u. dgl.	Datum bzw. Zeitraum vom | bis		Betrag EUR
32	4	Mahnung		03.02.06		2.360,00
33						
34						

	IIa. Laufende Zinsen					
	Zeilen-Nr. Hauptforderung	Zinssatz %	oder %-punkte über Basiszinssatz	1 = jährl. 2 = mtl. 3 = tägl.	Betrag EUR, nur angeben, wenn abweichend vom Hauptforderungsbetrag	Ab Zustellung des Mahnbescheids, wenn kein Datum angegeben. ab oder vom | bis
40	32	5		1		01.01.07
41	32	4		1	213,50	01.01.07
42						

	IIb. Ausgerechnete Zinsen			III. Auslagen des Antragstellers für dieses Verfahren		
	Gemäß dem Antragsgegner mitgeteilter Berechnung für die Zeit			Vordruck / Porto Betrag EUR	Sonstige Auslagen Betrag EUR	Bezeichnung
	vom	bis	Betrag EUR			
43	01.01.06	31.12.06	213,50			

	Von **Kreditgeber** (auch Zessionar) zusätzlich zu machende Angaben bei Anspruch aus Vertrag, für den das Verbraucherkreditgesetz oder die §§ 491 bis 504 BGB gelten:								
	Zeilen-Nr. der Hauptforderung	Vertragsdatum	Effektiver Jahreszins	Zeilen-Nr. der Hauptforderung	Vertragsdatum	Effektiver Jahreszins	Zeilen-Nr. der Hauptforderung	Vertragsdatum	Effektiver Jahreszins
50	32	28.12.01	8,95						

⊃ **Praxishinweis:**

Gem. § 688 Abs. 1 Nr. 1 ZPO ist das Mahnverfahren unzulässig, wenn der anzugebende effektive oder anfängliche effektive Jahreszins den bei Vertragsabschluss geltenden Basiszins (ggf. Diskontsatz) um mehr als 12 % übersteigt. Entsprechend den Vorschriften des Verbraucherkreditgesetzes bzw. der §§ 491 bis 504 BGB können bei Ansprüchen, für die diese Vorschriften gelten, auch Zinsen in Höhe des gesetzlichen Zinssatzes (zurzeit 4 % jährlich) auf rückständige Zinsen verlangt werden (§ 497 Abs. 2 Satz 2 BGB i.V.m. § 246 BGB). Die Eintragung solcher ausnahmsweise zulässiger Zinseszinsen erfolgt

– entweder durch Eintragung der rückständigen „ausgerechneten Zinsen" in der Zeile 43 und eine – kaum nachvollziehbare – zweite Bezugnahme auf die Zeile der Hauptforderung unter Angabe des ausgerechneten Zinsbetrags als zu verzinsender Betrag (siehe obiges Beispiel);

– oder durch Eintragung der rückständigen ausgerechneten Zinsen als „Sonstiger Anspruch" in den Zeilen 36/37 und der Verzinsung dieser weiteren

Hauptforderung im Bereich der Zeilen 32 bis 34; hierbei ist jedoch zu beachten, dass es sich insoweit grundsätzlich ja um Nebenforderungen (Zinsen) handelt, die im Rahmen der Streitwertberechnung nicht streitwerterhöhend wirken (dürfen), was aber bei dieser Ausfüllweise nicht immer garantiert werden kann.

27. Muster: Zinsen (Scheckmahnverfahren)

Zeilen-Nummer	Katalog-Nr.	Rechnung/Aufstellung/ Vertrag oder ähnliche Bezeichnung	Nr. der Rechng./des Kontos u. dgl.	Datum bzw. Zeitraum vom	bis	Betrag EUR
32	30	Schecknummer	123456	09.03.07		9.500,00
33	31	Rechnung		26.03.07		31,66
34	32	Rechnung		26.03.07		20,00
35	Postleitzahl	Ort als Zusatz bei Katalog -Nr. 17, 19, 20, 90 / Ausl.Kz		Vertragsart als Zusatz bei Katalog-Nr. 28		-Vertrag
36	Sonstiger Anspruch - nur ausfüllen, wenn im Katalog nicht vorhanden - mit Vertrags-/Lieferdatum/Zeitraum vom ... bis ... Scheckmahnverfahren					
37	Fortsetzung von Zeile 36			vom	bis	Betrag EUR
38	Nur bei Abtretung oder Forderungsübergang		Datum	Seit diesem Datum ist die Forderung an den Antragsteller abgetreten / auf ihn übergegangen.		
39	Früherer Gläubiger - Vor- und Nachname, Firma (Kurzbezeichnung)			Postleitzahl	Ort	Ausl.Kz

	IIa. Laufende Zinsen Zeilen-Nr. der Hauptforderung	Zinssatz % oder %-punkte über Basiszinssatz	1 = jährl. 2 = mtl. 3 = tägl.	Betrag EUR, nur angeben, wenn **abweichend** vom Hauptforderungsbetrag	Ab Zustellung des Mahnbescheids, wenn kein Datum angegeben. ab oder vom	bis
40	32	2	1			
41						
42						

⊃ Praxishinweis:

Gem. Art. 45 Scheckgesetz bzw. Art. 48 Wechselgesetz dürfen bei einer Scheck-/Wechselforderung lediglich 2 % Zinsen über dem jeweiligen Basiszinssatz, mindestens jedoch 6 % Festzins geltend gemacht werden. Die oben dargestellte Eintragung der Verzinsung mit 2 % über dem Basiszins genügt allerdings insoweit, da das Mahngericht diese Eintragung – entsprechend dem Gesetz – als „2 % Zinsen über dem jeweiligen Basiszinssatz, mindestens jedoch 6 % Festzins" interpretiert und auch so in seinen Bescheiden dokumentiert.

VII. Auslandsmahnverfahren nach deutschem Recht

Mahnverfahren, bei denen ein Antrag**steller** mit (Wohn-)Sitz im Ausland beteiligt ist, sind relativ unproblematisch. Als einzige Besonderheit ist hier zu beachten, dass für den Erlass des Mahnbescheids ausschließlich das Amtsgericht Berlin-Schöneberg zuständig ist (§ 689 Abs. 2 Satz 2 ZPO).

Schwieriger gestaltet sich das Verfahren, wenn der Antrags**gegner** keinen allgemeinen Gerichtsstand im Inland hat oder aber die Zustellung im Ausland stattfinden müsste.

⊃ **Praxishinweis:**

Bei NATO-Truppenangehörigen, die in der Bundesrepublik stationiert sind, handelt es sich zwar **nicht** um ein „Auslandsmahnverfahren", jedoch ist zu beachten, dass die Zustellungen zweckmäßigerweise über die so genannten „Verbindungsstellen" der ausländischen Streitkräfte erfolgen, da nur diese über die Stationierung der Soldaten Auskunft geben können.

Entsprechende Mahnbescheidsanträge müssen ohnehin – ggf. durch ein kurzes Anschreiben – als Antrag gegen Angehörige der NATO Streitkräfte („NATO-Mahnbescheidsantrag") kenntlich gemacht werden, da hier eine gerichtliche Sonderbehandlung (gesetzliche Mitteilungspflichten) erforderlich wird. Auch wenn hierbei kein Vordruckzwang für die Antragstellung besteht, ist die Verwendung der gültigen amtlichen Vordrucke immer zu empfehlen.

1. Zulässigkeit und Zuständigkeit

Ein Mahnverfahren, in dem der Mahnbescheid im Ausland zugestellt werden muss, ist nach § 688 Abs. 3 ZPO nur dann zulässig, wenn dies das Anerkennungs- und Vollstreckungsausführungsgesetz vom 19.2.2001 (AVAG) entsprechend vorsieht.

Entsprechende Abkommen existieren derzeit mit folgenden Ländern:

Belgien	Israel	Portugal
Bulgarien	Italien	Rumänien
Dänemark	Lettland	Schweden
Estland	Litauen	Schweiz
Finnland	Luxemburg	Slowakei
Frankreich	Malta	Slowenien
Griechenland	Niederlande	Spanien
Großbritannien	Norwegen	Tschechische Republik
Irland	Österreich	Ungarn
Island	Polen	Zypern

Stand: 1.7.2009

Für die EU-Staaten (inzwischen auch einschl. Dänemark) gilt hier die „Verordnung (EG) Nr. 44/2001 des Rates über die gerichtliche Zuständigkeit und die Anerkennung und Vollstreckung von Entscheidungen in Zivil- und Handelssachen" (EU-Verordnung, EuGVVO); für die anderen o.g. Staaten existieren vergleichbare Abkommen. Zuständig für das Mahnverfahren ist, sobald der Antragsgegner keinen allgemeinen Gerichtsstand (= Sitz oder Wohnsitz) im Inland hat, abweichend von der allgemeinen Vorschrift nicht das Mahngericht am (Wohn-)Sitz des Antrags**stellers**, sondern gem. § 703d ZPO das Amtsgericht, welches als fiktives Prozessgericht für die Durchführung des streitigen Verfahrens zuständig wäre. Dies gilt auch dann, wenn der Mahnbescheid im Inland (z.B. an einen inländischen Prozessbevollmächtigten oder eine inländische Niederlassung) zugestellt werden kann.

Beispiel:

Vertraglich wurde als Gerichtsstand Düsseldorf vereinbart, also wäre als Prozessgericht das AG Düsseldorf zuständig. Da die Zuständigkeitskonzentration auch für die Auslandsverfahren gilt, ist für den Erlass des Mahnbescheids das für den Amtsgerichtsbezirk Düsseldorf als zentrales Mahngericht bestimmte Amtsgericht Hagen zuständig; egal wo der Antragsteller seinen Sitz hat.

Welche nationale Gerichtsbarkeit für ein streitiges Verfahren zuständig ist, ergibt sich für EU-Staaten aus der EuGVVO, für die Schweiz, Norwegen, Island sowie Gibraltar aus dem Übereinkommen über die gerichtliche Zuständigkeit und die Vollstreckung gerichtlicher Entscheidungen in Zivil- und Handelssachen (Lugano-Übereinkommen, Lug-Ü.). Die dort festgelegten Gerichtsstände entsprechen weitgehend denen, die auch die ZPO kennt (ohne diese hier vollständig aufzuzählen):

– allgemeiner Gerichtsstand am Wohnort des Beklagten (Art. 2 Abs. I EuGVVO, Art. 2 Abs. I Lug.-Ü.)

– besonderer Gerichtsstand des Erfüllungsorts (Art. 5 Nr. 1 EuGVVO, Art. 5 Nr. 1 Lug.-Ü.)

– besonderer Gerichtsstand der unerlaubten Handlung (Art. 5 Nr. 3 EuGVVO, Art. 5 Nr. 3 Lug.-Ü.)

– Beschränkung auf den allgemeinen Gerichtsstand bei Ansprüchen gegen Verbraucher (Art. 16 Abs. II EuGVVO, Art. 14 Abs. II Lug.-Ü.)

– ausschließlicher Gerichtsstand bei Mietforderungen (Art. 22 EuGVVO, Art. 16 Nr. 1a Lug.-Ü.)

– Gerichtsstand nach Vereinbarung (Art. 23 EuGVVO, Art. 17 Lug.-Ü.)

Die Zuständigkeit ist – abweichend vom normalen Mahnverfahren – schriftlich nachzuweisen, wenn diese auf eine Gerichtsstandsvereinbarung beruht (§ 32 Abs. II AVAG).

Sofern keine Zuständigkeit eines inländischen Prozessgerichts begründet ist oder kein Zustellabkommen existiert, kann **kein** (deutsches) Mahnverfahren erfolgen; entweder muss in der Bundesrepublik Deutschland direkt Klage erhoben oder ein Mahnverfahren oder vergleichbares Verfahren im Ausland durchgeführt werden. Innerhalb der EU empfiehlt sich hier das Europäisches Mahnverfahren (vergl. Abschnitt VIII, S. 155 ff.), wobei der Antrag in diesen Fällen regelmäßig im Ausland zu stellen ist, da für das Europäische Mahnverfahren ebenfalls die Zuständigkeitsbestimmungen der EuGVVO gelten.

2. Ablauf des Auslandsmahnverfahrens

Der Antrag auf Erlass eines Mahnbescheids kann schriftlich an das nach § 703d ZPO zuständige Mahngericht gestellt werden; besondere Formulare im Sinne des § 703c Abs. 1 Nr. 3 ZPO sind hierfür nicht eingeführt worden, so dass kein Vordruckzwang besteht. Es empfiehlt sich jedoch, die amtlichen Formulare für das automatisierte gerichtliche Mahnverfahren zu verwenden, da ansonsten die Gefahr besteht, dass notwendige Angaben vergessen werden.

VII. Auslandsmahnverfahren nach deutschem Recht

Beizufügen ist ferner die Begründung der Zuständigkeit des im Mahnbescheidsantrag angegebenen Prozessgerichts und damit auch des angerufenen Mahngerichts (vergl. vorgehenden Absatz).

In den meisten Fällen erfolgt die Zustellung innerhalb der Europäischen Union durch einfaches Einschreiben mit Rückschein (Art. 14 Verordnung über die Zustellung von Schriftstücken, EG-VO Zustellung, § 1068 ZPO). Als Zustellungsnachweis genügt der Rückschein der ausländischen Post, egal ob der Adressat (gegenüber dem Postbediensten) die Annahme verweigert oder trotz Benachrichtigung nicht abholt.

Ein Recht zur Annahmeverweigerung steht dem Empfänger nur zu, wenn dem Schriftstück keine Übersetzung in eine Sprache, die er versteht oder die Amtssprache an seinem Aufenthaltsort ist, beigefügt ist (Art. 8 EG-VO Zustellung). Verweigert er die Annahme gegenüber der Übermittlungsstelle innerhalb einer Woche, kann die Zustellung mit einer Übersetzung nachgeholt werden.

Ist eine Zustellung durch die ausländische Post nicht möglich oder erfolgversprechend, erfolgt die Zustellung innerhalb der EU durch die Inanspruchnahme der ausländischen Behörden nach den jeweiligen nationalen Bestimmungen (Art. 7 EG-VO Zustellung).

Für die Zustellung an Empfänger in Nicht-EU Staaten (Island, Schweiz, Norwegen) sowie Dänemark existieren vergleichbare Übereinkommen.

Die Durchführung und Überwachung der Zustellung obliegt dem Mahngericht, der Antragsteller sollte das Mahngericht aber auf die bei der Zustellung zu beachtenden Umstände (insbesondere Sprachkenntnisse des Zustellungsempfängers) hinweisen.

Das weitere Verfahren entspricht dem „normalen" Mahnverfahren, lediglich die Widerspruchs- und Einspruchsfristen betragen einen Monat (§ 32 Abs. 3 AVAG).

Die Zustellung des Vollstreckungsbescheids ist grundsätzlich unproblematisch, wenn der Mahnbescheid ordnungsgemäß nach dem AVAG zugestellt wurde. Die Zustellung kann dann entweder im Inland an einen vom Antragsgegner zu benennenden Vertreter gem. § 184 ZPO, durch Aufgabe zur Post bzw. – sofern dies zulässig ist – durch Übersendung per Einschreiben gegen Rückschein durch die ausländische Post erfolgen; die Beifügung von Übersetzungen ist dann ggf. nicht mehr erforderlich.

Anders sieht es aus, wenn sich im Laufe des Verfahrens erst nach Zustellung des Mahnbescheids im Inland herausstellt, dass der Vollstreckungsbescheid im Ausland zuzustellen ist. Hierbei handelt es sich dann nicht um ein „echtes" Auslandsverfahren, welches auf die o.g. Länder beschränkt ist, vielmehr kann der Vollstreckungsbescheid im Wege der Auslandszustellung (theoretisch) in jedes Land zugestellt werden.

Mit dem zugestellten Vollstreckungsbescheid kann dann entweder die Vollstreckung durch die jeweiligen ausländischen Vollstreckungsbehörden oder (soweit Vermögen des Antragsgegners im Inland besteht) nach den Zwangsvollstreckungsvorschriften der ZPO (vgl. Kap. D., S. 219ff.) betrieben werden.

Für die Vollstreckung im Ausland kann u.U. die Erteilung eines Zeugnisses, dass der Vollstreckungsbescheid in Deutschland vollstreckbar ist und das verfahrenseinleitende Schriftstück ordnungsgemäß zugestellt wurde, erforderlich sein (Bescheinigung nach Art. 54 der EU-Verordnung). Eine entsprechende Bescheinigung stellt das erlassende Mahngericht auf Antrag des Antragstellers aus.

⊃ **Praxishinweis:**

Die Verordnung über den Europäischen Vollstreckungstitel schafft das Zwischenverfahren zur Anerkennung und Vollstreckbarerklärung einer gerichtlichen Entscheidung innerhalb der EU ab. Die Verordnung erfasst vorerst nur Entscheidungen über Geldforderungen, die vom Schuldner anerkannt oder nicht bestritten worden sind, vor Gericht geschlossene Vergleiche und öffentliche Urkunden, in denen sich der Schuldner einer Zahlungspflicht unterwirft. Sie werden auf Antrag des Gläubigers im Gerichtsstaat auf einem vereinheitlichten Formblatt als Europäische Vollstreckungstitel bestätigt, mit dem direkt die Vollstreckung in allen EU-Staaten betrieben werden kann. Weitere Informationen hierzu finden Sie im Kap. D.IV.3, S. 291 ff.

3. Kosten des Auslandsmahnverfahrens

Neben den Kosten des „normalen" Verfahrens (Gerichtsgebühr nach KV 1100 GKG) entstehen weitere Kosten für die Auslandszustellung:

– Der Mahnbescheid ist in vielen Fällen in eine Landessprache zu übersetzen, um eine Annahmeverweigerung des Antragsgegners zu vermeiden. Zum Teil liegen den Mahngerichten fertige Übersetzungen der gerichtlichen Formulare vor, andernfalls muss der gesamte Bescheid übersetzt werden. Die Übersetzungen werden vom Gericht veranlasst. Je nach Umfang der zu übersetzenden Textpassagen (und der vorbereiteten Übersetzungen des Mahngerichts) können Kosten zwischen 20 und über 500 EUR entstehen.

– Für die Prüfung des Zustellersuchens wird in einigen Ländern eine zusätzliche Prüfungsgebühr erhoben; hierbei handelt es sich um eine Rahmengebühr, die meist auf 20 EUR festgesetzt wird.

– Hinzu kommen die Auslagen der ausländischen Behörden, die im Auftrag des Mahngerichts tätig werden. Da in den verschiedenen Staaten die unterschiedlichsten Institutionen tätig werden, ist es schwer, hinsichtlich der Höhe eine Voraussage zu treffen, zumal es sich in der Regel um tatsächliche Auslagen handelt, deren Höhe nicht voraussehbar ist. In einigen Ländern (Niederlande, Belgien) können diese Kosten auch 100 EUR und mehr betragen.

Diese Kosten werden in der Regel als Vorschuss vom Mahngericht vor der Veranlassung einer Auslandszustellung erhoben.

⊃ **Hinweis zum Auslandsmahnverfahren:**

– Prüfen Sie, ob die Kosten der Auslandszustellung, die sich leicht auf mehrere hundert Euro summieren können, im Verhältnis zur Hauptforderung stehen! Die Übersetzungskosten können gesenkt werden, indem die Forderungen knapp aber präzise bezeichnet werden (Übersetzung erfolgt zu Zeilensätzen von ca. 1 bis 2 EUR!). Die Forderungsbezeichnung durch Verweis auf beigeheftete Anlagen kann dabei sehr teuer werden.

- Falls Sie mehrere Monate nach Veranlassung der Zustellung durch das Mahngericht keine Zustellungsnachricht erhalten haben, empfiehlt es sich, vorsorglich den Antrag auf Erlass eines Vollstreckungsbescheids (formlos, schriftlich) zu stellen, da u.U. die Frist von 6 Monaten ab Zustellung des Mahnbescheids (§ 701 ZPO) bei Rückkehr des erledigten Zustellersuchens schon abgelaufen sein kann.

- Bei Zweifeln, insbesondere bei der Begründung der Zuständigkeit oder den zu erwartenden Kosten, empfiehlt es sich, kurz telefonische Rücksprache mit den Sachbearbeitern des zuständigen Mahngerichts zu halten.

- Eine Besonderheit ist das „Kleine Walsertal" (Gemeinden Hirschegg, Mittelberg und Riezerln): Obwohl mit deutschen Postanschriften ausgestattet, muss die Zustellung unter Beachtung von §§ 688 Abs. 3, 703d ZPO – als eine Zustellung in Österreich – erfolgen.

VIII. Europäisches Mahnverfahren

Das Europäische Mahnverfahren (EMV) wurde geschaffen, um dem Gläubiger einer nichtstrittigen Forderung gegen einen Bürger in einem anderen EU-Staat schnell und ohne großen Aufwand einen zur Zwangsvollstreckung geeigneten Titel (Europäischer Zahlungsbefehl) verschaffen zu können. Das EMV ist dabei vom Europäischen Vollstreckungstitel (EVT) zu unterscheiden: Im EMV wird in einem gemeinsamen, europäischen Verfahren ein europaweit vollstreckbarer Titel erwirkt, der EVT dient dazu, einen nach nationalem Recht erwirkten Titel europaweit vollstreckbar zu machen.

Das EMV wurde mit der Verordnung (EG) Nr. 1896/2006 vom 12.12.2006 (EuMVVO) eingeführt. Die dort getroffenen Regelungen sind zum 12.12.2008 in Kraft getreten. Die Verordnung stellt unmittelbar geltendes Recht in den Mitgliedstaaten der Europäischen Union (mit Ausnahme Dänemarks) dar. Die Regelungen zur örtlichen, sachlichen und auch funktionellen Zuständigkeit, der automatisierten Bearbeitung und zu den Verfahrenskosten ergeben sich aus dem jeweigen nationalen Recht der Mitgliedsstaaten.

Für in Deutschland durchzuführende Verfahren gelten die Regelungen in §§ 1087 ZPO. Zuständig ist ausschließlich das Amtsgericht Wedding in Berlin.

Die entsprechenden nationalen Verfahren, so auch das deutsche gerichtliche Mahnverfahren, einschließlich der daraus resultierenden Verfahren mit grenzüberschreitender Bedeutung (Auslandsmahnverfahren), werden durch das Europäische Mahnverfahren nicht abgelöst, sondern gelten weiterhin fort. Das europäische Verfahren tritt nur zusätzlich neben die bereits in den Mitgliedstaaten der Union bestehenden nationalen Verfahren.

Grundsätzlich ähnelt das EMV seinem deutschen Gegenpart, es gibt aber auch auffallende Unterschiede. Während das deutsche Verfahren zweistufig ausgebaut ist (Mahn- und Vollstreckungsbescheid mit jeweils einem dazugehörigen Rechtsmittel), geht das europäische Verfahren von einem einstufigen Verfahren aus, bei dem der Europäische Zahlungsbefehl lediglich in einem zweiten Schritt für vollstreckbar erklärt wird. Ein weiterer Punkt, der das EMV unterscheidet, ist die Prüfung der Schlüssigkeit der Forderung.

Für das Verfahren ist eine anwaltliche Vertretung nicht erforderlich (Art. 24 EuMVVO). Die Gerichtsgebühren (einschl. eines entsprechenden anschließenden Zivilprozesses) sind durch Art. 25 EuMVVO beschränkt auf die Kosten eines vergleichbaren Zivilprozesses im Ursprungsstaat. In Verfahren, die in Deutschland beim Amtsgericht Wedding durchgeführt werden, werden die gleichen Kosten wie für das inländische Mahnverfahren berechnet (KV 1100 GKG: eine halbe Gebühr, mindestens jedoch 23 EUR). Hinzu kommen Zustellauslagen sowie ggf. Übersetzungskosten. Die Kosten des Rechtsanwalts entsprechen denen im deutschen Mahnverfahren (VV 3305 RVG).

1. Voraussetzungen

Das Europäische Mahnverfahren ist für alle grenzüberschreitenden Rechtssachen der Zivil- und Handelsgerichtsbarkeit zulässig, in denen eine bestimmte Geldforderung verlangt wird. Eine Ausnahme stellen Unterhalts-, Nachlass-, Insolvenz- und Sozialverfahren dar (Art. 2 EuMVVO). Ebenfalls ausgeschlossen sind außervertragliche Ansprüche, soweit diese sich nicht beziffert aus dem Eigentum an unbeweglichen Sachen ergeben. Der bedeutendste Ausschluss betrifft Schadenersatzforderungen. Diese können nur dann Gegenstand des Europäischen Mahnverfahrens sein, wenn diese anerkannt oder vertraglich festgelegt sind.

Grenzüberschreitend ist ein Verfahren dann, wenn eine Partei zum Zeitpunkt der Antragstellung ihren Wohnsitz oder gewöhnlichen Aufenthaltsort in einem anderen Staat als dem des ausführenden Gerichts hat (Art. 3 EuMVVO).

2. Antrag

Eingeleitet wird das Verfahren durch einen Antrag auf Erlass eines Europäischen Zahlungsbefehls. Das hierfür – in allen Amtssprachen der EU verfügbare – Formular ist zwingend zu verwenden (Art. 7 EuMVVO). Es können – vergleichbar dem deutschen Mahnverfahren – ausschließlich bezifferte Zahlungsansprüche, die zum Zeitpunkt der Antragstellung bereits fällig sind, geltend gemacht werden (Art. 4 EuMVVO).

Hinsichtlich der Zuständigkeit (in welchem Mitgliedstaat der Antrag gestellt werden kann) wird auf die Verordnung (EG) 44/2001 (EuGVVO) verwiesen. Die darin enthaltenen (zwischenstaatlichen) Gerichtsstände entsprechen im Wesentlichen denen der deutschen ZPO:

– Wohnsitz des Antragsgegners (Art. 2 EuGVVO)
– Erfüllungsort (Art. 5 Nr. 1a EuGVVO)
– Ort des schädigenden Ereignisses (Art. 5 Nr. 3 EuGVVO)
– Ort der Zweigniederlassung (Art. 5 Nr. 5 EuGVVO)
– Sachzusammenhang mit anderen Verfahren (Art. 6 EuGVVO).

(Die EuGVVO enthält noch eine Reihe weiterer Gerichtsstände und Ausnahmen, die aber für das Europäische Mahnverfahren meist nicht zutreffen dürften.)

Ist auf Antragsgegnerseite ein Verbraucher beteiligt, ist das Verfahren – egal welche Regelung die EuGVVO trifft – ausschließlich in seinem Wohnsitzstaat durchzuführen (Art. 6 Abs. 2 EuMVVO). Der notwendige Antragsinhalt nach Art. 7 EuMVVO entspricht ebenfalls weitgehend dem deutschen Verfahren (Parteien einschl. eventuell vorhandener gesetzl. Vertreter, Forderung einschl. Kosten, Zinsen mit Angabe des Zinszeitraums). Darüber hinaus sind – im Gegensatz zum deutschen Verfahren – der Streitgegenstand zu beschreiben und die entsprechenden Beweismittel zu bezeichnen. Aus der Formulierung und den bereits veröffentlichten Formularen für die Antragstellung geht hervor, dass an die Bezeichnung der Forderungen deutlich höhere Ansprüche als im deutschen Verfahren zu stellen sind. Auch im EMV reicht zwar eine formularmäßige Bezeichnung aus, während das deutsche Mahnverfahren nur eine Katalognummer benötigt und nur fordert, dass der Anspruch aufgrund der Bezeichnung für den Antragsgegner individualisierbar sein muss, kennt das europäische Verfahren „Codes" für Anspruchsgrundlage, für die Begründung der Forderung, für sonstige Angaben und für die Beweismittel. In der Praxis wird hier oft mit Anlagen gearbeitet werden müssen, da in vielen Fällen weder die angebotenen Codes noch der Platz auf dem Vordruck ausreichen werden. Ferner sind die Zuständigkeit des angegangenen Gerichts und der grenzüberschreitende Charakter des Anspruchs zu begründen. Ein Gericht für ein streitiges Verfahren muss der Antragsteller jedoch nicht angeben.

Sofern das Mahnverfahren automatisch in ein Streitverfahren übergeleitet werden soll, sind keine weiteren Erklärungen erforderlich. Wird dies nicht gewünscht, muss der Antragsteller ausdrücklich eine entsprechende Erklärung in einem Anlageformular zum Antrag einreichen. Von dieser Anlage erhält der Antragsgegner keine Kenntnis.

Für den Antrag sind zwingend die in der Anlage A der EuMVVO enthaltenen Vordrucke zu verwenden. Diese sind in sämtlichen Amtssprachen der EU verfügbar. Eine Aktualisierung oder Anpassung der Vordrucke in technischer Hinsicht kann auf vereinfachtem Weg durch einen Ausschuss erfolgen (Art. 30 und 31 EuMVVO). Auch eine elektronische Einreichung der Anträge ist vorgesehen; diese richtet sich aber nach dem Recht des mit dem Verfahren befassten Staates. Für Deutschland ist die elektronische Einreichung zwar in Zukunft beabsichtigt, bisher (Stand Mai 2009) aber noch nicht eingeführt worden.

Ist die deutsche Gerichtsbarkeit zuständig, ist der Antrag an das Amtsgericht Wedding in Berlin zu richten. Die Zuständigkeiten der ausländischen Behörden lassen sich über die Internetseiten des Europäischen Gerichtsatlasses für Zivilsachen ermitteln (Link: *ec.europa.eu/justice_home/judicialatlascivil/html/epo_information_de.htm*).

3. Ausfüllen des Antrags

Die vorgeschriebenen Formulare können im Internet derzeit nur über die Internetseiten des Gerichtsatlasses für Zivilsachen (Link: *ec.europa.eu/justice_home/judicialatlascivil/html/epo_information_de.htm*) ausgefüllt werden. Über eine Eingabemaske in der jeweilgen Landessprache wird ein PDF-Dokument erstellt. Das Dokument muss ausgedruckt, unterschrieben und per Post an das zuständige Gericht gesandt werden.

Es ist darauf zu achten, dass der Antrag in der Landessprache abgefasst werden muss, welche beim zuständigen Mahngericht als Amtssprache anerkannt ist.

Muss der Antrag im Ausland gestellt werden, muss auch das entsprechende, fremdsprachige Formular ausgefüllt werden, wobei man sich aber an den nachfolgend abgebildeten, deutschen Mustern orientieren kann.

Künftig werden auch entsprechende Formulare oder entsprechende Ausfüllmöglichkeiten für ein elektronisches Verfahren im Internet von den jeweiligen nationalen Justizbehörden bereitgestellt. Die nachfolgenden Muster orientieren sich an dem (Papier-)Formular, welches in der Anlage zur EU-Verordnung zum Europäischen Mahnverfahren enthalten ist.

Abschnitt 1 (Mahngericht):

Hier ist das Gericht einzutragen, an welches der Antrag auf Erlass eines Europäischen Zahlungsbefehls gerichtet wird. Für Anträge, die in Deutschland gestellt werden müssen, ist grundsätzlich das Amtsgericht Wedding, 13343 Berlin (ohne Straßenangabe, da Großkundenanschrift) zuständig.

Abschnitt 2 (Parteien und ihre Vertreter):

Die Vordrucke enthalten im Gegensatz zu denen im deutschen Mahnverfahren keine besonderen Bereiche für Antragsteller, -gegner und Prozessbevollmächtigten. Stattdessen sind alle Beteiligten fortlaufend einzutragen und mit einem Code zu versehen, der ihre jeweilige Rolle in dem Mahnverfahren kennzeichnet (01= Antragsteller, 03=Vertreter des Antragstellers, also der Prozessbevollmächtigte). Reicht die (mit vier Feldern recht knapp bemessene) Anzahl von Eintragungsfeldern für Beteiligte nicht aus, sollte eine Anlage in der gleichen Systematik des Vordrucks benutzt werden (z.B. auf einer Kopie der ersten Antragsseite).

Eine Identifikationsnummer kann natürlich nur dann eingegeben werden, wenn eine solche ausgegeben wurde und diese dem Antragsteller bekannt ist.

Angaben zu Beruf, Telefon, Fax und E-Mail sind nicht zwingend. Allerdings sollten Sie beim Prozessbevollmächtigten grundsätzlich eingetragen werden. Insbesondere die Angabe „Rechtsanwalt" sollte – soweit zutreffend – klarstellend eingetragen werden. Bei der Eintragung eines gesetzlichen Vertreters einer Partei sollte auf jeden Fall im Bereich „Sonstige Angaben" der Bezug zur Partei („Mutter" oder „Geschäftsführer") angegeben werden.

Leider ist der Platz in den Eintragungsfeldern recht knapp bemessen; insbesondere bei langen Firmennamen wird man kaum umhinkommen, entsprechende Fortsetzungen auf einer Anlage oder im Feld 11 (s.u.) zu machen.

Abschnitte 3 und 4 (Begründung Zuständigkeit/Grenzüberschreitung):

Tragen Sie hier die entsprechenden Codes aus den darüberstehenden Erläuterungen zu den jeweiligen Feldern ein.

Abschnitt 5 (Bankverbindung):

Bevor Sie unter 5.1. eine Angabe zur Zahlung der Gerichtskosten machen, sollten Sie sich unbedingt erkundigen, ob die gewählte Zahlungsart (Kreditkarte) vom Mahngericht überhaupt unterstützt wird. Die Angaben zum Konto bzw. zur Kreditkarte für die Zahlung der Gerichtskosten werden später in der Anlage 1 zum Antrag aufgeführt.

Unter 5.2. ist das Konto anzugeben, auf das der Antragsgegner eine Zahlung leisten soll. In einem grenzüberschreitenden Verfahren ist die Bankverbindung zwingend im internationalen Format (BIC/IBAN) einzutragen.

Abschnitt 6 (Hauptforderung):

Die Hauptforderung ist mit bis zu drei Codes aus einem Katalog zu bezeichnen. Auch hier ist der Platz recht knapp bemessen, so dass evtl. weitere Erläuterungen im Abschnitt 11 oder in einer Anlage beigefügt werden müssen. Soweit möglich, sollten Angaben aber auf die Codes und Ort- und Datumsangaben beschränkt werden, da andere Eintragungen u.U. eine Übersetzung des Antrags erforderlich machen. Neben dem erhöhten Kostenaufwand verzögert sich das Verfahren dadurch.

Beachten Sie auch, dass jede Forderung mit einer ID bezeichnet werden muss, auf die bei späteren Angaben (Zinsen etc.) Bezug genommen werden muss.

Abschnitt 7 (Zinsen):

Die Zinsen müssen unter Bezugnahme auf die ID der zugehörigen Forderung eingetragen werden. Der folgende Code ergibt sich aus der Zinsgrundlage und dem Verzinsungszeitraum, also 01A = gesetzlicher Zinssatz, jährlich berechnet (dürfte der häufigste Fall sein); 05 = vom Antragsteller berechnete Zinsen.

Abschnitt 8 und 9 (Vertragsstrafe/Kosten):

In Abschnitt 8 ist eine vereinbarte Vertragsstrafe (z.B. pauschalierter Verzugsschaden) anzugeben. In Abschnitt 9 sollte auf jeden Fall eine „01" eingetragen werden, damit die Kosten des Gerichts eingetragen werden können. Eine genaue Berechnung dieser Kosten wird in den seltensten Fällen möglich sein, da hier zu den Gerichtskosten meist noch Übersetzungskosten und Prüfgebühren kommen.

Im Gegensatz zum deutschen Mahnverfahren müssen die Kosten des Rechtsanwalts berechnet und mit dem Code „02" als Rechtsanwaltskosten eingetragen werden.

Abschnitt 10 (Beweismittel):

Anders als im deutschen Mahnverfahren ist im Europäischen Verfahren ein Beweismittel anzugeben. Sofern mehr als eine Forderung geltend gemacht wird, ist unter Angabe der jeweiligen Forderungs-ID ein Beweismittel einzutragen. Auch hier gilt: Möglichst wenig Texteintrag, diesen, wenn möglich international fassen (z.B. „1"/„01"/„Rechnung/Invoice 123456", um eine Übersetzung zu vermeiden.

Abschnitt 11 (Sonstiges):

Hier können weitere Angaben zum Verfahren gemacht werden, wenn der Platz oder die Felder in den vorhergehenden Feldern nicht ausreichen. Sofern weitere Angaben zu Forderungen oder Parteien erforderlich werden, empfiehlt es sich aber, diese auf Kopien der betreffenden Antragsseiten mitzuteilen.

Während im deutschen Verfahren die Angabe des Prozessgerichts zu den zwingenden Voraussetzungen eines Antrags auf Erlass eines Mahnbescheids gehört, wird diese Angabe im europäischen Verfahren erst mit der Einlegung des Einspruchs erforderlich. Um Zeit zu sparen, kann diese Rückfrage vermieden werden, indem das Gericht bereits vorab mitgeteilt wird.

4. Ablauf des Verfahrens

Im Gegensatz zum deutschen Verfahren kennt das EMV eine einfache Schlüssigkeitsprüfung des Anspruchs (Art. 8 EuMVVO: „Das ... Gericht prüft ... ob die Forderung begründet erscheint", sowie Erwägungsgrund Nr. 16 EuMVVO). Eine Beanstandung und Korrektur des Antrags erfolgt vergleichbar der Monierung im deutschen Verfahren, ebenso die Zurückweisung, gegen die kein Rechtsmittel zulässig ist (Art. 10 EuMVVO), vielmehr muss der Antragsteller einen neuen Antrag stellen. Dies hindert jedoch nicht eine mögliche Überprüfung der Zurückweisungsentscheidung, die dann aber wiederum im nationalen Recht geregelt werden muss.

Der Erlass des Europäischen Zahlungsbefehls soll innerhalb von 30 Tagen nach Eingang des Antrags bei Gericht erfolgen. Zeiten, in denen noch eine Beanstandung wegen Antragsmängeln offen war, werden dabei nicht mitgerechnet. Eine praktische Bedeutung hat diese Frist aber nicht, da die EuMVVO für die Fristüberschreitung keine direkten Folgen vorsieht.

Der erlassene Europäische Zahlungsbefehl wird zusammen mit einer Kopie des Antrags von Amts wegen zugestellt (Art. 12 Abs. 2 bis 5 EuMVVO). Die Zustellungsvorschriften richten sich nach dem nationalen Recht, dabei müssen die Voraussetzungen in Art. 13 und 14 EuMVVO eingehalten wurden. Wenn das Verfahren vor einem deutschen Gericht betrieben wird, sind alle Zustellungsarten der ZPO zulässig mit Ausnahme der öffentlichen Zustellung. Der praktische Ablauf sowie die Kosten der Zustellung, und evtl. Notwendigkeit einer Übersetzung entsprechen der Zustellung eines nach deutschem Recht erlassenen Mahnbescheids (S. 150 ff.).

5. Einspruch

Gegen den Europäischen Zahlungsbefehl kann der Schuldner innerhalb von 30 Tagen ab Zustellung Einspruch einlegen. Zur Fristwahrung reicht es – im Gegensatz zu allen aus dem deutschen Zivilrecht bekannten Rechtsmittelfristen – aus, dass der Einspruch rechtzeitig versandt worden ist (Art. 16 EuMVVO). Bestimmungen, wie dieser Nachweis geführt werden kann, existieren nicht, was zu Problemen führen kann, wenn der Einspruch mehr als 30 Tage nach Zustellung eingeht, aber nicht auszuschließen ist, dass er rechtzeitig abgesandt wurde. Ein einfacher Einschreibenachweis (der keinen Nachweis über den Inhalt des Einschreibebriefs enthält) ist nicht geeignet.

Die Zulässigkeit des Einspruchs (zumindest die rechtzeitige Erhebung) prüft dabei das Mahngericht. Eine Abgabe des Verfahrens ohne Prüfung der Rechtsmittelfrist (wie dies § 703 Abs. 3 ZPO im dt. Recht vorsieht) erfolgt nicht.

Ein Vordruckzwang für den Einspruch besteht nicht. Zwar wird in Art. 16 Abs. 1 EuMVVO auf den amtlichen Vordruck verwiesen, Abs. 4 dieses Artikels lässt jedoch „Schriftform" und „andere – auch elektronische – Kommunikationsmittel" zu, ferner wird in dem Erwägungsgrund Nr. 23 EuMVVO von der Zulässigkeit von Einsprüchen ohne Vordruckbenutzung ausgegangen.

Hat sich der Antragsteller die Abgabe im Antrag nicht vorbehalten, gibt das Gericht nach einem Einspruch das Verfahren an das zuständige Gericht im Ursprungsmitgliedstaat ab. Dieses Gericht bestimmt sich nach den nationalen Bestimmungen. Die EuMVVO enthält keine Bestimmungen darüber, wie das Gericht zu bestimmen ist, insbesondere, wenn ein Wahlrecht zwischen mehreren Gerichtsständen im Ursprungsstaat besteht. Hier muss ggf. das jeweilige nationale Umsetzungsrecht eine entsprechende Regelung treffen.

6. Vollstreckbarkeit

Ist innerhalb der Frist von 30 Tagen kein Einspruch erhoben worden, wird der Europäische Zahlungsbefehl für vollstreckbar erklärt und dem Antragsteller eine Ausfertigung übersandt. Eine erneute Zustellung an den Antragsgegner ist nicht vorgesehen.

Die Vollstreckung erfolgt nach dem jeweiligen nationalen Recht des Staates der Vollstreckungsbehörden. Vorzulegen ist nur eine Ausfertigung des Europäischen Vollstreckungsbefehls und ggf. dessen beglaubigte Übersetzung in eine der zugelassenen Sprachen des Vollstreckungsstaates. Die Geltendmachung von Vollstreckungshindernissen (anderweitige Entscheidung, Zahlung) erfolgt gegenüber den Behörden des Vollstreckungsstaates nach dem Recht des Vollstreckungsstaates oder nach den Vorschriften der EuMVVO (Art. 22 Abs. 1 und 2 EuMVVO). Diese dürfen dann zwar die Vollstreckung verweigern, den Zahlungsbefehl selbst aber nicht überprüfen (Art. 22 Abs. 3 EuMVVO).

Das mit der Vollstreckung beauftragte Gericht kann die Vollstreckung auf Antrag des Antragsgegners beschränken, nur gegen Sicherheitsleistung für fortsetzbar erklären oder ganz aussetzen, wenn ein Antrag auf Überprüfung gestellt wurde (Art. 23 EuMVVO).

7. Überprüfung des Europäischen Zahlungsbefehls

Auch nach ungenutztem Ablauf der Einspruchsfrist ist der Antragsgegner berechtigt, bei dem zuständigen Mahngericht eine Überprüfung des EU-Zahlungsbefehls zu beantragen, falls die Zustellung des Zahlungsbefehls ohne Nachweis des Empfangs durch den Antragsgegner (Art. 14 EuMVVO) zugestellt wurde und die Zustellung ohne Verschulden des Antragsgegners nicht so rechtzeitig erfolgt ist, dass er Vorkehrungen für seine Verteidigung hätte treffen können, oder falls der Antragsgegner aufgrund höherer Gewalt oder aufgrund außergewöhnlicher Umstände ohne eigenes Verschulden keinen Einspruch gegen die Forderung einlegen konnte. In allen Fällen muss der Antragsgegner unverzüglich tätig werden.

Eine weitere gerichtliche Überprüfung ist nur in Ausnahmefällen vorgesehen (Art. 20 Abs. 1 EuMVVO), nämlich bei Zustellungsmängeln im Rahmen einer Ersatzzustellung oder wenn der Antragsgegner aufgrund höherer Gewalt oder außergewöhnlicher Umstände den Einspruch nicht rechtzeitig erheben konnte oder wenn der Europäische Zahlungsbefehl offensichtlich zu Unrecht erlassen worden ist (Art. 20 Abs. 2 EuMVVO). Das Gericht kann diesen Antrag auf Überprüfung zurückweisen, soweit er nicht gerechtfertigt ist.

In Deutschland ergeht die Entscheidung über einen Antrag auf Überprüfung des EU-Zahlungsbefehls in den gesetzlichen Ausnahmefällen durch Beschluss. Der Beschluss ist unanfechtbar. Einwendungen, die den Anspruch selbst betreffen, sind nur insoweit zulässig, als die Gründe, auf denen sie beruhen, nach Zustellung des EU-Zahlungsbefehls entstanden sind und durch Einspruch (Art. 16 EuMVVO) nicht mehr geltend gemacht werden können (§ 1095 Abs. 2 ZPO).

Der Antragsgegner hat die Tatsachen, die eine Aufhebung des EU-Zahlungsbefehls begründen, glaubhaft zu machen. In diesem Fall ist der Europäische Zahlungsbefehl für nichtig zu erklären. Ein echtes Rechtsmittel bietet der Antrag auf Überprüfung also nicht, da die Entscheidung dem ausstellenden Gericht obliegt.

Erklärt das Gericht den EU-Zahlungsbefehl für nichtig, endet (anders als im deutschen Mahnverfahren) das Verfahren. Zu einem streitigen Verfahren kann der Überprüfungsantrag – anders als im deutschen Mahnverfahren – in keinem Fall führen.

8. Fazit und Bedeutung des Europäischen Mahnverfahrens

Das Europäische Mahnverfahren bietet eine Alternative zum nationalen Verfahren. Der Antragsteller besitzt also ein Wahlrecht, welches Verfahren er nutzt. Anwendbar ist das Europäische Mahnverfahren (zusammenfassend), soweit folgende Voraussetzungen gegeben sind:

- grenzüberschreitendes Verfahren
- zwischen Mitgliedstaaten der Union
- vertraglicher Anspruch
- bezifferte, fällige Geldforderung
- wenn der Antragsgegner Verbraucher ist, muss das Verfahren in seinem Wohnsitzstaat stattfinden.

Soweit der Antragsteller das Wahlrecht zwischen dem deutschen und dem Europäischen Mahnverfahren hat, bestehen kaum Vorteile für das Europäische Verfahren: Die fast parallelen Zuständigkeitsvorschriften nach § 703d ZPO (dt.) und Art. 6 EuMVVO (europ.) dürften fast immer dazu führen, dass das Europäische Verfahren immer nur dann vor einem deutschen Gericht zulässig ist, wenn auch ebenso gut ein deutsches Mahnverfahren durchgeführt werden könnte. Das Europäische Verfahren ist deutlich schwerfälliger; es müssen deutlich mehr Angaben gemacht werden und das Verfahren unterliegt einer (wenn auch einfachen) Schlüssigkeitsprüfung. Eine (vollständige) maschinelle Bearbeitung des Europäischen Mahnverfahrens ist ausgeschlossen, da weder die Schlüssigkeitsprüfung noch die Überprüfung der ausführlichen Zuständigkeitsregelungen der EuGVVO automatisiert durchgeführt werden können. Eine Kostencinsparung bringt das neue Verfahren ebenfalls nicht mit sich. Die Kosten der Auslandszustellungen fallen hier auch an; ebenso die Übersetzungskosten. Für die Auslandsverfahren aus dem deutschen Mahnverfahren existieren bereits jetzt für viele Länder entsprechende Vordrucke, so dass die mehrsprachigen einheitlichen Vordrucke des EMV auch keinen (erheblichen) Kostenvorteil darstellen.

Eine weitere „Falle" stellt die unklare Regelung zur Rechtzeitigkeit des Einspruchs dar. Weil es ausreicht, den Einspruch rechtzeitig abzusenden, kann die Vollstreckbarkeitserklärung erst nach Ablauf der zu erwartenden Postlaufzeiten erfolgen. Stellt sich gar erst nach Abschluss des Verfahrens heraus, dass der Schulder rechtzeitig Einspruch erhoben hat, die Zustellung unwirksam war (z.B. Zustellung erfolgte an eine falsche Anschrift) o. ä., ist der Europäische Zahlungsbefehl für nichtig zu erklären. Eine Neuzustellung kann nicht erfolgen, vielmehr ist das Verfahren erneut zu beginnen. Daraus werden sich immer weitere Kosten für den Antragsteller ergeben, die z.T. nicht erstattungsfähig sein können.

Andererseits bietet das Europäische Mahnverfahren eine günstigere Alternative zu den nationalen Verfahren anderer Staaten, wenn das Verfahren im europäischen Ausland durchzuführen ist. Viele Länder kennen kein vereinfachtes Verfahren (Niederlande, England) oder lassen dieses nur unter Beschränkungen (z.B. hinsichtlich der Forderungshöhe in Belgien, Österreich) zu. Da die Formulare und (grundsätzlichen) Vorschriften in allen Ländern identisch sind, kann z.B. ein deutscher Antragsteller mit dem deutschsprachigen Vordruck einen Antrag stellen und kann sich darauf verlassen, dass das Verfahren in allen Ländern gleich abläuft.

⊃ **Praxishinweis:**

Welche nationalen Verfahren im Vergleich zum EMV genutzt werden können, können Sie sich auf den Webseiten des „Europäischen Justiziellen Netzes für Zivil- und Handelssachen" (Link: www.*ec.europa.eu/civiljustice*) unter dem Punkt „Vereinfachte und beschleunigte Verfahren" durch Anklicken der jeweiligen Staatenflagge anzeigen lassen.

B. Automatisiertes gerichtliches Mahnverfahren (AuGeMa)

Antrag auf Erlass eines Europäischen Zahlungsbefehls

Formblatt A — Artikel 7 Absatz 1 der Verordnung (EG) Nr. 1896/2006 des Europäischen Parlaments und des Rates zur Einführung eines Europäischen Mahnverfahrens

Bitte lesen Sie zum besseren Verständnis dieses Formblatts zuerst die Leitlinien auf der letzten Seite!

Dieses Formblatt ist in der Sprache oder in einer der Sprachen auszufüllen, die das zu befassende Gericht anerkennt. Das Formblatt ist in allen Amtssprachen der Europäischen Union erhältlich, so dass Sie es in der verlangten Sprache ausfüllen können.

1. Gericht

Gericht: **Amtsgericht Wedding**
Anschrift:
PLZ: **13343** Ort: **Berlin** Land:

Aktenzeichen (vom Gericht auszufüllen):
Eingang beim Gericht:

2. Parteien und ihre Vertreter

Codes:
- 01 Antragsteller
- 02 Antragsgegner
- 03 Vertreter des Antragstellers *
- 04 Vertreter des Antragsgegners *
- 05 Gesetzlicher Vertreter des Antragstellers **
- 06 Gesetzlicher Vertreter des Antragsgegners **

Code	Name, Vorname/Name der Firma oder Organisation	Identifikationsnummer (falls zutreffend)
01	Anton Antragsteller	

Anschrift: **Am Alten Weg 77** PLZ: **58239** Ort: **Schwerte** Land: **DE**
Telefon ***: Fax ***: E-Mail ***:
Beruf ***: Sonstige Angaben ***:

Code	Name, Vorname/Name der Firma oder Organisation	Identifikationsnummer (falls zutreffend)
02	Mustermann International Trading Ltd.	

Anschrift: **Forum Romanum 1** PLZ: **4400** Ort: **Rom** Land: **I**
Telefon ***: Fax ***: E-Mail ***:
Beruf ***: Sonstige Angaben ***:

Code	Name, Vorname/Name der Firma oder Organisation	Identifikationsnummer (falls zutreffend)
06	Klaudia Mustermann	

Anschrift: **Forum Romanum 1** PLZ: **4400** Ort: **Rom** Land: **I**
Telefon ***: Fax ***: E-Mail ***:
Beruf ***: Sonstige Angaben ***: **Geschäftsführerin**

Code	Name, Vorname/Name der Firma oder Organisation	Identifikationsnummer (falls zutreffend)
05	Max Anwalt	

Anschrift: **Brunnengasse 2** PLZ: **58239** Ort: **Schwerte** Land: **DE**
Telefon ***: **+49 2304 5555555** Fax ***: **5555552** E-Mail ***: **max.anwalt@musternetz.de**
Beruf ***: **Rechtsanwalt** Sonstige Angaben ***:

* z. B. Rechtsanwalt   ** z. B. Elternteil, Vormund, Geschäftsführer   *** fakultativ

3. Begründung der gerichtlichen Zuständigkeit

Codes:
- 01 Wohnsitz des Antragsgegners oder eines Antragsgegners
- 02 Erfüllungsort
- 03 Ort des schädigenden Ereignisses
- 04 Wenn es sich um Streitigkeiten aus dem Betrieb einer Zweigniederlassung, einer Agentur oder einer sonstigen Niederlassung handelt, Ort, an dem sich diese befindet
- 05 Ort, an dem der Trust seinen Sitz hat
- 06 Wenn es sich um eine Streitigkeit wegen der Zahlung von Berge- und Hilfslohn handelt, der für Bergungs- oder Hilfeleistungsarbeiten gefordert wird, die zugunsten einer Ladung oder einer Frachtforderung erbracht worden sind, der Ort des Gerichts, in dessen Zuständigkeitsbereich diese Ladung oder die entsprechende Frachtforderung mit Arrest belegt worden ist oder mit Arrest hätte belegt werden können
- 07 In Versicherungssachen Wohnsitz des Versicherungsnehmers, des Versicherten oder des Begünstigten
- 08 Wohnsitz des Verbrauchers
- 09 Ort, an dem der Arbeitnehmer seine Arbeit verrichtet
- 10 Ort der Niederlassung, die den Arbeitnehmer eingestellt hat
- 11 Ort, an dem die unbewegliche Sache belegen ist
- 12 Gerichtsstandsvereinbarung
- 13 Wohnsitz des Unterhaltsgläubigers
- 14 Sonstiger Zuständigkeitsgrund (bitte näher erläutern)

Code	Erläuterungen (gilt nur für Code 14)
03	

4. Gründe dafür, dass die Sache als grenzüberschreitend anzusehen ist

Codes:
- 01 Belgien
- 02 Tschechische Republik
- 03 Deutschland
- 04 Estland
- 05 Griechenland
- 06 Spanien
- 07 Frankreich
- 08 Irland
- 09 Italien
- 10 Zypern
- 11 Lettland
- 12 Litauen
- 13 Luxemburg
- 14 Ungarn
- 15 Malta
- 16 Niederlande
- 17 Österreich
- 18 Polen
- 19 Portugal
- 20 Slowenien
- 21 Slowakei
- 22 Finnland
- 23 Schweden
- 24 Vereinigtes Königreich
- 25 Sonstige

Wohnsitz oder gewöhnlicher Aufenthaltsort des Antragstellers	Wohnsitz oder gewöhnlicher Aufenthaltsort des Antragsgegners	Land des Gerichts
03	09	03

5. Bankverbindung (fakultativ)

5.1 Zahlung der Gerichtsgebühren durch den Antragsteller

Codes:
- 01 Überweisung
- 02 Kreditkarte
- 03 Einziehung vom Bankkonto des Antragstellers durch das Gericht
- 04 Prozesskostenhilfe
- 05 Sonstige (bitte näher erläutern)

Bei Code 02 oder 03 bitte die Bankverbindung in Anlage 1 eintragen

Code	Im Falle von Code 05 bitte näher erläutern
03	

5.2 Zahlung der zuerkannten Summe durch den Antragsgegner

Kontoinhaber	Bankadresse (BIC) oder andere anwendbare Bankkennung
Anton Antragsteller	WELADED1LSD

Kontonummer	Internationale Bankkontonummer (IBAN)
	DE 41 4585 0005 0000 1234 567

B. Automatisiertes gerichtliches Mahnverfahren (AuGeMa)

EUR	Euro	CYP	Zypern-Pfund	CZK	Tschechische Krone	EEK	Estnische Krone	GBP	Britisches Pfund
HUF	Ungarischer Forint	LTL	Litauischer Litas	LVL	Lettischer Lats	MTL	Maltesische Lira	PLN	Polnischer Zloty
SEK	Schwedische Krone	SIT	Slowenischer Tolar	SKK	Slowakische Krone	Sonstige (gem. internationalem Bankcode)			

6. Hauptforderung

Währung: **EUR**
Gesamtwert der Hauptforderung, ohne Zinsen und Kosten: **1.000,-**

Anspruchsgrundlage (Code 1)
01 Kaufvertrag
02 Mietvertrag über bewegliche Sachen
03 Miet-/Pachtvertrag über Immobilien
04 Mietvertrag über Betriebs-/Büroräume
05 Vertrag über Dienstleistungen — Elektrizität, Gas, Wasser, Telefon
06 Vertrag über Dienstleistungen — medizinische Versorgung
07 Vertrag über Dienstleistungen — Beförderungsleistungen
08 Vertrag über Dienstleistungen — rechtliche, steuerliche oder technische Beratung
09 Vertrag über Dienstleistungen — Hotel- und Gaststättengewerbe
10 Vertrag über Dienstleistungen — Reparaturen
11 Vertrag über Dienstleistungen — Maklerleistungen
12 Vertrag über Dienstleistungen — Sonstiges (bitte näher erläutern)
13 Bauvertrag
14 Versicherungsvertrag
15 Darlehen
16 Bürgschaft oder sonstige Sicherheit
17 Außervertragliche Schuldverhältnisse sofern sie einer Vereinbarung zwischen den Parteien oder einem Schuldanerkenntnis unterliegen (z.B. Schadensbegleichung, ungerechtfertigte Bereicherung)
18 Aus dem gemeinsamen Eigentum an Vermögensgegenständen erwachsende Forderungen
19 Schadensersatz aus Vertragsverletzung
20 Abonnement (Zeitung, Zeitschrift)
21 Mitgliedsbeitrag
22 Arbeitsvertrag
23 Außergerichtlicher Vergleich
24 Unterhaltsvertrag
25 Sonstige Forderungen (bitte näher erläutern)

Umstände, mit denen die Forderung begründet wird (Code 2)
30 Ausgebliebene Zahlung
31 Unzureichende Zahlung
32 Verspätete Zahlung
33 Ausgebliebene Lieferung von Waren/Erbringung von Dienstleistungen
34 Lieferung schadhafter Waren/Erbringung mangelhafter Dienstleistungen
35 Erzeugnis bzw. Dienstleistung entspricht nicht der Bestellung
36 Sonstige Probleme (bitte näher erläutern)

Sonstige Angaben (Code 3)
40 Ort des Vertragsabschlusses
41 Ort der Leistung
42 Zeitpunkt des Vertragsabschlusses
43 Zeitpunkt der Leistung
44 Art der betreffenden Ware(n)
45 Adresse einer Liegenschaft oder eines Gebäudes
46 Bei Darlehen, Zweck des Darlehens: Verbraucherkredit
47 Bei Darlehen, Zweck des Darlehens: Hypothekendarlehen
48 Sonstige Angaben (bitte näher erläutern)

ID	Code 1	Code 2	Code 3	Erläuterungen	Datum (oder Zeitraum) (Tag/Monat/Jahr)	Betrag
1	19	30	40	Schwerte	4.4.08	1.000,-
ID	Code 1	Code 2	Code 3	Erläuterungen	Datum (oder Zeitraum) (Tag/Monat/Jahr)	Betrag
ID	Code 1	Code 2	Code 3	Erläuterungen	Datum (oder Zeitraum) (Tag/Monat/Jahr)	Betrag
ID	Code 1	Code 2	Code 3	Erläuterungen	Datum (oder Zeitraum) (Tag/Monat/Jahr)	Betrag

Die Forderung ist dem Antragsteller von folgendem Gläubiger abgetreten worden (falls zutreffend)

Name, Vorname/Name der Firma oder Organisation	Identifikationsnummer (falls zutreffend)		
Anschrift	PLZ	Ort	Land

Zusätzliche Angaben für Forderungen, die sich auf einen Verbrauchervertrag beziehen (falls zutreffend)

Die Forderung bezieht sich auf einen Verbrauchervertrag	Wenn ja: Der Antragsgegner ist der Verbraucher	Wenn ja: Der Antragsgegner hat einen Wohnsitz im Sinne von Artikel 59 der Verordnung (EG) Nr. 44/2001 in dem Mitgliedstaat, dessen Gerichte angerufen werden
Ja Nein **X**	Ja Nein	Ja Nein

VIII. Europäisches Mahnverfahren (Ausblick)

7. Zinsen
Codes (bitte die entsprechende Ziffer und den entsprechenden Buchstaben einsetzen):

01 Gesetzlicher Zinssatz	02 Vertraglicher Zinssatz	03 Kapitalisierung der Zinsen	04 Zinssatz für ein Darlehen **	05 Vom Antragsteller berechneter Betrag	06 Sonstige ***
A jährlich	B halbjährlich	C vierteljährlich	D monatlich	E sonstige	

ID *	Code	Zinssatz (%)	Prozentpunkte über dem Basissatz der EZB	auf (Betrag)	ab	bis
1	01A		5,00 %	1.000,-	4.4.08	
ID *	Code	Zinssatz (%)	Prozentpunkte über dem Basissatz der EZB	auf (Betrag)	ab	bis
ID *	Code	Zinssatz (%)	Prozentpunkte über dem Basissatz der EZB	auf (Betrag)	ab	bis
ID *	Code	Zinssatz (%)	Prozentpunkte über dem Basissatz der EZB	auf (Betrag)	ab	bis

ID * Bitte näher erläutern im Falle von Code 06 und/oder E

* Bitte die entsprechende Forderungskennung (ID) einsetzen ** vom Antragsteller mindestens in der Höhe der Hauptforderung aufgenommen
*** Bitte näher erläutern

8. Vertragsstrafe (falls zutreffend)
Betrag	Bitte näher erläutern

9. Kosten (falls zutreffend)
Codes: 01 Antragsgebühren   02 Sonstige (bitte näher erläutern)

Code	Erläuterungen (gilt nur für Code 03 und 04)	Währung	Betrag
01		EUR	23,00 EUR
02	Rechtsanwaltskosten	EUR	121,38 EUR
Code	Erläuterungen (gilt nur für Code 03 und 04)	Währung	Betrag
Code	Erläuterungen (gilt nur für Code 03 und 04)	Währung	Betrag

10. Vorhandene Beweismittel, auf die sich die Forderung stützt
Codes: 01 Urkundsbeweis (z.B. Vertrag, Rechnung)   02 Zeugenbeweis   03 Sachverständigengutachten   04 Inaugenscheinnahme eines Gegenstands oder Ortes   05 Sonstige (bitte spezifizieren)

ID *	Code	Beschreibung der Beweismittel	Datum (Tag/Monat/Jahr)
1	01	Schuldanerkenntnis	15.5.08
ID *	Code	Beschreibung der Beweismittel	Datum (Tag/Monat/Jahr)
ID *	Code	Beschreibung der Beweismittel	Datum (Tag/Monat/Jahr)
ID *	Code	Beschreibung der Beweismittel	Datum (Tag/Monat/Jahr)

* Bitte die entsprechende Forderungskennung (ID) einsetzen

11. Zusätzliche Erklärungen und weitere Angaben (falls erforderlich)
Zuständiges Prozessgericht für den Fall eines Einspruchs ist das Amtsgericht in 58239 Schwerte. Die Abgabe wird bereits jetzt beantragt.

Ich beantrage hiermit, dass das Gericht den/die Antragsgegner anweist, die Hauptforderung in der oben genannten Höhe, gegebenenfalls zuzüglich Zinsen, Vertragsstrafen und Kosten, an den/die Antragsteller zu zahlen.

Ich erkläre, dass die obigen Angaben nach bestem Wissen und Gewissen gemacht wurden.

Mir ist bekannt, dass falsche Angaben zu Sanktionen nach dem Recht des Ursprungsmitgliedstaats führen können.

Ort	Datum (Tag/Monat/Jahr)	Unterschrift und gegebenenfalls Stempel
Schwerte	**1.4.2009**	

Anlage 1 zum Antrag auf Erlass eines Europäischen Zahlungsbefehls
Bankverbindung für die Zahlung der Gerichtsgebühren durch den Antragsteller

Codes:	02 Kreditkarte	03 Einziehung vom Bankkonto des Antragstellers durch das Gericht	
Code	Karteninhaber/Kontoinhaber	Kreditkartenunternehmen/Bankadresse (BIC) oder andere anwendbare Bankkennung	
03	**Max Anwalt**	**BLZ 458 500 05**	
Kreditkartennummer/Kontonummer		Gültigkeit und Kartenprüfnummer der Kreditkarte/Internationale Bankkontonummer (IBAN)	
123 456			

IX. Verfahrenskosten

Im inländischen gerichtlichen Mahnverfahren werden die Gerichts- und Rechtsanwaltskosten für den Mahn- und Vollstreckungsbescheid vom Mahngericht maschinell ausgerechnet und – ohne besonderen Antrag – automatisch in die entsprechenden Bescheide aufgenommen.

Daher sind auch weder im Mahnbescheids- noch im Vollstreckungsbescheidsantrag entsprechende Ausfüllfelder vorgesehen; der Antragsteller braucht diese Kosten nicht auszurechnen und dementsprechend auch nirgends einzutragen.

Prozesskostenhilfe (PKH) kann beantragt werden, jedoch ist deren Bewilligung nur zu erwarten, wenn infolge eines geringen Einkommens keine Ratenzahlungen in Frage kommen, da ansonsten – wegen der geringen Gerichtskosten im Mahnverfahren – im Regelfall eine Versagung gem. § 115 Abs. 4 ZPO (mindestens 4 Raten) erfolgen muss.

Die Beiordnung eines Prozessbevollmächtigten im Wege der Prozesskostenhilfe scheitert in aller Regel an der Einschränkung des § 121 Abs. 2 ZPO, wonach eine Anwaltsbeiordnung nur erfolgt, wenn diese „erforderlich" erscheint. Diese Notwendigkeit der anwaltlichen Vertretung wird jedoch im gerichtlichen Mahnverfahren – wegen seiner einfachen Verfahrensabläufe und der eingeschränkten und vordruckorientierten Informationsanforderungen – grundsätzlich verneint und nur in besonderen Ausnahmefällen und einer speziellen Begründung (z.B. Antragsteller liegt schwer verletzt im Krankenhaus) ausnahmsweise doch gewährt.

1. Gerichtskosten

Gem. § 12 Abs. 3 GKG soll der Mahnbescheid grundsätzlich erst nach Zahlung der dafür vorgesehenen Gebühr erlassen werden, wobei diese Vorwegleistungspflicht allerdings – bei maschineller Bearbeitung (automatisiertes Verfahren) – erst für den Erlass des Vollstreckungsbescheids gilt. Das bedeutet, dass der Erlass des Mahnbescheids im automatisierten gerichtlichen Mahnverfahren **nicht** von der **vorherigen** Zahlung der Gerichtsgebühren abhängig gemacht wird, der Vollstreckungsbescheid jedoch erst **nach** vorherigem Ausgleich der Gerichtskosten erlassen wird.

Kostenschuldner der Mahnverfahrenskosten ist der Antragsteller gem. § 22 Abs. 1 GKG. Im Falle des Widerspruchs muss er auch den Prozesskostenvorschuss bezahlen. Sogar im Falle des Einspruchs ist der Antragsteller gem. § 22 Abs. 1, 2. Hs. GKG Erstschuldner der Verfahrenskosten.

Die Höhe der Gerichtskosten für das Mahnverfahren ergeben sich aus Nr. 1100 des Kostenverzeichnisses (Anlage 1 des Gerichtskostengesetzes). Hiernach entsteht für das Verfahren über den Antrag auf Erlass eines Mahnbescheids eine 0,5fache Gerichtsgebühr. Hiermit sind dann sämtliche Tätigkeiten des Gerichts, einschließlich Neuzustellungsverfahren und Vollstreckungsbescheidsverfahren, aber auch Berichtigungs- und Klauselverfahren, gebührenmäßig abgegolten.

Die tatsächliche Höhe der Gebühr richtet sich dann gem. § 3 Abs. 1 GKG nach dem Wert des Streitgegenstandes; die Kosten werden nach dem Kostenverzeichnis (KV) der Anlage 1 zum GKG erhoben. Die Mindestgebühr bei einem Streitwert bis 900 EUR beträgt allerdings gem. KV 1100 GKG seit dem 1.7.2006 23 EUR. Eine tabellarische Übersicht über die Gerichtskosten – je nach Streitwert – befindet sich in Kap. E.VII. Gebührentabelle für Gerichtskosten, S. 318f.

Neben den Gebühren werden die Zustellungsauslagen – lt. KV 9002 GKG – nur erhoben, soweit in einem Rechtszug Auslagen für mehr als zehn Zustellungen anfallen. Ggf. werden die Zustellkosten eines Postunternehmens oder eines Justizbediensteten nach § 168 Abs. 1 ZPO ab der 11. Zustellung in Höhe von pauschal 3,50 EUR je Zustellung in Ansatz gebracht. In der halben Mahnverfahrensgebühr sind also zunächst zehn Zustellungen „kostenfrei" enthalten. Solange dieses Freikontingent nicht überschritten wird, werden die hierfür entstandenen Kosten nicht besonders angesetzt. Erst wenn mehr als die zehn Frei-Zustellungen erforderlich sind, fordert das Gericht dann die Kosten für die elfte und alle weiteren Zustellungen an.

Legt der Antragsgegner Widerspruch ein, entstehen gem. der Nr. 1210 des Kostenverzeichnisses 3,0 volle Gerichtsgebühren, auf die jedoch die halbe Gebühr für das Mahnverfahren (bzw. bei Streitwerten bis 900 EUR: die Mindestgebühr) angerechnet wird, so dass es bei der Zahlung von insgesamt 3,0 Gebühren verbleibt. Das Prozessverfahren mit vorangegangenem Mahnverfahren ist demzufolge also genau so teuer (3,0 Gebühren) wie ein Klageverfahren ohne Mahnverfahren.

⊃ **Hinweis:**

Vorsicht war bis zum 30.6.2004 bei dem Ankreuzfeld am Ende der Zeile 45 des Mahnbescheidsantrags geboten. Hier erhält man die Möglichkeit, im Falle eines Widerspruchs des Antragsgegners bereits vorab die Abgabe des Verfahrens an das angegebene Streitgericht zu beantragen. Bis zum Inkrafttreten des Kostenrechtsmodernisierungsgesetzes am 1.7.2004 bestand das Risiko, dass die Mahngerichte vom Entstehen einer Verfahrensgebühr nach KV 1210 GKG (bzw. reduziert auf die Gebühr nach KV 1211 GKG), für den Fall, dass der Antrag auf Durchführung des streitigen Verfahrens bereits im Mahnbescheidsantrag gestellt wurde, bereits mit Eingang des Widerspruchs beim Mahngericht ausgingen. Im Rahmen des Kostenrechtsmodernisierungsgesetzes wurde nun klargestellt: Die Gebühr gem. KV 1210 GKG entsteht erst mit Eingang der Akten beim Prozessgericht; sie ist beim Mahngericht nur als Vorschuss gem. § 12 Abs. 3 GKG zu erheben.

Damit kann nun auch der vorab gestellte Abgabeantrag wieder eine nicht zu unterschätzende psychologische Bedeutung erlangen, denn wird dieser Antrag vorab gestellt, wird der Antragsgegner hierauf auch im Mahnbescheid ausdrücklich hingewiesen. Der Antragsteller signalisiert dem Gegner folglich seine scheinbar feste Absicht, den Anspruch endgültig durchzusetzen. Gleichwohl fällt für alle nicht kosten- oder gebührenbefreiten Antragsteller die endgültige Entscheidung – trotz angekreuztem Abgabefeld – tatsächlich erst mit der Zahlung der weiteren Prozesskosten.

Die Zahlung der Kosten erfolgt im automatisierten gerichtlichen Mahnverfahren in der Regel per Überweisung. Auf den Antragsvordrucken dürfen daher keine Kostenmarken oder Gebührenstempel angebracht werden; auch die Zahlung per Scheck ist grundsätzlich nicht vorgesehen und sollte – zur Vermeidung unnötiger Verfahrensverzögerungen – grundsätzlich unterbleiben.

Im Regelfall erhält der Antragsteller bzw. der Prozessbevollmächtigte – nachdem sein Antrag bearbeitet und erledigt wurde – eine Kostenrechnung des Gerichts mit einem vorbereiteten Überweisungsträger.

IX. Verfahrenskosten

```
Amtsgericht Muster      Geschäftsnummer des Amtsgerichts    Mahnsache   Super Buch und Seminar
Mahnabteilung -         Bei Schreiben an das Gericht stets angeben       GmbH & Co. KG
99999 Muster            09-3112345-0-1                      gegen       Petra Geldsorgen
                                                            wegen       Warenlieferung-en
                                                                        U.A.
                                                                        ******2.932,30 EUR
                                                            Ihr Geschäftszeichen:
Amtsgericht Muster, 99999 Muster                                        Super ./. Geldsorgen


    Rechtsanwalt                            Sehr geehrte Damen und Herren .
    Dietmar Recht-Haber
    Graf-v.-Para-Str. 6                     Der Mahnbescheid wurde am
                                            14.04.2007
    58636 Iserlohn                          erlassen.

                                            Eingang MB-Antrag:   25.03.09



    Kostenrechnung Wert der Hauptforderung:  EUR*******2.932,30

    Gebühr ($$ 3, 34, Nr. 1110 KV GKG)                   *****44,50 EUR

    abzüglich geleisteter Zahlung                        ******0,00 EUR

                              Zahlbetrag                 *****44,50 EUR
```

Bitte: Überweisen Sie diesen Zahlbetrag innerhalb von zwei Wochen; benutzen Sie zur Zahlung einen der beigefügten vorbereiteten Zahlungsvordrucke, unsere Konten sind in den Zahlungsvordrucken bezeichnet; verwenden Sie **keine** Gerichtskostenmarken oder Gebührenstempler. Wenn Sie den angeforderten Betrag fristgerecht zahlen und die vorbereiteten Zahlungsvordrucke nicht abändern, bleiben Ihnen Verzögerungen des Verfahrens erspart. Vor Eingang der Zahlung kann ein Vollstreckungsbescheid nicht erteilt werden. Ihre Zahlungspflicht besteht aber unabhängig vom Fortgang des Verfahrens. Die Gerichtsgebühr sowie folgende Rechtsanwalts-/Rechtsbeistandskosten wurden vom Amtsgericht errechnet und in den Mahnbescheid aufgenommen:

```
Rechtsanwalts/ -beistandskosten

    Gebühr      (Nr. 3305 VV RVG, Art. IX KostÄndG)      ******189,00 EUR
    Auslagen    (Nr. 7001, 7002 VV RVG, Art. IX KostÄndG) ******20,00 EUR
  **0,00  % MwSt.  (Nr. 7008 VV RVG, , Art. IX KostÄndG)  ********0,00 EUR
                                             zusammen    ******209,00 EUR
```

Bitte sorgen Sie für die fristgerechte Überweisung der Gerichtskosten.
Andernfalls wird nach Ablauf der Frist die Kostenforderung ohne weitere Mahnung gegen Ihren Mandanten zum Soll gestellt.

```
Der Mahnbescheid enthält:
- Hauptforderung (gesamt)                   *******2.932,30 EUR
- Kosten (gesamt)                           ********253,50 EUR
- Nebenforderungen                          ********116,00 EUR
- Zinsen
    - vom Antragsteller ausgerechnet        ***********0,00 EUR
    - vom Gericht ausgerechnet              ***********8,77 EUR
Summe (ohne laufende Zinsen)                *******3.310,57 EUR
```

Siegel-
abdruck

Mit freundlichen Grüßen
Amtsgericht Muster
Hausanschrift: Muster Str. 145 - 99999 Muster
Maschinell erstellt, ohne Unterschrift gültig (§ 703b Abs. 1 ZPO)

```
Bankverbindung der Gerichtskasse
Muster (Mahnverfahren):
Landeszentralbank Muster
Konto-Nr. 99999999, BLZ 999 999 99
```

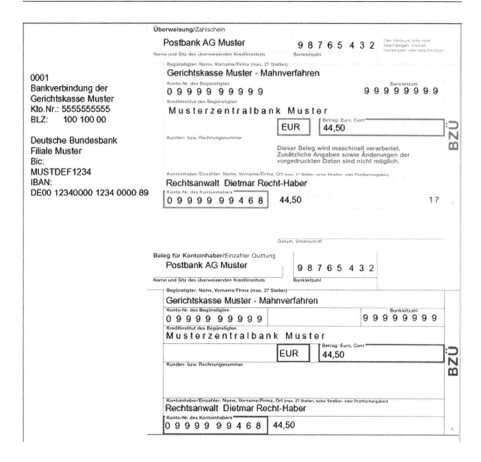

Sofern dem Gericht eine Bankverbindung des Rechnungsadressaten bekannt ist, wird seine Bankverbindung bereits in den Überweisungsträger eingedruckt.

⊃ **Praxishinweis:**

Im Überweisungsträger steht für die Bezeichnung des Kontoinhabers nur ein beschränkter Raum zur Verfügung. Das Mahngericht übernimmt hier die bekannten Daten des Antragstellers bzw. – bei anwaltlicher Vertretung – die Daten des Prozessbevollmächtigten – so weit wie (räumlich) möglich. Am Ende werden darüber hinausgehende Daten einfach abgeschnitten, so dass manchmal nur Namensfragmente übrig bleiben. Probleme gibt es bei Verwendung dieser Überweisungsträger jedoch regelmäßig nicht.

Vorsicht ist übrigens geboten, wenn – bei anwaltlicher Vertretung – die Zahlung durch den Mandanten unmittelbar erfolgen soll. In diesem Falle darf dem Mandanten auf keinen Fall der der Rechnung beigefügte Überweisungsträger ausgehändigt werden. Nicht selten verwenden die Antragsteller in diesem Falle nämlich – ohne böse Absicht – diesen Beleg für ihre Überweisung, was jedoch – gerade bei geringen Kostenbeträgen dazu führt, dass die Zahlung – mangels Unterschriftenprüfung bei der Bank – tatsächlich vom Konto des Prozessbevollmächtigten ausgeführt wird.

Alternativ zu der Zahlung per Überweisung kann der Antragsteller bzw. der Prozessbevollmächtigte jedoch auch am Lastschrifteinzugsverfahren teilnehmen. Eine Darstellung der Voraussetzungen und der Durchführung des dann stattfindenden Einzugsverfahrens finden Sie weiter vorne in Kap. B.III.3. Die Kennziffer, S. 28 ff.

2. Rechtsanwaltskosten

Die im Falle einer anwaltlichen Vertretung im gerichtlichen Mahnverfahren entstehenden Kosten ergeben sich seit dem 1.7.2004 aus dem Rechtsanwaltsvergütungsgesetz (RVG). Gem. den Nummern 3305 bis 3308 des als Anlage 1 dem RVG angefügten Vergütungsverzeichnisses (VV) erhält der Rechtsanwalt:

▷ 1,0 Verfahrensgebühr für die Vertretung des Antragstellers (Nr. 3305 VV RVG);

▷ 0,5 Verfahrensgebühr für die Vertretung des Antragsgegners (Nr. 3307 VV RVG);

▷ 0,5 Verfahrensgebühr für die Vertretung des Antragstellers im Verfahren über den Antrag auf Erlass des Vollstreckungsbescheids, wobei diese Gebühr neben der Gebühr der Nr. 3305 nur entsteht, wenn innerhalb der Widerspruchsfrist kein Widerspruch erhoben oder der Widerspruch gem. § 703a Abs. 2 Nr. 4 ZPO beschränkt worden ist (Nr. 3308 VV RVG).

Vertritt der Rechtsanwalt mehrere Antragsteller oder Antragsgegner, gilt Nr. 1008 VV RVG und die Verfahrensgebühr erhöht sich jeweils um eine 0,3fache Gebühr, wobei mehrere Erhöhungen einen Gebührensatz von 2,0 nicht übersteigen dürfen. Die Vollstreckungsbescheidsgebühr erhöht sich insoweit allerdings dann nicht, wenn sich bereits die Gebühr Nr. 3305 erhöht hat.

Wird das Verfahren – infolge eines Widerspruchs oder Einspruchs – ggf. später an das Prozessgericht abgegeben, werden die Verfahrensgebühren Nr. 3305 und 3307 VV RVG auf die dort entstehende Prozessgebühr angerechnet.

Endet der Auftrag bereits bevor der Rechtsanwalt den Mahnbescheidsantrag bei Gericht eingereicht hat, so erhält er die Verfahrensgebühr Nr. 3305 VV RVG nur zur Hälfte (Nr. 3306 VV RVG).

Die tatsächliche Höhe der Gebühr richtet sich jeweils gem. § 2 Abs. 1 RVG nach dem Wert, den der Gegenstand der anwaltlichen Tätigkeit hat (Gegenstandswert). Die volle Mindestgebühr bei einem Streitwert bis 300 EUR beträgt hiernach 25 EUR. Eine tabellarische Übersicht über die Rechtsanwaltsgebühren – je nach Streitwert – befindet sich in Kap. E.VIII. Gebührentabelle des RVG, S. 319 f.

Zusätzlich erhält der Rechtsanwalt

▷ gem. Nrn. 7001, 7002 VV RVG seine Auslagen für Post und Telekommunikationsdienstleistungen i. H. der tatsächlich entstandenen Beträge (im Mahnbescheidsantragsformular in der Zeile 46, Mitte bzw. im Vollstreckungsbescheidsantragsformular in der Zeile 8, am Ende einzutragen) oder pauschal vom Gericht automatisch berechnet (20 % der Gebühr, höchstens 20 EUR)

▷ gem. Nr. 7008 die auf seine Vergütung (Gebühren und Auslagenpauschale) entfallende Umsatzsteuer von zurzeit 19 %

erstattet.

Die Umsatzsteuer erhält der Rechtsanwalt allerdings nur dann erstattet, wenn der Antragsteller **nicht zum Vorsteuerabzug** berechtigt ist. Hierzu muss der Prozessbevollmächtigte im Mahnbescheidsantrag ausdrücklich eine entsprechende Erklärung (Ankreuzfeld) abgeben. Im Online-Mahnantrag befindet sich dieses Feld in der Eintragungsmaske des Prozessbevollmächtigten (3. Eintragungsfeld von oben):

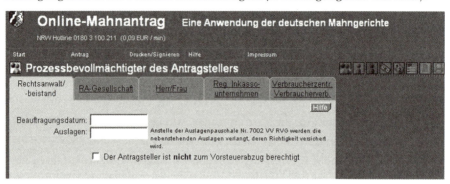

Wird diese Ankreuz-Erklärung vom Prozessbevollmächtigten **nicht** abgegeben, geht das Mahngericht davon aus, dass der Antragsteller **vorsteuerabzugsberechtigt** ist, so dass vom Gericht in den Mahn- und Vollstreckungsbescheid **keine** Umsatzsteuerbeträge aufgenommen werden.

⊃ **Praxishinweis:**

Macht der Prozessbevollmächtigte eigene Gebührenansprüche gegen einen Mandanten geltend, zahlt er für das insoweit entstehende Honorar keine Umsatzsteuer, so dass auch kein entsprechender Erstattungsanspruch gegen den Antragsgegner besteht.

⊃ **Hinweis:**

Zur Geltendmachung der vorgerichtlichen Geschäftsgebühr und zur ggf. vorgeschriebenen Anrechnung von Mahnverfahrensgebühren und vorgerichtlicher Geschäftsgebühr vgl. Kap. B.IV.3.f. S. 105 ff.

3. Die Kosten des registrierten Inkassodienstleisters

Gem. § 79 Abs. 2 ZPO können sich die Parteien immer durch einen Rechtsanwalt als Bevollmächtigten vertreten lassen. Darüber hinaus sind aber als Bevollmächtigte gem. § 79 Abs. 2, Ziff. 4 ZPO auch Personen, die Inkassodienstleistungen erbringen (registrierte Personen nach § 10 Abs. 1 Satz 1 Nr. 1 des Rechtsdienstleistungsgesetzes) im Mahnverfahren bis zur Abgabe an das Streitgericht (sowie im Vollstreckungsverfahren) vertretungsbefugt.

Gem. § 4 des Einführungsgesetzes zum Rechtsdienstleistungsgesetz (RDGEG) ist die Vergütung von Personen, die Inkassodienstleistungen erbringen (registrierte Personen nach § 10 Abs. 1 Satz 1 Nr. 1 des Rechtsdienstleistungsgesetzes) für die Vertretung im gerichtlichen Mahnverfahren bis zu einem Betrag von 25 Euro nach § 91 Abs. 1 der Zivilprozessordnung erstattungsfähig.

⊃ **Hinweis:**

Bei der vorstehenden Bestimmung handelt es sich – anders als bei den Rechtsanwälten – nicht um eine Vergütungsregelung, sondern um eine Regelung der Erstattungsfähigkeit von Kosten. Das heißt, dass evtl. zwar höhere Kosten entstanden sein können – z.B. wenn Inkassodienstleister und Antragsteller dies vereinbart haben – aber festsetzbar gegen den Gegner bleiben maximal 25 Euro.

⊃ **Rechtsprechungshinweis:**

Die Regelung scheint – angesichts der völlig anders strukturierten anwaltlichen Vergütungsregelung (volle Gebühr für die Vertretung im Mahnverfahren, halbe Gebühr für die Vertretung des Antragstellers im Verfahren über den Antrag auf Erlass eines Vollstreckungsbescheids, Auslagen, Umsatzsteuer) unvollständig und ungerecht. Dementsprechend werden immer wieder Denkansätze entwickelt, die die gesetzliche Formulierung weitergehend interpretieren wollen und zumindest eine zusätzliche Erstattung von Auslagen und Umsatzsteuer verlangen. Die einzige bekannt gewordene Erinnerungsentscheidung in diesem Zusammenhang stammt vom Amtsgericht Hagen (Beschluss vom 5.9.2008, 08–5058635–07-N):

„In § 4 Abs. 4 Satz 2 RDGEG ist bestimmt, dass die Vergütung nach § 91 Abs. 2 der Zivilprozessordnung bis zu einem Betrag von 25,00 € erstattungsfähig ist. Damit ist eindeutig zum Ausdruck gebracht worden, dass alle Kosten, die den Kostenbegriff des § 91 Abs. 1 ZPO erfüllen, erfasst sind und zum zweiten, dass ein höherer Betrag als 25,00 € nicht erstattungsfähig ist. In § 91 Abs. 1 ZPO ist u.a. bestimmt, dass die dem Gegener erwachsenen Kosten zu erstatten sind. Wenn im Einzelfall bei diesem die Umsatzsteuer fällig ist, ist auch diese erstattungsfähig. Die Umsatzsteuer wird somit von der Kostenbegriffsbestimmung des § 91 Abs. 1 ZPO erfasst (…). Nach dem eindeutigen Wortlaut des § 4 Abs. 4 Satz 2 RDGEG kann eine höhere Vergütung als 25,00 €, selbst wenn im Einzelfall höhere Kosten angefallen sein sollten, inklusive Umsatzsteuer, nicht im Mahnverfahren geltend gemacht werden."

X. Die Monierung und die Monierungsantwort

Die Prüfung, ob die in den Anträgen enthaltenen Angaben vollständig und richtig sind, ist eigentlich gem. § 20 des Rechtspflegergesetzes (RPflG) eine dem Rechtspfleger übertragene Tätigkeit.

Rechtspfleger sind Beamte des gehobenen Justizdienstes, auf die diese ehemalige Richteraufgaben übertragen wurden. Daher sind Rechtspfleger in ihrer Entscheidung auch sachlich unabhängig, haben also in Bezug auf ihre Sachentscheidung keinen Vorgesetzten. Die Entscheidung der Rechtspfleger ist also nur mit Rechtsmitteln anfechtbar.

Durch den § 36b RPflG, der durch das Gesetz zur Übertragung von Rechtspflegeraufgaben auf den Urkundsbeamten der Geschäftsstelle am 16.6.2002 neu in das Rechtspflegergesetz eingefügt wurde (BGBl. I, Nr. 35, S. 1810f.), hat der Gesetzgeber jedoch eine Möglichkeit für die Bundesländer geschaffen, diese Tätigkeit zukünftig im gerichtlichen Mahnverfahren auf den Urkundsbeamten der Geschäftsstelle zu übertragen. In einigen wenigen kleineren Bundesländern wurde diese Übertragung inzwischen realisiert (Sachsen-Anhalt; Bremen), wobei die Prüfung der Anträge bei den Zentralen Mahngerichten ohnehin grundsätzlich ein Computerprogramm übernimmt.

Hierbei laufen über jeden Antrag innerhalb von Sekunden eine fast unendliche Zahl von automatisierten Plausibilitätsprüfungen.

Stellt sich der Antrag hiernach als fehlerfrei heraus, erlässt das Verarbeitungsprogramm – je nach Verfahrensstand – den Mahn- bzw. Vollstreckungsbescheid oder veranlasst deren Neuzustellung.

Stellt sich bei der Prüfung jedoch heraus, dass der Antrag fehlerhaft oder unvollständig ist, erfolgt eine automatisierte Beanstandung, die im automatisierten gerichtlichen Mahnverfahren „Monierung" genannt wird.

Ein solches Monierungsschreiben besteht immer aus mindestens 2 Seiten, nämlich dem eigentlichen Beanstandungsschreiben und dem vorbereiteten Antwortvordruck („Monierungsantwort"), kann aber auch aus 4 Seiten (2 Beanstandungsschreiben und 2 Antwortseiten), 6 Seiten (3 Beanstandungsschreiben und 3 Antwortseiten) oder noch mehr bestehen, je nachdem, wie viele Fehler im Antrag gemacht wurden. Ein Muster einer Monierung mit der dazugehörigen Antwortseite ist nachstehend abgedruckt:

X. Die Monierung und die Monierungsantwort

001 *A	**Amtsgericht Muster** - Mahnabteilung - 99999 Muster Geschäftsnummer des Amtsgerichts - Bei Schreiben an das Gericht stets angeben 09-3112345-0-3	Mahnsache **Super Buch und Seminar GmbH & Co KG** gegen **P. Geldsorgen** wegen **Warenlieferung-en** U.A. . ******2.932,30 EUR

Telefon: 09999 / 999-9, 999-999

Monierung vom 07.04.09 /R

0003   Eingang MB-Antrag: 07.04.09   hier: **Antrag auf Erlass**
<u>Amtsgericht Muster, 99999 Muster</u>   **eines Mahnbescheids**
                                                                                                                         Ihr Geschäftszeichen:
                                                                                             Super J. Geldsorgen

Rechtsanwalt
Dietmar Recht-Haber
Graf-v.-Para-Str. 6

58636 Iserlohn

Sehr geehrte Damen und Herren,

Ihr Antrag kann derzeit nicht weiter bearbeitet werden, da sich nachfolgend aufgeführten Beanstandungen ergeben haben. Bitte berichtigen bzw. ergänzen Sie Ihre Angaben innerhalb von vier Wochen ab Zugang dieser Nachricht und verwenden Sie hierzu ausschließlich den Sie fördern dadurch einen raschen Verfahrensablauf.
Bitte achten Sie auf den fristgerechten Eingang Ihrer Monierungsantwort.

```
Beanstandung:
Die im Mahnbescheidsantrag geltend gemacht sonstige Nebenfor-
derung erscheint überhöht.
Bitte überprüfen Sie sämtliche Angaben und geben diese in der
beigefügten Monierungsantwort, gegebenenfalls in korrigierter
Form, erneut an.
Ist dieser Betrag tatsächlich entstanden, so fügen Sie der
Antwort bitte entsprechende Belege bei.

Ihre Angaben hierzu lauten:
Sonstige Nebenforderung/Betrag:           ****300,00 EUR
Sonst. Nebenforderung/Bezeichnung:        Telefon
Sonst. Nebenford. - Zinssatz:             - keine Angabe -
Sonst. Nebenford. - Zinsmerkmal:          - keine Angabe -
Sonst. Nebenford. - Zins-Vom-Datum:       - keine Angabe -
Sonst. Nebenford. - Zins-Bis-Datum:       - keine Angabe -
```

Sollte Ihre Antwort nicht innerhalb von 4 Wochen ab Zugang dieser Nachricht hier eingegangen sein, kann Ihr Antrag u. U. kostenpflichtig zurückgewiesen werden. Eine verspätete Monierungsantwort könnte dann keine Berücksichtigung mehr finden. Die Rückseite dieser Monierung dient als Zweitschrift/Durchschrift der Monierungsantwort für Ihre Unterlagen.

                 Mit freundlichen Grüßen   Salten
                                                          Rechtspfleger

Maschinell erstellt, ohne Unterschrift gültig (§ 703b Abs. 1 ZPO)

Siegel-
abdruck

B. Automatisiertes gerichtliches Mahnverfahren (AuGeMa)

Mahnsache Antragsteller: Vor- und Nachname/Firmenbezeichnung
Super Buch und Seminar GmbH & Co KG
gegen Antragsgegner: Vor- und Nachname/Firmenbezeichnung
Petra Geldsorgen
wegen Warenlieferung-en
U.A. ******2.932,30 EUR

25.03.09 / sO1

Vermerke des Gerichts
MB-1-1-3

0002 | Datum der Antwort: 03.04.2009 | Geschäftsnummer des Amtsgerichts: 09-3112345-0-3

Monierungsantwort (R/1.)

An das
Amtsgericht Muster
-Mahnabteilung-

99999 Muster

Bitte benutzen Sie zur Beantwortung der Monierung diesen Vordruck. Beantworten Sie alle Beanstandungen, da eine Nichtbeantwortung zur Zurückweisung Ihres Antrages führen kann.
Machen Sie Ihre Angaben bitte nur in den weiß unterlegten Zeilen, die im linken Kästchen eine Nummer enthalten.

01. Antwort auf die Beanstandung
Sonstige Nebenforderung/Betrag:

| 21 | 3,00 EUR*********** |

02. Antwort auf die Beanstandung
Sonstige Nebenforderung/Bezeichnung:

Telefon

03. Antwort auf die 1. Beanstandung:
Sonstige Nebenford. - Zinssatz

| 35 | , 8 *********** |

04. Antwort auf die 1. Beanstandung:
Sonstige Nebenford. - Zinsmerkmal
F (=Festzins) / B (=über Basiszins)

<== entspr. Schlüssel eintragen*

05. Antwort auf die 1. Beanstandung
Sonstige Nebenford.-Zins_Vom-Datum:

| 44 | . . ************ |

06. Antwort auf die 1. Beanstandung
Sonstige Nebenford. - Zins-Bis-Datum

. . ************

Bezeichnung des Absenders

Unterschrift des Antragstellers/Vertreters/Prozessbevollmächtigten

Redt - Hder

X. Die Monierung und die Monierungsantwort

Jeder einzelne Monierungspunkt im Beanstandungsschreiben ist untergliedert in bis zu drei Bereiche, nämlich:

- der eigentliche Beanstandungstext,
- bei der Beantwortung zu beachtende (wichtige) Hinweise und
- eine Übersicht der im zugrunde liegenden Antrag hierzu enthaltenen Daten.

Es empfiehlt sich dringend, unbedingt den **gesamten Text** sorgfältig zu lesen. Häufig wird der Beanstandungstext nur routinemäßig überflogen und mit einem „geschulten Blick" auf die Datenübersicht schnell der vermeintliche Fehler erkannt und durch Eintragung der korrigierten Daten in die Monierungsantwort beseitigt. Übersehen wird hierbei oft, dass das Gericht genaue Ausfüllregeln gibt, die nicht selten auch – über die offensichtlichen Fehlerkorrekturen hinaus – weitere Angaben erfordern.

So wird z.B. im Zusammenhang mit Monierungen im Bereich der Nebenforderungen teilweise zusätzlich ein „Wichtiger Hinweis" gegeben, der unbedingt zu beachten ist, z.B.:

„Bitte füllen Sie die folgende Seite der Monierungsantwort **vollständig** aus: Es müssen **alle** von Ihnen beanspruchten Auslagen und Nebenforderungen (…) **erneut** angegeben werden, also **auch diejenigen**, die hier **nicht** beanstandet sind. Nur die in der Antwort enthaltenen Auslagen/Nebenforderungen werden im weiteren Verfahren berücksichtigt."

Wer hier also nicht richtig liest und nur die tatsächlich beanstandete Nebenforderung (hier: „Auskunftskosten") korrigiert, ohne auch die ggf. nicht beanstandeten Auslagen in der Monierungsantwort zu wiederholen, muss sich später nicht wundern, wenn die ursprünglich angegebenen Beträge letztlich doch nicht im Mahn- und Vollstreckungsbescheid auftauchen.

Leider kommt es zum Teil auch zu scheinbar unberechtigten gerichtlichen Beanstandungen. Ursache hierfür ist häufig, dass die besonderen Ausfüllhinweise für das Ausfüllen der gerichtlichen Vordrucke nicht genau genug beachtet wurden oder dass der Antragsteller bzw. Prozessbevollmächtigte Eintragungen zwar nach menschlicher Logik, jedoch ohne Berücksichtigung der zusätzlich im automatisierten gerichtlichen Mahnverfahren zu beachtenden Computerlogik gemacht hat.

Wer also beim Erhalt einer Monierung das Gefühl hat, dass das Gericht seinen Antrag möglicherweise missverstanden haben könnte, oder wem die in der Monierungsantwort zur Verfügung gestellten Antwortmöglichkeiten nicht genügen, sollte die Monierungsantwortvordrucke so weit wie möglich ausfüllen, diese jedoch nur zusammen mit einem Anschreiben an das Gericht zurücksenden, in dem dann die eigentlich beabsichtigte Erklärung nochmals ausdrücklich abgegeben und das angestrebte Ziel erläutert wird.

Diese formfreien Anschreiben werden dann mit der Monierungsantwort zusammen dem zuständigen Sachbearbeiter beim Mahngericht vorgelegt, der noch einmal prüft, ob die alleinige Weiterbearbeitung der Monierungsantwort das erläuterte Ziel erreichen lässt oder ob hierzu manuell korrigierend in die automatisierten Arbeitsabläufe eingegriffen werden muss.

Für evtl. erforderliche Rückfragen finden Sie die Durchwahltelefonnummern des für das konkrete Einzelverfahren zuständigen Sachbearbeiters im Briefkopf jeder Monierung (links oben, über dem Wort „Monierung").

XI. Mahnbescheid und Widerspruch

Ist der Mahnbescheidsantrag – spätestens nach Korrektur durch die Monierungsantwort – fehlerfrei, erlässt das gerichtliche Verarbeitungsprogramm – im Regelfall ohne weiteres menschliches Zutun – den Mahnbescheid.

Der Mahnbescheid ist also eigentlich das erste Ziel des Antragstellers bzw. seines Prozessbevollmächtigten.

Der Mahnbescheid enthält gem. § 692 ZPO

▷ die Bezeichnung der Parteien, ihrer gesetzlichen Vertreter und der Prozessbevollmächtigten;

▷ die Bezeichnung des Gerichts, bei dem der Antrag gestellt wird;

▷ die Bezeichnung des Anspruchs unter bestimmter Angabe der verlangten Leistung;

▷ Haupt- und Nebenforderungen sind gesondert und einzeln zu bezeichnen;

▷ Ansprüche aus Verträgen gem. den §§ 491 bis 504 BGB auch unter Angabe des Datums des Vertragsschlusses und des nach den §§ 492, 502 BGB anzugebenden effektiven oder anfänglich effektiven Jahreszinses;

▷ die Erklärung, dass der Anspruch nicht von einer Gegenleistung abhängig bzw. dass die Gegenleistung erbracht ist;

▷ die Bezeichnung des Gerichts, das für ein streitiges Verfahren zuständig ist;

▷ den Hinweis, dass das Gericht nicht geprüft hat, ob dem Antragsteller der geltend gemachte Anspruch zusteht;

▷ die Aufforderung, innerhalb von zwei Wochen seit der Zustellung des Mahnbescheids, soweit der geltend gemachte Anspruch als begründet angesehen wird, die behauptete Schuld nebst den geforderten Zinsen und der dem Betrag nach bezeichneten Kosten zu begleichen oder dem Gericht mitzuteilen, ob und in welchem Umfang dem geltend gemachten Anspruch widersprochen wird;

▷ den Hinweis, dass ein dem Mahnbescheid entsprechender Vollstreckungsbescheid ergehen kann, aus dem der Antragsteller die Zwangsvollstreckung betreiben kann, falls der Antragsgegner nicht bis zum Fristablauf Widerspruch erhoben hat;

▷ für den Fall, dass Vordrucke eingeführt sind, den Hinweis, dass der Widerspruch mit einem Vordruck der beigefügten Art erhoben werden soll, der auch bei jedem Amtsgericht erhältlich ist und ausgefüllt werden kann;

▷ für den Fall des Widerspruchs die Ankündigung, an welches Gericht die Sache abgegeben wird, mit dem Hinweis, dass diesem Gericht die Prüfung seiner Zuständigkeit vorbehalten bleibt.

XI. Mahnbescheid und Widerspruch

Der Mahnbescheid im automatisierten gerichtlichen Mahnverfahren hat ein sehr kopierunfreundliches Format, etwas kleiner als DIN A3. Ein bereits vorbereiteter Widerspruchsvordruck mit Geschäftsnummer, Parteibezeichnungen und Rücksendeadresse ist jedem Mahnbescheid beigefügt.

Der Widerspruchsvordruck besitzt einen braunfarbenen Hintergrund und dunkelbraune Feldumrandungen. Die Eintragungsfelder haben einen weißen Feldhintergrund.

Deshalb darf beim handschriftlichen Ausfüllen eines Widerspruchs auch niemals ein Stift mit brauner Schriftfarbe verwendet werden – die Daten könnten verloren gehen!

Dasselbe gilt übrigens auch für die Stiftfarbe, mit der der Vordruck unterschrieben wird.

B. Automatisiertes gerichtliches Mahnverfahren (AuGeMa)

```
Amtsgericht Muster
- Mahnabteilung -
99999 Muster                     M A H N B E S C H E I D
                                        vom 14.04.2009

Antragsgegner:

Weitersenden innerh. d. AG-Bezirks
             Geschäftsnummer des Amtsgerichts
             Bei schreiben an das Gericht stets angeben
                 09-3112345-0-3          Der Antragsteller macht folgenden Anspruch geltend

                                         I.  HAUPTFORDERUNG:
Frau                                         Warenlieferung-en
Petra Geldsorgen                             1) gem. Rechnung - 1234/06 vom 04.11.08     ******1.794,30 EUR
Im Keller 27                                 2) gem. Rechnung - 5678/06 vom 30.11.08     ******1.138,00 EUR
32756 Detmold
                                         II. KOSTEN wie nebenstehend:                   ********253,50 EUR

                                         III. NEBENFORDERUNGEN:
                                              Mahnkosten                                **********5,00 EUR
Antragsteller:                                Auskünfte                                 *********45,00 EUR
                                              Bankrücklastkosten                        *********66,00 EUR
Super Buch und Seminar GmbH & Co. KG
Schillersche Str. 66                     IV. ZINSEN:
58099 Hagen                                  laufende, vom Gericht ausgerechnete Zinsen:
                                             zu 1.1)Zinsen von   *5,000 Prozentpunkten
gesetzlich vertreten durch:                  über dem jeweils gültigen Basiszinssatz aus
Super Buch und Seminar Verwaltungs-          ******1.794,30 EUR vom 05.12.08 bis 14.04.09
GmbH                                         zu 1.2)*5,000 Prozentpunkte
                                             über dem jeweiligen Basiszinssatz aus
dieses gesetzlich vertreten durch:           ******1.138,00 EUR vom 01.12.08 bis 14.04.09 *********44,92 EUR
Geschäftsführerin
Sabine Lucksie                                                                SUMME:    *********29,53 EUR

                                         hinzu kommen weitere laufende Zinsen:          ******3.376,25 EUR
                                         zu 1.1)Zinsen von   *5,000 Prozentpunkten
Prozessbevollmächtigter:                 über dem jeweils gültigen Basiszinssatz aus
Rechtsanwalt                             ******1.794,30 EUR seit dem 15.04.09
Dietmar Recht-Haber                      zu 1.2) von   *5,000 Prozentpunkten
Graf-v.-Para-Str. 6                      über dem jeweiligen Basiszinssatz aus
58636 Iserlohn                           ******1.138,00 EUR seit dem 15.04.09
                                         Der Antragsteller hat erklärt, daß der Anspruch von einer
                                         Gegenleistung abhänge, diese aber erbracht sei.
Konto: 9999999469  BLZ: 44010046
Postbank                                 Das Gericht hat nicht geprüft, ob dem Antragsteller der Anspruch zusteht.
Dortmund                                 Es fordert Sie hiermit auf, innerhalb von z w e i   W o c h e n seit der Zustellung
Geschäftszeichen d. Prozessbevollm.:     dieses Bescheids e n t w e d e r die vorstehend bezeichneten Beträge, soweit Sie
Super./. Geldsorgen                      den geltend gemachten Anspruch als begründet ansehen, zu begleichen  o d e r  dem
- Bitte stets angeben -                  Gericht auf dem beigefügten Vordruck mitzuteilen, ob und in welchem Umfang Sie
                                         dem Anspruch widersprechen.
                                         Wenn Sie die geforderten Beträge nicht begleichen und wenn Sie auch nicht
                                         Widerspruch erhoben haben, kann der Antragsteller nach Ablauf der Frist einen
                                         Vollstreckungsbescheid erwirken und aus diesem die Zwangsvollstreckung betreiben.
                                         Der Antragsteller hat angegeben, ein streitiges Verfahren sei durchzuführen vor
                                         dem
                                         Amtsgericht Detmold
                                         32756 Detmold
                                         An dieses Gericht, dem eine Prüfung seiner Zuständigkeit vorbehalten bleibt,
                                         wird die Sache im Falle Ihres Widerspruchs abgegeben.
                                         Beachten Sie bitte die Hinweise auf der Rückseite.

Kosten nach dem Wert der Hauptforderung,   EUR *****2.932,30
Gerichtskosten                                                                                    Salten
 Gebühr (§§ 3, 34, Nr. 1110 KV GKG)        ********44,50 EUR                                    Rechtspfleger
Kosten des Antragstellers für dieses Verfahren  ********0,00 EUR
Rechtsanwalts-/Rechtsbeistandskosten
 Gebühr (Nr 3305 VV RVG/Art IX KostAndG)   *******189,00 EUR
Auslagen (Nr. 7001/7002 VV RVG/Art IX KostAndG)  ********20,00 EUR
 *0,00   % MWST (Nr. 7008 VV RVG/Art. IX KostAndG)  *********0,00 EUR
                                           *******253,50 EUR
```

Siegel-
abdruck

182

XI. Mahnbescheid und Widerspruch

Mahnsache Antragsteller: Vor- und Nachname/Firmenbezeichnung
Super Buch und Seminar GmbH & Co.KG

gegen Antragsgegner: Vor- und Nachname/Firmenbezeichnung
Petra Geldsorgen

wegen Warenlieferung-en
u.a. ******2.932,30 EUR

Zeilen-Nummer	Datum des Widerspruchs	Geschäftsnummer des Amtsgerichts
1		09-3112345-0-3

Beleg wird maschinell gelesen.
Bitte deutlich schreiben.

An das
Amtsgericht
– Mahnabteilung –

99999 Muster
Postleitzahl, Ort

Hinweis für den Antragsgegner
Bitte überlegen Sie sorgfältig, ob Sie im Recht sind, und beachten Sie die Hinweise des Gerichts zum Mahnbescheid.

Widerspruch

Gegen den im Mahnbescheid geltend gemachten Anspruch erhebe ich Widerspruch.

2 [X] Ich widerspreche dem Anspruch **insgesamt**.

3 [ ] Ich widerspreche nur einem **Teil** des Anspruchs, und zwar

4 der Hauptforderung wegen eines Teilbetrages von ___ EUR | den Zinsen ___ insgesamt | den laufenden Zinsen, soweit sie nachstehenden Zinssatz übersteigen ___ % jährlich | den Verfahrenskosten ___ insgesamt | den anderen Nebenforderungen wegen eines Betrages von ___ EUR

5 Nur bei Änderung der Anschrift des Antragsgegners: Die Anschrift lautet richtig bzw. jetzt
Straße, Hausnummer – bitte kein Postfach! – | Postleitzahl | Ort | Ausl. Kz.

6 Gesetzlicher Vertreter des Antragsgegners — Unterzeichnender erhebt den Widerspruch als gesetzlicher Vertreter des Antragsgegners.
Stellung (z. B. Geschäftsführer, Vater, Mutter, Vormund) | Straße, Hausnummer – bitte kein Postfach! –

7 Vor- und Nachname | Postleitzahl | Ort | Ausl. Kz.

8 Prozessbevollmächtigter des Antragsgegners — Unterzeichnender erhebt den Widerspruch als Prozessbevollmächtigter des Antragsgegners. Ordnungsgemäße Bevollmächtigung wird versichert.
[1] 1 = Rechtsanwalt 2 = Rechtsanwälte 3 = Rechtsbeistand 4 = Herr, Frau 5 = Rechtsanwältin 6 = Rechtsanwältinnen

9 Vor- und Nachname: Herbert Hilfe

10 Straße, Hausnummer: Optimistenstr. 25 | Postleitzahl: 32756 | Ort: Detmold | Ausl. Kz.

11 Geschäftszeichen des Antragsgegners / Prozessbevollmächtigten
6664/09 Geldsorgen/Super Buch

Bezeichnung des Absenders

Unterschrift des Antragsgegners bzw. seines ges. Vertreters oder Prozessbevollmächtigten

H. Hilfe

12

Bitte Hinweise zu diesem Vordruck beachten!

Fassung 1. 1. 02

Gem. § 693 ZPO wird der Mahnbescheid (mit Widerspruchsvordruck) dem Antragsgegner zugestellt. Der Antragsteller erhält kein Exemplar des Mahnbescheids, sondern lediglich eine einfache Nachricht als Bestandteil der so genannten „Kostennachricht", dass der Mahnbescheid erlassen ist, und später die Zustellungsnachricht – falls diese nicht elektronisch übersandt wird, ist auch der bereits vorbereitete Antrag auf Erlass eines Vollstreckungsbescheids beigefügt.

Die Zustellung des Mahnbescheids hat vor allem folgende Wirkungen:

▷ Der Anspruch gilt als rechtshängig, § 696 Abs. 3 ZPO.

▷ Der Schuldner kommt gem. § 286 Abs. 1 Satz 2 BGB spätestens mit der Zustellung des Mahnbescheids in Verzug.

▷ Soll durch die Zustellung eine Frist gewahrt werden oder die Verjährung neu beginnen oder nach § 204 BGB gehemmt werden, so tritt die Wirkung, wenn die Zustellung demnächst erfolgt, gem. § 167 ZPO n.F. bereits rückwirkend mit dem Zeitpunkt des Antragseingangs beim Mahngericht ein.

▷ Auf der Grundlage des Mahnbescheids erlässt das Gericht gem. § 699 ZPO auf Antrag einen Vollstreckungsbescheid, wenn der Gegner nicht rechtzeitig Widerspruch erhoben hat. Hierfür hat dieser mindestens zwei Wochen Zeit, da der Antragsteller erst nach Ablauf von 2 Wochen seit dem Tage der Zustellung einen Vollstreckungsbescheid beantragen darf, §§ 699, 692 Abs. 1 Nr. 3 ZPO.

▷ Ist Widerspruch nicht erhoben und beantragt der Antragsteller den Erlass des Vollstreckungsbescheids nicht binnen einer sechsmonatigen Frist, die mit der Zustellung des Mahnbescheids beginnt, so fällt die Wirkung des Mahnbescheids weg. Dasselbe gilt auch, wenn der Antrag zwar rechtzeitig beantragt ist, der Antrag aber zurückgewiesen wird.

Der dem Mahnbescheid beigefügte Widerspruchsvordruck soll es dem Antragsgegner möglichst leicht machen, sich gegen einen vom Antragsteller unberechtigt geltend gemachten Anspruch zu wehren. Immerhin brauchte der Antragsteller seinen Anspruch im Mahnverfahren weder zu begründen noch zu belegen. Genauso leicht wie man es im Mahnverfahren dem Antrag**steller** macht, in einem streng formalisierten Verfahren seinen Anspruch geltend zu machen, muss man es auch dem Antrags**gegner** machen, wenn er sich hiergegen wehren will. Deshalb ist der Widerspruchsvordruck nicht nur bereits mit den Verfahrensdaten und der Rücksendeadresse bedruckt, sondern im Vordruck sind auch die Standard-Widerspruchsinformationen als Ankreuz- oder Datenfelder vorgesehen:

– Gesamtwiderspruch

– Teilwiderspruch (bei genauer Bezeichnung der widersprochenen Teilforderung,

– Anschriftenänderung

– Bezeichnung der gesetzlichen Vertreter des Antragsgegners

– Bezeichnung des Prozessbevollmächtigten des Antragsgegners (hier kann auch eine von demselben Mahngericht erteilte Kennziffer des Prozessbevollmächtigten vermerkt werden, vgl. Kap. B.III.3. Die Kennziffer, S. 28 ff.)

– Angabe des Geschäftszeichens beim Antragsgegner.

Für einen Gesamtwiderspruch durch den Antragsgegner persönlich würde es folglich genügen, in der Zeile 2 des Vordrucks ein Kreuz zu machen (= Gesamtwiderspruch), in der Zeile 12 zu unterschreiben und den so ausgefüllten Antragsvordruck rechtzeitig an das zuständige Mahngericht zurückzusenden.

⊃ **Rechtsprechungshinweis:**

Wird ein Mahnbescheid wegen mehrerer Ansprüche erlassen und legt der Antragsgegner Teilwiderspruch ein, ohne klarzustellen, gegen welche der einzelnen Ansprüche sich sein Widerspruch richtet, „ist es Sache des Mahngerichts, diesem unklaren Widerspruch einen bestimmten Inhalt zu geben" (vgl. BGH NJW 1983, 633 [634]). Ohne weitere Aufklärung durch den Antragsgegner ist insoweit von einem Gesamtwiderspruch auszugehen (vgl. AG Hagen, Beschl. v. 27.12.1996 – 96-2261269-10-N, n.v.):

„Gelangt der Rechtspfleger nicht von sich aus zu dem Ergebnis, dass lediglich ein Fehler bei der Ausfüllung des Formblatts vorlag und der Mahnbescheid im Ganzen angegriffen werden sollte, musste er der Bekl. (Ag.) Gelegenheit zur Klarstellung geben, ob und ggf. in welcher Weise sie den Widerspruch beschränken wollte. Vor dieser Klarstellung war eine nach Sachlage notwendigerweise ganz willkürliche Beschränkung des Widerspruchs auf einen begrenzten Inhalt nicht zulässig. (...) Es war nach alledem nicht Sache des Rechtspflegers, dem unklaren Widerspruch einen bestimmten (...) Inhalt zu geben."

Für die Widerspruchseinlegung hat der Antragsgegner mindestens zwei Wochen Zeit, denn so lange muss der Antragsteller in jedem Falle warten, bevor er einen Vollstreckungsbescheid beantragen darf. Allerdings muss der Antragsgegner hier auch die Postlaufzeiten berücksichtigen, denn der Widerspruch kann das Mahnverfahren beim Gericht erst stoppen, wenn der Widerspruch dort vorliegt und registriert ist.

Im Falle der Zustellung des Mahnbescheids im Ausland beträgt die „Widerspruchsfrist" lt. § 32 AVAG einen Monat.

Obwohl hinsichtlich des Widerspruchsvordrucks – aus rechtsstaatlichen Gesichtspunkten – kein Verwendungszwang besteht und der Widerspruch folglich auch formfrei schriftlich eingelegt werden könnte, empfiehlt sich gleichwohl die Verwendung des Vordrucks, da hierdurch eine zügigere Bearbeitung beim Mahngericht ermöglicht wird. Allerdings kann der Antragsgegner seinen Widerspruchsvordruck in der Regel – zur Fristwahrung auch per Fax (vorab) – an das Mahngericht übersenden, wenn ihm die Faxnummer des Mahngerichts bekannt ist.

Hinsichtlich der „Widerspruchsfrist" beachten Sie bitte auch die Ausführungen im Kapitel Zustellung des Mahnbescheids und Antrag auf Erlass des Vollstreckungsbescheids, Kap. B.XIII., S. 192 ff.

Wird rechtzeitig Widerspruch erhoben und beantragt eine Partei die Durchführung des streitigen Verfahrens, so gibt das Gericht, das den Mahnbescheid erlassen hat, den Rechtsstreit von Amts wegen an das im Mahnbescheid bezeichnete Prozessgericht ab, § 696 Abs. 1 ZPO. Bei Abgabe infolge eines Antrags des Antragstellers des Mahnverfahrens hängt die Verfahrensabgabe im Regelfall zusätzlich auch noch von der vorherigen Zahlung der weiteren Prozessgebühren ab, vgl. auch Kap. B.IV.4., Informationen zum streitigen Verfahren, S. 109 ff. und Kap. B.IX.1. Gerichtskosten, S. 169 ff. Beantragen die Parteien übereinstimmend die Abgabe an ein anderes Gericht als das im Mahnbescheid angegebene Gericht, erfolgt die Abgabe dorthin. Das Gericht, an das der Rechtsstreit abgegeben ist, ist hierdurch in seiner Zuständigkeit nicht gebunden, § 696 Abs. 5 ZPO.

Sofern die Abgabe **alsbald** nach Erhebung des Widerspruchs erfolgt, gilt die Streitsache nun – rückwirkend – als mit der Zustellung des Mahnbescheids rechtshängig geworden.

⊃ **Rechtsprechungshinweis:**

Die wenig eindeutigen Begriffe *„alsbald"* und *„demnächst"* wurden vom BGH aktuell mit Leben gefüllt: Gem. **Beschluss vom 30.11.2006 – III ZB 23/06 –** ist für die demnächst zu erfolgende Zustellung im Sinne von § 167 ZPO folgendes zu beachten:

„Ob eine Zustellung ‚demnächst' im Sinne des § 167 ZPO erfolgt, beurteilt sich nach dem Sinn und Zweck dieser Regelung. Danach soll die Partei bei der Zustellung von Amts wegen vor Nachteilen durch Zustellungsverzögerungen innerhalb des gerichtlichen Geschäftsbetriebs bewahrt werden. Denn derartige Verzögerungen liegen außerhalb ihres Einflussbereichs. Dagegen sind der Partei die Verzögerungen zuzurechnen, die sie oder ihr Prozessbevollmächtigter (§ 85 Abs. 2 ZPO) bei gewissenhafter Prozessführung hätte vermeiden können. Eine Zustellung ‚demnächst' ... bedeutet daher eine Zustellung innerhalb einer nach den Umständen angemessenen, selbst längeren Frist, wenn die Partei oder ihr Prozessbevollmächtigter unter Berücksichtigung der Gesamtsituation alles Zumutbare für die alsbaldige Zustellung getan hat. Die Zustellung ist dagegen nicht mehr ‚demnächst' erfolgt, wenn die Partei, der die Fristwahrung obliegt, oder ihr Prozessbevollmächtigter durch nachlässiges – auch leicht fahrlässiges – Verhalten zu einer nicht bloß geringfügigen Zustellungsverzögerung beigetragen hat (...)."

Noch konkreter wird der BGH in seinem **Beschluss vom 28.02.2008 – III ZB 76/07 –** zur Frage, wie lange der Antragsteller denn mit der „alsbaldigen" Verfahrensabgabe nach einem Weiderspruch warten darf:

„Alsbald" ist wie „demnächst" in § 167 (und in § 693 Abs. 2 a.F.) ZPO zu definieren (...). Beide Begriffe sind nicht rein zeitlich zu verstehen; ihr Inhalt wird in erster Linie durch den Zweck der genannten Rückwirkungsvorschriften bestimmt. Durch diese Regelungen soll die Partei vor einer von ihr nicht zu vertretenden verzögerlichen Sachbehandlung geschützt werden (...). Zuzurechnen sind dem Kläger alle Verzögerungen, die er oder sein Prozessbevollmächtigter bei gewissenhafter Prozessführung hätten vermeiden können (...). Allerdings sind auch von der Partei zu vertretende **geringfügige Verzögerungen bis zu 14 Tagen regelmäßig unschädlich** (...). Dies gilt grundsätzlich auch im Mahnverfahren. Der Antragsteller ist gehalten, nach Mitteilung des Widerspruchs ohne schuldhafte Verzögerung die Abgabe an das Streitgericht zu veranlassen. In der Regel ist von **ihm binnen eines Zeitraums von zwei Wochen nach Zugang der Mitteilung des Widerspruchs** zu erwarten, dass er die restlichen Gerichtsgebühren einzahlt und den Antrag auf Durchführung des streitigen Verfahrens stellt (...)."

Sobald die Akte beim Prozessgericht eingeht, fordert es den Antragsteller unverzüglich auf, seinen Anspruch binnen zwei Wochen in einer der Klageschrift entsprechenden Form zu begründen.

Bei Eingang der Anspruchsbegründung wird dann weiter verfahren wie nach Eingang einer Klage, § 697 Abs. 2 Satz 1 ZPO.

Der Antrag auf Durchführung des streitigen Verfahrens kann bis zum Beginn der mündlichen Verhandlung zurückgenommen werden, § 696 Abs. 4 ZPO. Mit der Zurücknahme ist die Streitsache als nicht rechtshängig geworden anzusehen.

Der Antragsgegner kann den Widerspruch ebenfalls bis zum Beginn seiner mündlichen Verhandlung zur Hauptsache zurücknehmen, § 697 Abs. 4 ZPO. In diesem

Falle kann das Prozessgericht auch – wenn die übrigen Voraussetzungen vorliegen – den Vollstreckungsbescheid erlassen, § 699 Abs. 1 Satz 3 ZPO.

XII. Nichtzustellungsnachricht und Neuzustellung des Mahnbescheids

Leider gelingt die Zustellung des Mahnbescheids nicht immer gleich im ersten Versuch. Nicht selten erhält der Antragsteller bzw. sein Prozessbevollmächtigter die Nachricht, dass der Mahnbescheid dem Antragsgegner nicht zugestellt werden konnte und das Zustellunternehmen hierfür z.B. einen der folgenden Gründe genannt hat:

- Empfänger unter der Zustelladresse unbekannt.
- Empfänger unbekannt verzogen.
- Empfänger verstorben.

Doch eine solche Nachricht ist kein Grund zum Resignieren – jetzt ist Agieren angesagt. Hierbei ist allerdings zu beachten, dass das Mahngericht die obigen Standard-Nichtzustellungsgründe des Zustellunternehmens **ungeprüft** weitergibt.

Die vermeintliche Feststellung „Empfänger verstorben" bedeutet folglich längst nicht, dass der Empfänger wirklich tot ist. Erst die diesbezügliche amtliche Bestätigung – z.B. des Standesamtes – gibt hier Klarheit. Die Frage nach den Erben muss ggf. das Nachlassgericht beantworten, und das Verfahren muss dann ggf. auf die Erben umgestellt, gegen die Erben gem. § 239 ZPO aufgenommen oder sogar völlig neu von vorne begonnen werden.

Andererseits kann es vorkommen, dass der Zusteller die Zustellung mit der Begründung verweigert, dass der Empfänger „unter der Zustelladresse unbekannt" sei, aber eine Einwohnermeldeamtsauskunft neueren Datums vorliegt, aus der sich die Richtigkeit der angegebenen Adresse ergibt, was das Einwohnermeldeamt womöglich auch bei nochmaliger Nachfrage mit der Information „gemeldet wie angegeben" erneut bestätigt. Hier besteht jedoch die Möglichkeit, dass die Informationen des Zustellers vor Ort aktueller sind als die Meldedatei, die nicht jeder Antragsgegner hinsichtlich der Daten seines Umzugs gesetzestreu und fristgerecht aktualisiert (vgl. auch Kap. D.I.5., S. 227 ff.).

Die Nachricht über die Nichtzustellung besteht – soweit diese per Post übeersandt wird – immer aus zwei Blättern, nämlich:

- dem Anschreiben mit der eigentlichen Information zur Tatsache der Nichtzustellung sowie der dafür angegebenen Begründung und
- dem farbigen Vordruck „Antrag auf Neuzustellung eines Mahnbescheids".

⊃ **Hinweis:**

Erhält der Antragsteller bzw. sein Prozessbevollmächtigter die Nachricht elektronisch, ist auch der Antrag auf Neuzustellung des Mahnbescheids über die verwendete Fachsoftware elektronisch zu stellen.

Der Vordruck besitzt einen orangefarbigen Hintergrund und dunkelorangene Feldumrandungen. Die Eintragungsfelder haben einen weißen Feldhintergrund.

Die im Vordruck verwendeten Orangetöne sind von der Koordinierungsstelle für das Mahnverfahren verbindlich festgelegt. Wegen der Scanning-Datenerfassung der Mahngerichte darf beim handschriftlichen Ausfüllen eines Antrags auf Neuzustellung eines Mahnbescheids auch niemals ein orangefarbener Stift verwendet werden – die Daten würden verloren gehen! Dasselbe gilt auch für die Stiftfarbe, mit der der Vordruck unterschrieben wird.

Aus drucktechnischen Gründen erfolgt die nachstehende Abbildung des Antragsvordrucks in Schwarz-Weiß:

XII. Nichtzustellungsnachricht und Neuzustellung des Mahnbescheids

| Amtsgericht Muster
- Mahnabteilung -
99999 Muster | - Geschäftsnummer des Amtsgerichts -
Bei Schreiben an das Gericht stets angeben
09-3112345-0-3 | Mahnsache
gegen | Super Buch und Seminar GmbH & Co KG
Petra Geldsorgen |

Tel.: 09999/999-9, 999-999
Nachricht über die
Nichtzustellung vom 20.04.2009

wegen Warenlieferung-en

U.A.   ******2.932,30 EUR

Ihr Geschäftszeichen:
Super ./. Geldsorgen

Amtsgericht Muster, 99999 Muster

Rechtsanwalt
Dietmar Recht-Haber
Graf-v.-Para-Str.6

58636 Iserlohn

Sehr geehrte Damen und Herren

Der Mahnbescheid konnte dem Antragsgegner

**Petra Geldsorgen
Im Keller 27
32756 Detmold**

nicht zugestellt werden.

Die Post hat dafür am **16.04.2009**
folgenden Grund mitgeteilt:

**Sonstige Angaben:
Der Empfänger ist verzogen. Die neue Anschrift ist nicht bekannt.**

Bitte beachten Sie:
Der Antrag auf Neuzustellung des Mahnbescheids kann nur mit dem vorgeschriebenen Vordruck gestellt werden. Wir übersenden Ihnen deshalb ein Exemplar dieses Vordrucks. Der Vordruck ist auch bei jedem Amtsgericht erhältlich. Jedes Amtsgericht hilft Ihnen im Übrigen beim Ausfüllen. Soweit sich im Vordruck die Angaben in den vorgesehenen Feldern nicht zutreffend darstellen lassen, bezeichnen Sie diese auf einem besonderen Blatt, das Sie mit dem Vordruck fest verbinden. Richtet sich das Mahnverfahren gegen mehrere Antragsgegner, so ist die Neuzustellung des Mahnbescheids gegebenenfalls **an jeden** Antragsgegner **gesondert** zu beantragen. Sie erhalten deshalb die jeweils erforderlichen Unterlagen für jeden Antragsgegner.
Bitte füllen Sie den Vordruck **gut lesbar** in Blockschrift oder mit einer Schreibmaschine aus. Zu Zeile 5: Die im Kästchen am Zeilenbeginn anzugebende Schlüssel-Nr. bezeichnet das Gericht nach der sachlichen Zuständigkeit, die Ortsangabe in dem folgenden Feld nach der örtlichen Zuständigkeit.
Zu Zeile 6: Die Kosten der Prozessvertretung durch einen Rechtsanwalt/Rechtsbeistand und die Gerichtskosten werden vom Amtsgericht errechnet und in den Mahnbescheid aufgenommen; bitte tragen Sie sie deshalb nicht in die Zeile 6 ein.
Zu Zeile 11: Für die Absenderangabe können Sie einen Stempel verwenden.
Die Rückseite dieser Nachricht ist als Zweitschrift/Durchschrift des Antrags für Ihre Unterlagen vorgesehen.

Mit freundlichen Grüßen
Amtsgericht Muster

Siegel-
abdruck

Maschinell erstellt, ohne Unterschrift gültig (§ 703b Abs. 1 ZPO)

B. Automatisiertes gerichtliches Mahnverfahren (AuGeMa)

Mahnsache
Antragsteller: Vor- und Nachname/Firmenbezeichnung
Super Buch und Seminar GmbH & Co. KG

gegen
Antragsgegner: Vor- und Nachname/Firmenbezeichnung
Petra Geldsorgen

wegen
Warenlieferung-en
u.a.   ******2.932,30 EUR

Zeilen-Nummer: 1   30.04.09   09-3112345-0-3

Beleg wird maschinell gelesen. Bitte nur mit Schreibmaschine ausfüllen.

An das
Amtsgericht
– Mahnabteilung –
Postfach 6666
99999 Muster

Antrag auf Neuzustellung eines Mahnbescheids

Ich beantrage, den Mahnbescheid nunmehr unter Berücksichtigung folgender Angaben zuzustellen:

Der Antragsgegner hat jetzt folgende Anschrift:
2 Auf der Parkbank 25   58099 Hagen

Nur, falls die Bezeichnung des Antragsgegners (Namensangabe) einen Schreibfehler oder eine ähnliche offenbare Unrichtigkeit enthält:
Die Bezeichnung lautet richtig:

3
4

Infolge der Anschriftenänderung wäre ein streitiges Verfahren nunmehr durchzuführen vor
dem 1 = Amtsgericht in
     2 = Landgericht
     3 = Landgericht-KfH
5 1 6 = Amtsgericht-Familiengericht   58097 Hagen
     8 = Sozialgericht

Weitere Auslagen des Antragstellers für dieses Verfahren, soweit bisher nicht angegeben:
6   Porto, Telefon   15,00   Sonstige Kosten   Einwohnermeldeamt

Nur, soweit bisher nicht oder unrichtig angegeben:
Gesetzlicher Vertreter des Antraggegners   **Weiterer gesetzlicher Vertreter**

7
8
9
10

11   Recht-Haber

Fassung 1.1.02

XII. Nichtzustellungsnachricht und Neuzustellung des Mahnbescheids

Auch der Neuzustellungsantrag ist durch das Gericht schon weitestgehend vorbereitet: Parteibezeichnungen, gerichtliche Geschäftsnummer und die für einen Fensterumschlag geeignete Rücksendeadresse sind schon vorgedruckt. Außerdem enthält der Vordruck folgende weitere Eintragungsmöglichkeiten:

in ...	Eintragung ...
... Zeile 1	... des Datums dieses Antrags. Das Eintragungsfeld ist farbig hinterlegt, da dieses Feld vom Mahngericht nicht beachtet wird. Ein Fehlen der Datumsangabe wird hier zurzeit auch nicht beanstandet.
... Zeile 2	... der zustellungsfähigen Adresse des Antragsgegners – unabhängig davon, ob es sich um eine „neue" Anschrift des Gegners handelt oder ob bei der Überprüfung festgestellt wurde, dass die ursprünglich angegebene „alte" Adresse (entgegen der Mitteilung des Zustellers) gleichwohl zutrifft. Existiert für eine Firma kein Geschäftslokal mehr und soll die Zustellung unter der Privatanschrift des gesetzlichen Vertreters (z.B. des Geschäftsführers) erfolgen, ist dies hinter der Straßeneintragung – in demselben Feld – in Klammern z.B. zu vermerken „(GF Pleite, privat)". Nur so kann der Zusteller den Empfänger unter der Privatadresse identifizieren.
... Zeile 3, 4	... einer Namenskorrektur, falls sich im Rahmen des vorangegangenen Zustellversuchs oder in anderem Zusammenhang herausgestellt hat, dass der im Mahnbescheidsantrag angegebene Name des Antragsgegners unrichtig geschrieben war.
... Zeile 5	... des ggf. durch eine Anschriftenänderung jetzt zuständigen Prozessgerichts, sofern sich die Zuständigkeit aus dem allgemeinen Gerichtsstand (Wohnsitz des Antragsgegners) ergibt. Maßgebend ist insoweit der Zeitpunkt der Zustellung des Mahnbescheids.
... Zeile 6	... von weiteren Auslagen des Antragstellers für dieses Verfahren. Hier dürfen nur Auslagen vermerkt werden, die nach Absendung des Mahnbescheidsantrags im Rahmen der zweckentsprechenden Rechtsverfolgung notwendigerweise entstanden sind und die bisher noch nicht angegeben waren. Im Regelfall handelt es sich – um weitere Auskunftskosten für Anfragen im Handelsregister oder beim Einwohnermeldeamt sowie – um Portokosten, soweit keine anwaltliche Vertretung vorliegt (dann: Auslagenpauschale gem. Nr. 7002 VV RVG!). Gerichtskosten und Rechtsanwaltsvergütung für das Mahnverfahren gehören nicht hierher, vgl. auch Kap. B.IX.1. Gerichtskosten, S. 169 ff.
... Zeile 7–10	... von gesetzlichen Vertretern des Antragsgegners, soweit diese bisher nicht oder unrichtig angegeben waren. Diese Eintragungsfelder sollten allerdings möglichst gemieden werden, da jede Eintragung zur Notwendigkeit der manuellen Weiterbearbeitung des Verfahrens und damit zu nicht unerheblichen zeitlichen Verzögerungen führen kann. Außerdem ist die namentliche Bezeichnung der gesetzlichen Vertreter des Antragsgegners ohnehin nicht notwendig, also gibt es eigentlich auch keine Notwendigkeit der Korrektur oder Ergänzung.
... Zeile 11	... der Bezeichnung des Absenders sowie der Unterschrift.

⊃ **Hinweis:**

Die Mahngerichte planen demnächst eine Antragsänderung, die es ermöglichen soll, mittels spezieller zusätzlicher Antragsfelder, die Zustellung unter der Privatadresse des gesetzlichen Vertreters einer juristischen Person zu beantragen.

Die öffentliche Zustellung des Mahnbescheids ist gem. § 688 Abs. 2 Nr. 3 ZPO unzulässig.

Insgesamt kann man wohl davon ausgehen, dass die bis zur Mitte des Jahres 2002 existierenden Zustellungsprobleme, die, etwa bei geschlossenen, unregelmäßig oder nur außerhalb der Zustellzeiten geöffneten Geschäftslokalen, in zahlreichen Fällen – insbesondere bei Zustellungen an juristische Personen oder Personenhandelsgesellschaften – zum Erfordernis der Neuzustellung geführt haben, durch das Inkrafttreten des Zustellungsreformgesetzes zum 1.7.2002 beseitigt sind. Seit diesem Tage ist nämlich auch in diesen Fällen die Niederlegung des zuzustellenden Schriftstücks, und sogar die Ersatzzustellung durch Einwurf in den Privat- oder Firmenbriefkasten, zulässig.

XIII. Zustellung des Mahnbescheids und Antrag auf Erlass des Vollstreckungsbescheids

Ist die Zustellung des Mahnbescheids gelungen, erhält der Antragsteller bzw. sein Prozessbevollmächtigter die Zustellungsnachricht. Auch diese Nachricht besteht – soweit diese als Beleg versandt und nicht elektronisch übermittelt wird – wieder aus zwei Seiten, nämlich:

- dem Anschreiben mit der eigentlichen Information zur Tatsache der Zustellung sowie evtl. vom Zusteller vermerkter Namens- oder Anschriftenänderungen und
- dem farbigen Vordruck „Antrag auf Erlass eines Vollstreckungsbescheids".

⊃ **Hinweis:**

Erhält der Antragsteller bzw. sein Prozessbevollmächtigter die Nachricht elektronisch, ist auch der Antrag auf Erlass eines Vollstreckungsbescheids über die verwendete Fachsoftware elektronisch zu stellen.

Der Vordruck zur Beantragung des Vollstreckungsbescheids besitzt einen hellblauen Hintergrund und dunkelblaue Feldumrandungen. Die Eintragungsfelder haben einen weißen Feldhintergrund.

Gerade beim handschriftlichen Ausfüllen des Vollstreckungsbescheidsantrags sollte man beachten, dass die Verwendung einer blauen Stiftfarbe hier zu Schwierigkeiten in Form von fehlerhafter Datenübernahme durch das Gericht bis hin zum Datenverlust führen kann. Deshalb sollte – gerade bei diesem Antragsvordruck – beim handschriftlichen Ausfüllen – unbedingt ein Stift mit schwarzer Schriftfarbe verwendet werden. Dasselbe gilt auch für die Stiftfarbe, mit der der Vordruck unterschrieben wird.

Aus drucktechnischen Gründen erfolgt die nachstehende Abbildung des Antragsvordrucks in Schwarz-Weiß:

XIII. Zustellung des Mahnbescheids und Antrag auf Erlass des Vollstreckungsbescheids

Amtsgericht Muster **- Mahnabteilung -** **99999 Muster** Tel. : 09999/999-9, 999-999	Geschäftsnummer des Amtsgerichts Bei Schreiben an das Gericht stets angeben 09-3112345-0-3	Mahnsache **Super Buch und Seminar GmbH & Co KG** gegen **Petra Geldsorgen** wegen **Warenlieferung-en** U.A. ******2.932,30 EUR

000 1 Zustellungsnachricht
vom 07 . 05 . 2009

Ihr Geschäftszeichen:
Super ./. Geldsorgen

Amtsgericht Muster, 99999 Muster

Rechtsanwalt
Dietmar Recht-Haber
Graf-v.-Para-Str.6
58636 Iserlohn

Sehr geehrte Damen und Herren.

Der Mahnbescheid wurde

am **04.05.2009** zugestellt.

Prüfen Sie, nachdem die mit dem darauf folgenden Tag beginnende Zwei-Wochen-Frist abgelaufen ist, ob der Antragsgegner die Schuld beglichen hat. Sollte das nicht der Fall sein und sollte auch nicht Widerspruch erhoben sein, können Sie den Erlass des Vollstreckungsbescheids beantragen.

Der Vollstreckungsbescheid wird erst erlassen, wenn Sie die Kosten des Mahnbescheids, die Ihnen gesondert aufgegeben worden sind, bezahlt haben. Der Vollstreckungsbescheid wird dem Antragsgegner von Amts wegen zugestellt. Dies gilt nicht, wenn Sie die Übergabe an sich zur Zustellung im Parteibetrieb beantragen. In diesem Fall wird Ihnen der Vollstreckungsbescheid zur Zustellung übergeben.

Bitte beachten Sie:
Der Antrag auf Erlass eines Vollstreckungsbescheids kann nur mit dem vorgeschriebenen Vordruck gestellt werden. Wir übersenden Ihnen deshalb ein Exemplar dieses Vordrucks. Der Vordruck ist auch bei jedem Amtsgericht erhältlich. Jedes Amtsgericht hilft Ihnen im Übrigen beim Ausfüllen. Soweit sich im Vordruck die Angaben in den vorgesehenen Feldern nicht zutreffend darstellen lassen, bezeichnen Sie diese auf einer besonderen Blatt, das Sie mit dem Vordruck fest verbinden. Richtet sich das Mahnverfahren gegen mehrere Antragsgegner, so ist der Vollstreckungsbescheid **gegen jeden** Antragsgegner **gesondert** zu beantragen. Sie erhalten deshalb die jeweils erforderlichen Unterlagen für jeden Antragsgegner.

Die Wirkung des Mahnbescheids fällt weg, wenn Sie den Vollstreckungsbescheid nicht innerhalb von sechs Monaten seit der Zustellung des Mahnbescheids beantragen.

Ausfüllhinweise: Bitte füllen Sie den Vordruck **gut lesbar** in Blockschrift oder mit einer Schreibmaschine aus. In die **Kästchen mit blauem** Pfeil ist die zutreffende Nummer, in das Kästchen mit **weißem** Pfeil zutreffendenfalls ein x einzutragen. Eine versehentlich unrichtige Eintragung bitte eindeutig ungültig machen oder unmissverständlich berichtigen.

Zu Zeilen 7 und 8: Die Kosten der Prozessvertretung durch einen Rechtsanwalt/Rechtsbeistand und die Gerichtskosten werden vom Amtsgericht errechnet und in den Vollstreckungsbescheid aufgenommen; bitte tragen Sie diese deshalb nicht in Zeile 7 ein.

Zu Zelle 16: Für die Absenderangabe können Sie einen Stempel verwenden.

Die Rückseite dieser Nachricht ist als Zweitschrift/Durchschrift des Antrags für Ihre Unterlagen vorgesehen.

Mit freundlichen Grüßen
Amtsgericht Muster

☺
**Siegel-
abdruck**

Maschinell erstellt, ohne Unterschrift gültig (§ 703b Abs. 1 ZPO)

B. Automatisiertes gerichtliches Mahnverfahren (AuGeMa)

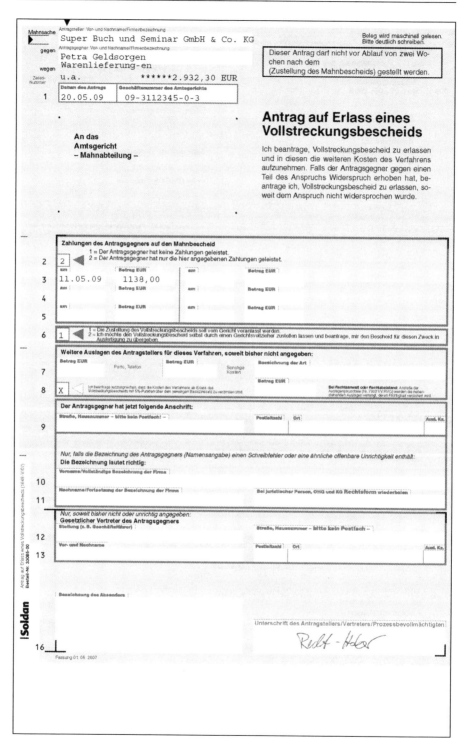

XIII. Zustellung des Mahnbescheids und Antrag auf Erlass des Vollstreckungsbescheids

Auch der Vollstreckungsbescheidsantrag ist – im Falle des Formulars – durch das Gericht schon weitestgehend vorbereitet: Parteibezeichnungen, gerichtliche Geschäftsnummer und die für einen Fensterumschlag geeignete Rücksendeadresse sind auch hier schon vorgedruckt. Außerdem enthält der Vordruck folgende weitere Eintragungsmöglichkeiten, die im Falle des elektronischen Datenaustauschs auch – in gleicher Weise strukturiert – in der Fachsoftware zur Verfügung stehen:

in ...	Eintragung ...
... Zeile 1	... des Antragsdatums. Gefragt ist hier das aktuelle Datum der Beantragung des Vollstreckungsbescheids und nicht – wie häufig missverstanden – das Datum des Mahnbescheidsantrags. Anhand dieser Datumseintragung sowie unter Berücksichtigung des Datums des Antragseingangs bei Gericht prüft das Mahngericht, ob der Antragsteller die zweiwöchige Mindestwartefrist auch tatsächlich abgewartet hat.
... Zeile 2	... einer Schlüsselzahl als Zahlungsmerkmal. Hier steht die Ziffer 1 dafür, dass der Antragsgegner im Rahmen des Mahnverfahrens keine Zahlungen geleistet hat, die Ziffer 2 ist anzugeben, wenn er eine oder mehrere Teilzahlungen erbracht hat. Hat er einen Teil des geltend gemachten Anspruchs gezahlt, ist in jedem Falle außerdem eine Eintragung in den Zeilen 3–5 erforderlich.
... Zeile 3–5	... der Teilzahlungsdaten und -beträge. Hier ist Raum für die Auflistung von sechs einzelnen Teilzahlungen. Reicht der Platz hier nicht aus, sind weitere Zahlungen unbedingt in einem zusätzlichen, mit dem Antragsvordruck fest verbundenen Anschreiben anzugeben. Auf keinen Fall dürfen solche Informationen „irgendwo" außerhalb der vorgesehenen, weiß hinterlegten Ausfüllfelder auf dem Vordruck stehen, da diese Angaben sonst im Rahmen der Scanning-Datenerfassung verloren gehen.
... Zeile 6	... der Schlüsselzahl für die gewünschte Zustellungsart. Hier steht die Ziffer 1 dafür, dass die Zustellung des Vollstreckungsbescheids durch das Gericht veranlasst wird, die Ziffer 2 ist anzugeben, wenn der Antragsteller bzw. Prozessbevollmächtigte die Zustellung selbst durch einen Gerichtsvollzieher veranlassen möchte. Im Regelfall wird hier die 1 vermerkt, weil die Amtszustellung dann sofort ausgeführt und die Einspruchsfrist schon zu laufen beginnt. Außerdem sind die entstehenden Zustellungsauslagen – im Rahmen der Pauschalabrechnung der Auslagen – bereits in der Gerichtsgebühr enthalten (s. Kap. B.IX.1. Gerichtskosten, S. 169ff.).
... Zeile 7	... von weiteren Auslagen des Antragstellers für dieses Verfahren. Hier dürfen nur Auslagen vermerkt werden, die nach Absendung des Mahnbescheidsantrags bzw. eines früheren Neuzustellungsantrags im Rahmen der zweckentsprechenden Rechtsverfolgung notwendigerweise entstanden sind und die bisher noch nicht angegeben waren. Im Regelfall handelt es sich um weitere Auskunftskosten für Anfragen im Handelsregister oder beim Einwohnermeldeamt sowie um Portokosten, soweit keine anwaltliche Vertretung vorliegt (dann: Auslagenpauschale gem. Nr. 7002 VV RVG!). Gerichts- und Anwaltskosten für das Mahnverfahren gehören nicht hierher, vgl. Kap. B.IX. Verfahrenskosten, S. 169ff.
... Zeile 8	... des Antrags auf Verzinsung der Kosten des Verfahrens mit 5 % (Prozentpunkten) über Basiszins (Ankreuzfeld, links) sowie – bei Vertretung durch einen Prozessbevollmächtigten – ggf. Angabe eines von dem Pauschalbetrag der Nr. 7002 VV RVG abweichenden Auslagenbetrags (Betragsfeld, rechts).

in ...	Eintragung ...
... Zeile 9	... der zustellungsfähigen **neuen** – nach oder bei der Zustellung des Mahnbescheids festgestellten – **geänderten** Adresse des Antragsgegners. Eine Wiederholung der bereits für die Zustellung des Mahnbescheids vom Antragsteller oder Prozessbevollmächtigten angegebenen Anschrift sollte hier **nicht** erfolgen. Hat aber der Zusteller die Adresse im Rahmen der Zustellung des Mahnbescheids abgeändert oder korrigiert, muss hier die Adresse angegeben werden, unter der die Zustellung des Vollstreckungsbescheids nun erfolgen soll.
... Zeile 10/11	... einer Namenskorrektur, falls sich im Rahmen der vorangegangenen Zustellung oder in anderem Zusammenhang herausgestellt hat, dass der bisher angegebene Name des Antragsgegners unrichtig geschrieben war. Eintragungen dürfen auch hier nur erfolgen, wenn es tatsächlich Änderungen gibt, da das Wiederholen des bereits im Mahnbescheidsantrag angegebenen Namens zu Verzögerungen bei der Bearbeitung führen kann.
... Zeile 12/13	... von gesetzlichen Vertretern des Antragsgegners, soweit diese bisher nicht oder unrichtig angegeben waren. Diese Eintragungsfelder sollten allerdings möglichst gemieden werden, da jede Eintragung zur Notwendigkeit der manuellen Weiterbearbeitung des Verfahrens und damit zu nicht unerheblichen zeitlichen Verzögerungen führen kann. Außerdem ist die namentliche Bezeichnung der gesetzlichen Vertreter des Antragsgegners ohnehin nicht notwendig, also gibt es eigentlich auch keine Notwendigkeit der Korrektur oder Ergänzung.
... Zeile 16	... der **Unterschrift** (vgl. auch Kap. B.IV.9., S. 117 ff.) sowie ggf. der Bezeichnung des Absenders. Das Feld „Bezeichnung des Absenders" ist auch hier eigentlich überflüssig und sogar störend, zumal das Mahngericht die hier enthaltenen Informationen überhaupt nicht auswertet. Lassen Sie dieses Feld also bitte im Regelfall frei. Problematisch ist dieses Feld, wenn ein Prozessbevollmächtigter bislang nicht am Verfahren beteiligt war und erst im Rahmen des Vollstreckungsbescheidsantrags mit der Vertretung beauftragt wird. In diesem Falle genügt die Eintragung im Feld „Bezeichnung des Absenders" ohnehin nicht; es muss in einem Anschreiben, das fest mit dem Vordruck für die Beantragung des Vollstreckungsbescheids verbunden ist, ausdrücklich auf die nun erteilte Prozessvollmacht hingewiesen werden.

⊃ **Hinweis:**

Die Mahngerichte planen demnächst eine Antragsänderung, die es ermöglichen soll, mittels spezieller zusätzlicher Antragsfelder, die Zustellung unter der Privatadresse des gesetzlichen Vertreters einer juristischen Person zu beantragen. Außerdem wird es demnächst Änderungen im Bereich des elektronischen Datenaustauschs dahingehend geben, dass – zusätzlich zu den schon vorhandenen – im Vollstreckungsbescheidsantrag weitere Auslagenfelder zur Verfügung stehen werden.

⊃ **Rechtsprechungshinweis zur „Terminsgebühr":**

Seit dem Inkrafttreten des Anhörungsrügengesetzes vom 14.12.2004 am 1.1.2005 kann auch im Mahnverfahren eine Terminsgebühr entstehen. Durch Art. 17 Nr. 4d Anhörungsrügengesetz wurde vor die Nr. 3305 VV RVG die neue Vorbemerkung 3.3.2 eingefügt, wonach die Terminsgebühr sich nach Abs. 1, mithin hier also nach Nr. 3104 VV RVG, regelt, und somit also auch im Mahnverfahren grundsätzlich anfallen kann. Im Kostenfestsetzungsverfah-

XIII. Zustellung des Mahnbescheids und Antrag auf Erlass des Vollstreckungsbescheids

ren ist es insoweit auch nicht erforderlich, dass sich die für die Festsetzung der beantragten Gebühren maßgeblichen Tatsachen ohne weitere Erhebungen aus der Gerichtsakte ergeben oder unstreitig sind. (BGH, Beschluss vom 4.4.2007 – III ZB 79/06; Brandenburgisches OLG, Beschluss vom 5.2.2007 – 6 W 136/06). Damit kann die Terminsgebühr – wenn zwischen Mahnbescheidszustellung und Vollstreckungsbescheidserlass ein Termin stattgefunden hat – ggf. im Vollstreckungsbescheidsantrag als weitere Auslagen (Kosten) geltend gemacht werden.

⊃ **Rechtsprechungshinweis zur „Einigungsgebühr":**

Zur Möglichkeit der Entstehung einer Einigungsgebühr im Mahnverahren und zur Festsetzbarkeit im Vollstreckungsbescheid hat der BGH in seinem Beschluss vom 17.9.2008 (IV ZB 11/08) wie folgt Stellung bezogen:
„Die Vorinstanzen haben gemeint, eine Einigungsgebühr nach § 2 Abs. 2 RVG i.V. mit Nrn. 1000, 1003 VV RVG sei durch die getroffene Ratenzahlungsvereinbarung nicht entstanden und deshalb nicht nach § 699 Abs. 3 Satz 1 ZPO in den Vollstreckungsbescheid aufzunehmen. Das Landgericht hat in seiner Beschwerdeentscheidung dazu ausgeführt, Voraussetzung für die Entstehung der Gebühr sei es, dass die erzielte Einigung zu einer Entlastung des Gerichts führe. An einem solchen Erfolg fehle es hier, weil das Amtsgericht infolge der Ratenzahlungsvereinbarung veranlasst worden sei, einen Vollstreckungsbescheid zu erlassen. ... Das hält rechtlicher Nachprüfung nicht stand. Nach §§ 699 Abs. 3 ZPO, 2 RVG i.V. mit Nrn. 1000 Abs. 1 Satz 1, 1003 VV RVG ist die Einigungsgebühr wie beantragt in den Vollstreckungsbescheid aufzunehmen. ... Gemäß Nr. 1000 Abs. 1 Satz 1 VV RVG entsteht die Einigungsgebühr, wenn der Streit oder die Ungewissheit der Parteien über ein Rechtsverhältnis durch Abschluss eines Vertrages unter Mitwirkung des Rechtsanwalts beseitigt wird; es sei denn, der Vertrag beschränkt sich ausschließlich auf ein Anerkenntnis oder einen Verzicht. Der Vertrag kann auch stillschweigend geschlossen werden und ist nicht formbedürftig, sofern dies materiell-rechtlich nicht besonders vorgeschrieben ist (...). Während die frühere Vergleichsgebühr des § 23 BRAGO durch Verweisung auf § 779 BGB ein gegenseitiges Nachgeben vorausgesetzt hatte, soll die Einigungsgebühr jegliche vertragliche Beilegung eines Streits der Parteien honorieren und so die frühere Vergleichsgebühr nicht nur ersetzen, sondern gleichzeitig inhaltlich erweitern. Durch den Wegfall der Voraussetzung gegenseitigen Nachgebens soll insbesondere der in der Vergangenheit häufige Streit darüber vermieden werden, welche Abrede noch und welche nicht mehr als gegenseitiges Nachgeben zu bewerten ist (...). Unter der Geltung des Rechtsanwaltsvergütungsgesetzes (RVG) kommt es deswegen nicht mehr auf einen Vergleich i.S. von § 779 BGB, sondern nur noch auf eine Einigung an (...). Durch die zusätzliche Gebühr soll die mit der Einigung verbundene Mehrbelastung und erhöhte Verantwortung der beteiligten Rechtsanwalts vergütet werden, durch die zudem die Belastung der Gerichte gemindert wird (...). Aus diesem gesetzgeberischen Ziel einer Erweiterung der die Einigungsgebühr auslösenden Sachverhalte folgt, dass jedenfalls dann, wenn die Einigung die Merkmale eines Vergleichs i.S. von § 779 BGB erfüllt, mithin schon nach der früher geltenden Regelung des § 23 BRAGO eine Vergleichsgebühr angefallen wäre, regelmäßig auch eine Einigungsgebühr nach Nr. 1000 VV RVG entsteht. ... Nach § 779 Abs. 1 BGB ist ein Vergleich ein Vertrag, durch den der Streit oder die Ungewissheit der Parteien über ein Rechtsverhältnis im Wege gegenseitigen Nachgebens, an welches keine hohen Anforderungen zu stellen sind, beseitigt wird (...). Der Ungewissheit über ein Rechtsverhältnis steht es nach § 779 Abs. 2 BGB gleich, wenn die Verwirklichung eines Anspruchs unsicher ist. Hier hat nicht nur der Antragsteller durch die Bewilligung von Ratenzahlungen nachgegeben, sondern der Antragsgegner seinerseits mit dem in der Ratenzahlungsvereinbarung enthaltenen Verzicht auf Rechtsbehelfe gegen den Mahn- und den voraussichtlichen Vollstreckungsbescheid dem Antragsteller eine schnelle Vollstreckungsmöglichkeit eröffnet. Das geht über ein bloßes Anerkenntnis der Hauptforderung hinaus und stellt deshalb ein Nachgeben i.S. von § 779 BGB dar (...). Die Entscheidungen der Vorinstanzen sind im Übrigen auch deshalb rechtsfehlerhaft, weil die Entstehung der

Einigungsgebühr nach Nrn. 1000, 1003 VV RVG nicht zur Voraussetzung hat, dass durch die Einigung eine konkrete Entlastung der Gerichte eintritt. Zwar hat der Gesetzgeber mit der Einführung der Einigungsgebühr die Erwartung verknüpft, dass der mit dieser Gebühr geschaffene Anreiz zur einvernehmlichen Streitbeilegung generell eine Entlastung der Justiz mit sich bringen werde (...), er hat jedoch – wie schon der Gesetzeswortlaut zeigt – eine konkret messbare Entlastung des Gerichts im Einzelfall, deren Feststellung mitunter ohnehin erhebliche Probleme bereiten würde, nicht zur Anspruchsvoraussetzung erhoben. Deshalb ist es für den vorliegenden Fall auch nicht mehr entscheidend, dass – anders als die Vorinstanzen angenommen haben – hier eine solche konkrete Entlastung sogar eingetreten ist, weil die Parteien auf einen streitigen Fortgang des Rechtsstreits im Falle pünktlicher Ratenzahlung einvernehmlich verzichten wollten und der Antragsteller nach vereinbarungsgemäßer Erfüllung seiner Forderungen auch nicht auf Maßnahmen der Zwangsvollstreckung angewiesen sein wird."

Damit kann die Einigungsgebühr – wenn zwischen Mahnbescheidszustellung und Vollstreckungsbescheidserlass eine entsprechende Einigung stattgefunden hat – ggf. im Vollstreckungsbescheidsantrag als weitere Auslagen (Kosten) geltend gemacht werden. Im Parallelverfahren IV ZB 17/08 verwies der BGH in seinem Beschluss vom 17.9.2008 zudem darauf, dass die Einigung der Parteien auch ausdrücklich die Erstattung der Einigungsgebühr und deren Titulierung enthielt. Teilweise wird daher von den Mahngerichten im Rahmen der Kostenfestsetzung im Vollstreckungsbescheid in jedem Einzelfall der Nachweis einer dahingehenden Einigung über die zusätzliche Kostentragung verlangt.

Der Antrag auf Erlass eines Vollstreckungsbescheids darf frühestens nach Ablauf der mit der Zustellung des Mahnbescheids beginnenden 2-wöchigen Mindestwartefrist (teils auch [selbst vom Gesetzgeber] unrichtigerweise „Widerspruchsfrist" genannt, s.u.) beantragt werden.

Die **Fristberechnung** richtet sich nach den Vorschriften der §§ 186–193 BGB. Hiernach gilt Folgendes:

▷ Die Fristberechnung beginnt **immer** am Tag nach der Zustellung, § 187 BGB.

▷ Die Frist („2 Wochen") endet mit dem Ablauf desjenigen Tages der zweiten Woche, der durch seine Benennung dem Zustellungstag entspricht, § 188 ZPO, d.h. erfolgte die Zustellung am Donnerstag, endet die Frist zwei Wochen später mit Ablauf des Donnerstag.

▷ Ist der letzte Tag der Frist – nach den obigen Grundsätzen –
  – ein Samstag,
  – Sonntag oder
  – ein am Erklärungsort staatlich anerkannter allgemeiner Feiertag,

  so tritt an die Stelle eines solchen Tages der nächste Werktag, § 193 ZPO, d.h. erfolgte die Zustellung an einem Samstag, ist der letzte Tag der Frist ebenfalls ein Samstag, die Frist endet aber erst mit **Ablauf** des Montag (= nächster Werktag).

Außerdem ist zu berücksichtigen, dass der Mahnbescheid – ab dem Tage seiner Zustellung – nur sechs Monate lang gültig ist und mit Ablauf des letzten Tages des 6. Monats nach der Zustellung seine Wirkungen verliert, § 701 ZPO.

○ **Praxishinweis:**

Für die Fristberechnung gelten die oben genannten Regeln mit der Ausnahme, dass die nach Monaten bestimmte Frist mit Ablauf des Tages des nachfolgenden

XIII. Zustellung des Mahnbescheids und Antrag auf Erlass des Vollstreckungsbescheids

Monats endet, der dieselbe Tageszahl besitzt, § 188 ZPO, d.h. erfolgte die Zustellung am 9.3., endet die Frist sechs Monate später mit Ablauf des 9.9.
Fehlt in dem Monat der für den Fristablauf maßgebliche Tag (z.B. Zustellung am 31.10. = Fristablauf: 31.4.: gibt es nicht!), so endet die Frist mit dem Ablauf des letzten Tages dieses Monats (bei vorstehendem Beispiel also: 30.4.).

Legt der Antragsgegner Widerspruch gegen den Mahnbescheid ein, hemmt dieser Widerspruch den weiteren Fristablauf. Nimmt der Antragsgegner seinen Widerspruch zurück, läuft die Restfrist sofort weiter.

Wartet der Antragsteller mit der Beantragung des Vollstreckungsbescheids länger als zwei Wochen, aber weniger als sechs Monate, kann der Antragsgegner bis zum tatsächlichen Zeitpunkt des Erlasses des Vollstreckungsbescheids durch das Mahngericht noch (rechtzeitig) Widerspruch gegen den Mahnbescheid einlegen. Erst mit dem Erlass des Vollstreckungsbescheids endet die Widerspruchsmöglichkeit des Antragsgegners, so dass diese „Widerspruchsfrist" im Extremfall auch fast sechs Monate betragen kann. Daher ist die – teilweise auch vom Gesetzgeber verwendete – Bezeichnung der 2-Wochen-Frist als „Widerspruchsfrist" wohl nicht ganz zutreffend und wird von den Autoren daher richtiger als „Mindestwartefrist" für den Antragsteller bezeichnet.

Allerdings ist – aus der Sicht des Antragsgegners – zu berücksichtigen, dass er sich nur zwei Wochen lang sicher sein kann, dass der Antragsteller das Verfahren nicht weiterbetreiben kann. In diesen zwei Wochen muss der Antragsgegner also für sich entscheiden, ob er bezahlen oder Widerspruch gegen den Mahnbescheid erheben will. Nach Ablauf dieser zwei Wochen muss der Antragsgegner – wenn er nichts anderes (z.B. Ratenzahlung innerhalb der 6-Monats-Frist) mit dem Antragsteller vereinbart hat – jederzeit damit rechnen, dass der Antragsteller den Antrag auf Erlass eines Vollstreckungsbescheids beim Mahngericht einreicht und damit das Mahnverfahren – ohne jegliche Einflussmöglichkeit hierauf durch den Antragsgegner – fortsetzt.

Bevor der Antragsteller den Antrag auf Erlass eines Vollstreckungsbescheids stellen kann, ist von ihm genau zu prüfen, ob und ggf. welche (Teil-)Zahlungen der Antragsgegner in der Zwischenzeit geleistet hat. Hierbei sollten eigentlich auch die teilweise sehr unterschiedlichen Banklaufzeiten berücksichtigt werden. Selbstverständlich muss auch der Antragsgegner bei Zahlungswilligkeit bedenken, dass die am letzten Tag der 2-wöchigen Frist in Auftrag gegebene Überweisung wahrscheinlich nicht mehr rechtzeitig auf dem Konto des Antragstellers verbucht wird. Trotzdem steht der Ärger, der sich aus einer „taggenauen Fristeinhaltung" beim Antragsteller und sich damit überschneidenden Zahlungen des Antragsgegners ergeben kann, regelmäßig in keinem Verhältnis zu den sich hieraus vielleicht im Einzelfall ergebenden Vorteilen. Wurden nämlich Zahlungen des Antragsgegners, die vor der Beantragung des Vollstreckungsbescheids geleistet wurden, nicht im Vollstreckungsbescheidsantrag berücksichtigt, provoziert man einen ansich vermeidbaren Einspruch gegen den Vollstreckungsbescheid.

Ist der Antrag auf Erlass eines Vollstreckungsbescheids vom Antragsteller oder seinem Prozessbevollmächtigten an das Mahngericht abgesandt worden, sollte übrigens im Rahmen einer Fristenkontrolle nachgehalten werden, ob der Antrag auch innerhalb der 6-Monats-Frist beim Mahngericht eingeht. Würde der Antrag nämlich einmal auf dem Postweg verloren gehen und dieses würde erst nach Ablauf der 6-Monats-Frist bemerkt, müsste das gesamte Mahnverfahren von vorne begonnen werden. Wer also den Antrag frühzeitig stellt, sollte auch den Vollstreckungsbescheidserlass „im Auge" behalten. Wer seinen Vollstreckungsbescheidsantrag erst kurz vor Ablauf der 6-Monats-Frist auf den Weg zum Mahngericht bringt, sollte einen Weg wählen, der den rechtzeitigen Antragseingang verbindlich sicherstellt (ggf. persönlich abgeben oder in den Nachtbriefkasten des zuständigen Mahngerichts werfen).

Mit dem rechtzeitigen Eingang des Antrags auf Erlass eines Vollstreckungsbescheids beim zuständigen Mahngericht ist die 6-Monats-Frist gewahrt. Der Erlass des Vollstreckungsbescheids durch das Mahngericht kann dann auch noch nach Fristablauf erfolgen.

XIV. Vollstreckungsbescheid und Einspruch

Auf Antrag hin erlässt das Gericht den Vollstreckungsbescheid auf der Grundlage des Mahnbescheids, wenn der Antragsgegner nicht rechtzeitig Widerspruch erhoben hat, § 699 Abs. 1 Satz 1 ZPO.

In den Vollstreckungsbescheid sind die bisher entstandenen Kosten des Verfahrens aufzunehmen; im automatisierten Verfahren erfolgt die Kostenberechnung automatisch durch das Mahngericht, § 699 Abs. 3 ZPO.

Der Vollstreckungsbescheid wird dem Antragsgegner von Amts wegen zugestellt, wenn nicht der Antragsteller im Vollstreckungsbescheids- oder Neuzustellungsantrag die Übergabe an sich zur Zustellung im Parteibetrieb beantragt hat. In diesen Fällen werden beide Ausfertigungen des Vollstreckungsbescheids (für Antragsgegner und Antragsteller) übergeben, § 699 Abs. 4 ZPO.

Ist der Aufenthalt des Antragsgegners unbekannt, ist die öffentliche Zustellung des Vollstreckungsbescheids **nicht** gem. § 688 Abs. 2 Nr. 3 ZPO ausgeschlossen. Diese Vorschrift verweigert die öffentliche Zustellung **nur für die Zustellung des Mahnbescheids**. Bewilligt das mit dem Mahnverfahren befasste Gericht die öffentliche Zustellung, so wird der Vollstreckungsbescheid gem. § 699 Abs. 4 Satz 3 ZPO an die Gerichtstafel des für den Falle des Widerspruchs fiktiv als Prozessgericht angegebenen Gerichts angeheftet (vgl. auch Hinweis am Ende von Kap. XV, S. 207 f.).

Der Vollstreckungsbescheid steht einem für vorläufig vollstreckbar erklärten Versäumnisurteil gleich, § 700 Abs. 1 ZPO. Damit ist der Vollstreckungsbescheid gem. § 708 Nr. 2 ZPO ohne Sicherheitsleistung vorläufig vollstreckbar. Wird jedoch der Vollstreckungsbescheid später – infolge eines Einspruchs – aufgehoben oder abgeändert, so ist der Antragsteller ggf. zum Ersatz des Schadens verpflichtet, der dem Antragsgegner durch die Vollstreckung des Vollstreckungsbescheids oder durch eine zur Abwendung der Vollstreckung gemachte Leistung entstanden ist, § 717 Abs. 2 Satz 1 ZPO.

Der Vollstreckungsbescheid im automatisierten gerichtlichen Mahnverfahren hat ebenfalls – wie der Mahnbescheid – ein sehr kopierunfreundliches Format, etwas kleiner als DIN A3.

XIV. Vollstreckungsbescheid und Einspruch

Amtsgericht Muster
- Mahnabteilung -
99999 Muster

VOLLSTRECKUNGSBESCHEID
vom 22.05.2009 aufgrund des am 14.04.2009
erlassenen und am 04.05.2009 zugestellten Mahnbescheids

Antragsgegner:

Geschäftsnummer des Antragsgerichts
Bei Schreiben an das Gericht stets angeben
09-3112345-0-3

Dieser Bescheid wurde dem Antragsgegner zugestellt am 20.06.2009.
Muster   , den 24.06.2009

Frau
Petra Geldsorgen
Im Schlupfwinkel 3
58099 Hagen

Antragsteller:

Super Buch und Seminar GmbH & Co. KG
Schillersche Str. 66
58099 Hagen

gesetzlich vertreten durch:
Super Buch und Seminar Verwaltungs-
GmbH

dieses gesetzlich vertreten durch:
Geschäftsführerin
Sabine Lucksie

Konto: 999999469   BLZ: 44010046
Postbank
Dortmund
Geschäftszeichen d. Prozessbevollm.:
Super /. Geldsorgen
- Bitte stets angeben -

Prozessbevollmächtigter:
Rechtsanwalt
Dietmar Recht-Haber
Graf-v.Para-Str. 6
58636 Iserlohn

Kosten nach dem Wert der Hauptforderung EUR *****2.932,30
Gerichtskosten
 Gebühr (§§ 34, 3 Abs. 2 GKG, Nr. 1110 KV)   *****44,50 EUR
Kosten des Antragstellers für dieses Verfahren   *****0,00 EUR
Rechtsanwalts-Rechtsbeistandskosten
 Gebühr (Nr. 3305 VV RVG/Art IX KostAndG)   ****189,00 EUR
 Gebühr (Nr. 3308 VV RVG/Art IX KostAndG)   ****80,50 EUR
 Auslagen (Nr. 7001, 7002/Art. IX KostAndG)   ****20,00 EUR
 *0,00 % MWST (Nr 7008 VV RVG/Art IX KostAndG)   *****0,00 EUR
                                                                    ****349,00 EUR

Der Antragsteller macht folgenden Anspruch geltend

I.   HAUPTFORDERUNG:
     Warenlieferung-en
     1) gem. Rechnung - 1234/01 vom 04.11.08   ******1.794,30 EUR
     2) gem. Rechnung - 5678/01 vom 30.11.08   ******1.138,00 EUR

II. KOSTEN wie nebenstehend: ********349,00 EUR

III. NEBENFORDERUNGEN:
     Mahnkosten   *********45,00 EUR
     Auskünfte   *********45,00 EUR
     Bankrücklastkosten   *********66,00 EUR

IV. ZINSEN:
     laufende, vom Gericht ausgerechnete Zinsen:
     zu 1.1)*5,000 Prozentpunkte
     über dem jeweils gültigen Basiszinssatz aus
     ******1.794,30 EUR vom 05.12.08 bis 14.04.09
     zu 1.2)*5,000 Prozentpunkte
     über dem jeweils gültigen Basiszinssatz aus
     ******1.138,00 EUR vom 01.12.09 bis 14.04.09   *********44,92 EUR

                                              SUMME :   *********29,53 EUR
                                                         ******3.471,75 EUR

hinzu kommen weitere laufende Zinsen:
zu 1 1)1/2zinsen von *5,000 Prozentpunkten
über dem jeweils gültigen Basiszinssatz aus
******1.794,30 EUR seit dem 15.04.09
zu 1.2) Zinsen von *5,000 Prozentpunkten
über dem jeweils gültigen Basiszinssatz aus
******1.138,00 EUR seit dem 15.04.09

Der Antragsteller hat erklärt, daß der Anspruch von einer
Gegenleistung abhänge, diese aber erbracht sei.

Nach Angaben des Antragstellers hat der Antragsgegner folgende
Zahlungen geleistet:
AM 11.05.2009 ******1.138,00 EUR.

Auf der Grundlage des Mahnbescheids ergeht Vollstreckungsbescheid
wegen vorstehender Beträge abzüglich der vom Antragsgegner
geleisteten Zahlungen.

Die Kosten des Verfahrens haben sich ggfls. um Gebühren und Auslagen für das Verfahren abzüglich des Vollstreckungsbescheid erhöht.

Die Kosten des Verfahrens sind ab 22.05.2009 mit fünf Prozentpunkten über dem jeweiligen Basiszinssatz zu verzinsen.

Salten
Rechtspfleger

[Siegel-abdruck]

Gem. § 794 Abs. 1 Nr. 4 ZPO ist der Vollstreckungsbescheid ein Vollstreckungstitel, aus dem die Zwangsvollstreckung stattfindet. Vollstreckungsbescheide benötigen nur dann eine Vollstreckungsklausel, wenn auf Antragsteller- oder -gegnerseite eine Rechtsnachfolge stattgefunden hat, § 796 Abs. 1 ZPO.

Einwendungen, die den Anspruch selbst betreffen, sind nur insoweit zulässig, als die Gründe, auf denen sie beruhen, nach Zustellung des Vollstreckungsbescheids entstanden sind und durch Einspruch nicht mehr geltend gemacht werden können, § 796 Abs. 2 ZPO (zur Vollstreckungsgegenklage vgl. Kap. D.III.3, S. 288 f.).

Die Einspruchsfrist beträgt 2 Wochen; sie ist eine Notfrist und beginnt mit der Zustellung des Vollstreckungsbescheids, § 700 Abs. 1 i.V.m. § 339 Abs. 1 ZPO. Muss die Zustellung im Ausland oder durch öffentliche Zustellung erfolgen, so hat das Gericht die Einspruchsfrist im Vollstreckungsbescheid oder nachträglich durch besonderen Beschluss zu bestimmen (i.d.R.: ein Monat, entspr. § 32 AVAG).

Ein Einspruchsvordruck existiert nicht; der Einspruch kann und muss vom Antragsgegner schriftlich oder zu Protokoll der Geschäftsstelle erklärt werden.

Wird Einspruch eingelegt, so gibt das Gericht, das den Vollstreckungsbescheid erlassen hat, den Rechtsstreit – ohne weitere Prüfungen – von Amts wegen an das Gericht ab, das in dem zugestellten Mahnbescheid – für den Falle des Widerspruchs – als fiktives Prozessgericht für das streitige Verfahren bezeichnet worden ist, § 700 Abs. 3 Satz 1 ZPO. Verlangen Antragsteller und Antragsgegner übereinstimmend die Abgabe an ein anderes Gericht, muss die Abgabe dorthin erfolgen, § 700 Abs. 3 Satz 1 a.E. ZPO.

Die Abgabe ist den Parteien mitzuteilen; sie ist nicht anfechtbar. Mit Eingang der Akten bei dem Gericht, an das abgegeben wird, gilt der Rechtsstreit als dort anhängig, jedoch ist das Gericht, an das der Rechtsstreit abgegeben ist, hierdurch nicht an seine Zuständigkeit gebunden, § 700 Abs. 3 Satz 2 i.V.m. § 696 Abs. 1 Satz 3 und 4 ZPO.

Die Geschäftsstelle des Gerichts, an das die Streitsache abgegeben wird, hat dem Antragsteller unverzüglich aufzugeben, seinen Anspruch binnen zwei Wochen in einer der Klageschrift entsprechenden Form zu begründen. Bei Übersendung durch die Post gilt die Mitteilung, wenn die Wohnung der Partei im Bereich des Ortsbestellverkehrs liegt, an dem folgenden, im Übrigen an dem zweiten Werktage nach der Aufgabe zur Post als bewirkt, sofern nicht die Partei glaubhaft macht, dass ihr die Mitteilung nicht oder erst in einem späteren Zeitpunkt zugegangen ist, § 700 Abs. 3 Satz 2 i.V.m. § 697 Abs. 1 und § 270 Abs. 2 Satz 2 ZPO.

Bei Eingang der Anspruchsbegründung ist wie nach Eingang einer Klage weiterzuverfahren, wenn der Einspruch nicht als unzulässig verworfen wird, § 700 Abs. 4 ZPO. Insoweit hat das Gericht von Amts wegen zu prüfen, ob der Einspruch an sich statthaft und ob er in der gesetzlichen Form und Frist eingelegt ist. Fehlt es an einem dieser Erfordernisse, so ist der Einspruch als unzulässig zu verwerfen, § 700 Abs. 1 i.V.m. § 341 Abs. 1 ZPO.

XV. Nichtzustellungsnachricht und Neuzustellung des Vollstreckungsbescheids

Leider gelingt auch die Zustellung des Vollstreckungsbescheids nicht immer gleich im ersten Versuch. Nicht selten erhält der Antragsteller bzw. sein Prozessbevollmächtigter die Nachricht, dass der Vollstreckungsbescheid dem Antragsgegner nicht zugestellt werden konnte und das Zustellunternehmen hierfür z.B. einen der folgenden Gründe genannt hat:

- Empfänger unter der Zustelladresse unbekannt.
- Empfänger unbekannt verzogen.
- Empfänger verstorben.

Doch eine solche Nachricht ist auch jetzt kein Grund zum Resignieren – jetzt ist nochmals Agieren angesagt. Hierbei ist allerdings zu beachten, dass das Mahngericht die obigen Standard-Nichtzustellungsgründe des Zustellunternehmens auch hier ungeprüft weitergibt.

Hinsichtlich der Nichtzustellungsgründe vgl. Kap. B.XII. Nichtzustellungsnachricht und Neuzustellung des Mahnbescheids, S. 187 ff.

Die Nachricht über die Nichtzustellung des Vollstreckungsbescheids besteht ebenfalls immer aus zwei Blättern, nämlich:

- dem Anschreiben mit der eigentlichen Information zur Tatsache der Nichtzustellung sowie der dafür angegebenen Begründung und
- dem farbigen Vordruck „Antrag auf Neuzustellung eines Vollstreckungsbescheids".

Der Vordruck besitzt einen orangefarbigen Hintergrund und dunkelorangene Feldumrandungen. Die Eintragungsfelder haben einen weißen Feldhintergrund.

Wegen der Scanning-Datenerfassung bei den Mahngerichten darf beim handschriftlichen Ausfüllen eines Antrags auf Neuzustellung eines Vollstreckungsbescheids niemals ein Stift mit orangefarbener Schriftfarbe verwendet werden – die Daten würden verloren gehen! Dasselbe gilt auch hier für die Stiftfarbe, mit der der Vordruck unterschrieben wird.

Aus drucktechnischen Gründen erfolgt die nachstehende Abbildung des Antragsvordrucks in Schwarz-Weiß:

B. Automatisiertes gerichtliches Mahnverfahren (AuGeMa)

Amtsgericht Muster - Mahnabteilung - 99999 Muster

- Geschäftsnummer des Amtsgerichts -
Bei Schreiben an das Gericht stets angeben
09-3112345-0-3

Mahnsache   Super Buch und Seminar GmbH & Co KG
gegen   Petra Geldsorgen
wegen   Warenlieferung-en
            U.A. ******2.932,30 EUR

Tel.: 09999/999-9, 999-999
Nachricht über die Nichtzustellung vom 30.07.2009

Ihr Geschäftszeichen:
Super ./. Geldsorgen

Amtsgericht Muster, 99999 Muster

Rechtsanwalt
Dietmar Recht-Haber
Graf-v.-Para-Str.6

58636 Iserlohn

Sehr geehrte Damen und Herren,

Der Vollstreckungsbescheid konnte dem Antragsgegner

**Petra Geldsorgen
Auf der Parkbank 24
58099 Hagen**

nicht zugestellt werden.

Die Post hat dafür am **27.07.2009** folgenden Grund mitgeteilt:

Sonstige Angaben:
Empfänger soll sich nach Mallorca abgesetzt haben

Bitte beachten Sie:
Der Antrag auf Neuzustellung des Vollstreckungsbescheids kann nur mit dem vorgeschriebenen Vordruck gestellt werden.
Wir übersenden Ihnen deshalb ein Exemplar dieses Vordrucks. Der Vordruck ist auch bei jedem Amtsgericht erhältlich.
Jedes Amtsgericht hilft Ihnen im Übrigen beim Ausfüllen.

Richtet sich das Mahnverfahren gegen mehrere Antragsgegner, so ist die Neuzustellung des Vollstreckungsbescheids gegebenenfalls an jeden Antragsgegner gesondert zu beantragen. Sie erhalten deshalb die jeweils erforderlichen Unterlagen für jeden Antragsgegner.
Bitte füllen Sie den Vordruck gut lesbar aus. In das Kästchen ist die zutreffende Nummer einzutragen.
Zu Zeile 4: Für die Absenderangabe können Sie einen Stempel verwenden.
Die Rückseite dieser Nachricht ist als Zweitschrift/Durchschrift des Antrags für Ihre Unterlagen vorgesehen.

Mit freundlichen Grüßen
Amtsgericht Muster

Siegelabdruck

Maschinell erstellt, ohne Unterschrift gültig (§ 703b Abs. 1 ZPO)

XV. Nichtzustellungsnachricht und Neuzustellung des Vollstreckungsbescheids

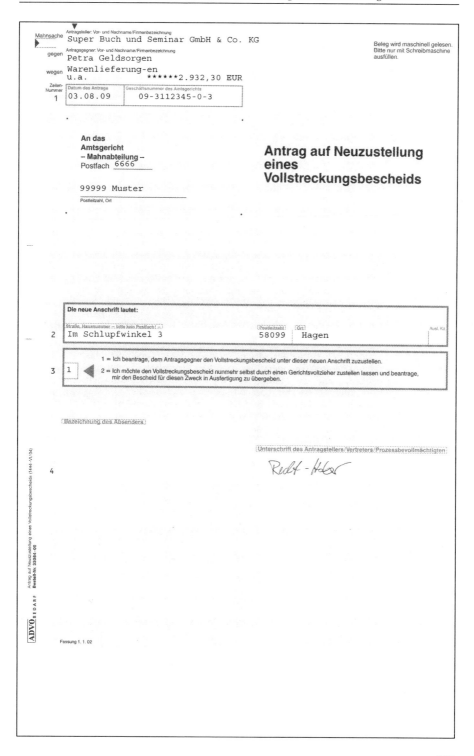

Auch der Antrag auf Neuzustellung des Vollstreckungsbescheids ist durch das Gericht schon weitestgehend vorbereitet: Parteibezeichnungen, gerichtliche Geschäftsnummer und die für einen Fensterumschlag geeignete Rücksendeadresse sind schon vorgedruckt. Außerdem enthält der Vordruck folgende weitere Eintragungsmöglichkeiten:

in ...	Eintragung ...
... Zeile 1	... des Datums dieses Antrags. Das Eintragungsfeld ist farbig hinterlegt; dieses Feld wird vom Mahngericht zurzeit nicht beachtet. Ein Fehlen der Datumsangabe wird hier auch nicht beanstandet.
... Zeile 2	... der zustellungsfähigen Adresse des Antragsgegners – unabhängig davon, ob es sich um eine „neue" Anschrift des Gegners handelt oder ob bei der Überprüfung festgestellt wurde, dass die beim vorangegangenen Zustellversuch angegebene „Adresse" – entgegen der Mitteilung des Zustellers – gleichwohl zutrifft.
... Zeile 3	... der Schlüsselzahl für die gewünschte Zustellungsart. Auch hier steht die Ziffer 1 dafür, dass die Zustellung des Vollstreckungsbescheids durch das Gericht veranlasst wird, die Ziffer 2 ist anzugeben, wenn der Antragsteller bzw. Prozessbevollmächtigte die Zustellung selbst durch einen Gerichtsvollzieher veranlassen möchte. Im Regelfall sollte auch hier die 1 vermerkt werden, weil die Amtszustellung dann sofort ausgeführt und die Einspruchsfrist nach dem Tage der Zustellung schon zu laufen beginnt. Außerdem sind die entstehenden Zustellungsauslagen – im Rahmen der Pauschalabrechnung der Auslagen – bereits in der Gerichtsgebühr enthalten (s. Kap. B.IX.1. Gerichtskosten, S. 169 ff.).
... Zeile 4	... der Bezeichnung des Absenders sowie der Unterschrift. Das Feld „Bezeichnung des Absenders" ist auch hier eigentlich überflüssig und sogar störend, zumal das Mahngericht die hier enthaltenen Informationen überhaupt nicht auswertet. Lassen Sie dieses Feld also bitte im Regelfall frei. Problematisch ist dieses Feld, wenn ein Prozessbevollmächtigter bislang nicht am Verfahren beteiligt war und erst im Rahmen der Neuzustellung des Vollstreckungsbescheids mit der Vertretung beauftragt wird. In diesem Falle genügt die Eintragung im Feld „Bezeichnung des Absenders" ohnehin nicht; es muss in einem Anschreiben, das fest mit dem Vordruck für die Beantragung der Neuzustellung verbunden ist, ausdrücklich auf die nun erteilte Prozessvollmacht hingewiesen werden.

⊃ **Hinweis:**

Die Mahngerichte planen demnächst eine Antragsänderung, die es ermöglichen soll, mittels spezieller zusätzlicher Antragsfelder, die Zustellung unter der Privatadresse des gesetzlichen Vertreters einer juristischen Person zu beantragen.

⊃ **Praxishinweis:**

Stellen Sie in diesem Verfahrensstadium fest, dass der Name des Antragsgegners einen Schreibfehler aufweist oder sich der Name (z.B. durch Eheschließung) geändert hat, sieht der Neuzustellungsantrag entsprechende Änderungsmöglichkeiten nicht vor. Auch zusätzliche Auslagen, die im Rahmen des Verfahrens jetzt entstanden sind (z.B. weitere Auskunftskosten), können nicht im Vordruck vermerkt werden.

Grund hierfür ist, dass der Inhalt des Titels feststeht; der Vollstreckungsbescheid ist bereits erlassen, lediglich noch nicht zugestellt. Bei allen Änderungen, die die Parteien betreffen, ist in einem gesonderten Schriftsatz, der fest mit

XV. Nichtzustellungsnachricht und Neuzustellung des Vollstreckungsbescheids

dem Neuzustellungsantrag zu verbinden ist, „Titelberichtigung" zu beantragen. Bei den – im jetzigen Verfahrensstadium entstehenden – weiteren Kosten handelt es sich um „Kosten der Zwangsvollstreckung", vgl. im gleichnamigen Kap. D.I.8., S. 230 ff.

⮕ **Hinweis:**

Gem. § 688 Abs. 2, Ziff. 3 ZPO findet das Mahnverfahren nicht statt, wenn die Zustellung des Mahnbescheids durch öffentliche Bekanntmachung erfolgen müsste. Die Einschränkung gilt folglich aber ausschließlöich für die Zustellung des Mahnbescheids. Scheitert also die Zustellung des Vollstreckungsbescheids, weil der Antragsgegner verschwunden ist zu prüfen, ob die Voraussetzungen des § 185 ZPO vorliegen. Hirnach kann die Zustellung durch öffentliche Bekanntmachung (öffentliche Zustellung) erfolgen, wenn

1. der Aufenthaltsort einer Person unbekannt und eine Zustellung an einen Vertreter oder Zustellungsbevollmächtigten nicht möglich ist,
2. bei juristischen Personen, die zur Anmeldung einer inländischen Geschäftsanschrift zum Handelsregister verpflichtet sind, eine Zustellung weder unter der eingetragenen Anschrift noch unter einer im Handelsregister eingetragenen Anschrift einer für Zustellungen empfangsberechtigten Person oder einer ohne Ermittlungen bekannten anderen inländischen Anschrift möglich ist,
3. eine Zustellung im Ausland nicht möglich ist oder keinen Erfolg verspricht oder
4. die Zustellung nicht erfolgen kann, weil der Ort der Zustellung die Wohnung einer Person ist, die nach den §§ 18 bis 20 des Gerichtsverfassungsgesetzes der Gerichtsbarkeit nicht unterliegt.

Das Vorliegen der Voraussetzungen ist dem Gericht gegenüber glaubhaft zu machen.

Über die Bewilligung der öffentlichen Zustellung entscheidet gem. § 186 ZPO das Prozessgericht, im Mahnverfahren also das Mahngericht. Die öffentliche Zustellung erfolgt durch Aushang einer Benachrichtigung an der Gerichtstafel oder durch Einstellung in ein elektronisches Informationssystem, das im Gericht öffentlich zugänglich ist. Die Benachrichtigung kann zusätzlich in einem von dem Gericht für Bekanntmachungen bestimmten elektronischen Informations- und Kommunikationssystem veröffentlicht werden. Die Benachrichtigung muss erkennen lassen

1. die Person, für die zugestellt wird,
2. den Namen und die letzte bekannte Anschrift des Zustellungsadressaten,
3. das Datum, das Aktenzeichen des Schriftstücks und die Bezeichnung des Prozessgegenstandes sowie
4. die Stelle, wo das Schriftstück eingesehen werden kann.

Die Benachrichtigung muss den Hinweis enthalten, dass ein Schriftstück öffentlich zugestellt wird und Fristen in Gang gesetzt werden können, nach deren Ablauf Rechtsverluste drohen können. Bei der Zustellung einer Ladung muss die Benachrichtigung den Hinweis enthalten, dass das Schriftstück eine Ladung zu einem Termin enthält, dessen Versäumung Rechtsnachteile zur Folge haben kann.

Das Schriftstück gilt gem. § 188 ZPO als zugestellt, wenn seit dem Aushang der Benachrichtigung ein Monat vergangen ist, allerdings kann das Gericht auch eine längere Frist bestimmen.

C. Das elektronische Gerichts- und Verwaltungspostfach

1. Einsatz des EGVP

Das elektronische Gerichts- und Verwaltungspostfach (EGVP) wird bei allen Mahngerichten als Transportmedium für Antragsdateien im automatisierten gerichtlichen Mahnverfahren eingesetzt. Daneben existieren bei fast allen Gerichten noch weitere Verfahren, z.B. der Datenaustausch auf Disketten, die aber zunehmend an Bedeutung verlieren.

Das EGVP kommt sowohl bei der Übermittlung von einzelnen Anträgen, welche über das Portal *www.online-mahnantrag.de* (online-Mahnanträge) erstellt worden sind, als auch beim Transfer von Dateien mit Antragsdaten aus einer Fach- oder Anwaltssoftware zum Einsatz.

2. Voraussetzungen

Das EGVP kann auf den meisten Windows-Betriebssystemen sowie unter verschiedenen Linux-Systemen installiert werden. Zur Nutzung des EGVP im Mahnverfahren wird noch eine Signaturkarte mit qualifizierter Signatur nebst Kartenlesegerät benötigt. Eine Signaturkarte wird von verschiedenen Anbietern ausgestellt; die Kosten für die meisten Karten liegen zwischen 25–60 Euro pro Jahr. Viele Anbieter von Signaturkarten erlauben auch die Aufnahme von geschützten (Berufs-)Bezeichnungen zusätzlich zu den persönlichen Daten. Ein solches Berufsattribut („Rechtsanwalt", „Notar") wird im Mahnverfahren nicht benötigt, schadet aber auch nicht. Geeignete Kartenlesegeräte sind bereits ab ca. 30 Euro erhältlich. Teurere Geräte besitzen zumeist eine höhere Sicherheitsklasse (z.B. Eingabe der PIN über eine Tastatur direkt auf dem Leser, Geldkartenfunktionen); für das Mahnverfahren ist aber die niedrigste Sicherheitsklasse bereits ausreichend.

Eine ausführliche Aufstellung der unterstützten Signaturkarten und Lesegeräte ist auf den EGVP-Seiten im Internet verfügbar (*www.egvp.de/technik/index.php*).

Das EGVP selbst kann kostenlos aus dem Internet geladen werden. Neben dem eigentlichen Programm wird eine Java-Runtime-Installation benötigt, die auch kostenlos über die EGVP-Seiten heruntergeladen werden kann.

3. Einrichtung des EGVP

Vor dem ersten Aufruf des EGVP muss eine unterstützte Java-Runtime Version installiert werden und das EGVP für den Einsatz eingerichtet werden. Beides kann direkt von der EGVP-Seite (*www.egvp.de/software/index.php*) heruntergeladen werden. Die Installation erfolgt dabei nach den Anweisungen des jeweiligen Programms bzw. Betriebssystems.

Anschließend kann das EGVP über den Link (EGVP-Client) erstmals gestartet werden. Im ersten Dialog müssen die Nutzungsbedingungen anerkannt werden und es muss zwischen Versand „mit Postfacheinrichtung" und Versand „ohne Postfacheinrichtung" gewählt werden.

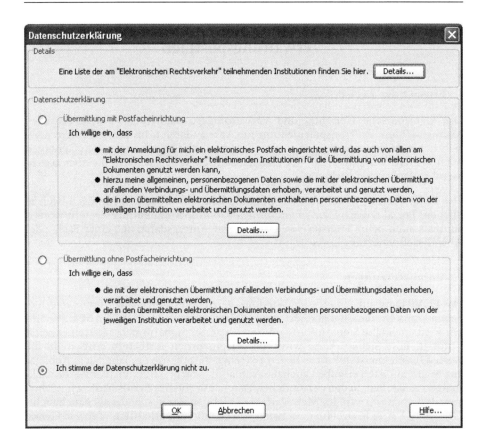

Wir empfehlen Ihnen, unbedingt die Übermittlung „mit Postfacheinrichtung" zu wählen, wovon im Folgenden auch ausgegangen wird. Bei einem Postfach handelt es sich technisch um ein Zertifikat, mit welchem sich der Postfachnutzer gegenüber dem System ausweist und eine Verzeichnisstruktur, die auf dem PC des Nutzers abgelegt wird und in der die vom EGVP erstellten oder empfangenen Daten abgelegt werden.

⊃ **Praxishinweis:**

Sollen mehrere Nutzer auf ein Postfach zugreifen, kann das Postfach auf einem Netzlaufwerk abgelegt werden. Bei der Installation des EGVP auf einem weiteren PC kann wiederum das gleiche Netzlaufwerk als Speicherort für Verzeichnisse angegeben werden. Jetzt kann auch von diesem PC auf das zuvor angelegte Postfach zugegriffen werden. Es ist jedoch nicht möglich, dass zwei Nutzer ein Postfach gleichzeitig nutzen, der vorherige Nutzer muss das Postfach freigeben, bevor es ein anderer aufrufen kann.

Die Anzahl der einrichtbaren Postfächer ist nicht begrenzt. Ist absehbar, dass mehrere Fachverfahren (z.B. Mahnverfahren und Notariat) über das EGVP Daten versenden, können mehrere Postfächer eingerichtet werden. So kann bereits beim Empfang eine Aufteilung auf einzelne Abteilungen erfolgen. Das Mahngericht sendet Nachrichten grundsätzlich immer an das Postfach, von dem es zuletzt Nachrichten empfangen hat.

Beim Einrichten des Postfachs muss eine Visitenkarte mit den persönlichen Daten ausgefüllt werden.

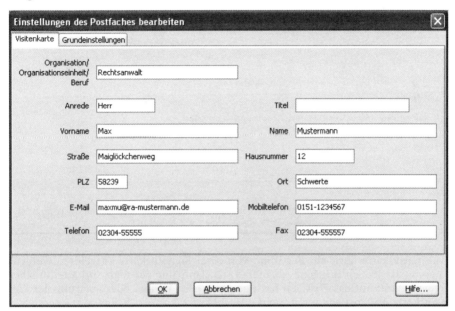

Anschließend wird ein (Software-)Zertifikat erstellt und dem Postfach zugeordnet. Da es sich bei dem Zertifikat um eine Datei handelt, welche auf dem lokalen PC des Nutzers abgelegt wird, muss ein Speicherort gewählt werden. Für das Zertifikat muss eine PIN gewählt werden, die der Nutzer besser nicht vergessen sollte. Ohne diese PIN ist ein Zugriff auf das Postfach nicht mehr möglich.

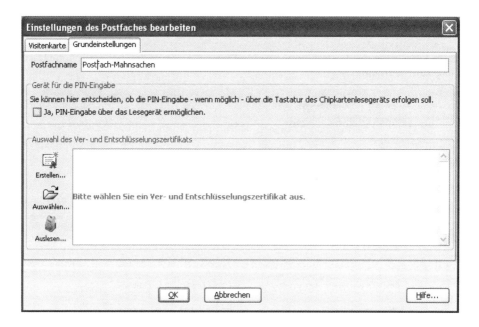

Alternativ kann auch ein Zertifikat von einer Signaturkarte ausgelesen werden. Hiervon ist jedoch dringend abzuraten, da dann nur der Signaturkarteninhaber selbst Zugriff auf das Postfach hat und bei einem Verlust oder Sperrung der Signaturkarte das Postfach nicht mehr erreichbar ist.

Sofern das EGVP zusammen mit einer Fach- oder Anwaltssoftware eingesetzt werden soll, müssen die Verzeichnisse für den Ex- und Import von Daten nach den Vorgaben des jeweiligen Softwareherstellers eingestellt werden. Evtl. müssen auch noch weitere Einstellungen vorgenommen werden, Näheres sollte der Dokumentation des jeweiligen Softwareanbieters zu entnehmen sein.

Bei jedem Start des EGVP wird künftig überprüft, ob eine aktuellere Version freigegeben worden ist, und ggf. automatisch geladen. Es ist daher nicht notwendig, Updates zu installieren.

Bei der Einrichtung des EGVP spielt die Signaturkarte noch keine Rolle. Vor dem ersten Einsatz ist es aber erforderlich, die Karte freizuschalten. Für den Freischaltvorgang wird eine Software oder Internetanwendung benötigt, mit der die PIN für die Karte vergeben wird. Hinweise, wie das erfolgt, sollten bei der Übersendung der Karte vom jeweiligen Aussteller der Karte mitgeteilt werden. Anschließend muss die Freischaltung der Karte in einem Empfangsbekenntnis gegenüber dem Ausgeber der Signaturkarte erklärt werden. Erst nachdem der Kartenherausgeber diese Bestätigung in seinen Datenbestand übernommen hat, kann die Signaturkarte eingesetzt werden.

4. Bedienungsoberfläche

Bei jedem Start des EGVP muss zunächst das Postfach geöffnet werden. Ist nur ein Postfach eingerichtet, wird dieses direkt geöffnet, ansonsten erscheint ein Auswahldialog. Bevor das Postfach geöffnet werden kann, muss die zuvor festgelegte PIN des Postfachs eingegeben werden. Die PIN des Postfachs hat nichts mit der PIN der Signaturkarte zu tun, diese findet erst bei der Signatur einer Nachricht Anwendung. Im EGVP sind drei Ordner angelegt: Eingang (z.B. für Nachrichten des Gerichts), Ausgang (für erstellte Nachrichten, die noch versendet werden müssen) sowie Gesendete (Nachrichten, die z.B. an das Gericht gesandt wurden).

5. Versand von Nachrichten

Zwar ist es möglich, über die Funktion „Nachricht"/„Neue Nachricht erstellen" Nachrichten „von Hand" zu erstellen. Üblicherweise wird diese Funktion entweder vom online-Mahnantrag oder von der Anwalts- oder Fachsoftware übernommen, weshalb die manuelle Nachrichtenerstellung hier nicht weiter vertieft werden soll.

Wird aus dem online-Mahnantrag die Funktion „Versenden" gewählt, wird das (auf dem gleichen Computer zuvor installierte) EGVP automatisch gestartet und eine neue Nachricht in dem Order Postausgang erstellt.

Ebenso kann die Erstellung einer Nachricht aus einer Fachsoftware erfolgen; der Vorgang ist bei jeder Fachsoftware unterschiedlich und muss dabei der jeweiligen Dokumentation entnommen werden.

Wenn die Nachricht im Postausgang bereit liegt, sind alle Einstellungen wie die Auswahl des Empfängers von dem erstellenden Programm bereits vorgenommen worden. Die Datei mit den Verfahrensdaten ist dabei als Anhang der EGVP-Nachricht beigefügt.

Vor dem Versand muss die Nachricht zunächst signiert werden. Eine unsignierte Nachricht erkennt man im EGVP daran, dass neben dem Nachrichtensymbol für die Signatur (rotes Siegel) ein Ausrufezeichen angezeigt wird. Zum Signieren muss die Nachricht zunächst markiert werden. Anschließend wird der Signiervorgang durch Anwahl der gleichnamigen Schaltfläche gestartet. Je nach Art der verwendeten Signaturkarte muss u.U. noch die verwendete Signatur ausgewählt werden. Danach wird die PIN der Signaturkarte eingegeben.

Jetzt ist die Nachricht für den Versand bereit: Entweder man markiert die Nachricht erneut und wählt „Markierte Senden" oder startet „Alle Senden". Nach dem Sendevorgang, der kurz in der Statusleiste des EGVP angezeigt wird, wird die Nachricht automatisch in den Ordner „Gesendete" verschoben.

Im nachfolgenden Bespiel ist der Ordner „Postausgang" geöffnet. Eine Nachricht wird soeben versandt, die nachfolgenden Dateien sind noch nicht signiert worden (Symbol Siegel mit Ausrufungszeichen).

C. Das elektronische Gerichts- und Verwaltungspostfach

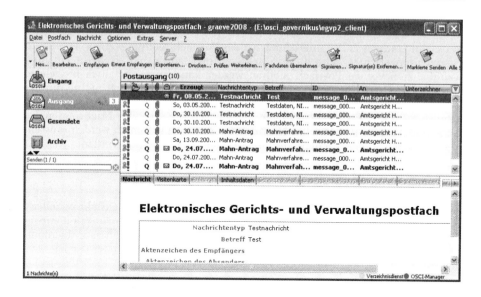

⊃ **Praxishinweis:**

Wie bereits zuvor erwähnt, finden im EGVP meist zwei verschiedene PINs Anwendung: Eine für das Postfach und eine für die Signaturkarte. Da beide PINs vom Anwender vergeben werden, können diese natürlich identisch sein. Allerdings sollte man dies nicht aus dem Auge verlieren, wenn irgendwann einmal eine andere Karte zum Einsatz kommt:

PIN-Eingabe beim Öffnen des EGVP-Postfachs

PIN-Eingabe zum Signieren unter Nutzung einer Signaturkarte

6. Überprüfen des Sendevorgangs

Direkt nach dem Sendevorgang werden ein Sendeprotokoll sowie eine Eingangsbestätigung zur Nachricht gespeichert. Wird eine Nachricht im Ordner „Gesendete" markiert, können Sendeprotokoll und Eingangsbestätigung über die „Reiter" darunter angewählt werden; auch ein Ausdruck über das „Drucken"-Symbol ist möglich. Sofern sich beim Versand Unklarheiten ergeben, kann mit Hilfe der Eingangsbestätigung der Weg der Nachricht zum Gericht verfolgt werden:

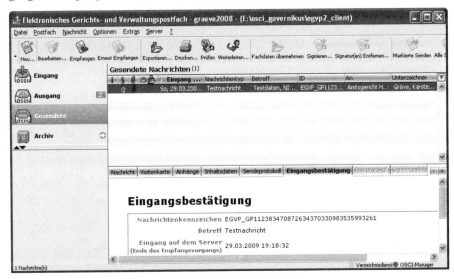

Leider geben Sendeprotokoll und Eingangsbestätigung keinerlei Hinweise darauf, was tatsächlich an das Gericht übertragen worden ist. Bei der Nutzung des online-Mahnantrags wird der Inhalt des Antrags in der EGVP-Nachricht unter „Nachricht" angezeigt. Bei der Nutzung einer Fachsoftware steht diese Möglichkeit nicht zur Verfügung, hier kann nur die Fachsoftware Auskunft geben, was in welcher Datei tatsächlich enthalten war.

Im elektronischen Datenaustausch unter Nutzung einer Fachsoftware erhält der Nutzer in der Regel am gleichen oder am folgenden Tag eine Verarbeitungsbestätigung des Gerichts („Quittungsdatei", siehe auch unter Eingang von Nachrichten). Während es sich bei der Eingangsbestätigung um eine rein technische Bestätigung handelt, stellt die Quittungsdatei eine logische Bestätigung dar, dass die Nachrichten vom Mahngericht übernommen werden konnten. Als Vergleich bietet sich hier das Einschreiben/Rückschein an: Der Rückschein (=Eingangsbestätigung) liefert nur den Nachweis, dass eine Sendung eingegangen ist, aber erst die Rückantwort des Empfängers (=Quittungsdatei) gibt Auskunft darüber, ob in der Sendung überhaupt etwas enthalten war, mit dem der Empfänger etwas anfangen konnte und nicht z.B. nur ein leerer Umschlag unterwegs war.

Der maßgebliche Teil einer Quittungsdatei hat folgenden Aufbau:

```
...
nachfolgend erhalten Sie die Bestätigung über Ihre Datenfernübertragung

Sie enthielt folgende Daten:

Verarbeitungsnummer:  55.555                            Vom:  04.05.2009
-----------------------------------------------------------------------
Einreichernummer: 5703576  Datenkennung  : KGR003
                           Eingangsnummer: 153121    Eingang : 30.04.09
-----------------------------------------------------------------------
Dateinummer      : 1       Dateivorsatz  : Teilnehmernummer:  5703576
                                           Erstellungsdatum: 30.04.09
                                           Belegart        : 01 MB-Anträge
-----------------------------------------------------------------------
                           Dateinachsatz  Kontrollsummen   Abweichungen

Anzahl Anträge                    1              1               0
Anzahl Sätze                     11             11               0
Summe Katalognummern             88             88               0
Summe Anspruchsbeträge      1.208,61       1.208,61            0,00
Anzahl Ansprüche                  2              2               0
-----------------------------------------------------------------------
...
```

In diesem Beispiel wird mit der Quittungsdatei bestätigt, dass eine Datei „KGR003" mit den genannten Daten vom Gericht übernommen worden ist. Wären Antragsdaten nicht übernommen worden, wären die Werte in der Spalte „Abweichungen" nicht gleich Null. In unserem Beispiel konnte also ein Mahnbescheidsantrag mit zwei Ansprüchen mit einer Gesamtsumme von 1 208,61 EUR übernommen werden. Sofern Fehler genannt werden, sind die betroffenen Sätze und der Grund im Anschluss aufgeführt.

Die Bestätigung betrifft nur die technische Verarbeitung vor irgendeiner inhaltlichen Überprüfung durch das Gericht und stellt damit **keine Erlassnachricht** dar. Es kann also durchaus sein, dass der Antrag auf Erlass eines Mahnbescheids z.B. vom Gericht moniert wird.

Sollten in den Quittungsdateien Abweichungen zur Nachricht enthalten sein, sollte, sofern sich der Fehler nicht direkt aus der Quittungsdatei ergibt, unverzüglich Rücksprache mit dem Gericht oder dem Hersteller der Fachsoftware gehalten werden.

Die häufigsten Fehler, die zu Abweichungen führen, sind:

▷ Gerichtsnummer ist nicht numerisch (Aktenzeichen des Gerichts muss ohne Bindestriche an das Gericht übermittelt werden)
▷ Falsche Verwendung von Kennziffern (Falscher Kennzifferntyp oder Tippfehler bei der Eingabe der Kennziffer)
▷ Falsche Satzart/Falsche Satzreihenfolge (Fehler der Anwendungssoftware)
▷ Nur Vor- und Nachsatz enthalten (Leere Datei wurde übermittelt)

Anträge, welche als fehlerhaft ausgesondert wurden, müssen korrigiert und noch einmal an das Gericht gesandt werden. Ausgesonderte Anträge gelangen beim Gericht nicht zum Sachbearbeiter und lösen damit auch keine Kosten aus (anders als ein moniertes Verfahren).

7. Empfangen von Nachrichten

Ein Empfangen von Nachrichten im automatisierten Mahnverfahren ist nur für den elektronischen Datenaustausch, nicht aber für Nutzer des online-Mahnantrags vorgesehen.

Nachrichten werden im EGVP nur dann angezeigt, wenn diese abgerufen worden sind. Der Vorgang kann entweder manuell über die Schaltfläche „Empfangen" gestartet werden, oder es wird über „Optionen"/„Automatisches Empfangen" ein automatisiertes Abholen eingerichtet.

⊃ **Praxishinweis:**

Sie sollten unter „Optionen" die E-Mail-Benachrichtigung aktivieren. Sie erhalten dann einen Hinweis, wenn Nachrichten vom Gericht in das EGVP gestellt wurden und müssen nicht das EGVP selbst aufrufen, um festzustellen, ob Nachrichten vorliegen.

Es gibt zwei Nachrichtentypen: Quittungsdateien und Nachrichtendateien.

Bei den im vorigen Abschnitt bereits beschriebenen Quittungsdateien handelt es sich um eine Verarbeitungsbestätigung des Amtsgerichts. Eine Quittungsdatei wird für jede vom Gericht verarbeitete Datei mit Verfahrensdaten automatisch erzeugt, auch wenn alle Gerichtsnachrichten ansonsten schriftlich bezogen werden („Ausbaugrad 0"). Das Gericht sendet eine Quittungsdatei automatisch immer an das Postfach, von welchem die Nachricht an das Gericht übermittelt worden ist.

Der Name einer Quittungsdatei ergibt sich immer aus der Nachricht an das Gericht mit einem angehängten Zusatz „QU". Wurde z.B. die Nachrichtendatei „ABC123" an das Gericht übermittelt, erhält der Einreicher spätestens am nächsten Tag die Datei „ABC123QU". Zur besseren Orientierung wird dem Dateinamen meist noch ein Kürzel für das Gericht und die verwendete Kennziffer vorangestellt; insgesamt ergibt sich also der Dateiname HA–05512345–ABC123QU für eine Quittungsdatei zur Datei ABC123, verarbeitet vom AG Hagen unter der Kennziffer 05512345.

⊃ **Praxishinweis:**

Quittungsdateien enthalten – im Gegensatz zu den Nachrichtendateien – lesbaren Text. Soweit Ihr Programm keine Option zur Anzeige von Quittungsdateien besitzt, kann eine solche Datei z.B. auch mit dem Windows-Editor geöffnet werden. Markieren Sie eine EGVP-Nachricht, die eine Quittungsdatei enthält. Wählen Sie die Quittungsdatei unter der Ansicht „Anhänge" aus und speichern Sie diese auf Ihrem PC an beliebiger Stelle. Unter Windows kann die Datei mit einem Rechtsklick über die Option „Öffnen mit …" aufgerufen werden, wobei das System nach dem Programm fragt, mit dem dies geschehen soll. Geeignet sind alle Programme, die Textdateien verarbeiten können, wie

Word, Wordpad oder der Editor. Nachrichtendateien enthalten keinen lesbaren Text, sondern Datensätze, welche mit der Anwalts- oder Fachsoftware verarbeitet werden müssen. Nachrichtendateien werden vom Gericht nur erstellt, wenn bei der verwendeten Kennziffer ein Ausbaugrad größer als „0" eingestellt worden ist.

Üblicherweise erfolgt die Verarbeitung, indem die Nachrichten aus dem EGVP in ein Übergabeverzeichnis exportiert werden und in einem zweiten Schritt von der Fach- oder Anwaltssoftware aus diesem Verzeichnis importiert wird. Näheres zu dem Einlesevorgang muss der Dokumentation der eingesetzten Software entnommen werden.

D. Zwangsvollstreckung

I. Grundsätze der Zwangsvollstreckung

1. Antrag

Die Zwangsvollstreckung ist gesetzlich im 8. Buch der Zivilprozessordnung in den §§ 704 bis 945 ZPO geregelt; für einige Verfahren existieren darüber hinaus eigene Gesetze, z.B. für die Zwangsversteigerung und die Zwangsverwaltung im „Gesetz über die Zwangsversteigerung und die Zwangsverwaltung" (ZVG) und das Insolvenzverfahren in der Insolvenzordnung (InsO). Hinzu kommen verschiedene einzelne Vorschriften, die zumeist in den speziellen Vorschriften für das betroffene Vermögen enthalten sind (Handelsgesetzbuch, Grundbuchordnung).

Bei der Zwangsvollstreckung handelt es sich um kein einheitliches Verfahren, sondern um eine Vielzahl von einzelnen Zwangsvollstreckungsmaßnahmen. Welche Maßnahmen der Zwangsvollstreckung ergriffen werden sollen, unterliegt dabei grundsätzlich der Entscheidung des Gläubigers; die einzelnen Maßnahmen dürfen jedoch nicht missbräuchlich sein und müssen, um eine Erstattung der Zwangsvollstreckungskosten gem. § 788 ZPO zu erreichen, auch notwendig sein.

Zuständig für die meisten Entscheidungen im Rahmen der Zwangsvollstreckung ist in der Regel das „Vollstreckungsgericht", d.h. das Amtsgericht, in dessen Bezirk der Schuldner seinen allgemeinen Gerichtsstand hat. Bei natürlichen Personen richtet sich dieser nach dem Wohnsitz, bei juristischen Personen oder Personengesellschaften nach dem Firmensitz.

Ausnahmen zu dieser Regel treten immer dann auf, wenn sich die Vollstreckung nicht gegen den Schuldner, sondern dessen Vermögenswerte richtet, nämlich:

- Vollstreckung in ein Grundstück des Schuldners,
- Pfändung von Gegenständen des Schuldners außerhalb dessen Wohnort/Sitz,
- Pfändung inländischer Geldforderungen bei Aufenthalt des Schuldners im Ausland.

In diesen Fällen ist in der Regel das jeweilige Vollstreckungsorgan am Ort des Zwangsvollstreckungsobjektes zuständig.

Jede Zwangsvollstreckungsmaßnahme muss vom Gläubiger bei dem zuständigen Organ der Zwangsvollstreckung beantragt werden, d.h., „das Zwangsvollstreckungsverfahren" als solches gibt es eigentlich nicht, vielmehr bildet jede der beschriebenen Maßnahmen ein eigenes Verfahren.

Mit Ausnahme des Insolvenzverfahrens gilt dabei das „Müller-Prinzip": Wer zuerst kommt, mahlt zuerst. Dies bedeutet, dass der Gläubiger, welcher zuerst auf Vermögenswerte des Schuldners zugreift, diese auch für seine Forderung verwerten kann. Aus diesem Grund ist es auch wichtig, schon vor Einleitung eines Mahnverfahrens alle Informationen über einen Schuldner (Anschriften, Vermögenswerte) zu sammeln. Maßgeblich für die Reihenfolge der Befriedigung der Gläubiger aus Vermögenswerten des Schuldners ist dabei die Reihenfolge der Pfandrechte, welche die Gläubiger durch die Zwangsvollstreckungsmaßnahme erhalten. Dies ist im Detail bei den einzelnen Maßnahmen der Zwangsvollstreckung erläutert.

Für die Zwangsvollstreckung wird ohne Rücksicht auf den Gegenstand der Vollstreckung oder das einzelne Verfahren kein anwaltlicher Beistand benötigt.

Registrierte Inkassodienstleister können als Prozessbevollmächtigte in den Verfahren zur Vollstreckung in das bewegliche Vermögen (Gerichtsvollzieherauftrag, Abnahme der eidesstattlichen Versicherung, Forderungspfändung, Insolvenzverfahren) tätig werden (§ 79 Abs. 4 ZPO); nicht jedoch im Rahmen der Vollstreckung in das unbewegliche Vermögen (Zwangsversteigerung) oder in streitigen Verfahren (Klage auf Klauselerteilung, Erinnerungsverfahren gegen Zwangsvollstreckungsmaßnahmen [*Zöller*, 27. Aufl., Rz. 9 zu § 79 ZPO]).

Prozesskostenhilfe (PKH) kann unter den allgemeinen Voraussetzungen (Bedürftigkeit der Partei, Erfolgsaussicht der beantragten Maßnahme) gewährt werden. Die Beiordnung eines Rechtsanwalts im Rahmen der Prozesskostenhilfe wird zumeist abgelehnt, da die einzelnen Anträge im Rahmen der Zwangsvollstreckung auch vom Antragsteller mit Hilfe der Rechtsantragsstelle des Vollstreckungsgerichts formuliert werden können. Eine Ausnahme ist lediglich dann gegeben, wenn es sich um ein umfangreiches, rechtlich kompliziertes Verfahren handelt (z.B. Kontenpfändung bei einem selbständigen Schuldner) oder der Schuldner selbst regelmäßig anwaltlich vertreten ist (Grundsatz der Waffengleichheit). Der PKH-Antrag muss zusammen mit dem jeweiligen Antrag bei dem auch für Zwangsvollstreckungsmaßnahmen zuständigen Gericht gestellt werden (§ 117 Abs. 1 Satz 3 ZPO); soweit der Gerichtsvollzieher für die Zwangsvollstreckungsmaßnahme zuständig ist, erfolgt die Bewilligung durch das entsprechende Vollstreckungsgericht.

Die pauschale Bewilligung von Prozesskostenhilfe kann für die (gesamte) Mobiliarzwangsvollstreckung einschließlich der Forderungspfändung und des Verfahrens zur Abgabe der eidesstattlichen Versicherung erfolgen (§ 199 Abs. 2 ZPO). Oft erfolgt eine zeitliche Beschränkung; u.U. kann auch nur eine eingeschränkte Bewilligung der Prozesskostenhilfe erfolgen. Die „besonderen" Zwangsvollstreckungsverfahren (außerhalb der ZPO wie Insolvenzverfahren, Zwangsversteigerung von Immobilien) sind von der pauschalen Bewilligung von Prozesskostenhilfe nicht abgedeckt.

2. Vollstreckungstitel

Grundlage der Zwangsvollstreckung bildet immer der Vollstreckungstitel. Laut Gesetz (§ 704 ZPO) handelt es sich dabei um rechtskräftige oder für vorläufig vollstreckbar erklärte Endurteile; der Vollstreckungsbescheid steht nach § 700 ZPO einem für vorläufig vollstreckbar erklärten Versäumnisurteil gleich und kann gem. § 794 Abs. 1 Nr. 4 (wie auch notarielle Urkunden, gerichtliche Vergleiche u. Ä.) ebenfalls Grundlage der Zwangsvollstreckung bilden. Im Gegensatz zu einem Urteil, für das eine Vollstreckungsklausel benötigt wird (§§ 724, 725 ZPO), ist dies für den Vollstreckungsbescheid nicht erforderlich (§ 796 Abs. 1 ZPO), eine Ausnahme bildet nur eine evtl. erforderliche Rechtsnachfolgeklausel.

Der Einspruch eines Schuldners gegen den Vollstreckungsbescheid oder ein Versäumnisurteil sowie die Berufung gegen ein ergangenes Endurteil hindern die Zwangsvollstreckung grundsätzlich nicht. Die Zwangsvollstreckung aus einem Vollstreckungstitel ist erst dann unzulässig, wenn dieser durch eine Entscheidung eines Gerichts aufgehoben wird oder die vorläufige Einstellung der Zwangsvollstreckung angeordnet worden ist.

Allerdings sollte nach der Erhebung eines Einspruchs gegen den Vollstreckungsbescheid auf jeden Fall geprüft werden, ob dieser offensichtlich Aussicht auf Erfolg hat, da in diesem Fall neben der Rückerstattung der im Rahmen der Zwangsvollstreckung erlangten Beträge auch noch Schadensersatzforderungen auf den Gläubiger zukommen können.

Sofern der Vollstreckungsbescheid nicht durch ein Urteil aufgehoben, sondern bestätigt wird (der Einspruch des Schuldners wird verworfen), bildet weiterhin der Vollstreckungsbescheid die Grundlage der Zwangsvollstreckung und nicht das bestätigende Urteil.

Voraussetzung für einen wirksamen Vollstreckungstitel ist ferner, dass der zugrunde liegende Titel einen vollstreckungsfähigen Inhalt besitzt, d.h., die einzuziehende Geldforderung muss sich aus dem Titel selbst sowie allgemein zugänglichen Quellen ermitteln lassen. Bei einem Vollstreckungsbescheid dürfte dies selten ein Problem darstellen, es sei denn, das erlassende Gericht hat einen Fehler gemacht.

Auch wenn es (vom Schuldner) oft anderes gesehen wird: Nach 30 Jahren ist der Vollstreckungstitel nicht wertlos. Eine evtl. Verjährung müsste vom Schuldner im Wege der Vollstreckungsgegenklage erst geltend gemacht werden und ist daher von den Vollstreckungsorganen nicht zu berücksichtigen. Ferner beginnt die 30-jährige Frist mit jeder Vollstreckungshandlung erneut zu laufen. Vorsicht gilt jedoch bzgl. der rückständigen Zinsen aus einem Vollstreckungstitel: Hier gilt die kürzere Verjährungsfrist von drei Jahren (§§ 197 Abs. 2, 195 BGB). Zur Erhaltung des vollen Zinsanspruchs müsste also alle drei Jahre eine Vollstreckungshandlung stattfinden (§ 212 Abs. 1 Nr. 2 BGB).

3. Zustellung des Vollstreckungstitels

Eine Zwangsvollstreckung kann nur dann stattfinden, wenn der Vollstreckungstitel dem Antragsgegner bereits förmlich zugestellt worden ist oder dieser während der beabsichtigten Vollstreckungsmaßnahme gleichzeitig zugestellt wird (§ 750 ZPO).

Die erfolgte Zustellung wird durch einen entsprechenden Vermerk auf dem Vollstreckungstitel oder eine mit diesem verbundene Zustellungsurkunde nachgewiesen. Soweit die Zustellung des Vollstreckungsbescheids im Rahmen des automatisierten Mahnverfahrens erfolgte, wird ein maschineller Zustellvermerk auf dem Vollstreckungsbescheid aufgebracht. Dieser ist als Teil der Ausfertigung des Vollstreckungsbescheids von der Vereinfachung für die maschinelle Verarbeitung nach § 703b Abs. 1 ZPO erfasst, d.h., eine gesonderte Bescheinigung mit Unterschrift des Urkundsbeamten der Geschäftsstelle ist nicht mehr erforderlich (OLG Köln, Beschl. v. 26.6.1996 – 2 W 96/96, Rpfleger 1997, 31).

Den Regelfall stellt die Zustellung von Amts wegen durch das Mahngericht dar; falls jedoch ein Vollstreckungstitel ohne Zustellungsvermerk oder Zustellungsurkunde vorliegt (z.B., wenn bei Beantragung des Vollstreckungsbescheids die Zusendung zur Zustellung im Parteibetrieb beantragt wurde), muss die Zustellung auf Veranlassung des Antragstellers nachgeholt werden.

Dies geschieht durch einen schriftlichen Auftrag an den für den Schuldner zuständigen Gerichtsvollzieher, welchem der Vollstreckungstitel und eine evtl. vom Gericht übersandte Abschrift („Ausfertigung für den Antragsgegner") beizufügen sind. Um Zeit und Kosten zu sparen, sollte der Zustellungsauftrag dem Gerichtsvollzieher gleichzeitig zusammen mit dem Vollstreckungsauftrag über die Gerichtsvollzieherverteilerstelle beim Amtsgericht erteilt werden.

4. Parteien der Zwangsvollstreckung

Im Gegensatz zu den vorangegangenen Verfahren (Mahnverfahren, Prozessverfahren) werden die Parteien in der Zwangsvollstreckung generell als „Gläubiger" und „Schuldner" bezeichnet.

Dabei müssen sich Gläubiger und Schuldner aus dem Vollstreckungstitel ergeben, d.h., auf Gläubigerseite müssen die Personen stehen, die auch im Titel aufgeführt sind; auf Schuldnerseite müssen die Personen im Titel genannt sein, in deren Vermögen vollstreckt wird. Dies hört sich einfach an, ist es aber nicht immer.

a) Änderungen der Parteien nach Erlass des VB

Soweit Personenidentität besteht und „nur" die im Vollstreckungsbescheid genannten **Bezeichnungen oder Anschriften** nicht mehr korrekt sind, ist dies relativ unproblematisch:

- **Abweichende Anschriften:** Eine Berichtigung ist nicht erforderlich und auch mangels Rechtschutzinteresse nicht möglich; es empfiehlt sich jedoch, evtl. vorhandene Nachweise über Wohnungswechsel etc. dem Vollstreckungstitel grundsätzlich beizufügen. Hilfreich ist insbesondere, eine lückenlose Kette von schriftlichen Auskünften vorweisen zu können, die den Umzug des Schuldners von der Anschrift, unter welcher der Vollstreckungsbescheid zugestellt worden ist, bis zu der Anschrift, unter der die Zwangsvollstreckung erfolgen soll, nachweisen, insbesondere bei häufig vorkommenden Namen.

- **Namenswechsel (z.B. bei Heirat):** Die Titelkorrektur ist grundsätzlich nicht erforderlich. Ausnahmsweise kann die Änderung der im Vollstreckungstitel enthaltenen Bezeichnung auf schriftlichen Antrag durch das Gericht, welches den Vollstreckungstitel erlassen hat, erfolgen. Dem Antrag müssen dann jedoch Nachweise (Bestätigung des Einwohnermeldeamtes oder Heiratsurkunde) beigefügt werden. Ansonsten reicht es aus, diese Nachweise dem zuständigen Vollstreckungsorgan bei Antragstellung mit den Vollstreckungsunterlagen vorzulegen.

- **Firmenänderung:** Die Änderung erfolgt aufgrund eines schriftlichen Antrags durch das Gericht, welches den Vollstreckungsbescheid erlassen hat; der Nachweis der Änderung **kann** bei im Handelsregister eingetragenen Firmen durch Vorlage eines unbeglaubigten Handelsregisterauszugs erfolgen. Bei nicht im Handelsregister eingetragenen Firmen (z.B. der Gesellschaft bürgerlichen Rechts) dürfte ein entsprechender Nachweis schwer fallen. Daher sollte in diesen Fällen bereits bei Einleitung des Mahn- oder Klageverfahrens Wert darauf gelegt werden, dass sämtliche Gesellschafter aufgeführt werden; vgl. insoweit auch den Hinweis zum Ausfüllmuster 3, S. 126.

I. Grundsätze der Zwangsvollstreckung

⌐ **Praxishinweis:**
Die Berichtigung aufgrund einer nach Titelerlass eingetretenen Veränderung durch eine Firmenänderung oder einen Namenswechsel wird von vielen Gerichten mangels Rechtsschutzinteresse abgelehnt. Grundsätzlich sollte die Vorlage der entsprechenden Nachweise (sofern es sich um Dokumente amtlicher Stellen wie Einwohnermeldeamt handelt) auch gegenüber dem Vollstreckungsorgan ausreichen, was ja auch der schnellere Weg ist. Sollte das Vollstreckungsorgan die Nachweise für nicht ausreichend erachten, sollten Sie ggf. unter Beifügung einer entsprechenden Aufforderung des Vollstreckungsorgans auf einer Berichtigung des Vollstreckungstitels durch das erlassende Gericht bestehen.

b) Unrichtige Bezeichnungen

Komplizierter wird es, wenn die Unrichtigkeit bereits bei Erlass des Vollstreckungsbescheids bestand.

Sofern es sich um kleinere Schreibfehler handelt, kann der Vollstreckungsbescheid meist vom erlassenden Gericht gem. § 319 ZPO wegen offensichtlicher Unrichtigkeit mit einfachem Antrag korrigiert werden. Dies ist jedoch nur dann der Fall, wenn sich der eigentlich gemeinte Schuldner aus dem Vollstreckungsbescheid unzweifelhaft ergibt.

Oft werden für eine Berichtigung weitere Nachweise benötigt, z.B. Negativzeugnisse. Dies wäre dann erforderlich, wenn der Schuldner statt „Johann" in Wirklichkeit „Johannes" heißt. Hier würde wahrscheinlich eine Auskunft des Einwohnermeldeamtes zu **beiden** Namen benötigt, damit ausgeschlossen werden kann, dass die bisherigen Zustellungen des Verfahrens eine andere Person erreicht haben.

Falls die Änderung jedoch zu bedeutend ist (Austausch kompletter Namen, Rechtsform stimmt überhaupt nicht überein usw.), wird das Gericht die Berichtigung ablehnen. In diesem Fall ist der Vollstreckungstitel leider wertlos, da er sich gegen eine Scheinpartei richtet; das Mahn- oder Klageverfahren muss vollständig neu gegen die richtige Person durchgeführt werden.

Bei der Beurteilung kommt es auch darauf an, wie die bisherigen Zustellungen durchgeführt wurden. Strenge Maßstäbe sind hier insbesondere bei einer Zustellung durch Niederlegung anzulegen, da hier zu befürchten ist, dass die Zustellung dem Schuldner nicht einmal ausgehändigt werden konnte.

c) Änderungen in der Person

Sofern auf Antragsteller- oder Antragsgegnerseite eine Rechtspersönlichkeit **nach** Erlass des Vollstreckungsbescheids durch eine andere ersetzt werden muss (Austausch der Identität statt Änderung der Bezeichnung), ist die Erteilung einer Rechtsnachfolgeklausel nach § 727 ZPO erforderlich.

Diese Klausel wird von dem Gericht erteilt, welche den Vollstreckungstitel erlassen hat.

Falls die Rechtsnachfolge im laufenden Verfahren eintritt (**Beispiel:** Der Schuldner verstirbt nach Erhalt des Mahnbescheids) und der Vollstreckungsbescheid wurde noch (irrtümlich) gegen oder für die falsche Person erlassen, kann keine Rechtsnachfolgeklausel erteilt werden, vielmehr muss der Personenwechsel im Mahnverfahren nachvollzogen werden.

Voraussetzung für die Erteilung einer Rechtsnachfolgeklausel ist immer, dass die Rechtsnachfolge durch öffentliche oder öffentlich beglaubigte Urkunden nachgewiesen wird oder diese bei Gericht offenkundig ist.

Welche Anforderungen an die Offenkundigkeit zu stellen sind, ist heftig umstritten. Eindeutig ist dieser Fall nur dann gegeben, wenn sich die Rechtsnachfolge aus dem Gesetz ergibt; dass die „Offenkundigkeit" vom Gläubiger durch das einmalige Einreichen der öffentlichen Urkunden bei dem zuständigen Rechtspfleger erzeugt werden kann, wird selten akzeptiert.

Die Rechtsnachfolgeklausel muss vor oder gleichzeitig mit dem Beginn der Zwangsvollstreckung an den Schuldner zugestellt sein; falls die Rechtsnachfolgeklausel aufgrund einer Urkunde erteilt worden ist, muss diese ebenfalls zugestellt werden (§ 750 Abs. 2 ZPO).

In der Praxis führt gerade die Beschaffung der geforderten Urkunden zu einem nicht leicht zu bewältigenden Problem, zumal sich viele Vorgänge, die einen Forderungsübergang auf einen anderen Gläubiger bewirken, nicht oder nur sehr schwer durch öffentliche Urkunden belegen lassen (Beispiel: gesetzlicher Forderungsübergang infolge einer erfolgten Zahlung). Wenn keine Urkunde zu beschaffen ist, so sieht § 732 ZPO ein Klageverfahren gegen den Schuldner vor dem Prozessgericht vor, um eine Rechtsnachfolgeklausel zu erhalten.

Zu beachten ist, dass nur öffentliche oder öffentlich beglaubigte Urkunden den strengen Anforderungen genügen. Eine Umschreibung aufgrund einer schriftlichen Quittung o. Ä. ist nicht möglich.

Welche Urkunden benötigt werden, hängt von der Art der Rechtsnachfolge ab:

- **Erbfall:** Benötigt wird ein Erbschein oder ein öffentliches Testament mit Eröffnungsprotokoll des Nachlassgerichts, welches eine eindeutige Erbeinsetzung beinhaltet. Diese Unterlagen können, sofern sie überhaupt existieren, gegen Vorlage des Vollstreckungstitels beim zuständigen Nachlassgericht (Amtsgericht, in dessen Bezirk der Verstorbene zuletzt gewohnt hat) angefordert werden.

- **Firmenübertragung, -verschmelzung:** Solange die Rechtspersönlichkeit erhalten bleibt (z.B. Gesellschafterwechsel bei einer Handelsgesellschaft), dürfte in der Regel nur eine Firmenänderung vorliegen (hier höchstens eine Berichtigung erforderlich, s. S. 222). Anders sieht der Fall aus, wenn die Firma, welche als Partei im Vollstreckungsbescheid durch die Übernahme oder Verschmelzung in einer neuen oder bestehenden anderen Firma aufgeht. Sofern sich die Übernahme der gesamten Firma aus dem Handelsregister ergibt, kann der Nachweis durch die Vorlage eines **beglaubigten** Handelsregisterauszugs geführt werden. Wenn lediglich das Vermögen oder die offen stehenden Forderungen einer Firma auf eine andere Rechtspersönlichkeit übertragen werden, müssen die entsprechenden (notariellen) Übertragungsverträge vorgelegt werden.

- **Abtretung:** Tritt eine Rechtsnachfolge durch eine Forderungsabtretung nach Erlass des Vollstreckungsbescheids ein, muss dem Gericht eine **notarielle oder öffentlich beglaubigte** Abtretungsurkunde vorgelegt werden; egal ob es sich dabei um die Abtretung einzelner Forderungen an ein Inkassounternehmen oder um die Übertragung des gesamten Firmenvermögens handelt. Umstritten ist dabei, wie genau die abgetretene Forderung in der Urkunde bezeichnet werden muss; sämtliche Titel mit Gerichtsaktenzeichen aufzuführen, wäre die aufwändigste, aber auch sicherste Lösung; zumindest muss ein Außenstehender nur anhand der Urkunde feststellen können, ob eine Forderung von der Abtretung erfasst ist oder nicht. Floskeln wie „alle Forderungen aus dem Bereich Endkundenvertrieb" reichen also auf keinen Fall. Zu umfangreiche Abtretungsurkunden sollten aber auch nicht erstellt werden – die Urkunde muss dem Schuldner immerhin in beglaubigter Abschrift zugestellt werden, bei vielen betroffenen Verfahren können dabei beachtliche Schreibkosten entstehen.

- **Gesetzlicher Forderungsübergang:** Soweit der Forderungsübergang nicht bedingungslos eintritt (eher ein Ausnahmefall), muss der Eintritt der Bedingung durch entsprechende Urkunden nachgewiesen werden. Die häufigsten Fälle hierfür sind die befreiende Zahlung des Burgen (§ 774 Abs. 1 Satz 1 BGB) oder des Gesamtschuldners (§ 426 Abs. 2 Satz 1 BGB) oder die Zahlung des Versicherers (§ 67 Abs. 1 VVG). Der Nachweis kann in diesem Fall durch eine entsprechende Erklärung des im Titel enthaltenen Gläubigers (analog zur Abtretung) geführt werden (*Zöller*, ZPO, § 727 Rz. 24).

d) Personenmehrheiten

Probleme im Bereich der Parteien können auch dann auftreten, wenn eine Personenmehrheit auf Antragsteller- oder Antragsgegnerseite steht.

aa) Mehrere Antragsteller

Sofern nicht anders bezeichnet, handelt es sich hierbei immer um Gläubigerschaft nach Bruchteilen, d.h., jede dieser Personen ist zu einem im Zweifel gleichen Anteil berechtigt, die Zahlung vom Schuldner zu verlangen. (§ 420 BGB). Diese Auslegungsregel gilt auch gegenüber den Vollstreckungsorganen. Falls es im Rahmen der Zwangsvollstreckung zu Problemen kommt, weil sich das Beteiligungsverhältnis explizit aus dem Titel ergeben muss (z.B. bei der Beantragung einer Zwangssicherungshypothek), ist eine klarstellende Berichtigung des Vollstreckungstitel erforderlich.

Sofern nicht einer der Antragsteller an der Ausübung seiner Rechte aus dem Titel gehindert wird, dürften auch keine Probleme im Rahmen der Vollstreckung auftreten, andernfalls muss ggf. eine Rechtsnachfolgerklausel auf Antragstellerseite beantragt werden.

bb) Mehrere Antragsgegner

Falls sich nichts Gegenteiliges aus dem Schuldtitel ergibt, handelt es sich auch hier um Bruchteilsschuldner, d.h., jeder Schuldner haftet nur für seinen Anteil der Forderung. Dies hat beispielsweise zur Folge, dass bei zwei Antragsgegnern, von denen einer Vermögen besitzt, der andere hingegen nicht, zunächst nur die Hälfte der Forderung beigetrieben werden kann.

Bei den meisten Schuldverhältnissen handelt es sich jedoch um Gesamtschuldverhältnisse. Dies muss sich dann aber auch aus dem Vollstreckungsbescheid ergeben (vgl. Kap. B.IV.2. Antragsteller und Antragsgegner, S. 89 ff.). Dabei haftet jeder Antragsgegner über die volle Summe, auch hinsichtlich der Kosten der Zwangsvollstreckung. Ein Ausgleich zu viel gezahlter Beträge (z.B. wenn ein Antragsgegner vollständig gezahlt hat, aber im Innenverhältnis jeder Antragsgegner nur zu ½ verpflichtet war) muss zwischen den Antragsgegnern geklärt werden, für die Zwangsvollstreckung ist dies beim Vorliegen einer Gesamtschuldnerschaft unbeachtlich.

e) Besonderheiten einzelner Parteien

aa) Einzelfirma

Aus einem gegen einen eingetragenen Kaufmann erstellten Vollstreckungstitel ist sowohl die Vollstreckung gegen das Firmenvermögen als auch die Vollstreckung in das Privatvermögen möglich, da dieses rechtlich eine Einheit bildet. Dies gilt auch umgekehrt: Ist der Einzelkaufmann als (natürliche) Privatperson im Titel bezeichnet, kann in das geschäftliche Vermögen vollstreckt werden. Eine Zuordnung kann jedem Fall über das Handelsregister erfolgen.

Ist eine Partei im Titel fälschlich als Einzelkaufmann bezeichnet, und es handelt sich „nur" um einen Gewerbetreibenden ohne Handelsregistereintragung, hängt die Vollstreckbarkeit des Titels davon ab, ob sich die Parteibezeichnung auf eine natürliche Person zurückführen lässt (ggf. im Wege der Berichtigung). Ist dies nicht möglich (z.B. lautet der Titel nur gegen „Schreinerei Schmidt"), ist der Titel nicht vollstreckbar.

bb) Partei kraft Amtes

Falls es sich bei dem Schuldner um eine Partei kraft Amtes handelt (hierunter fallen gesetzliche Vermögensverwalter wie Testamentsvollstrecker, Insolvenzverwalter, Nachlassverwalter), kann sich die Zwangsvollstreckung nicht gegen das persönliche Vermögen des Antragsgegners, sondern nur gegen das von ihm verwaltete Vermögen richten. Bei allen Vollstreckungsaufträgen ist darauf zu achten, dass die Vollstreckungshandlungen entsprechend beschränkt werden.

cc) Personengesellschaften (OHG, GbR)

Vermögen, das zu einer Gesellschaft bürgerlichen Rechts (GbR oder auch BGB-Gesellschaft genannt), Offenen Handelsgesellschaft oder Kommanditgesellschaft gehört, unterliegt nur dann der Vollstreckung, wenn sich der Vollstreckungsbescheid gegen die Gesellschaft selbst oder (nur bei der GbR) gegen alle Gesellschafter persönlich richtet (für GbR gem. § 736 ZPO; für OHG und KG gem. § 124 Abs. 2 HGB).

Dies gilt auch umgekehrt: Aus einem gegen die Gesellschaft gerichteten Vollstreckungstitel ist keine Vollstreckung in das persönliche Vermögen der Gesellschafter möglich.

Im Rahmen der Zwangsvollstreckung zeigt sich jetzt, ob der vorher mühsam erlangte Titel „etwas taugt": Es nützt wenig, wenn der Titel gegen eine GbR lautet, deren Vermögen beispielsweise nur aus einem inzwischen aufgegebenen Geschäftslokal besteht. Der auf die GbR lautende Titel ist somit nahezu wertlos, da kein Gesellschaftsvermögen mehr vorhanden ist. Um einen Vollstreckungstitel gegen die im Regelfall ebenfalls haftenden Gesellschafter persönlich zu erhalten, müsste ein neues Mahnverfahren durchgeführt werden, wenn die Gesellschafter nicht von vornherein als Gesamtschuldner ebenfalls in Anspruch genommen wurden, vgl. Hinweis zu Ausfüllmuster 3 in Kap. B.VI., S. 126.

dd) Wohnungseigentümergemeinschaft (WEG)

Mit der Entscheidung zur Teilrechtsfähigkeit der WEG (BGH, Beschl. v. 2.6.2005 – V ZB 32/05, MDR 2005, 1156) und dem Gesetz zur Änderung des Wohnungseigentumsgesetzes ist zwischen den verschiedenen Vermögensmassen zu unterscheiden: Zum einen die Wohnungseigentumsgemeinschaft als selbständige Trägerin der aus dem Gemeinschaftseigentum erwachsenden Rechten und Pflichten, zum anderen die Personen der Wohnungseigentümer selbst bzgl. der aus dem Miteigentum ergebenden Rechten und Pflichten. Hierbei handelt es sich jedoch um selbständige Vermögensmassen. Zwar besteht (unter Umständen) eine wechselseitige Haftung für die Verbindlichkeiten, jedoch gilt auch hier: Partei im Vollstreckungsverfahren ist derjenige, der im Titel genannt ist; eine (Mit-)Haftung einer anderen Partei oder die Beschränkung der Haftung einer Partei ist im entsprechenden Verfahren zum Erlass des Titels (Mahnverfahren, Zivilprozess) geltend zu machen. Probleme können hier Titel aus „Altverfahren" bereiten, bei deren Erlass die spätere Anerkennung der WEG als selbständige Vermögensmasse noch nicht berücksichtigt werden konnte.

Soweit sich aus dem Titel die Forderung als ein typischerweise der WEG aus der Verwaltung des gemeinschaftlichen Vermögens zustehender Anspruch (z.B. Hausgeld) erkennen lässt, kann u.U. eine Berichtigung nach § 319 ZPO erfolgen (streitig, lt. BGH, Beschl. v. 15.3.2007 – V ZB 77/06 [DGVZ 2007, 68f.], ist direkte Vollstreckung nicht möglich, aber eine Berichtigung nicht ausgeschlossen.).

Auf Antragsgegnerseite muss im Wege der Auslegung geklärt werden, ob die einzelnen Eigentümer oder die WEG in ihrer Gesamtheit Schuldner im Vollstreckungsverfahren sind. Der Unterschied ist beachtlich: Ist die WEG Schuldner, ist eine Vollstreckung nur in das WEG-Vermögen zulässig (bestehend in aller Regel aus dem Gemeinschaftskonto und dem Anspruch der WEG auf Zahlung des Hausgelds); ist der Vollstreckungstitel gegen die Eigentümer gerichtet, haften diese zunächst mit ihrem gesamten Vermögen als Gesamtschuldner. Ist die WEG im Titel genannt („Wohnungseigentümergemeinschaft bestehend aus ..."), handelt es sich um einen Anspruch gegen die WEG-Gemeinschaft, sind dort nur die Personen aufgeführt, richtet sich das Verfahren gegen diese.

ee) Vollstreckung gegen besondere Vermögen des Schuldners

Die Zivilprozessordnung kennt darüber hinaus noch weitere Besonderheiten (Vollstreckung in Gesamtgut bei Gütergemeinschaft oder Vollstreckung in den ungeteilten Nachlass). Die praktische Bedeutung dieser Fälle ist aber eher gering.

5. Anschrift des Schuldners

Die meisten Vollstreckungen scheitern an der simplen Tatsache, dass die Anschrift des Schuldners nicht bekannt ist. Dies muss nicht unbedingt bedeuten, dass der Schuldner „untergetaucht" ist, vielleicht ist er auch „nur ein bisschen" schludrig, was Nachsendeaufträge oder Ummeldungen betrifft. Oder er hofft durch einen Namenswechsel (bei Heirat, Scheidung) nicht nur ein neues Leben zu beginnen, sondern auch seine alten Schulden hinter sich zu lassen.

Für alle Maßnahmen der Zwangsvollstreckung wird die jeweils aktuelle Anschrift des Schuldners benötigt. Diese muss vom Gläubiger angegeben werden; notfalls muss er diese auch ermitteln. Eine Ermittlung von Amts wegen findet grundsätzlich nicht statt.

Falls sich eine neue Anschrift des Schuldners nicht durch Rückbriefe oder aus fehlgeschlagenen vorangegangenen Vollstreckungsmaßnahmen ergibt, muss der Gläubiger entsprechende Nachforschungen anstellen. Die einfachste und preiswerteste Möglichkeit ist eine Adressüberprüfung durch die Deutsche Post AG. Leider erhält man nur dann eine Auskunft, wenn der Schuldner einen Nachsendeauftrag hinterlassen hat. Da dieser zeitlich nur beschränkt gültig ist (und nicht alle Schuldner unbedingt ihre Mahnungen auch in die neue Wohnung nachgesandt haben möchten ...), taugt diese Methode der Anschriftenermittlung nur eingeschränkt.

Zuverlässigere Auskünfte können die Einwohnermeldeämter erteilen. Für das Melderecht gibt es für jedes Bundsland eigene Landesgesetze; diese stimmen jedoch in weiten Teilen überein, so dass im Folgenden die in Nordrhein-Westfalen gültigen Regelungen als Beispiel genannt werden.

In Nordrhein-Westfalen kann jeder Antragsteller nach § 34 Meldegesetz NRW eine einfache Meldeauskunft (Vor- und Familiennamen, Anschrift) erhalten; bei der Glaubhaftmachung eines berechtigten Interesses können dabei auch Geburtsdaten, frühere Namen, frühere Anschriften und der Familienstand mitgeteilt werden (erweiterte Meldeauskunft). Zur Glaubhaftmachung reicht meist die Angabe, dass die Anschrift zur Geltendmachung von zivilrechtlichen Forderungen benötigt wird (unter Verweis auf das gerichtliche Verfahren) aus; ggf. kann auch die Einreichung einer Kopie des Vollstreckungsbescheids erforderlich sein.

Die Kosten der Auskünfte sind zunächst vom Gläubiger zu tragen; diese richten sich nach dem jeweiligen Landesrecht und sind daher regional unterschiedlich hoch (für NRW in der „Allgemeinen Verwaltungsgebührenordnung NRW": 7 EUR für eine einfache Auskunft [gem. Abschnitt 5.1.1.], 4 EUR für eine einfache Auskunft per Internet [gem. Abschnitt 5.1.1.1], 10 EUR für eine erweiterte Meldeauskunft [5.1.2.], bei besonderen Schwierigkeiten können 10–30 EUR verlangt werden [5.1.3.], bei der Notwendigkeit einer örtlichen Ermittlung 20–45 EUR [5.1.4.]).

Im eigenen Interesse sollte der Gläubiger zumindest bei häufig vorkommenden Namen bei jedem Adresswechsel des Schuldners überprüfen, ob die neu ermittelte Anschrift „schlüssig" ist. Den Autoren sind leider mehrere Fälle untergekommen, in denen von der Post nach dem Verzug des Schuldners einfach die Anschrift von namensgleichen Personen mitgeteilt wurde, die aber mit dem Verfahren nie etwas zu tun gehabt haben. Außer dem damit verbundenen Aufwand hat in solch einem Fall der Gläubiger die – vom Schuldner mangels Notwendigkeit nicht zu erstattenden – Kosten zu tragen. Es empfiehlt sich daher, bei Zweifeln die von der Post oder Zwangsvollstreckungsorganen mitgeteilte Anschrift zu überprüfen; dies kann z.B. im Rahmen einer erweiterten Einwohnermeldeauskunft durch Vergleich der Geburtsdaten und der An- und Abmeldedaten erfolgen.

6. Berechnung der Forderungshöhe (Forderungsaufstellung)

Wenn sich die Höhe der Forderung allein aus dem Vollstreckungstitel ergibt, ist die Beifügung einer Forderungsaufstellung nicht unbedingt notwendig, empfiehlt sich jedoch. Sobald aber vom Schuldner Zahlungen geleistet wurden oder im Rahmen der Zwangsvollstreckung weitere Kosten angefallen sind, **muss** eine Forderungsaufstellung beigefügt werden.

Auf welche Forderungsteile die Zahlungen des Schuldners zu verrechnen sind, hängt von verschiedenen Faktoren ab:

- der Schuldner bestimmt eine Verrechnung, z.B. auf die Hauptforderung (§ 367 Abs. 2 BGB)
    ▷ Verrechnung entsprechend der Schuldnerbestimmung
- es liegt ein Verbraucherdarlehen vor, Verrechnung nach § 497 Abs. 3 BGB
    ▷ Verrechnung erfolgt zunächst auf die Kosten, dann auf die Hauptforderung, dann auf die Zinsen
- alle übrigen Fälle (Regelfall) Verrechnung nach § 367 Abs. 1 BGB
    ▷ Verrechnung der Zahlung zunächst auf die Kosten, dann auf die Zinsen und zuletzt auf die Hauptforderung; bei mehreren Hauptforderung auf die jeweils älteste.

Eine Ausnahme liegt dann vor, wenn nur wegen einer **Teilforderung** vollstreckt wird. Hierbei ist es in der Regel ausreichend, einen Teilbetrag anzugeben, wegen dem (zunächst) vollstreckt werden soll. Sofern die Höhe der Teilforderung vom Schuldner bestritten wird, kann vom Vollstreckungsorgan auch in diesem Fall die Vorlage einer Forderungsaufstellung verlangt werden.

Da es sich inzwischen bei den meisten Gebühren (Gerichtsvollzieher und Vollstreckungsgericht) um Pauschalgebühren handelt, ergibt sich durch die Geltendmachung einer Teilforderung kein Kostenvorteil mehr; man erspart sich in der Regel lediglich die Aufstellung der Forderungsaufstellung und die Einreichung der Belege der vorhergehenden Vollstreckungshandlungen.

Ein Muster für eine Forderungsaufstellung finden Sie im Kap. E.II., S. 309.

Titel, die noch auf DM statt auf EUR lauten, werden nicht durch das Gericht korrigiert bzw. umgerechnet; dies hat allein der Gläubiger bei der Erstellung der Forderungsaufstellung vorzunehmen.

Eine Verpflichtung, Kosten, welche vor dem 1.2.2002 angefallen sind, noch in DM aufzuführen, besteht nicht (BGH RVGreport 2004, 39).

Noch auf den „Diskontsatz" Bezug nehmende Titel werden bei der Forderungsberechnung so behandelt, als wenn Sie ab dem 1.1.1999 auf den Basiszinssatz lauten würden; für Titel, die auf den Lombardsatz Bezug nehmen, wird ab diesem Datum der Zinssatz der Spitzenrefinanzierungsfazilität der EZB berücksichtigt.

7. Vollstreckungshindernisse

Die ZPO kennt mehrere Gründe, die zu einer Aufhebung bzw. vorläufigen Einstellung der Zwangsvollstreckung führen (§ 775 ZPO), und zwar:

- durch eine gerichtliche Entscheidung ist der Vollstreckungstitel aufgehoben worden (Beispiel: Der Vollstreckungsbescheid wird nach Einspruch aufgehoben);
- es liegt eine gerichtliche Entscheidung vor, welche die Zwangsvollstreckung beschränkt, einstellt oder aufhebt (**Beispiel:** Der Schuldner hat Einspruch gegen den Vollstreckungsbescheid eingelegt, das Gericht stellt die Zwangsvollstreckung bis zur endgültigen Entscheidung vorläufig ein);
- der Schuldner kann eine Urkunde vorlegen, in welcher der Gläubiger sich für befriedigt erklärt oder Erlass gewährt;
- der Schuldner kann die Quittung einer Bank oder einer Sparkasse vorlegen, aus der sich ergibt, dass die Forderung beglichen ist (Beispiel: Quittung einer Bareinzahlung; ein Überweisungsträger mit Eingangsvermerk reicht nicht).

In den beiden zuletzt genannten Fällen kann die Vollstreckung auf Antrag des Gläubigers (der nur nach ordentlicher Prüfung auf evtl. Zahlungseingänge erfolgen sollte) fortgesetzt werden.

Ferner kann die Zwangsvollstreckung noch aus mehreren anderen Gründen nicht oder noch nicht zulässig sein:

- es ist ein Insolvenzverfahren eröffnet worden (§ 89 InsO) oder vor Eröffnung eines Insolvenzverfahrens wurden Sicherungsmaßnahmen erlassen (§ 21 Abs. 2 Nr. 3 InsO), hierzu mehr im entsprechenden Kapitel;
- die Zwangsvollstreckung richtet sich gegen den Bund, ein Land, eine Körperschaft oder Anstalt des öffentlichen Rechts. Hier kann die Zwangsvollstreckung nach einer schriftlichen Anzeige des Gläubigers (die zu Nachweiszwecken förmlich zugestellt werden sollte) erst nach einer 4-wöchigen Wartefrist begonnen werden (§ 882a ZPO).

8. Kosten der Zwangsvollstreckung

Die Kosten der Zwangsvollstreckung müssen zunächst vom Gläubiger getragen werden, können aber zusammen mit der Hauptforderung beim Schuldner beigetrieben werden (§§ 91, 788 ZPO). Soweit mehrere Schuldner einen Geldbetrag als Gesamtschuldner bezahlen müssen, können auch die gesamten Kosten der Zwangsvollstreckung in voller Höhe von jedem Schuldner beigetrieben werden.

Unter die auf diese Weise beitreibbaren Kosten fallen dabei insbesondere die Gerichts- und Anwaltskosten früherer Vollstreckungsmaßnahmen, Kosten der Zustellung von Vollstreckungstiteln, Rechtsnachfolgeklauseln sowie Auskunftskosten (Gebühren für Melderegisterauskünfte, Postanfragen etc.).

Dies gilt jedoch nur, soweit es sich um **notwendige** Kosten der Zwangsvollstreckung handelt. Kosten überflüssiger Vollstreckungsmaßnahmen, insbesondere solcher, die keinerlei Aussicht auf Erreichen des Vollstreckungsziels bieten, muss der Schuldner nicht tragen. Die Feststellung, ob die vorangegangenen Kosten mit beigetrieben werden können, trifft das jeweilige Vollstreckungsorgan im Rahmen der Entscheidung über den ihm vorliegenden Antrag (Pfändungs- und Überweisungsbeschluss, Antrag auf Terminsbestimmung zur eidesstattlichen Versicherung, Auftrag zu Mobiliarvollstreckung).

I. Grundsätze der Zwangsvollstreckung

Die beizutreibenden Kosten sowie deren Notwendigkeit sind dem Vollstreckungsorgan glaubhaft zu machen. Dies erfolgt in der Praxis durch Auflistung früherer Vollstreckungsmaßnahmen in der Forderungsaufstellung sowie durch Beifügung der Unterlagen aus früheren Vollstreckungsversuchen (Gerichtsvollzieherprotokolle, Meldeauskünfte usw.).

Da diese Unterlagen im Laufe der Zeit einen beachtlichen Umfang erreichen können (und deren ständige – vollständige – Überprüfung durch die Vollstreckungsorgane die Bearbeitung auch nicht unbedingt beschleunigt), empfiehlt es sich bei größeren Beträgen, welche nach § 788 ZPO beizutreiben sind, eine besondere Festsetzung dieser Kosten zu erwirken (s. Kap. D.IV.2. Festsetzung von Vollstreckungskosten (§ 788 ZPO), S. 291). In diesem Fall bildet der Kostenfestsetzungsbeschluss einen eigenen, für das jeweilige Vollstreckungsorgan bindenden Beschluss über die Kosten; die übrigen Vollstreckungsunterlagen müssen zum Nachweis der Kosten nicht mehr eingereicht werden.

Für die Vertretung durch einen Rechtsanwalt im Vollstreckungsverfahren wird grundsätzlich ein 0,3fache Gebühr nach Nr. 3309 VV RVG erhoben, wobei jede einzelne Vollstreckungsmaßnahme als gesonderte, Kosten auslösende Angelegenheit zählt; dies gilt auch für die Erteilung einer weiteren vollstreckbaren Ausfertigung, die Vertretung in den Verfahren nach §§ 765a, 813b, 851a und 851b ZPO (Vollstreckungsschutz u.a.) sowie andere Handlungen der Zwangsvollstreckung. Bei der Vertretung mehrerer Mandanten entsteht eine Erhöhungsgebühr nach Nr. 1008 VV RVG in Höhe einer 0,3fachen Gebühr.

Vor Inkrafttreten des RVG (1.7.2004) wurde die $^{3}/_{10}$-Gebühr nach § 57 BRAGO um 0,3 der jeweiligen Gebühr angehoben, so dass sich bei zwei Mandanten insgesamt eine $^{39}/_{100}$-Gebühr ergab; nach dem RVG beträgt die Erhöhung das 0,3fache einer vollen Gebühr, so dass bei zwei Mandanten insgesamt eine 0,6fache Gebühr anfällt.

Der Wert richtet sich dabei im Regelfall nach dem Betrag der einzutreibenden Geldforderung einschließlich der bisherigen Kosten und Zinsen (Ausnahme: Abgabe der eidesstattlichen Versicherung, Maximalwert von 1500 EUR nach § 25 Abs. 1 Nr. 4 RVG), es sei denn, es soll ein bestimmter Gegenstand gepfändet werden, der einen geringeren Wert hat (§ 25 RVG).

Die Auslagen werden in der Regel im Wege der gesetzlichen Pauschale in Höhe von 20 % der Gebühren nach Nr. 7002 VV RVG, höchstens jedoch 20 EUR abgerechnet. Daneben entsteht die übliche Mehrwertsteuer (Nr. 7008 VV RVG), diese kann jedoch nur dann vom Schuldner eingefordert werden, wenn der Gläubiger **nicht** zum Vorsteuerabzug berechtigt ist.

Eine Tabelle der Rechtsanwaltsgebühren finden Sie im Kap. E.VIII., S. 319f.

Nicht unter diese allgemeine Regelung der Kosten der Rechtsanwälte fällt die Vertretung in Insolvenz-, Zwangsversteigerungs- und Zwangsverwaltungsverfahren, für die jeweils besondere Gebührenvorschriften existieren.

Die Vergütung von registrierten Inkassodienstleistern, die den Gläubiger in der Zwangsvollstreckung vertreten, ist nicht gesetzlich geregelt. Für die Erstattung gilt jedoch § 788 ZPO, d.h. es sind nur die notwendigen Kosten der Zwangsvollstreckung erstattungsfähig. Auch wenn sich die Vergütung der Inkassodienstleister nicht nach dem Rechtsanwaltsvergütungsgesetz berechnet, besteht eine Deckelung dahingehend, dass die vom Inkassodienstleister gegenüber dem Schuldner geltend gemachten Beträge nicht höher sein dürfen als diejenigen, die sich bei einer Vertretung durch einen Rechtsanwalt aus dem RVG ergeben.

II. Einzelne Vollstreckungsmaßnahmen

1. Zwangsvollstreckung in bewegliche Güter

a) Allgemeines

Die häufigste und bekannteste Vollstreckungsmaßnahme ist die Zwangsvollstreckung in die beweglichen Güter des Schuldners, die zumeist kurz als „Mobiliarzwangsvollstreckung" bezeichnet wird. Im Gegensatz hierzu stehen die Forderungspfändung und die Vollstreckung in Immobilien des Schuldners.

Zuständiges Organ für die Mobiliarzwangsvollstreckung ist der Gerichtsvollzieher. Grundlage der Tätigkeit des Gerichtsvollziehers bilden die Vorschriften der ZPO zur Zwangsvollstreckung sowie die bundeseinheitliche „Geschäftsanweisung für Gerichtsvollzieher" (GVGA).

b) Antrag (Auftrag an den Gerichtsvollzieher)

Der Gerichtsvollzieher wird nur aufgrund eines Auftrags des Gläubigers bzw. dessen Prozessbevollmächtigten tätig (§ 754 ZPO).

Zuständig ist **allgemein** der Gerichtsvollzieher des Gerichts, in dessen Bezirk der Schuldner wohnt bzw. seinen (Wohn-)Sitz hat. Sofern sich die Vollstreckung gegen Vermögen außerhalb des Gerichtsbezirks richtet, kann aber auch ein anderer Gerichtsvollzieher zuständig sein.

Es ist dabei möglich, dem Gerichtsvollzieher Weisungen im Rahmen seines gesetzlichen Auftrags zu erteilen.

Inhalt des Zwangsvollstreckungsauftrags an den Gerichtsvollzieher ist üblicherweise:

- Auftrag zur Zwangsvollstreckung in das bewegliche Vermögen
- Auftrag zur Ermittlung der Arbeitsstelle
- Auftrag zum Erlass eines vorläufigen Zahlungsverbots, sofern dem Gerichtsvollzieher Umstände bekannt werden, aus denen sich ergibt, dass der Schuldner Inhaber von pfändbaren Forderungen ist
- Anforderung von Protokollabschriften
- Antrag auf unmittelbare Terminsbestimmung zur Abgabe der eidesstattlichen Versicherung für den Fall, dass die gesetzlichen Voraussetzungen vorliegen (vgl. hierzu Kap. D.II.2. Abgabe der eidesstattlichen Versicherung, S. 241 ff.).

Sofern der Vollstreckungstitel dem Schuldner noch nicht zugestellt worden ist, z.B. weil im Vollstreckungsbescheidsantrag die Übergabe beider Ausfertigungen zur Parteizustellung beantragt wurde, ist gleichzeitig auch die Zustellung des Vollstreckungstitels zu beantragen.

Der Auftrag wird zusammen mit den Vollstreckungsunterlagen an die Gerichtsvollzieherverteilerstelle des Amtsgerichts, in dessen Bezirk der Schuldner wohnt bzw. in dem Schuldnervermögen vorhanden ist, übersandt. Die Verteilung auf den zuständigen Gerichtsvollzieher vor Ort übernimmt das Amtsgericht.

Die Frist zur Erledigung des Vollstreckungsauftrags (ohne evtl. Antrag auf Terminsbestimmung zur Abgabe der eidesstattlichen Versicherung) für den Gerichtsvollzieher beträgt regelmäßig einen Monat (§ 64 GVGA); diese Frist kann jedoch auch überschritten werden, wenn besondere Umstände vorliegen. Ob und inwieweit diese Frist überschritten wird, hängt stark von den lokalen Gegebenheiten und der saisonalen Arbeitsüberlastung der jeweiligen Gerichtsvollzieher ab. Zum Teil sind in der Vergangenheit dabei auch Erledigungsdauern von bis zu einem halben Jahr aufgetreten.

c) Ablauf der Mobiliarzwangsvollstreckung

aa) Zahlungsaufforderung durch den Gerichtsvollzieher

Der Gerichtsvollzieher sucht die Wohnung bzw. das Geschäftslokal des Schuldners auf. Falls der Vollstreckungstitel noch nicht zugestellt worden ist, erfolgt jetzt die Zustellung sowie die Zustellung sonstiger Urkunden (z.B. bei Rechtsnachfolgeklauseln, s. S. 223 f.).

Der Gerichtsvollzieher fordert den Schuldner auf, die beizutreibende Forderung zu zahlen. Durch den Auftrag des Gläubigers gilt er automatisch als ermächtigt, Zahlungen des Schuldners in Empfang zu nehmen und diese auch im Namen des Gläubigers zu quittieren (§ 754 ZPO). Der Gerichtsvollzieher hat jedoch keine Berechtigung, im Namen des Gläubigers dem Schuldner Stundung zu gewähren oder eine Ratenzahlung zu vereinbaren. Sofern der Schuldner jedoch eine Ratenzahlung anbietet, wird der Gerichtsvollzieher dies dem Gläubiger durch die Aufnahme in das Vollstreckungsprotokoll mitteilen. Teilzahlungen können vom Gerichtsvollzieher jederzeit angenommen werden; ferner ist es möglich, mit Einverständnis des Gläubigers die Einziehung von Teilbeträgen fortzuführen (§ 806b ZPO).

Zahlt der Schuldner die Forderung vollständig, hat der Gerichtsvollzieher dem Schuldner die vollstreckbare Ausfertigung des Vollstreckungstitels an diesen auszuhändigen. Stellt sich anschließend heraus, dass die Forderung doch nicht vollständig beglichen ist (z.B. dass nicht alle Kosten in der damals vorliegenden Forderungsaufstellung enthalten waren oder es lag ein Rechenfehler vor), muss vom Gläubiger eine zweite vollstreckbare Ausfertigung des Vollstreckungstitels beim Mahn- oder Prozessgericht beantragt werden.

bb) Durchsuchung, Durchsuchungsanordnung

Der Gerichtsvollzieher ist dazu ermächtigt, die Räume des Schuldners auf Geld, Wertgegenstände und sonstige pfändbare Habe des Schuldners zu untersuchen.

Verweigert der Schuldner die Durchsuchung seiner Wohnung oder reagiert er nicht auf die (zumeist mehrfachen schriftlichen) Aufforderungen des Gerichtsvollziehers, ihm die Durchsuchung der Wohnung zu gestatten, wird die Vorlage einer richterlichen Durchsuchungsanordnung erforderlich (§ 758a ZPO).

Die Durchsuchungsanordnung kann formlos unter Vorlage der Vollstreckungsunterlagen bei dem Vollstreckungsgericht beantragt werden. Voraussetzung ist, dass entweder der Schuldner die Durchsuchung der Wohnung ausdrücklich verweigert oder der Gerichtsvollzieher den Schuldner zu verschiedenen Zeiten nicht angetroffen hat. Zum Teil wird hierbei auch mindestens ein Vollstreckungsversuch außerhalb der üblichen Arbeitszeiten verlangt sowie eine schriftliche Aufforderung an den Schuldner, zu diesem Zeitpunkt zu Hause zu sein. Der Nachweis der Voraussetzungen erfolgt dabei durch Vorlage des Gerichtsvollzieherprotokolls.

Der erwirkte Durchsuchungsbeschluss kann dann dem Gerichtsvollzieher mit sämtlichen Vollstreckungsunterlagen und der Bitte um Fortsetzung der Zwangsvollstreckung übersandt werden.

Alternativ kann der Gläubiger für den Fall der Verweigerung der Durchsuchung den Antrag auf Abnahme der eidesstattlichen Versicherung stellen. Dieser Antrag kann bereits im Vollstreckungsauftrag an den Gerichtsvollzieher für diesen Fall gestellt werden. Der Vorteil dieser Vorgehensweise ist, dass der Gerichtsvollzieher, der sich bereits im Besitz aller notwendigen Unterlagen befindet, sofort den Termin zur Abgabe der eidesstattlichen Versicherung bestimmen kann, während für die Durchsuchungsanordnung noch eine weitere Stelle (Vollstreckungsgericht) befasst werden muss. Darüber hinaus bietet die eidesstattliche Versicherung dem Gläubiger mehr Ansatzpunkte für eine Fortsetzung der Zwangsvollstreckung als die Durchsuchung nach pfändbaren Gegenständen, da diese in der Regel erfolglos ausfällt.

cc) Pfändung

Der Gerichtsvollzieher kann Gegenstände pfänden, wenn diese sich im Gewahrsam des Schuldners (§ 808 Abs. 1 ZPO), des Gläubigers oder eines herausgabebereiten Dritten befinden.

Ob eine Sache wirklich zum Vermögen des Schuldners gehört, ist dabei unbeachtlich. Es reicht aus, dass der Schuldner Gewahrsamsinhaber ist. Nach §§ 1362 BGB, 739 ZPO gilt der Schuldner in einer gemeinsamen Ehewohnung zugunsten des Gläubigers als Gewahrsamsinhaber aller dort eingebrachten Gegenstände, so dass – unbeschadet der späteren Geltendmachung von anderen Eigentumsrechten – eine Pfändung möglich ist. Diese gesetzliche Vermutung gilt jedoch bei nichtehelichen Lebensgemeinschaften nicht (BGH, Urt. v. 14.12.2006 – IX ZR 92/05, MDR 2007, 660), hier muss der Gläubiger ggf. in einem evtl. Drittwiderspruchsverfahren das Eigentum des Schuldners beweisen (was praktisch jedoch kaum möglich sein dürfte).

Sofern sich zum Schuldnervermögen gehörende Gegenstände im Gewahrsam eines Dritten befinden (Beispiel: Pkw des Schuldners wurde an Bekannten verliehen) und dieser zur Herausgabe nicht bereit ist, kann keine Pfändung erfolgen. Vielmehr ist der Herausgabeanspruch des Schuldners an den Dritten im Wege der Forderungspfändung mit einem Pfändungs- und Überweisungsbeschluss zu pfänden.

Rechte Dritter an im Gewahrsam des Schuldners befindlichen Gegenständen sind vom Gerichtsvollzieher grundsätzlich nicht zu beachten, diese müssen vielmehr von dem eigentlichen Eigentümer im Wege der Drittwiderspruchsklage geltend gemacht werden.

Beispiele für Rechte Dritter an Gegenständen im Schuldnerbesitz sind:

- **Eigentum eines Dritten:** Gegenstände im Besitz des Schuldners können „nur" geliehen, geleast oder gemietet sein, also im Eigentum einer anderen Person stehen. Hier ist eine Pfändung möglich, aber eher sinnlos, wenn der entsprechende Vortrag des Schuldners offensichtlich korrekt ist. Ähnlich verhält es sich auch, wenn der Gegenstand im Miteigentum eines Dritten steht oder zum Vermögen einer Gemeinschaft oder Gesellschaft gehört. In diesem Fall kann (materiellrechtlich) nur im Wege der Forderungspfändung der Anspruch auf Auseinandersetzung der Gemeinschaft gepfändet werden.

- **Sicherungs- und Vorbehaltseigentum:** Anders sieht es aus, wenn der Schuldner einen Gegenstand für eine andere Forderung als Sicherheit übereignet hat oder der Schuldner das Eigentum z.B. wegen einer laufenden Ratenzahlung noch nicht erworben hat (Eigentumsvorbehalt). Hier kann zumindest das Anwartschaftsrecht des Schuldners auf Rückübereignung des Gegenstands gepfändet werden; allerdings handelt es sich auch hierbei um eine Forderung, die nur mit Pfändungs- und Überweisungsbeschluss gepfändet werden kann. Oft wird auch das Eigentum an wertvollen Gegenständen (Pkw) bei drohender Zwangsvollstreckung auf nahe Angehörige verteilt, zumeist als Sicherung für obskure oder nichtexistente Forderungen. Sofern einigermaßen sicher ist, dass die behauptete Übereignung an Dritte rechtlich nicht haltbar ist, kann auf der zumindest formal zulässigen Pfändung der strittigen Gegenstände bestanden werden, da das Eigentum anderer Personen von diesen (und nicht vom Schuldner!) mit einer Drittwiderspruchsklage erst aktiv geltend gemacht werden muss. Bei rechtlich zweifelhaften Tatbeständen wird dies mit Sicherheit unterbleiben.

- **Zugehörigkeit von Gegenständen zu einem Hypothekenhaftungsverband:** Bewegliche Habe des Schuldners kann auch ausschließlich unter die Immobiliarvollstreckung fallen, wenn es sich um Gegenstände handelt, die in eine mit Grundpfandrechten belastete Immobilie des Schuldners eingebracht worden sind und dem wirtschaftlichen Zweck der Hauptsache dienen (Beispiel: Die Melkmaschine in einem landwirtschaftlichen Betrieb dient dem Zweck des Gebäudes, unterliegt also bereits dem Pfandrecht einer eventuellen Hypothek). Da die Bestellung von Grundpfandrechten zumeist vor der Zwangsvollstreckung erfolgte, besitzt der Grundpfandrechtsgläubiger ein vorrangiges Pfandrecht an den Gegenständen. Die Verwertung erfolgt daher ausschließlich im Wege der Zwangsversteigerung des Grundstücks.

Streitig ist jedoch, wie sich der Gerichtsvollzieher zu verhalten hat, wenn das Bestehen von Rechten Dritter offensichtlich ist (Beispiel: Leasing-Pkw im Besitz des Schuldners und dies wird durch Vorlage der entsprechenden Verträge nachgewiesen). Meist wird der Gerichtsvollzieher im Interesse des Gläubigers in einem solchen Fall von der Pfändung absehen, da sich dieser ansonsten auf der Beklagtenseite in einem Drittwiderspruchsverfahren wiederfinden würde. Wenn der Gläubiger jedoch auf der Pfändung besteht, muss diese durchgeführt werden.

Als pfändbarer Gegenstand gilt die gesamte bewegliche Habe des Schuldners, soweit diese nicht im Wege des Pfändungs- und Überweisungsbeschlusses vollstreckt werden muss. Bei der Durchsuchung aufgefundene Wertgegenstände, wie Geld, Wertpapiere oder Schmuck, werden vom Gerichtsvollzieher gepfändet und in Gewahrsam genommen.

Aufgefundenes Geld wird, soweit es sich nicht um unpfändbar zu belassendes Einkommen handelt, unter Verrechnung der Kosten des Gerichtsvollziehers an den Gläubiger überwiesen. Wertpapiere mit einem Kurswert (Aktien, ausländische Währungen) werden vom Gerichtsvollzieher zum Tageskurs veräußert und der Ertrag an den Gläubiger abgeführt. Andere Wertpapiere, die für eine wirksame Pfändung einen Pfändungs- und Überweisungsbeschluss voraussetzen (z.B. Sparbuch), werden vom Gerichtsvollzieher sichergestellt und der Gläubiger wird aufgefordert, einen diesbezüglichen Pfändungs- und Überweisungsbeschluss zu beantragen.

Andere Gegenstände, die sich im Besitz des Schuldners befinden und deren Verwertung zu einer Begleichung der Schuld genutzt werden können, werden durch Anbringung eines Pfandsiegels (der allseits bekannte „Kuckuck", so genannt nach dem dort früher abgebildeten Reichsadler) gepfändet.

Bei der Pfändung werden die gepfändeten Gegenstände vom Gerichtsvollzieher geschätzt. Soweit es sich um Kostbarkeiten (z.B. Schmuck, Teppiche) handelt oder der Gerichtsvollzieher nicht genügend eigene Sachkenntnis besitzt, erfolgt nach der Pfändung die Schätzung durch einen Sachverständigen.

Durch die Pfändung des Gerichtsvollziehers erwirbt der Gläubiger ein Pfandrecht, welches dem Faustpfandrecht des Bürgerlichen Gesetzbuches gleichsteht, und zwar im Rang entsprechend dem Zeitpunkt der Pfändung. Ein Gegenstand kann mehrfach gepfändet werden (Anschlusspfändung), der „spätere" Gläubiger erwirbt dabei allerdings nur ein nachrangiges Pfandrecht. Wenn der Erlös bei der Verwertung nur für die Forderung des vorhergehenden Gläubigers ausreicht, gehen nachrangige Gläubiger leer aus.

Sofern dem Gerichtsvollzieher bei der Pfändung mehrere Vollstreckungsaufträge für den Schuldner vorliegen, erwerben die beteiligten Gläubiger ein gleichrangiges, anteiliges Pfandrecht. Bei der Verwertung wird der auf ihr Pfandrecht entfallende Erlös entsprechend dem anteiligen Betrag ihrer Forderungen aufgeteilt.

dd) Unpfändbarkeit

Nicht gepfändet werden dürfen Gegenstände, welche nach § 811 ZPO unpfändbar sind. Auf eine Aufzählung der in dieser Vorschrift aufgeführten, als unpfändbar genannten Gegenstände wird hier verzichtet, zumal diese nicht unbedingt mehr zeitgemäß ist (enthalten sind in der gesetzlichen Aufstellung u.a. immer noch – wortwörtlich – „zwei Schweine, Ziegen oder Schafe"!). Zusammengefasst lässt sich sagen, dass alle Gegenstände, die der Schuldner zu einer angemessenen Lebensführung sowie zur Fortführung seiner Berufstätigkeit benötigt, unpfändbar sind. Dazu zählen insbesondere Kleidungsstücke, Möbel, Nahrungsmittel, Bücher etc.

Die Notwendigkeit einzelner Gegenstände für eine „bescheidene Lebensführung" ist meist auch nicht streitig, schwieriger ist jedoch die Abgrenzung, welche Gegenstände dem Schuldner zur Fortführung seiner Berufstätigkeit zu belassen sind. Dem Schuldner darf dabei nicht die Existenzgrundlage entzogen werden. Allgemein anerkannt ist heute, dass auch ein Fernsehgerät unpfändbar ist (soweit es einer bescheidenen Lebensführung angemessen ist). Ebenso ist in vielen Fällen auch ein Pkw als unpfändbar anerkannt worden, wenn der Schuldner gehbehindert ist, den Pkw zu seiner normalen Lebensführung benötigt (z.B. Kinder müssen zur

Schule gebracht werden), eine regelmäßige ärztliche Behandlung per PKW erreicht werden muss (LG Kaiserlauten Rpfleger 2006, 482), oder ein Arbeitsplatz nur mit Pkw erreicht werden kann. Hier ist darauf abzustellen, ob die Pfändung eine **sittenwidrige Härte** für den Schuldner darstellt (§ 765a ZPO). Der Begriff der sittenwidrigen Härte ist bewusst offen gehalten worden. Bei der Bewertung ist zum einen zu berücksichtigen, dass eine Zwangsvollstreckung immer eine Härte darstellt (es muss eine besonderer Fall vorliegen), zum anderen werden auch die Interessen des Gläubigers angemessen berücksichtigt.

Komplizierter gestaltet sich die Unpfändbarkeit bei **Selbständigen**. Hier dürfte beispielsweise ein (angemessener) Pkw unpfändbar sein, wenn der Schuldner selbständiger Vertreter ist. Ebenso ist auch bei vielen Berufen (Arzt, Architekt, Rechtsanwalt) die komplette Büroeinrichtung einschließlich PC unpfändbar. Gleiches gilt auch in einem Ladenlokal für die dort vorhandenen Waren, Rohmaterialien und Erzeugnisse.

Dies trifft wiederum jedoch nur dann zu, wenn der Schuldner durch persönlichen Einsatz an dem Geschäftsbetrieb teilnimmt, da nur die Fortführung der Berufstätigkeit der Schuldners geschützt ist, nicht jedoch die seiner Angestellten. Wenn beispielsweise der Schuldner Physiotherapeut ist, dürfte ein Behandlungszimmer (das der Schuldner selbst nutzt) sowie die komplette, notwendige Büroeinrichtung (selbst wenn dort eine Schreibkraft arbeitet) unpfändbar sein, da dies zur Aufrechterhaltung des Betriebs benötigt wird. Die Ausstattung eines weiteren Raumes, der von einem Angestellten genutzt wird, wäre der Pfändung unterworfen, da dieser für die Berufsausübung des Schuldners nicht erforderlich ist. Möglicherweise könnte sich hier allerdings auch aus den Umständen des Einzelfalls wieder etwas anderes ergeben. Eine saubere, allgemeingültige Abgrenzung zu treffen ist nahezu unmöglich. Bei einer bloßen Kapitalbeteiligung oder Inhaberschaft des Schuldners (d.h. keine persönliche Leistung) ist keinerlei Unpfändbarkeit gegeben.

Eigentlich unpfändbare Gegenstände können ggf. im Wege der **Austauschpfändung** doch gepfändet werden, d.h., dem Schuldner wird der kostbare, aber unpfändbare Gegenstand (z.B. die Schweizer Gold-Uhr) im Wege der Pfändung weggenommen und er erhält dafür einen vom Gläubiger gestellten Gegenstand, der seinen Zweck entsprechend erfüllt (in diesem Beispiel eine Plastik-Uhr aus dem Supermarkt).

Haustiere unterliegen grundsätzlich nicht der Pfändung (§ 811c ZPO), können aber unter besonderen Umständen (Unpfändbarkeit stellt eine unzumutbare Härte für den Gläubiger dar, z.B. der Schuldner hält wertvolle Luxustiere) auf Antrag vom Vollstreckungsgericht für pfändbar erklärt werden.

Die meisten Pfändungen unterbleiben jedoch aufgrund des zu geringen Wertes des potentiellen Pfandgutes. Nach § 803 Abs. 2 ZPO hat die Pfändung zu unterbleiben, wenn die Verwertung der Pfandstücke keinen Überschuss über die Kosten der Zwangsvollstreckung erwarten lässt. Dabei ist zu berücksichtigen, dass neben den Gebühren des Gerichtsvollziehers auch noch dessen Auslagen hinzuzurechnen sind, z.B. für Abholung der Pfandstücke, Lagerung der gepfändeten Gegenstände (insbesondere bei Kraftfahrzeugen), Kosten der Schätzung, notwendige Bekanntmachungskosten usw. Aufgrund dieser Tatsachen unterbleibt oft zu Recht die Pfändung solcher Gegenstände, die nach dem allgemeinen Empfinden eher als „Luxusgüter" einzuordnen sind: Satelliten-Receiver, DVD-Player, Stereo-Anlage. Soweit es sich nicht um aktuelle oder hochwertige Modelle handelt, ist in diesen Fällen die Erzielung eines Überschusses im Rahmen der Verwertung eher unwahrscheinlich, zumal bei der Versteigerung selten der tatsächliche Verkehrswert erreicht wird.

Rechte Dritter an einem Gegenstand, auch wenn sie unstreitig sind, bewirken nach herrschender Meinung keine Unpfändbarkeit (siehe hierzu auch oben cc) Pfändung).

Vollstreckt der Gläubiger wegen einer Kaufpreisforderung, für die ein **Eigentumsvorbehalt** vereinbart worden ist, kann die gelieferte, noch im Eigentum des Gläubigers stehende Ware auch dann gepfändet werden, wenn der Schuldner diese zur bescheidenen Lebensführung oder zur Fortführung der Erwerbstätigkeit benötigt. Informieren Sie in diesem Fall unbedingt den Gerichtsvollzieher (**Beispiel:** „Der Pkw Mercedes SLK 500 steht noch im Eigentum des Gläubigers und kann daher auch gepfändet werden, wenn sich der Schuldner auf eine Unpfändbarkeit nach § 811 Abs. 1 Nr. 5 ZPO beruft") und fügen evtl. Nachweise (Kaufvertrag mit Sicherungsvorbehaltsklausel) bei.

ee) Verwertung

Gepfändetes Geld wird an den Gläubiger direkt abgeführt (§ 815 Abs. 1 ZPO), Wertsachen mit Kurswert (Aktien, Fremdwährungen) werden eingelöst und der Gegenwert ebenfalls an den Gläubiger überwiesen. Bei gepfändeten Gegenständen erfolgt eine Verwertung durch den Gerichtsvollzieher, in der Regel durch die öffentliche Versteigerung.

Ein Aufschub der Verwertung gepfändeter Gegenstände ist möglich, wenn der Schuldner Teilzahlungen anbietet und der Gläubiger damit einverstanden ist (§ 813a ZPO), oder wenn das Vollstreckungsgericht dies unter bestimmten Voraussetzungen wie der Zahlungsbereitschaft und den persönlichen und wirtschaftlichen Verhältnissen des Schuldners anordnet (§ 813b ZPO). Ein solcher Aufschub darf längstens für ein Jahr erfolgen.

ff) Öffentliche Versteigerung

Grundsätzlich erfolgt die Verwertung gepfändeter Gegenstände im Wege einer öffentlichen Versteigerung (§ 814 ZPO). Der Versteigerungstermin hat frühestens eine Woche nach der Pfändung stattzufinden, Ort und Zeit sind öffentlich bekannt zu machen (Zeitungsanzeige).

Mitbieten dürfen alle im Termin erschienenen Personen, also auch Gläubiger und Schuldner. Letzterer muss allerdings die sofortige Zahlung nachweisen können. Der Gläubiger kann das Pfandstück unter Verrechnung auf seine Forderung bargeldlos ersteigern. Dies ist sinnvoll, wenn das Pfandstück für den Gläubiger einen besonderen Wert besitzt oder wenn eine „Verschleuderung" des Pfandobjekts deutlich unter seinem Wert droht.

Der Zuschlag darf dem Meistbietenden nur erteilt werden, wenn das Mindestgebot erreicht wird (§ 817a ZPO), welches bei der Hälfte des vom Gerichtsvollzieher zuvor geschätzten Wertes liegt.

Wird ein gültiges Gebot nicht erreicht, bleibt das Pfandrecht des Gläubigers bestehen; auf seinen Antrag kann ein erneuter Versteigerungstermin durchgeführt werden. Zu beachten ist allerdings, dass durch diesen neue Kosten entstehen; ferner laufen auch noch evtl. Lager- und Versorgungskosten der gepfändeten Gegenstände zu Lasten des Gläubigers weiter.

Nach einem aktuellen Gesetzgebungsvorhaben der Bundesregieurng (Stand: Mai 2009) soll neben der öffentlichen Versteigerung grundsätzlich auch die Versteigerung über eine Internet-Plattform möglich sein. Näheres muss dabei das jeweilige Landesrecht regeln. Vermutlich werden hierbei bereits existierende, e-bay ähnliche Portale der Justizverwaltungen (z.B. *www.justiz-auktion.de*) Anwendung finden.

gg) Anderweitige Verwertung

Neben der Versteigerung durch den Gerichtsvollzieher kann auf Antrag des Gläubigers oder des Schuldners eine anderweitige Verwertung vorgenommen werden (§ 825 ZPO). In der Regel handelt es sich dabei um den freihändigen Verkauf, beispielsweise:

– wenn die Natur der Sache eine Versteigerung nicht erlaubt (**Beispiel:** Große Anzahl von kleineren Teilen wurde aus dem Lager eines Einzelhändlers gepfändet) oder

– wenn eine freie Verwertung einen höheren Erlös erbringen kann (**Beispiel:** Es wurde eine Spezialmaschine gepfändet, für deren Kauf nur wenige potentielle Erwerber bekannt sind).

Eine Übereignung des Pfandgegenstands an den Gläubiger unter Anrechnung auf die Forderung ist nicht zulässig.

Über die anderweitige Verwertung entscheidet der Gerichtsvollzieher nach freiem Ermessen.

Das Vollstreckungsgericht kann auf Antrag des Gläubigers oder Schuldners anordnen, dass die Versteigerung durch eine andere Person als den Gerichtsvollzieher erfolgen kann (§ 825 Abs. 2 ZPO), z.B. wenn es sich um Kunstgegenstände oder andere regelmäßig in Auktionen angebotene Gegenstände handelt.

Eine (in vielen Fällen naheliegende) „Versteigerung" von Pfandgegenständen über Auktionsplattformen wie ebay stellt rechtlich keine Versteigerung dar, sondern dürfte dem freihändigen Verkauf durch den Gerichtsvollzieher nach § 825 Abs. 1 ZPO entsprechen, so das hierüber der Gerichtsvollzieher entscheiden kann.

hh) Weiterer Ablauf, Protokoll

Über den Ablauf der Vollstreckung ist vom Gerichtsvollzieher ein Protokoll aufzunehmen, welches alle wesentlichen Handlungen des Gerichtsvollziehers enthält. Neben dem Ergebnis der Durchsuchung, des Pfändungsversuches sowie einer evtl. Versteigerung sind in diesem Protokoll auch die vom Gerichtsvollzieher ermittelten Auskünfte enthalten. Führt der Pfändungsversuch nicht zum Erfolg, soll der Gerichtsvollzieher den Schuldner oder eine andere Person, die er antrifft, nach offenen Forderungen des Schuldners befragen (§ 806a ZPO). Eine Verpflichtung, diese Fragen zu beantworten, besteht jedoch nicht, worauf der Gerichtsvollzieher auch hinweisen muss. Allerdings kann der Schuldner durch eine entsprechende Auskunft das Verfahren zur Abgabe der eidesstattlichen Versicherung vermeiden. Meist wird im Protokoll des Gerichtsvollziehers zumindest die Arbeitsstelle des Schuldners mit eventuellen Vorpfändungen genannt.

Falls dem Gerichtsvollzieher Anhaltspunkte bekannt werden, die für eine erfolgreiche Pfändung des Arbeitseinkommens sprechen (der Schuldner bezieht ein hohes Einkommen, Pfändungen liegen beim Arbeitgeber noch nicht vor), kann er auf Antrag eine Vorpfändung nach § 845 ZPO vornehmen (s. hierzu Kap. D.II.3.f) Vorpfändungsbenachrichtigung nach § 845 ZPO, S. 267 f.).

⊃ Praxishinweis:
Da das Protokoll des Gerichtsvollziehers oft wertvolle Anhaltspunkte für die weitere Vollstreckung liefert, sollte es nicht einfach abgeheftet, sondern auch aufmerksam gelesen werden. Den Verfassern sind in der Praxis laufend Fälle untergekommen, in denen eine mögliche Pfändung des Arbeitseinkommens nach einer durchgeführten Vorpfändung unterblieb, weil dies auf Gläubigerseite einfach nicht zur Kenntnis genommen worden ist.

Falls der Schuldner bereits mehrfach vom zuständigen Gerichtsvollzieher aufgesucht worden ist und offensichtlich ist, dass sich seit dem letzten Besuch keine Änderungen ergeben haben, kann der Gerichtsvollzieher von einem Vollstreckungsversuch absehen und eine Einstellung gem. § 63 GVGA vornehmen. In diesem Fall wird dem Gläubiger nur mitgeteilt, dass der Schuldner bereits amtsbekannt unpfändbar ist. Diese „Erledigung am Schreibtisch" hat für alle Seiten Vorteile: Der ohnehin überlastete Gerichtsvollzieher muss nicht zum wiederholten Mal beim Schuldner (vergeblich) nach pfändbaren Gegenständen suchen, der Schuldner hat seine Ruhe und der Gläubiger wiederum nach kürzester Zeit seine Nachricht, die obendrein noch deutlich billiger ist.

ii) Kosten

Die Kosten des Gerichtsvollziehers berechnen sich nach dem Gerichtsvollzieherkostengesetz. Dieses enthält feste Beträge für die einzelnen „Leistungen" des Gerichtsvollziehers.

Eine Tabelle mit den häufigsten Gebührentatbeständen finden Sie im Kap. E.IX. Kosten des Gerichtsvollziehers, S. 320 f.

Zu diesen Gebühren kommen möglicherweise noch weitere Auslagen. Hier können unter anderem Postgebühren, weitere Reisekosten oder auch Auslagen Dritter wie Lagerkosten, Schätzkosten, Kosten für Inserate etc. anfallen. Hier kann leider kaum eine verlässliche Auskunft über die zu erwartenden Kosten gemacht werden.

Die Kosten werden vom Gerichtsvollzieher nach der Vollstreckung abgerechnet, die Vornahme der Vollstreckung kann jedoch von der Zahlung eines Kostenvorschusses abhängig gemacht werden. Größere Auslagenbeträge (beispielsweise Auslagen für die Verwahrung von größeren Pfandgegenständen wie Pkws) werden meist vorab angefordert.

⊃ **Praxishinweis:**

- Neue Aufträge übersenden Sie immer an die Gerichtsvollzieherverteilerstelle bei dem entsprechenden Vollstreckungsgericht. Mitteilungen im Nachgang zu einem bereits übermittelten Zwangsvollstreckungsauftrag sollten Sie jedoch, soweit Ihnen eine entsprechende Adresse bekannt ist, immer an den entsprechenden Gerichtsvollzieher direkt senden. So vermeiden Sie längere Postlaufzeiten.

- Sofern Sie Hinweise auf bestimmte Vermögensgegenstände des Schuldners haben (Pkw, Wertgegenstände), können Sie den Gerichtsvollzieher selbstverständlich hierauf hinweisen.

- **Vermeiden Sie kostenträchtige Aktionen!** Auch wenn es dem „normalen Bürger" nur schwer verständlich ist, ist eine Pfändung und Verwertung von üblichen Einrichtungsgegenständen nahezu aussichtslos geworden. Bedenken Sie bitte, dass der voraussichtliche Erlös bei der Versteigerung nicht nur die Gebühren des Gerichtsvollziehers, sondern auch dessen Auslagen (Zeitungsanzeige, Lagerkosten, Kosten für Abtransport und Sicherstellung) abdecken muss.

2. Abgabe der eidesstattlichen Versicherung

a) Allgemeines

Die eidesstattliche Versicherung (eV) des Schuldners soll dem Gläubiger die Gelegenheit geben, eine Übersicht über die möglicherweise noch vorhandene pfändbare Habe des Schuldners zu erhalten. Ferner stellt die Abgabe der eidesstattlichen Versicherung eines der stärksten Druckmittel gegenüber dem Schuldner dar, da eine Eintragung in das Schuldnerverzeichnis beim Vollstreckungsgericht erfolgt. Diese Eintragungen werden wiederum den verschiedenen Kreditschutzverbänden (z.B. „Schufa") gemeldet, was zur Verweigerung von Krediten oder Finanzierungen des Schuldners führt. Viele Schuldner zahlen daher grundsätzlich erst, wenn sie eine Ladung zum Termin zur Abgabe der eV erhalten.

Gem. § 807 ZPO ist der Schuldner zur Abgabe der eidesstattlichen Versicherung verpflichtet, wenn eine Vollstreckung in die bewegliche Habe des Schuldners bereits erfolglos verlief, der Schuldner die Durchsuchung seiner Wohnung verweigerte oder grundlos vom Gerichtsvollzieher wiederholt nicht angetroffen werden konnte.

Hat der Schuldner innerhalb der letzten 3 Jahre bereits eine eidesstattliche Versicherung abgegeben, ist er nur unter den Voraussetzungen des § 903 ZPO zu einer erneuten Abgabe verpflichtet (vgl. entsprechendes Kapitel). In den anderen Fällen kann lediglich von dem zuständigen Amtsgericht eine Abschrift des Vermögensverzeichnisses der früheren eidesstattlichen Versicherung erlangt werden.

Ist der Schuldner selbst nicht prozessfähig oder handelt es sich dabei um eine juristische Person, so sind die Personen, die zum Zeitpunkt des Termins zur Abgabe der eV zu seiner gesetzlichen Vertretung berechtigt sind, zur Abgabe der eidesstattlichen Versicherung verpflichtet (**Beispiel:** Eltern für minderjährige Kinder, Gesellschafter für OHG und KG, Geschäftsführer für GmbH; BGH, I ZB 35/06).

b) Schuldnerverzeichnis

Das Schuldnerverzeichnis wird beim Vollstreckungsgericht (Amtsgericht am Wohnort des Schuldners) geführt; eingetragen wird die bereits abgegebene eidesstattliche Versicherung eines Schuldners, wegen eines nicht wahrgenommenen eV-Termins erlassene Haftbefehle sowie die Ablehnung eines Insolvenzverfahrens mangels Masse.

Sämtliche Eintragungen werden nach drei Jahren gelöscht. Mit einer entsprechenden Quittung des Gläubigers kann der Schuldner auch eine vorzeitige Löschung seiner Eintragungen erreichen.

Neben den im Gesetz genannten Institutionen und Verbänden, welche regelmäßig Auskünfte über Eintragungen und Löschungen erhalten, können auch Gläubiger zum Zwecke der Zwangsvollstreckung oder zur Abwehr von wirtschaftlichen Nachteilen infolge der Nichterfüllung von Zahlungsverpflichtungen Auskünfte aus dem Schuldnerverzeichnis erhalten.

Dabei ist das Bestehen dieser Voraussetzung glaubhaft zu machen; wenn ein Vollstreckungstitel vorliegt, sollte dieser zumindest in Kopie der Anfrage beigefügt werden, andernfalls muss der Sachverhalt, aufgrund dessen eine Auskunft begehrt wird, erläutert werden.

Ein Zwangsvollstreckungsgläubiger kann unter Vorlage des Vollstreckungstitels eine Abschrift des Vermögensverzeichnisses des Schuldners beantragen, wenn die Voraussetzungen der Zwangsvollstreckung vorliegen.

Das Schuldnerverzeichnis wird inzwischen meist zentral als elektronische Datei geführt (§ 915h ZPO), wobei die jeweilige Eintragung nach wie vor von dem zuständigen Vollstreckungsgericht vorgenommen werden, dort können auch nach wie vor die jeweiligen Auskünfte erlangt werden. Ein zentraler Abruf der Daten über das Internet kann für bestimmte Personengruppen eingerichtet werden. Die Voraussetzungen hierfür richten sich nach dem Recht des jeweiligen Bundeslandes.

c) Antrag auf Terminsbestimmung

Die Terminsbestimmung zur Abgabe einer eidesstattlichen Versicherung des Schuldners ist bei dem Gerichtsvollzieher, in dessen Bezirk der Schuldner bzw. dessen Vertreter seinen Wohnort hat, zu beantragen.

Üblicherweise wird der Antrag gleich zusammen mit dem Auftrag zur Mobiliarvollstreckung an den Gerichtsvollzieher für den Fall übersandt, dass die Voraussetzungen zur Abgabe der eV vorliegen (Schuldner nicht angetroffen, Durchsuchung verweigert).

Ob eine vollständige Forderungsaufstellung nebst allen Nachweisen für den eV-Antrag erforderlich ist, ist umstritten; schaden kann die vollständige Einreichung nie, zumal der Schuldner die Abgabe der eV jederzeit durch vollständige Zahlung abwenden kann und hierfür die Forderungshöhe festgestellt werden muss.

Falls weitere Voraussetzungen zu beachten sind (z.B. für eine erneute eidesstattliche Versicherung, s. Abschnitt f), sind diese im Antrag durch den Gläubiger glaubhaft zu machen.

Sofern dem Gläubiger besondere Umstände bekannt sind, die auf unbekanntes oder zweifelhaftes Vermögen des Schuldners hindeuten, sollte im Antrag darauf hingewiesen werden (**Beispiel:** „Insbesondere soll der Schuldner Auskunft geben über sein Miteigentum an der Ferienwohnung auf Sylt."). Bei besonderen Konstellationen empfiehlt es sich für den Antragsteller, auch von seinem Recht auf Teilnahme am Termin Gebrauch zu machen.

Für den Fall, dass der Schuldner die eidesstattliche Versicherung bereits für einen anderen Vollstreckungsgläubiger abgegeben hat, sollte der Antrag auf Erteilung einer Abschrift aus dem Schuldnerverzeichnis bereits hilfsweise vorab gestellt werden. Der Gerichtsvollzieher kann in diesem Fall die Unterlagen direkt an das Amtsgericht zur weiteren Erledigung weiterleiten.

Ein Beispiel für den Antrag auf Terminsbestimmung zur Abgabe der eV bereits im Vollstreckungsauftrag finden Sie im Kap. E.III., S. 311 f.

d) Termin, Abgabe des Vermögensverzeichnisses

Nach § 900 ZPO bestehen zwei Möglichkeiten für die Abgabe der eidesstattlichen Versicherung:

– Der Gerichtsvollzieher stellt anlässlich eines fruchtlosen Pfändungsversuchs fest, dass die Voraussetzungen vorliegen und der Gläubiger einen Antrag auf Abgabe der eV gestellt hat: Sofern der Gläubiger (im Antrag) und der Schuldner nicht widersprechen, kann die Abgabe der eV an Ort und Stelle (in der Wohnung des Schuldners) erfolgen. Dieses verkürzte Verfahren hat eigentlich nur Vorteile. Es ist schneller durchzuführen und für beide Seiten mit weniger Aufwand und Kosten verbunden, da die förmliche Ladung an den Schuldner unterbleiben kann. Eine Ausnahme besteht lediglich dann, wenn der Gläubiger von seinem Fragerecht im Termin Gebrauch machen will.

– Der Antrag wird separat an den Gerichtsvollzieher gestellt: Der Gerichtsvollzieher bestimmt einen Termin zur Abgabe der eidesstattlichen Versicherung. Der Schuldner bzw. dessen gesetzlicher Vertreter (nicht jedoch ein evtl. Prozessbevollmächtigter) wird vom Gerichtsvollzieher förmlich geladen. Dem Gläubiger wird die Terminsbestimmung formlos mitgeteilt. Wenn der Schuldner im Termin glaubhaft macht, dass er die Forderung innerhalb von sechs Monaten tilgen kann, kann der Gerichtsvollzieher den Termin zur Abgabe der eV um diesen Zeitraum vertagen und in der Zwischenzeit Teilbeträge einziehen (§ 900 Abs. 3 ZPO). Weist der Schuldner nach sechs Monaten die Zahlung von drei Vierteln der Forderung nach, kann eine erneute Vertagung von zwei Monaten erfolgen.

Um eine Vertagung zu erreichen, muss der Schuldner seine Zahlungsmöglichkeit und auch Zahlungsbereitschaft glaubhaft machen. Dies erfolgt in der Regel durch die Erbringung von Teilzahlungen, ist aber nicht unbedingt Voraussetzung. Der Schuldner muss jedoch erklären können, warum er die Schuld jetzt und nicht bereits vorher zahlen kann. Die reine Erklärung, er werde zahlen, ist nicht ausreichend.

Das Einverständnis des Gläubigers ist für eine Vertagung nicht erforderlich, wohl aber für die künftige Einziehung von Teilbeträgen durch den Gerichtsvollzieher.

Bestreitet der Schuldner die Verpflichtung zur Abgabe der eV, entscheidet das Vollstreckungsgericht über den Fortgang des eV-Verfahrens durch Beschluss. Der Termin kann erst nach der Rechtskraft dieses Beschlusses fortgesetzt werden. Ein schriftlicher Widerspruch des Schuldners reicht nicht aus, der Schuldner muss dies persönlich im Termin erklären.

Im Termin muss der Schuldner ein vollständiges Verzeichnis seines Vermögens vorlegen und dessen Richtigkeit und Vollständigkeit an Eides statt versichern. Offensichtlich unpfändbare Gegenstände wie Kleidung und Möbel müssen nicht aufgenommen werden, jedoch alle übrigen Gegenstände von Wert, auch wenn diese möglicherweise unpfändbar sind. Sofern Rechte Dritter an den Gegenständen bestehen (z.B. Fernsehgerät auf Leasingbasis, Verkauf unter Eigentumsvorbehalt), sind diese anzugeben.

Ferner hat der Schuldner sein Einkommen anzugeben, und zwar:

– Lohn- und Gehaltsforderungen einschließlich der auszahlenden Stelle,
– Unterhaltsansprüche,
– Renten sowie Rentenanwartschaften sowie
– Sozialleistungen,

egal, ob diese der Pfändung unterworfen sind oder nicht.

In jedem Fall muss der Schuldner (schlüssig) darlegen, wie er seinen Lebensunterhalt bestreitet. Angaben wie „werde von Bekannten unterstützt" reichen nicht (LG Wiesbaden JurBüro 2004, 103).

Zu Problemen kommt es hier oft bei Selbständigen, die für einen wechselnden Auftraggeberkreis tätig sind. Umstritten ist hier insbesondere, ob aktive Geschäftsbeziehungen aufzuführen sind, auch wenn aktuell keine offenen Forderungen bestehen (Beispiel: Vertreter, Handwerker). Die Angabe, für ständig wechselnde Auftraggeber tätig zu sein, reicht jedoch regelmäßig nicht aus.

Anzugeben sind ferner alle anderen Forderungen des Schuldners, insbesondere alle Konten, Spareinlagen, Lebensversicherungen und Bausparverträge. Mitzuteilen sind hier auch alle zur Geltendmachung der Forderungen notwendigen Angaben (Kontonummern etc.).

Wenn Forderungen des Schuldners bereits gepfändet oder abgetreten sind, ist dies ebenfalls unter Angabe der zugrunde liegenden Forderungen mitzuteilen.

Der Schuldner muss ferner Auskunft geben, ob er wegen evtl. Gläubigerbenachteiligung anfechtbare Schenkungen vorgenommen hat (§ 807 Abs. 2 ZPO).

Bestehen Anhaltspunkte dafür, dass der Gläubiger bei einer Pfändung des Arbeitseinkommens des Schuldners die Nichtberücksichtigung von Unterhaltsberechtigten beantragen kann (Anordnung nach § 850c Abs. 4 ZPO), hat er auch Angaben zum Einkommen der ihm gegenüber unterhaltsberechtigten Personen zu machen.

II. Einzelne Vollstreckungsmaßnahmen

Falls ein Vertreter der Gläubigerseite im Termin anwesend ist, besitzt er ein Fragerecht. Schriftliche Fragen können im Antrag bereits gestellt werden, es steht jedoch im Ermessen des Gerichtsvollziehers, darauf einzugehen.

e) Haftbefehl

Verweigert der Schuldner grundlos die Abgabe der eV oder bleibt er einem vom Gerichtsvollzieher bestimmten Termin unentschuldigt fern, kann auf Antrag des Gläubigers Haftbefehl erlassen werden.

Der Antrag auf Erteilung des Haftbefehls kann bereits schon zusammen mit dem Antrag auf Terminsbestimmung vom Gläubiger gestellt werden.

Wenn die Voraussetzungen vorliegen, leitet der Gerichtsvollzieher die Akten dem Vollstreckungsgericht zur Entscheidung über den Antrag auf Erlass des Haftbefehls zu. Hier wird das bisherige Verfahren zur Abgabe der eidesstattlichen Versicherung noch einmal durch den Richter überprüft. Der Gläubiger erhält anschließend den Haftbefehl unter Rückgabe der Vollstreckungsunterlagen.

Mit diesem Haftbefehl kann der Gerichtsvollzieher über die Gerichtsvollzieherverteilerstelle beim Amtsgericht mit der Verhaftung des Schuldners beauftragt werden. Der Haftbefehl ist dabei für drei Jahre ab Erlass gültig (§ 909 ZPO); falls er nach dieser Frist nicht vollzogen ist, muss das Verfahren zur Abgabe der eidesstattlichen Versicherung erneut begonnen werden.

Zusammen mit dem Haftbefehl sollte auch ein entsprechender neuer Vollstreckungsauftrag mit einer aktuellen Forderungsberechnung übermittelt werden, damit eine vollständige Zahlung einschließlich aller zwischenzeitlich entstandenen Kosten erlangt werden kann, wenn der Schuldner die Vollstreckung des Haftbefehls durch Zahlung abwenden will.

Der Schuldner kann die Vollziehung der Haft von bis zu sechs Monaten jederzeit dadurch verhindern, dass er gegenüber dem Gerichtsvollzieher die eidesstattliche Versicherung abgibt oder die von ihm zu zahlende Schuld begleicht.

Die tatsächliche Vollziehung der Haft ist in der Praxis die Ausnahme; in der Regel erfolgt die sofortige Abgabe der eidesstattlichen Versicherung direkt bei der Verhaftung des Schuldners. Andernfalls wird der Schuldner vom Gerichtsvollzieher in die zuständige Justizvollzugsanstalt eingeliefert. Der dort einsitzende Schuldner kann jederzeit verlangen, einem Gerichtsvollzieher zur Abgabe der eidesstattlichen Versicherung vorgeführt zu werden (dies erfolgt erfahrungsgemäß in den meisten Fällen nach einigen Stunden oder Tagen).

Sollte der Schuldner auch nach kurzer Haftdauer nicht zur Abgabe der eV bereit sein, kann es unter Umständen für den Gläubiger teuer werden: Als Antragsteller trägt er die Kosten des Verfahrens und somit auch die Kosten einer eventuellen längeren Haft des Schuldners.

f) Erneuter Termin, Ergänzungstermin

Nach § 903 ZPO kann der Schuldner auch dann zur erneuten Abgabe der eidesstattlichen Versicherung geladen werden, wenn die letzte weniger als drei Jahre zurückliegt. Dies muss jedoch vom Gläubiger ausdrücklich beantragt werden. Ferner muss er in seinem Antrag glaubhaft machen, dass der Schuldner seit der letzten Abgabe der eV entweder seine Arbeitsstelle aufgegeben oder neues Vermögen erworben hat.

Beispiele für die Verpflichtung zur erneuten Abgabe der eV nach § 903 ZPO sind:

– Der Schuldner ist bei seinem bisherigen Arbeitgeber ausgeschieden.
– Der Schuldner bezieht keine Sozialleistungen mehr.
– Schuldner ist selbständig und nach der Lebenserfahrung ist davon auszugehen, dass pfändbare Forderungen begründet wurden (LG Köln DGVZ 2005, 182).
– Umzug in eine neue Wohnung (LG Kassel Rpfleger 2005, 39), da hierbei ein Anspruch auf Rückzahlung der Mietkaution entstanden sein kann.

Die Auflösung des Girokontos ist kein ausreichender Grund, von einem neuen offenbarungspflichtigen Vermögen auszugehen (BGH, Beschluss vom 16.11.2006, I ZB 5/05).

Bei der Glaubhaftmachung sind konkrete Sachverhalte anzugeben; diese sollten ggf. durch Vorlage von Nachweisen (Drittschuldnererklärung des bisherigen Arbeitgebers) untermauert werden. Nicht ausreichend ist es, wenn sich der Gläubiger ausschließlich darauf beruft, nach Zeitablauf müsste neues Vermögen vorhanden bzw. ein arbeitsloser Schuldner eine Arbeit aufgenommen haben.

Eine große Bedeutung hat die erneute Abgabe der eV bei selbständigen Schuldnern (z.B. bei Handwerkern), da dies in der Regel die einzige Möglichkeit ist, die Namen der Auftraggeber im Hinblick auf einen Pfändungs- und Überweisungsbeschluss zu erfahren.

Die erneute Abgabe der eidesstattlichen Versicherung führt zur Vorlage eines vollständig neuen Vermögensverzeichnisses, d.h., der Schuldner hat sich erneut über sein gesamtes Vermögen zu erklären.

Im Gegensatz hierzu steht die **Ergänzung oder Nachbesserung** einer zuvor abgegebenen eV. Dies ist dann erforderlich, wenn der Schuldner – egal ob wissentlich oder unwissentlich – fehlerhafte oder unvollständige Angaben gemacht hat oder es sich nach der Abgabe der eV aus anderen Gründen herausstellt, dass das abgegebene Vermögensverzeichnis nicht vollständig ist. In diesem Fall hat der Schuldner die fehlenden Informationen (z.B. die genaue Bezeichnung eines Drittschuldners, Kontonummern) nachzuholen. Dabei handelt es sich nur um eine Fortsetzung des bisherigen Verfahrens; weder hat sich der Schuldner erneut über sein gesamtes Vermögen zu erklären, noch beginnt eine neue 3-Jahres-Frist zu laufen. Es fallen auch keine neuen Kosten für den Nachbesserungstermin an.

g) Falsche oder fehlerhafte eidesstattliche Versicherung

Macht der Schuldner in der eidesstattlichen Versicherung vorsätzlich oder auch fahrlässig falsche oder unvollständige Angaben, ist dies gem. § 156 StGB (bei Vorsatz) bzw. § 163 StGB (bei Fahrlässigkeit) strafbar. Das Strafmaß beträgt Freiheitsstrafe von bis zu drei Jahren bei Vorsatz bzw. bis zu einem Jahr oder Geldstrafe bei fahrlässig falscher Abgabe. Erlangt der Gläubiger Kenntnis von einer falschen eidesstattlichen Versicherung, kann er dies unter Angabe des Sachverhalts bei der zuständigen Staatsanwaltschaft anzeigen. Er muss sich dabei aber darüber im Klaren sein, dass dies nicht zu einer Begleichung seiner Forderung führt. Die Zahlung offener Forderungen kann allenfalls im Rahmen von Bewährungsauflagen oder als Auflage bei einer Einstellung des Strafverfahrens berücksichtigt werden.

h) Kosten im Rahmen der eidesstattlichen Versicherung

Kosten entstehen zunächst für die Beauftragung des Gerichtsvollziehers, diese können aus der Tabelle im Kap. E.III, S. 320f. entnommen werden.

Für die Erteilung einer Abschrift aus einem beim Vollstreckungsgericht hinterlegten Vermögensverzeichnis entsteht eine Gebühr in Höhe von 15 EUR (KV 2115 oder KV 2116 GKG), die vom Amtsgericht erhoben wird.

Die Kosten eines Rechtsanwalts fallen im üblichen Rahmen an: eine 0,3fache Gebühr nach Nr. 3309 VV RVG, ggf. für weitere Auftraggeber eine 0,3fache Erhöhungsgebühr nach Nr. 1008 VV RVG, die anteilige Auslagenpauschale und ggf. Mehrwertsteuer, jedoch beträgt der Wert, nach dem sich die Gebühr richtet, maximal 1 500 EUR (§ 25 Abs. 1 Nr. 4 RVG). Eine weitere 0,3fache Gebühr nach Nr. 3310 VV RVG erhält der Anwalt für die Terminsteilnahme im Verfahren zur Abgabe der eidesstattlichen Versicherung.

⊃ **Praxishinweis:**

- Sofern bereits bekannt ist, dass der Schuldner eine eidesstattliche Versicherung abgegeben hat, ist es einfacher, eine Abschrift aus dem Vermögensverzeichnis direkt beim Vollstreckungsgericht anzufordern, als die vollständigen Unterlagen dem Gerichtsvollzieher zukommen zu lassen.

- Achten Sie darauf, dass Drittschuldner genau bezeichnet sind und alle zur Forderungspfändung notwendigen Angaben (Kontonummern etc.) in dem Vermögensverzeichnis enthalten sind; ggf. muss eine Nachbesserung des Verzeichnisses beantragt werden.

- Insbesondere bei Schuldnern, die als Selbständige berufstätig sind, besteht fast immer die Möglichkeit, eine Nachbesserung oder eine erneute Abgabe der eV zu erlangen, da die Angaben zu den derzeitigen Auftraggebern meist nicht schlüssig („Gelegenheitsaufträge") oder nicht aktuell sind.

3. Zwangsvollstreckung in Forderungen des Schuldners

a) Allgemeines

Forderungen des Schuldners können durch einen Pfändungs- und Überweisungsbeschluss (PfÜB) des Vollstreckungsgerichts (Amtsgericht am Wohnsitz des Schuldners) für den Gläubiger gepfändet und von diesem eingezogen werden.

Neben den Parteien der Zwangsvollstreckung tritt hier ein weiterer Beteiligter auf, nämlich der Drittschuldner, d.h. die Person oder Institution, gegen welche der Schuldner eine Forderung besitzt. Durch die Pfändung tritt der Gläubiger in die Rechtsposition des Schuldners ein, er kann den Anspruch einziehen (notfalls auch gerichtlich) und kann Gestaltungsrechte ausüben, soweit diese zu Forderung gehören (z.B. die Kündigung eines vom Schuldner gewährten Darlehens).

Gepfändet werden können nahezu alle Forderungen des Schuldners, auch Auskunfts- und Herausgabeansprüche. Unpfändbar sind grundsätzlich alle Forderungen, über die der Schuldner nicht durch Abtretung verfügen kann (§ 851 ZPO). Der zu pfändende Anspruch des Schuldners muss noch nicht fällig sein; es können auch künftige Ansprüche des Schuldners gepfändet werden, wenn diese zum Pfändungszeitpunkt bereits hinreichend bestimmbar sind. Ob eine Forderung tatsächlich besteht und gegenüber dem Drittschuldner geltend gemacht werden kann, wird vom Vollstreckungsgericht nicht geprüft, es ist vielmehr Aufgabe des Gläubigers, die Forderung gegenüber dem Drittschuldner geltend zu machen und ggf. diesem das Bestehen der Forderung nachzuweisen.

Falls zur Geltendmachung der Forderung die Vorlage von Urkunden erforderlich ist (beispielsweise das Sparbuch bei der Pfändung von Sparguthaben), ordnet das Vollstreckungsgericht auf Antrag die Herausgabe der Urkunden an (§ 836 Abs. 3 ZPO).

Der Schuldner wird (abgesehen von wenigen Ausnahmen) vor der Pfändung grundsätzlich nicht gehört (§ 834 ZPO), erfährt also erst mit der Zustellung des Pfändungs- und Überweisungsbeschlusses von dem Pfändungsverfahren.

Mit der Zustellung des im PfÜB enthaltenen Verfügungsverbots gem. § 828 ZPO an den Drittschuldner erwirbt der Gläubiger ein Pfandrecht an der Forderung, und zwar im Rang des Zeitpunkts der Zustellung, es sei denn, ein besseres Rangverhältnis wurde durch eine Vorpfändung nach § 845 ZPO gesichert (hierzu später mehr).

Die Verwertung erfolgt fast immer durch Überweisung der Forderung zur Einziehung an den Gläubiger, d.h., der Gläubiger kann die Forderung im Wege der Prozessstandschaft in gleicher Weise wie der Schuldner gegenüber dem Drittschuldner geltend machen. Er ist auch berechtigt, Klage gegen den Drittschuldner zu erheben, wenn dieser keine Zahlung leistet. Gestaltungsrechte, wie beispielsweise bei der Pfändung des Anspruchs auf Auseinandersetzung einer Gesellschaft kann der Gläubiger an Stelle des Schuldners ausüben.

Bei der Pfändung von Ansprüchen, welche die Herausgabe bestimmter Gegenstände beinhalten (z.B.: Pfändung des Herausgabeanspruchs für Gegenstände des Schuldners, die sich im Besitz Dritter befinden), ist anzuordnen, dass die betroffenen Gegenstände an einen beauftragten Gerichtsvollzieher herauszugeben sind. In diesem Fall setzt sich das Pfändungs- und Verwertungsverfahren entsprechend der „normalen" Mobiliarvollstreckung fort, als ob die Pfändung dieser Gegenstände direkt beim Schuldner erfolgte.

Ist die Einziehung, also die Geltendmachung der Rechte des Schuldners durch den Gläubiger, nicht ohne weiteres möglich, so kann das Vollstreckungsgericht auf Antrag auch eine andere Art der Verwertung anordnen (§ 844 ZPO). In diesem Fall kann ein Pfändungsbeschluss ohne die sonst übliche Überweisung ergehen, über die Verwertung kann dann nach Zustellung des Pfändungsbeschlusses entschieden werden. Denkbar ist dies bei der Pfändung von Forderungen oder Rechten des Schuldners, die keine Geldforderungen darstellen, also Rechte an Patenten, Internetdomains oder Anteile einer GmbH. Hier kann z.B. die Verwertung durch öffentliche Versteigerung erfolgen.

Neben der Überweisung zur Einziehung gibt es noch die Überweisung an Zahlung statt. Diese hat jedoch keinerlei praktische Bedeutung, da für den Gläubiger nur Nachteile gegenüber der Pfändung zur Einziehung bestehen.

b) Antrag

Zuständig für den Erlass eines Pfändungs- und Überweisungsgerichts ist das Amtsgericht am (Wohn-)Sitz des Schuldners (Vollstreckungsgericht). Hat der Schuldner keinen bekannten Wohnsitz, kann der Antrag bei dem Gericht des betroffenen Vermögens (= meist Sitz des Drittschuldners) gestellt werden.

Der Antrag auf Erlass eines Pfändungs- und Überweisungsbeschlusses wird üblicherweise in der Form eines Blankettbeschlusses gestellt, d.h., der Gläubiger formuliert den Beschluss vor und stellt den Antrag, einen Beschluss mit dem entworfenen Inhalt zu erlassen.

Für die meisten Forderungspfändungen gibt es entsprechende Vordrucke, welche die entsprechenden Bezeichnungen der zu pfändenden Forderungen mit den dabei zu beachtenden Beschränkungen enthalten. Zum Teil existieren sogar ganze Kataloge, aus denen der Gläubiger die betroffenen Forderungen auswählen kann. Dadurch entstehen leider sehr oft sinnlose oder auch zuweilen unfreiwillig komische Anträge (z.B. Pfändung von Bauspareinlagen beim Arbeitgeber?). Bei der Nutzung der Vordrucke sollte man sich genau im Klaren sein, was gepfändet werden soll und ob diese Forderung auch anschließend durchsetzbar ist.

Notwendiger Inhalt eines Pfändungs- und Überweisungsbeschlusses (und damit des Antrags) sind:

– Genaue Bezeichnung aller Parteien, einschließlich des Drittschuldners
– Gebot des Gerichts an den Drittschuldner, keine Zahlung an den Schuldner zu leisten
– Verbot des Gerichts an den Schuldner, über die Forderung zu verfügen
– Genaue Bezeichnung der zu pfändenden Forderung
– Überweisungsbeschluss: Anordnung, dass die gepfändete Forderung an den Gläubiger zur Einziehung überwiesen wird.

Die Anordnung der Überweisung kann entfallen, wenn es sich um eine Pfändungsmaßnahme im Wege der Sicherungsvollstreckung handelt oder eine Verwertung aus anderen Gründen erst zu einem späteren Zeitpunkt erfolgen kann.

c) Verfahren nach Erlass

Nach dem Erlass des Pfändungs- und Überweisungsbeschlusses ist dieser im Wege des Parteibetriebs an den Drittschuldner zuzustellen. Die Zustellung wird also nicht vom Gericht veranlasst, vielmehr muss der Gläubiger den Gerichtsvollzieher mit der Zustellung beauftragen. Mit dem Antrag auf Erlass eines PfÜB kann das Gericht auch gebeten werden, die Zustellung durch den Gerichtsvollzieher zu vermitteln. Das Vollstreckungsgericht leitet dann die Ausfertigung des erlassenen PfÜB an den zuständigen Gerichtsvollzieher weiter.

Erst durch die Zustellung an den Drittschuldner entfaltet der PfÜB seine Wirkung. Kann also (z.B. weil dieser unbekannt verzogen ist) eine Zustellung des Pfändungsbeschlusses an den **Schuldner** nicht erfolgen, ist die Pfändung gleichwohl wirksam.

Unter Umständen kann es vorkommen, dass Drittschuldner und Schuldner dieselbe Person sind (z.B. Pfändung einer Grundschuld im Grundbuch, die dem

Schuldner zusteht). In diesem Fall muss nur eine Zustellung an den Schuldner erfolgen, womit dann der PfÜB Wirksamkeit erlangt (§ 857 Abs. 2 ZPO).

Liegen für einen Anspruch mehrere Pfändungen vor, so besteht zwischen diesen ein Rangverhältnis entsprechend dem Zeitpunkt der Zustellung des Beschlusses an den Drittschuldner. Dies bedeutet, dass bei einer mehrfachen Lohnpfändung der Gläubiger des zuletzt zugestellten Pfändungsbeschlusses erst dann Geld erhält, nachdem alle zuvor zugestellten Beschlüsse entsprechend ausbezahlt worden sind (Eine Ausnahme besteht nur für vorrangige Gläubiger, z.B. bei Unterhaltsschulden).

Mit der Zustellung ist es dem Drittschuldner untersagt, Zahlungen an den Schuldner zu leisten. Werden trotzdem noch Zahlungen an den Schuldner geleistet, führen diese nicht mehr zum Erlöschen der gepfändeten Verbindlichkeit, so dass der Drittschuldner dennoch gegenüber dem Gläubiger zur Zahlung verpflichtet bleibt.

Ferner hat er eine Drittschuldnererklärung gem. § 840 ZPO gegenüber dem Pfändungsgläubiger mit folgenden Informationen abzugeben:

- ob und inwieweit der Drittschuldner die Forderung als begründet anerkennt und zur Zahlung bereit ist
- ob und welche Ansprüche andere Personen an die Forderung machen (vorrangige Abtretungen)
- ob und wegen welcher Ansprüche die Forderung bereits für andere Gläubiger gepfändet ist.

Stellt der Gerichtsvollzieher die Ausfertigung des PfÜB selbst zu (persönliche Zustellung), erfolgt die Aufforderung, die Drittschuldnererklärung abzugeben, durch den Gerichtsvollzieher. Erfolgt die Zustellung über die Post, muss der Gläubiger diese Erklärung selbst vom Drittschuldner verlangen.

Unterlässt der Drittschuldner die Erklärung, macht er sich gegenüber dem Gläubiger u.U. schadenersatzpflichtig, wenn dadurch die Pfändung nicht zum Tragen kommt. Ein einklagbarer Auskunftsanspruch des Gläubigers gegenüber dem Drittschuldner besteht dabei aber nicht (BGH Rpfleger 2006, 480). Eine Kostenerstattungspflicht des Drittschuldners für anwaltliche Aufforderungsschreiben des Gläubigers ist nicht gegeben (BGH Rpfleger 2006, 480).

Sofern die Herausgabe von Unterlagen des Schuldners zur Geltendmachung der Forderung gegenüber dem Drittschuldner im Wege der Hilfspfändung angeordnet worden ist (z.B. Sparbuch), kann der Gerichtsvollzieher vom Gläubiger mit der Herausgabevollstreckung bzgl. dieser Unterlagen beauftragt werden.

d) Kosten

Für den Erlass eines Pfändungs- und Überweisungsbeschlusses entsteht bei Gericht eine Gebühr nach KV 2110 GKG in Höhe von 15 EUR. Mehrere Ansprüche – auch hinsichtlich verschiedener Drittschuldner – können in einem Beschluss gepfändet werden, was Kosten spart, durch die mehreren Zustellungen aber auch länger dauern kann.

Hinzu kommen noch die Kosten des Gerichtsvollziehers für die Zustellung des PfÜB an den Drittschuldner, diese fallen entsprechend für jeden Drittschuldner nach dem jeweiligen Aufwand an. Die Höhe der Kosten entnehmen Sie bitte der Tabelle „Kosten des Gerichtsvollziehers" im Kap. E.III, S. 320f.

Für einen ggf. beteiligten Rechtsanwalt fällt eine 0,3fache Gebühr Nr. 3309 VV RVG nach dem Wert der Forderung, wegen derer vollstreckt wird, je PfÜB an. Hinzu kommt noch eine 0,3fache Erhöhungsgebühr nach Nr. 1008 VV RVG je weiterem Auftraggeber sowie die übliche Auslagenpauschale und Mehrwertsteuer.

e) Erläuterungen zu den einzelnen zu pfändenden Forderungen

aa) Pfändung von Arbeitslohn, Gehältern und Dienstbezügen

Durch Erlass eines Pfändungs- und Überweisungsbeschlusses und dessen Zustellung an den Arbeitgeber kann der pfändbare Teil des Arbeitseinkommens an den Gläubiger abgeführt werden. Als Arbeitseinkommen im Sinne des § 850c ff. ZPO gelten dabei nicht nur die Bezüge aus einem Arbeitsverhältnis im klassischen Sinn, sondern alle fortlaufenden, wiederkehrend gezahlten Leistungen, also auch die Dienstbezüge von Beamten oder laufend gezahlte Provisionen eines Vertragspartners.

Da das pfändbare Arbeitseinkommen nicht vom Gläubiger oder dem Gericht berechnet werden kann, erfolgt die Beschränkung auf den pfändbaren Teil des Arbeitseinkommens unter Bezugnahme auf die Tabelle zu § 850c ZPO (im Kap. E.X, Pfändungsfreigrenzen, S. 321ff. enthalten). Die Tabelle wird in jedem Jahr mit ungerader Jahreszahl zum 1. Juli an die geänderten Verhältnisse angepasst. Die derzeit gültigen Pfändungsfreigrenzen stammen vom 1.7.2005, bisher erfolgte keine Anpassung. Eine Änderung der Freibeträge ist daher erst wieder zum 1.7.2011 möglich. Eine Berichtigung ältere Pfändungsbeschlüsse ist bei geänderten Freigrenzen nicht erforderlich, die neuen Beträge gelten unmittelbar.

Dem Arbeitgeber sind die zur Ermittlung des pfändbaren Einkommens notwendigen Angaben zur Anzahl der Unterhaltsberechtigten in der Regel durch die Steuerkarte bekannt. Maßgeblich für die Berechnung ist das Nettoeinkommen, d.h. das Einkommen nach Abzug aller Sozialversicherungsbeiträge.

Hat der Schuldner mehrere Arbeitgeber, kann, soweit diese schon vor der Pfändung bekannt sind, bei der Beantragung des PfÜB, andernfalls durch gesonderten Antrag nachträglich die Zusammenrechnung der Arbeitseinkommen für die Ermittlung des pfändbaren Betrags beim Vollstreckungsgericht beantragt werden.

Auf Antrag des Gläubigers kann durch das Vollstreckungsgericht ausgesprochen werden, dass einzelne Angehörige des Schuldners bei der Berechnung des pfändbaren Einkommens ganz oder teilweise unberücksichtigt bleiben, wenn diese eigene Einkünfte besitzen (§ 850c Abs. 4 ZPO). Dies kann sowohl direkt bei Beantragung des Pfändungsbeschlusses als auch nachträglich erfolgen.

Soweit der Schuldner Naturalleistungen (kostenfreie Werkswohnung, Pkw) vom Arbeitgeber erhält, ist der Wert dieser Leistungen bei der Berechnung dem Arbeitseinkommen zuzusetzen.

Bestimmte Einkommensteile unterliegen nicht der Pfändung im Rahmen der Grenzen des § 850c ZPO, sondern es gilt ein besonderer Pfändungsschutz (§ 850a ZPO). Hier die wichtigsten Fälle:

- Überstundenzuschläge sind nur zur Hälfte pfändbar,
- Jubiläums- und Treuegelder sind unpfändbar,
- Aufwands- oder Schwerarbeitszulagen sind unpfändbar, soweit das Übliche nicht übersteigend,
- Weihnachtsvergütungen sind bis zur Hälfte des Monatseinkommens, jedoch maximal in Höhe von 500 EUR (netto) unpfändbar,
- Heirats- und Geburtsbeihilfen sind nur pfändbar, wenn wegen Leistungen aus diesem Anlass vollstreckt wird.

Wird wegen Unterhaltsleistungen vollstreckt, gelten nicht die Pfändungsfreigrenzen nach § 850c, sondern verschärfte Freigrenzen nach § 850d ZPO. Dabei ist dem Schuldner so viel zu belassen, wie er für seinen eigenen Lebensunterhalt sowie zur Erfüllung seiner gesetzlichen Unterhaltspflichten benötigt. Dieser Betrag wird vom Vollstreckungsgericht nach den örtlichen Gegebenheiten berechnet und der pfandfrei zu belassene Betrag in den Pfändungs- und Überweisungsbeschluss eingesetzt. Maßgeblich bei der Berechnung des Betrags sind die geltenden Sozialhilfesätze zuzüglich der ortsüblichen Miete einschließlich der Nebenkosten.

Dabei kann es sich aus der Pfändungsreihenfolge ergeben, dass vom Drittschuldner an zwei Pfändungsgläubiger gleichzeitig Zahlungen erfolgen: Der nach § 850c ZPO pfändbare Betrag geht an den „normalen" Gläubiger, der Differenzbetrag zwischen der verschärften Pfändungsfreigrenze nach § 850d ZPO und der normalen Pfändungsfreigrenze wird hingegen an den Unterhaltsgläubiger ausgezahlt.

Die gesetzlichen Freigrenzen nach §§ 850a, 850c ZPO sind jedoch nicht zwingend, sowohl Schuldner als auch Gläubiger können gem. § 850f ZPO unter bestimmten Voraussetzungen abweichende Freigrenzen durch das Vollstreckungsgericht festsetzen lassen.

Nach § 850f Abs. 1 ZPO kann der Schuldner eine Erhöhung des unpfändbaren Teils beantragen, wenn dies für seinen Lebensunterhalt oder den seiner Angehörigen erforderlich ist oder er durch die Pfändung sozialhilfebedürftig würde.

Falls die **Vollstreckung wegen einer vorsätzlichen unerlaubten Handlung** des Schuldners betrieben wird (**Beispiel:** Es handelt sich um den Schadensersatz für einen vom Schuldner begangenen Betrug), kann auf Antrag des Gläubigers vom Vollstreckungsgericht angeordnet werden, dass auch für diesen Gläubiger verschärfte Pfändungsfreigrenzen Anwendung finden (§ 850f Abs. 2 ZPO). Wann die Voraussetzungen gegeben sind, ist umstritten. Nach der Rechtsprechung (BGH, MDR 2005, 1014) reicht es noch nicht einmal aus, wenn eine Forderung im Vollstreckungsbescheid als vorsätzliche, unerlaubte Handlung bezeichnet wird, da es sich hierbei um einen Feststellung handelt, die im Mahnverfahren nicht getroffen werden kann. In der Konsequenz muss also, damit die verschärften Pfändungsfreigrenzen überhaupt angewandt werden können, ein Urteil im streitigen Verfahren erwirkt werden, in dem die Tatsache, dass der Anspruch aus einer unerlaubten Handlung entstanden ist, ausdrücklich festgestellt wird. Nach einer Entscheidung des LG Münster (Beschl. v. 6.3.2002 – 5 T 137/02, Rpfleger 2002, 470) muss hingegen das Vollstreckungsgericht selbständig ermitteln, ob eine vorsätzliche unerlaubte Handlung vorliegt (z.B. durch Würdigung eines vorgelegten Strafurteils).

Bezieht der Schuldner ein Einkommen, welches den Betrag von 2.985 EUR (bzw. den zu diesem Zeitpunkt gültigen Höchstbetrag) übersteigt, so kann auf Antrag des Gläubigers vom Vollstreckungsgericht ein pfändbarer Betrag über die Grenzen der Tabelle nach § 850c ZPO hinaus nach dessen Ermessen festgesetzt werden (§ 850f Abs. 3 ZPO).

Sofern der Schuldner keine Leistungen aus einem Arbeitsverhältnis erzielt, sondern ein Drittberechtigter (Lohnschiebung), kann auch diesem gegenüber die Pfändung ausgesprochen werden (§ 850h Abs. 1 ZPO). Falls der Schuldner „offiziell" kein oder nur ein geringes Arbeitseinkommen erhält (Lohnverschleierung), gilt zugunsten des Gläubigers eine angemessene Vergütung als vereinbart (§ 850h Abs. 2 ZPO). Dies muss dann allerdings im Rahmen der Einziehung der Forderung gegenüber dem Drittschuldner – im Zweifel per Klage – geltend gemacht werden.

Eine freiwillige Abtretung des pfändbaren Teils des Arbeitseinkommens (z.B. zur Absicherung von Krediten) *vor* der Zustellung des Pfändungsbeschlusses an den Drittschuldner geht einer Pfändung des Gläubigers vor; die Pfändung ist jedoch immer noch wirksam, Auszahlungen des Drittschuldners können jedoch erst nach Erledigung der Abtretung (z.B. nach Begleichung der mit der Abtretung gesicherten Forderung) erfolgen. Eine Lohnabtretung des Schuldners **nach** Zustellung ist dem Pfändungsgläubiger gegenüber unwirksam und damit nachrangig.

⊃ **Praxishinweis:**

- Der Arbeitgeber (Drittschuldner) muss so genau wie möglich bestimmt werden. Oft wird der Arbeitslohn nicht direkt von der Beschäftigungsstelle ausgezahlt, so dass eine andere Person Drittschuldner sein kann (Beispiel: Zeitarbeitsfirmen; zum Teil auch im Staatsdienst, wenn die Lohn-/Gehaltszahlung einer zentralen Stelle übertragen ist). Verlassen Sie sich nicht nur auf Ermittlungen des Gerichtsvollziehers oder Angaben im Rahmen einer eidesstattlichen Versicherung, sondern fragen Sie im Zweifel gezielt bei der Beschäftigungsstelle nach.

- Eine Pfändung von Arbeitseinkommen ist nur dann sinnvoll, wenn sich nach Berücksichtigung der Unterhaltspflichten des Schuldners noch ein pfändbarer Teil ergibt. Sind die persönlichen Verhältnisse und das Arbeitseinkommen des Schuldners bekannt (oft im Protokoll des Gerichtsvollziehers sowie zwingend im Vermögensverzeichnis der eidesstattlichen Versicherung), sollte vor Antragstellung durch einen Blick in die Tabelle zu § 850c ZPO überprüft werden, ob überhaupt ein pfändbarer Anteil vorhanden sein kann. Niemandem ist geholfen, wenn der Schuldner womöglich durch eine offensichtlich aussichtslose Lohnpfändung seinen Arbeitsplatz verliert.

- Falls eine Vorpfändung erfolgte, muss der Pfändungs- und Überweisungsbeschluss innerhalb der Frist von einem Monat zugestellt werden. Weisen Sie das Vollstreckungsgericht deutlich darauf hin (z.B.: Roter Vermerk: „Eilt! Vorpfändung läuft!").

bb) Sozialleistungen

Unter den Begriff der Sozialleistungen fallen alle Zahlungen öffentlicher Träger, die als Lohnersatz oder Hilfe zum Lebensunterhalt kraft Gesetzes gezahlt werden. Insbesondere gehören hierzu:

- Renten aus der gesetzlichen Rentenversicherung
- Krankengeld der gesetzlichen Krankenversicherung
- Grundsicherung („Sozialhilfe")
- Arbeitslosengeld, Arbeitslosengeld II („Hartz IV")
- BAföG

Die Pfändbarkeit von Sozialleistungen ist in § 54 SGB I geregelt. Grundsätzlich unpfändbar sind dabei alle Sach- und Dienstleistungen. Einmalige Leistungen sind nur dann pfändbar, wenn es unter Berücksichtigung der Einzelumstände der Billigkeit entspricht. Dies ist beispielsweise dann gegeben, wenn die zu vollstreckende Forderung aus Aufwendungen entstanden ist, zu deren Begleichung der Schuldner diese einmalige Leistung erhalten hat. In diesem Fall muss der Antrag auf Erlass eines Pfändungs- und Überweisungsbeschlusses einen entsprechenden Sachvortrag zur Billigkeit der Pfändung enthalten.

Laufende Sozialleistungen können entsprechend den Vorschriften über die Pfändung von Arbeitseinkommen gepfändet werden, d.h. unter Berücksichtigung der Pfändungsfreigrenzen aus der Tabelle zu § 850c ZPO. Drittschuldner ist in diesem Fall der Träger der Sozialleistung, also der Rentenversicherer, die gesetzliche Krankenversicherung, der Träger der Arbeitslosenversicherung (Bundesagentur für Arbeit) oder das Amt für Ausbildungsförderung.

Unpfändbar sind jedoch folgende Sozialleistungen:

- Leistungen, die den Grundbedarf des Schuldners abdecken (Sozialhilfe, Grundsicherung, Arbeitslosengeld II), § 17 Abs. 2 SGB XII
- Erziehungsgeld und vergleichbare Leistungen,
- Mutterschaftsgeld bis zur Höhe des Erziehungsgeldanspruchs,
- Geldleistungen, die dafür bestimmt sind, den durch einen Körper- oder Gesundheitsschaden bedingten Mehraufwand auszugleichen,
- Leistungen für Kinder (es sei denn, die Pfändung erfolgt zur Erfüllung eines gesetzliches Unterhaltsanspruchs zugunsten eines berücksichtigten Kindes),
- an Pflegeeltern gezahltes Pflegegeld (BGH Rpfleger 2006, 24).

Umstritten ist immer noch, unter welchen Umständen **künftige** Sozialleistungen pfändbar sind; hierzu gibt es umfangreiche und leider nicht besonders einheitliche Rechtsprechung. Grundsätzlich ist die Pfändung von künftigen Forderungen möglich, also ist die Pfändung einer Altersrente möglich, sobald absehbar ist, dass der Schuldner Leistungen erhalten wird. Dies liegt nach allgemeiner Meinung vor, sobald der Schuldner Rentenanwartschaften bei einem Träger der gesetzlichen Rentenversicherung erworben hat, so auch der BGH, MDR 2003, 525 ff. (Mindermeinung: der Eintritt ins Rentenalter muss in Kürze bevorstehen). Die bloße Möglichkeit des Entstehens von Ansprüchen reicht für eine Pfändung zukünftiger Ansprüche nicht aus (Beispiel: eine „vorsorgliche" Pfändung von Krankengeld ist nicht möglich, solange der Schuldner gesund und munter seiner Arbeit nachgeht).

Sofern die Sozialleistungen nicht die Grenzen des unpfändbaren Betrags nach § 850c ZPO übersteigen, ist eine Pfändung unsinnig und ein entsprechender Antrag kann daher vom Amtsgericht aufgrund mangelnden Rechtsschutzbedürfnisses abgelehnt werden.

Erhält der Schuldner Arbeitseinkommen und Sozialleistungen, kann das Amtsgericht auf Antrag des Gläubigers die Zusammenrechnung der beiden Einkünfte anordnen (§ 850e Nr. 2a ZPO); in diesem Fall muss bei der Pfändung des Arbeitseinkommens die Zusammenrechnung beantragt werden und die Höhe der Sozialleistungen angegeben werden, da die pfändbaren Beträge dem Arbeitseinkommen zu entnehmen sind. In die Zusammenrechnung dürfen jedoch Sozialleistung, die generell der Pfändung nicht unterworfen sind (z.B. Grundsicherung) nicht mit eingerechnet werden (BGH, Rpfleger 2005, 451)

⊃ **Praxishinweis:**

- Achten Sie darauf, den richtigen Träger einer Sozialleistung als Drittschuldner anzugeben (z.B. entsprechender (Regional)-Träger der Deutschen Rentenversicherung bei Renten, richtige Krankenkasse bei Krankengeld).
- Oft kann ein „großer" Drittschuldner wie die Dt. Rentenversicherung den Schuldner nicht unter seinen Versicherten wiederfinden. Achten Sie darauf, dass entsprechende Informationen wie die Versicherungsnummer bei der eidesstattlichen Versicherung vorgelegt werden. Dies kann auch ggf. im Rahmen einer Ergänzung nachgeholt werden, wenn sich aus der Drittschuldnererklärung ergibt, dass die ursprünglichen Angaben des Schuldners nicht ausreichen.

cc) Unterhaltsansprüche des Schuldners oder vergleichbare Leistungen

Unterhaltsansprüche und vergleichbare Leistungen (z.B. Renten, die dem Schuldner als Schadensersatz zu leisten sind, sowie Hinterbliebenenrenten) können grundsätzlich **nicht** gepfändet werden (§ 850b ZPO). Als Ausnahme ist die Pfändung dieser Ansprüche wie bei Arbeitseinkommen (d.h. in den Grenzen des § 850c ZPO) möglich. Hierzu muss die Pfändung jedoch der Billigkeit entsprechen; abweichend von den allgemeinen Vorschriften der Forderungspfändung ist der Schuldner hierbei vor Anordnung der Pfändung zu hören. Ein entsprechender Vortrag zur Billigkeit (**Beispiele:** Der Schuldner erhält verhältnismäßig hohe Unterhaltsleistungen; die Forderung, wegen der vollstreckt wird, beruht auf einer vorsätzlichen unerlaubten Handlung) muss dabei schon im Antrag auf Erlass eines Pfändungs- und Überweisungsbeschlusses enthalten sein.

Bei der Pfändung von Unterhaltsleistungen ist grundsätzlich auch eine pauschale Bezugnahme auf die Tabellen entsprechend § 850c Abs. 3 Satz 2 ZPO zulässig (BGH, MDR 2005, 1015).

Die Pfändung des Taschengeldanspruchs eines nicht berufstätigen Schuldners gegen seinen berufstätigen Ehepartner ist entsprechend den Vorschriften für Unterhalt (d.h. wenn die Pfändung der Billigkeit entspricht) möglich (BGH, MDR 2004, 1144). Dabei ist die Tabelle zu § 850c ZPO nicht anzuwenden, vielmehr kann der Gläubiger nach der Rechtsprechung $7/10$ des theoretisch gezahlten Taschengelds als pfändbar beanspruchen. Für die Zulässigkeit der Pfändung des Taschengeldanspruchs spricht sich z.B. das OLG Hamm (Beschl. v. 6.9.2001 – 28 W 75/01, Rpfleger 2002, 161) aus, wenn die Vollstreckung wegen eines Anspruchs aus einer unerlaubten Handlung erfolgt, das LG Mönchengladbach (Beschl. v. 11.1.2002 – 5 T

326/01; Rpfleger 2002, 469), für den Fall, dass der Ehegatte ein überdurchschnittliches Einkommen bezieht.

⊃ **Praxishinweis:**

In der Praxis dürfte sich bei der Pfändung des Taschengeldanspruchs – wenn das Vollstreckungsgericht diese überhaupt für zulässig erachtet – selten ein pfändbarer Betrag ergeben, zumal die Beitreibung (evtl. Klageverfahren vor dem Familiengericht gegen den Ehepartner des Schuldners erforderlich) den Aufwand nur selten rechtfertigt.

Bei den klassischen „Schuldnerehen" (ein Partner besitzt das Vermögen, der andere die Schulden) kann jedoch mit der Androhung einer solchen Pfändung gegenüber dem Schuldner eventuell eine freiwillige Zahlung erreicht werden; der verdienende Ehegatte dürfte wohl kaum Interesse an einem Verfahren vor dem Familiengericht haben.

dd) Sonstige Vergütungen (z.B. Werklohnforderungen)

Sofern der Schuldner keine Leistungen aus einem regelmäßigen Arbeitseinkommen erhält, sondern selbständig tätig ist, können die entsprechenden Vergütungen für Dienstleistungen oder Werklohnforderungen grundsätzlich erst einmal unbeschränkt gepfändet werden. Dies gilt entsprechend, wenn dem Schuldner einmalige Zahlungen, z.B. Abfindungsansprüche, ausgezahlt werden.

Der Schuldner kann beim Vollstreckungsgericht die Gewährung eines Pfändungsschutzes beantragen, soweit er die Beträge zur Sicherung seines Lebensunterhalts und zur Erfüllung seiner Unterhaltspflichten benötigt (§ 850i ZPO). Dies gilt jedoch nur für die Vergütung von „persönlichen" Leistungen des Schuldners, also nicht für von Angestellten des Schuldners erbrachte Leistungen (diese sind vollständig pfändbar).

Im Ergebnis soll auch dem selbständigen Schuldner ein pfandfreier Betrag belassen werden, der sich an der Höhe des pfandfreien Betrags orientiert, der einem Arbeitnehmer nach §§ 850a und c ZPO zustünde.

ee) Konten, Geldanlagen

Kontenguthaben oder vergleichbare Geldeinlagen des Schuldners (Termingelder, Sparzertifikate, Spareinlagen und Guthaben aus Sparplänen) können grundsätzlich unbeschränkt gepfändet werden.

Dem Gläubiger bekannte Konten sollten genau bezeichnet werden (Kontoart, Kontonummer), allerdings sollte sich der Pfändungs- und Überweisungsbeschluss immer auch auf alle anderen möglicherweise vorhandenen Guthaben des Schuldners erstrecken. Üblicherweise werden hier alle möglichen Kontenarten aufgezählt, welche von der Pfändung erfasst werden sollen (Girokonten, Sparkonten, Wertpapierdepots). Grundsätzlich ist auch nichts gegen eine bloße Pfändung „auf Verdacht" einzuwenden (BGH, Beschl. v. 19.3.2004 – IXa ZB 229/03, Rpfleger 2004, 427: Die Pfändung bei drei Geldinstituten am Wohnort des Schuldners ist nicht rechtsmissbräuchlich).

Falls es sich bei dem zu pfändendem Anspruch um eine Anlageform handelt, bei der der Besitz einer Urkunde Voraussetzung für die Auszahlung ist (beispielsweise das „klassische Sparbuch"), ist unbedingt darauf zu achten, dass, wenn nicht bereits eine Wegnahme bei der Mobiliarvollstreckung erfolgte, im Pfändungs- und Überweisungsbeschluss auch die Herausgabe dieser Urkunden im Wege der Hilfspfändung an den Gerichtsvollzieher anzuordnen ist. Eine von der Bank ausgestellte Konto- oder Kreditkarte ist jedoch keine über die Forderung vorhandene Urkunde im Sinne des § 836 Abs. 3 ZPO (zur EC-Karte BGH, Beschl. v. 14.2.2003 – IXa ZB 53/03, Rpfleger 2003, 308) und kann daher nicht mitgepfändet werden.

Ein weiterer Sonderfall ist das **Bankschließfach**. Hier muss im Wege des Pfändungs- und Überweisungsbeschlusses der Anspruch auf Mitwirkung der Bank bei der Öffnung gepfändet werden. Ferner ist anzuordnen, dass das Schließfach von dem Gerichtsvollzieher unter Mitwirkung der Bank durchsucht werden kann. Mit dem so erlangten PfÜB kann der Gerichtsvollzieher beauftragt werden, der dann unter Beachtung der „normalen" Pfändungsvorschriften das Schließfach durchsuchen bzw. dessen Inhalt pfänden kann.

Streitig ist, ob die **Pfändung einer offenen Kreditlinie** des Schuldners (Dispositionskredit, geduldete Überziehung) möglich ist. Grundsätzlich kann der Schuldner nicht gezwungen werden, zum Ausgleich eines titulierten Anspruchs eine weitere Verbindlichkeit einzugehen. Andererseits ist es unstreitig, dass Auszahlungsansprüche für vom Schuldner aufgenommene, aber noch nicht abgerufene Kredite der Pfändung unterliegen. Üblicherweise handelt es sich bei einem Dispositionskredit nicht um einen vom Schuldner abgeschlossenen Kreditvertrag, sondern nur durch eine einseitige Erklärung der kontoführenden Stelle entstandene Kreditzusage. Ob diese Kreditzusage vom Schuldner angenommen wird, richtet sich nach dem Verhalten des Schuldners. Der BGH hat die Pfändung grundsätzlich für zulässig erachtet (Beschl. v. 29.3.2001 – IX ZR 34/00, Rpfleger 2001, 357), wenn der Schuldner durch sein Verhalten (d.h. selbst verschuldete Überziehung) erkennen lässt, dass er den Dispositionskredit regelmäßig ausnutzt. Andererseits wird die Pfändung der offenen Kreditlinie als höchstpersönliches Recht des Schuldners immer wieder von der Rechtsprechung grundsätzlich abgelehnt (so auch *Zöller*, ZPO, § 829 Rz. 33, LG Münster Rpfleger 2002, 632).

Eine Besonderheit bei der Kontenpfändung betrifft die Verwertung. Nach § 835 Abs. 3 ZPO ist eine Auszahlung an den Gläubiger erst nach einer Frist von 2 Wochen möglich. In diesem Zeitraum soll dem Schuldner Gelegenheit gegeben werden, einen Antrag nach § 850k ZPO (Freigabe des unpfändbaren Arbeitseinkommens) zu stellen. Aufgrund dieses Antrags muss das Gericht die Pfändung des Kontos insoweit aufheben, als das unpfändbare Arbeitseinkommen von der Kontenpfändung erfasst worden ist. Über dieses kann der Schuldner somit frei verfügen. Ein über die Pfändungsfreigrenzen hinausgehendes Einkommen bleibt von der Pfändung erfasst, ebenso alle anderen Zahlungseingänge (mit Ausnahme von Sozialleistungen, s.u.).

Da für die Freigabe des Kontos unter Anhörung des Gläubigers entschieden werden muss, kann das Gericht den bis zur endgültigen Entscheidung benötigten Unterhalt vorab freigeben (§ 850k Abs. 3 ZPO).

Gehen auf einem gepfändeten Konto **Sozialleistungen** ein (Arbeitslosengeld, Krankengeld, Sozialhilfe), sind diese für die Dauer von sieben Tagen ab Gutschrift in voller Höhe unpfändbar, d.h., der Schuldner kann die Sozialleistungen in diesem Zeitraum ohne weiteres abheben, soweit er dem Geldinstitut nachweist, dass es sich bei dem Guthaben um Sozialleistungen handelt (§ 55 SGB). Nach Ablauf der

Frist ist nur noch der sich aus §§ 850a bis c ZPO ergebende Betrag, (allerdings nur anteilig für den Zeitraum bis zum nächsten Zahlungstermin) unpfändbar. Der überschießende Betrag kann vom Drittschuldner an den Gläubiger ausgezahlt werden. Nach aktueller Rechtsprechung des Bundesgerichtshofs (BGH, Beschl. v. 20.12.2006 – VII ZB 56/06, MDR 2007, 608) besteht für den Schuldner aber auch die Möglichkeit, eine zukünftige Pfandfreigabe für Sozialleistungen in entsprechender Anwendung des § 850k ZPO zu erwirken.

Der Pfändungsschutz für Sozialleistungen gilt auch für das ausgezahlte Kindergeld (LG Köln Rpfleger 2006, 421).

Derzeit (Mai 2009) befindet sich die Einführung eines Pfändungsschutzkontos im Gesetzgebungsverfahren. Nach Einführung des Pfändungsschutzkontos sollen die meisten Kontenfreigabeverfahren nach dem bisherigen § 850k ZPO entfallen; die Berechnung der pfandfreien Beträge sowie die Überprüfung der Belege des Schuldners werden dabei auf die Geldinstitute „ausgelagert". Sofern an den bisherigen Entwürfen keine Änderungen mehr vorgenommen werden, wird das neue Recht im Sommer 2010 in Kraft treten (genaues Datum hängt vom Datum der Verkündung der Gesetzesänderung ab). In einer zweiten Stufe sollen ab 2012 die bisherigen Kontenfreigabeverfahren komplett entfallen, der Schuldnerschutz wird dann nur noch über das Pfändungsschutzkonto realisiert.

Das Pfändungsschutzkonto und seine Ausgestaltungen werden in § 850k ZPO neuer Fassung gesetzlich geregelt.

Künftig kann der Schuldner gegenüber seinem Geldinstitut verlangen, dass sein Girokonto als Pfändungsschutzkonto („P-Konto") geführt wird. Eine entsprechende Vereinbarung ist bereits bei Eröffnung des Kontos zulässig, eine Pflicht, ein P-Konto für den Schuldner zu eröffnen, besteht für die Bank jedoch nicht. Eine Umwandlung eines normalen Kontos in ein P-Konto ist mit Wirkung ab dem vierten Geschäftstag auch noch nach einer erfolgten Pfändung möglich. Jede Person darf nur ein P-Konto führen, die Kontrolle hierüber beschränkt sich jedoch darauf, dass der Schuldner dies dem kontoführenden Institut gegenüber versichern muss und dass das P-Konto bei der Schufa registriert wird.

Führt der Schuldner dennoch mehrere P-Konten, kann das Vollstreckungsgericht auf Antrag des Gläubigers anordnen, dass nur das von diesem bestimmte Konto als P-Konto dem Schuldner verbleibt.

Auf diesem Konto ist ein Basisbetrag in Höhe des jeweiligen pfandfreien Mindestbetrags nach § 850c Abs. 1 S. 1 ZPO grundsätzlich pfandfrei (auch ohne Nachweis). Ein Mehrbetrag entsprechend der weiteren Pfändungsfreigrenzen (entsprechend der Höhe des Einkommens sowie der Zahl der Unterhaltsberechtigten) nach der Tabelle zu § 850c ZPO ist ebenfalls an den Schuldner auszuzahlen, wenn dieser gegenüber dem Kreditinstitut durch eine Bescheinigung des Arbeitgebers (Sozialhilfeträgers, Treuhänders usw.) die Berechnung des pfandfreien Betrags nach § 850c ZPO ermöglicht (§ 850c Abs. 5 ZPO). Gleiches gilt auch für Kindergeld und Sozialleistungen; auch wenn der Schuldner die Sozialleistungen für einen mit ihm zusammenlebenden Dritten in Empfang nimmt.

Pfändungsfreie Beträge, über die der Schuldner nicht verfügt hat, sind auch im kommenden Monat nicht der Pfändung unterworfen, können also angespart werden.

II. Einzelne Vollstreckungsmaßnahmen

In Sonderfällen kann das Vollstreckungsgericht auf Antrag einen abweichenden pfandfreien Betrag bestimmen. In Frage kommen hier die gleichen Gründe, aus denen auch eine abweichende Festsetzung der Pfändungsgrenzen bei Arbeitseinkommen erfolgen kann: Anordnung des Wegfalls einzelner Unterhaltsberechtigter mit eigenem Einkommen, Ermittlung des pfandfreien Betrags unter Zusammenrechnung mit anderen Einkünften, Unbilligkeit der Grenzen für Gläubiger oder Schuldner.

Auch der Pfändungsschutz für „normale" Konten wird geändert. Nach § 833a Abs. 2 ZPO n.F. kann das Vollstreckungsgericht die Pfändung eines Kontoguthabens aufheben oder für längstens zwölf Monate befristet aufheben, wenn der Schuldner glaubhaft macht, dass auf dem Konto nur unpfändbare Beträge eingehen.

Nach § 835 Abs. 3 S. 2 ZPO n.F. darf eine Abführung von gepfändeten Geldern bei natürlichen Personen erst vier Wochen nach der Zustellung an den Drittschuldner an den Gläubiger überwiesen werden; gleiches gilt auch für gepfändete, künftige Gutschriften: Auch diese dürfen erst vier Wochen nach Eingang ausgezahlt werden. Im Vergleich zur bisherigen Regelung wurde die Frist damit verdoppelt.

Die bisherigen Vorschriften für den Pfändungsschutz „normaler" (also nicht auf einem P-Konto befindlicher) Guthaben aus wiederkehrenden Leistungen sind analog in den neuen § 850l ZPO übernommen worden, werden aber zum 1.1.2012 komplett entfallen.

Nicht direkt mit dem P-Konto zu tun hat die Neufassung des § 850i ZPO, womit Schuldner, die sonstige Einkünfte erhalten (in erster Linie Selbständige) auf Antrag Pfändungsschutz in entsprechender Anwendung der Schutzvorschriften für Arbeitseinkommen erhalten können.

⊃ **Praxishinweis:**

Da wir in einer zunehmend bargeldlosen Welt leben, hat nahezu jeder Bürger ein Girokonto. Eine Pfändung des Kontos hat jedoch selten Aussicht auf Erfolg. Ein langjähriger Bezieher von Sozialhilfe dürfte selten ein größeres Guthaben besitzen, über eingehende Sozialleistung kann der Schuldner sowieso frei verfügen und eingehendes Arbeitseinkommen wird vom Vollstreckungsgericht auf Antrag ebenfalls freigegeben. Dies zieht oft ein – auch für den Gläubiger aufwändiges – Freigabeverfahren nach sich. Noch komplizierter wird es, wenn Gelder Dritter (z.B. Einkommen des Lebenspartners) auf ein Konto eingehen, dies kann bis hin zur Drittwiderspruchsklage führen. Fazit: Die Pfändung eines Girokontos ist nur dann sinnvoll, wenn der Arbeitgeber nicht bekannt ist oder der Schuldner einer selbständigen Tätigkeit nachgeht. Hier ist das Konto der einzige Punkt, an dem solche Zahlungen für den Gläubiger zugreifbar sind; außerdem ist das Konto meist leicht ohne eidesstattliche Versicherung zu ermitteln (z.B. durch Angaben auf Briefbögen etc.).

Anders sieht es mit Sparguthaben aus: Diese unterliegen keinem automatischen Pfändungsschutz (Ausnahmen: Auch dort gehen Gelder ein, die der Schuldner zum Lebensunterhalt benötigt, oder es handelt sich um pfandfreie Altersvorsorge). Sofern der Schuldner nicht jahrelang von Sozialleistungen gelebt hat, wäre es unwahrscheinlich, wenn er nicht wenigstens ein Sparkonto bei einer Sparkasse, Genossenschaftsbank oder der Postbank unterhalten würde.

Unter Umständen empfiehlt sich auch eine reine Verdachtspfändung bei der örtlichen Sparkasse oder einem anderen am Wohnort des Schuldners befindlichen Geldinstituten; in der o.g. BGH-Entscheidung wurde dies für zulässig erachtet.

Gehen Gelder des Schuldners auf dem Konto eines Dritten ein (**Beispiel:** Der Arbeitslohn des Schuldners wird auf das Konto des Lebensgefährten überwiesen) ist ein direkter Zugriff auf dieses Konto im Wege der Zwnagsvollstreckung nicht möglich. Es kann aber der Anspruch des Schuldners gegen den Kontoinhaber auf Auszahlung des Betrags gepfändet werden. Drittschuldner ist hier der Kontoinhaber (es handelt sich dabei auch nicht um eine Kontenpfändung). Allerdings wird dieser selten freiwillig zahlen; hier muss dann erst wieder ein Vollstreckungstitel gegen den Kontoinhaber erwirkt werden. Ob dies möglich ist (der Auszahlungsanspruch muss bewiesen werden können) und ob dies viel bringt (es steht nur ein weiterer Vollstreckungstitel gegen den Kontoinhaber zur Verfügung) steht natürlich auf einem anderen Blatt.

ff) Sonstige Vermögensanlagen (Lebensversicherungen, Bausparverträge, private Rentenversicherung)

Lebensversicherungen, die nur für den Todesfall geschlossen wurden (z.B. in Sterbekassen eingezahlte Beträge), sind in der Regel unpfändbar (es sei denn, eine Pfändung entspricht der Billigkeit), wenn die Versicherungssumme nicht mehr als 3579 EUR beträgt, andernfalls ist eine vollständige Pfändung möglich.

Eine für den Erlebensfall abgeschlossene Lebensversicherung ist unbeschränkt pfändbar. Schwieriger gestaltet sich jedoch meist die Geltendmachung der Ansprüche gegenüber der Versicherungsgesellschaft. Im Rahmen der Einziehung der Versicherungsforderung stehen dem Gläubiger auch nur die Gestaltungsrechte zu, die auch dem Schuldner zustünden, d.h., der Versicherungsvertrag muss gekündigt werden und der – in den ersten Jahren recht niedrige – Rückkaufswert an den Gläubiger ausgezahlt werden. Da zur Geltendmachung der Versicherungssumme u.U. der Versicherungsgesellschaft die Police vorgelegt werden muss, empfiehlt es sich, im Text des Pfändungs- und Überweisungsbeschlusses bereits die Herausgabe der Police vom Schuldner an einen vom Gläubiger beauftragten Gerichtsvollzieher im Rahmen einer Hilfspfändung anzuordnen.

Leistungen **privater Rentenversicherungen** können seit dem 31.3.2007 wie Arbeitseinkommen, d.h. nach der Tabelle zu § 850c ZPO, gepfändet werden, wenn der Versicherungsvertrag bestimmte Voraussetzungen erfüllt: Es muss sich um eine lebenslange Rente handeln, die frühestens mit dem 60. Lebensjahr beginnt, und die Übertragung an Dritte oder Auszahlung des Kapitals (außer im Todesfall) darf nicht möglich sein (§ 851c ZPO). Besitzt der Schuldner eine Lebens- oder Rentenversicherung, die diese Erfordernisse nicht erfüllt, kann er von seiner Versicherung verlangen, dass diese in eine entsprechende „pfändungssichere" Versicherung umgewandelt wird.

Welcher Kapitalbetrag einer geschützten Alterssicherung pfändbar ist, richtet sich nach dem Lebensalter des Schuldners und der Anzahl der Beitragsjahre. Zu berücksichtigen sind folgende jährliche Leistungen:

II. Einzelne Vollstreckungsmaßnahmen

Lebensalter	maximale jährliche Ansparleistung
18–29	2 000 EUR
30–39	4 000 EUR
40–47	4 500 EUR
48–53	6 000 EUR
54–59	8 000 EUR
60–65	9 000 EUR

Der Höchstbetrag des vollständig unpfändbaren Kapitals der Alterssicherung beträgt 238 000 EUR. Übersteigt das angesparte Kapitalvermögen diesen Betrag, so sind ³/₁₀ des Mehrbetrags ebenfalls unpfändbar.

Leistungen aus steuerlich gefördertem Altersvorsorgevermögen („**Riester-Rente**") können ebenfalls wie Arbeitseinkommen gepfändet werden (§ 851d ZPO).

Die Pfändung eines Bausparguthabens ist hingegen ohne weiteres möglich. Um die Befriedigung aus dem Bausparvertrag zu erlangen, muss neben der Pfändung des Bausparguthabens auch das Recht auf Kündigung des Vertrags gepfändet werden. Nach Kündigung des Vertrags durch den Gläubiger kann dieser die Auszahlung des Bausparguthabens an sich verlangen.

⊃ **Praxishinweis:**
Idealerweise fasst man auch hier den Wortlaut der Pfändung möglichst weit, z.B. „Gepfändet werden alle sich aus der Versicherung X sowie sich aus allen weiteren mit dem Schuldner geschlossenen Verträgen ergebenden Rechte und Ansprüche des Schuldners, insbesondere das Recht der vorzeitigen Kündigung, das Recht der Umwandlung in eine prämienfreie Versicherung sowie das Recht zur Änderung des Bezugsberechtigten."

Da die Leistungen der privaten Rentenversicherung wohl selten das gesamte laufende Einkommen des Schuldners darstellen und meist wohl auch die unpfändbaren Beträge aus der Tabelle zu § 850c ZPO nicht übersteigen, ist eine Pfändung nur bei Zusammenrechnung mit dem übrigen Einkommen aussichtsreich (§ 850e Nr. 2, 2a ZPO). Ein solcher Zusammenrechnungsantrag sollte daher gleich in dem Antrag auf Erlass des PfÜB gestellt werden.

gg) Rechte des Schuldners an Grundstücken

(1) Hypothek

Das Wesen der Hypothek ist (im Gegensatz zur Grundschuld), dass das Bestehen der Hypothek an die Existenz einer zugehörigen Forderung gebunden ist. Die Hypothek folgt bei Abtretungen bzw. Pfändungen grundsätzlich der gesicherten Forderung. Eine dem Schuldner zustehende Hypothek, egal ob es sich dabei um eine rechtsgeschäftlich vereinbarte oder aufgrund einer Zwangsvollstreckung des Schuldners gegen einen Dritten erlangte Zwangssicherungshypothek handelt, kann daher nicht selbständig gepfändet werden. Stattdessen muss die zugrunde liegende Forderung (zum Beispiel die Darlehensforderung, für welche die Hypothek eingetragen worden ist) gepfändet werden. Von der Pfändung der Forderung ist die Hypothek dann automatisch auch mit erfasst.

Unter Umständen können sich hierbei zwei Drittschuldner ergeben, wenn nämlich der Eigentümer des betroffenen Grundstücks (dinglicher Drittschuldner) und der Schuldner der durch die Hypothek gesicherten Forderung (persönlicher Drittschuldner) nicht identisch sind. Die Pfändung muss sich in diesem Fall gegen beide, d.h. gegen den dinglichen und den persönlichen Drittschuldner, richten.

Soweit die der Hypothek zugrunde liegende Forderung gezahlt ist, geht die Hypothek auf den Eigentümer über und wird zur Eigentümergrundschuld. Drittschuldner bei der Pfändung der Eigentümergrundschuld ist nur der Schuldner als Grundstückseigentümer (siehe folgendes Kapitel).

Ist für die **Hypothek ein Hypothekenbrief vom Grundbuchamt erteilt worden** (dies ist dann der Fall, wenn die Hypothek im Grundbuch nicht ausdrücklich als „brieflos" bezeichnet ist), dann wird die Pfändung erst mit der **Übergabe des Hypothekenbriefs** wirksam (§ 830 Abs. 1 Satz 1 ZPO). In diesem Fall muss mit der Pfändung die Herausgabe des Hypothekenbriefes an einen vom Gläubiger beauftragten Gerichtsvollzieher im Wege der Hilfspfändung angeordnet werden. Daneben ist auch noch die Berichtigung des Grundbuchs (d.h. Eintragung der Pfändung) möglich, aber nicht zwingend erforderlich.

Ist **kein Brief erteilt worden** (die Hypothek ist im Grundbuch ausdrücklich als „brieflos" bezeichnet worden), **muss** für die Wirksamkeit der Pfändung die Eintragung der Pfändung in das Grundbuch erfolgen (§ 830 Abs. 1 Satz 2 ZPO). Die Eintragung nimmt das Grundbuchamt auf schriftlichen Antrag des Gläubigers vor; zum Nachweis der Pfändung genügt die Vorlage einer Ausfertigung des Pfändungs- und Überweisungsbeschlusses.

Durch die Pfändung der durch Grundpfandrechte gesicherten Forderung kann der Gläubiger nicht nur die Zahlung vom Drittschuldner bzw. Eigentümer verlangen, er kann auch – das Bestehen eines entsprechenden Vollstreckungstitels gegen den Eigentümer (= dinglichen Drittschuldner) vorausgesetzt – die Zwangsversteigerung des belasteten Grundstücks aus dem Rang der gepfändeten Hypothek betreiben.

(2) Grundschuld

Im Gegensatz zur Hypothek besteht keine sachenrechtliche Bindung der Grundschuld an eine Forderung; diese kann theoretisch ohne die gesicherte Forderung gepfändet werden. Drittschuldner ist in diesem Fall nur der Eigentümer des betroffenen Grundstücks. Da aber in der Regel durch Rechtsgeschäft eine Beschränkung der Verwertung der Grundschuld auf das Bestehen einer gesicherten Forderung (Sicherungsabrede) besteht, sollte auch hier die zugrunde liegende Forderung mitgepfändet werden. Grundsätzlich gilt hier das Gleiche wie bei der Pfändung einer Hypothek, auch hinsichtlich der für die Wirksamkeit erforderlichen Eintragung (briefloses Recht) oder Briefwegnahme (bei Briefrechten). Zu beachten ist jedoch, dass grundsätzlich zwei Rechte gepfändet werden: die Forderung sowie die Grundschuld. Dies ist auch entsprechend in der Formulierung der gepfändeten Ansprüche zum Ausdruck zu bringen. Unter Umständen können auch hier zwei Drittschuldner auftreten:

– der Schuldner der gesicherten Forderung sowie

– der Eigentümer des mit der Grundschuld belasteten Grundstücks.

Eine Besonderheit bildet die Eigentümergrundschuld, d.h. eine Grundschuld, bei der der Berechtigte und der Eigentümer des belasteten Grundstücks identisch sind. Diese entsteht entweder durch entsprechende Bestellung durch den Eigentümer (eher die Ausnahme), durch Vereinbarung (bei Grundschulden aufgrund der Sicherungsabrede nach Wegfall des Sicherungszwecks) oder kraft Gesetzes (aus Hypothek nach Zahlung des Grundstückseigentümers). Eine Eigentümergrundschuld ist als solche selten zu erkennen; in der Regel steht im Grundbuch noch das alte Recht mit dem ehemaligen Gläubiger (verdeckte Eigentümergrundschuld), sei es aus Bequemlichkeit (Löschung des Rechts kostet Zeit und Geld), zum Teil auch aus Berechnung (Eigentümergrundschuld als vorrangiges Recht führt zur Aussichtslosigkeit der Zwangsversteigerung, wenn diese nur aus nachrangigen Rechten betrieben werden kann). Ein Recht kann auch nur teilweise zur Eigentümergrundschuld geworden sein, beispielsweise, wenn bei einer Hypothek die Forderung nur (noch) zu einem geringeren Teil als der eingetragenen Hypothekensumme besteht.

Soweit der Eigentümergrundschuld andere Hypotheken oder Grundschulden nachgehen, besitzen die Inhaber der nachrangigen Grundpfandrechte einen gesetzlichen Anspruch auf Löschung des Rechts (§§ 1179a, 1179b BGB). Dieses Löschungsrecht ist – auch ohne besondere Eintragung im Grundbuch – durch eine gesetzliche Löschungsvormerkung gesichert (§ 1179a Abs. 1 Satz 2 BGB). Dies hat zur Folge, dass die Pfändung einer Eigentümergrundschuld gegenüber dem Gläubiger eines nachrangigen Grundpfandrechts unwirksam wäre, d.h., er kann eine Drittwiderspruchsklage gegen die Pfändung erheben.

Bei der Pfändung muss die Eigentümergrundschuld auch ausdrücklich als eine solche bezeichnet werden. Ein Drittschuldner ist hier nicht vorhanden, da Schuldner und Drittschuldner sich hier in einer Person vereinigt haben. Die zusätzliche Pfändung einer Forderung ist ausgeschlossen, die Grundschuld wird hier daher als eigenständiges Recht gepfändet und verwertet.

⊃ **Praxishinweis:**

Eine Eigentümergrundschuld ist in den seltensten Fällen als eine solche bezeichnet. Achten Sie daher im Grundbuch eines Schuldners immer auf Anzeichen für das Bestehen einer solchen, z.B. alte Hypotheken, bei denen zu erwarten ist, dass ein großer Teil der Forderung gezahlt worden ist.

(3) Andere grundbuchlich gesicherte Rechte

Soweit dem Schuldner andere Rechte an Grundstücken zustehen, kann in diese oft ebenfalls im Wege der Forderungspfändung vollstreckt werden. Pfändbar sind jedoch nur übertragbare Leistungen – ein Wohnrecht oder ein Nießbrauch des Schuldners ist beispielsweise grundsätzlich ein höchstpersönliches Recht und kann daher nur gepfändet werden, wenn ausnahmsweise die Übertragbarkeit der Ausübung auf einen Dritten Gegenstand des Rechts ist – allerdings dürfte die Verwertung des Rechts in diesem Fall einen beträchtlichen Aufwand erfordern.

Rechte, aus denen der Schuldner (Geld-)Leistungen beziehen kann, werden wie „normale" Forderungen gepfändet. Drittschuldner ist in diesem Fall der jeweilige Eigentümer des Grundstücks, der sich aus Abteilung des entsprechenden Grundbuchs ergibt. Grundsätzlich sollte übrigens vor der Pfändung eines solchen Rechts das Grundbuch eingesehen werden.

In Betracht für eine Pfändung kommen insbesondere Reallasten.

Die Pfändung erfolgt dabei entsprechend den Vorschriften der Pfändung einer (brieflosen) Hypothekenforderung: Zur Wirksamkeit ist neben dem Erlass des Pfändungs- und Überweisungsbeschlusses auch die Eintragung der Pfändung auf Antrag des Gläubigers in das Grundbuch erforderlich.

hh) Rechte des Schuldners an Gesellschaften und Erbengemeinschaften
(1) Personengesellschaften (GbR, OHG, KG)

Sofern der Schuldner Beteiligter an einer Gesellschaft ist, kann die Zwangsvollstreckung **in diese gemeinsame Vermögensmasse** (d.h. einzelne Gegenstände oder Forderungen, die sich im Besitz der Gesellschaft befinden) nicht erfolgen, es sei denn, es liegt ein geeigneter Titel gegen **alle** Gesellschafter vor.

Stattdessen muss der Gläubiger bei der Vollstreckung **den Anteil** des Schuldners am Gesellschaftsvermögen selbst pfänden (§ 859 Abs. 1 ZPO). Davon erfasst sind insbesondere

- das Recht auf Auszahlung des jeweiligen Gewinns sowie
- auf Auszahlung des evtl. Erlöses bei der Auseinandersetzung.

Drittschuldner einer solchen Pfändung sind die übrigen Gesellschafter (*Zöller*, ZPO, § 859 Rz. 3 u. 7), zum Teil wird es aber auch für ausreichend erachtet, dass die Pfändung nur der Gesellschaft gegenüber erfolgen muss und die Zustellung an einen vertretungsberechtigten Gesellschafter ausreicht. Sofern nichts dagegen spricht (z.B. große Anzahl an Gesellschaftern, Gesellschafter mit unbekannten Aufenthalt) sollten immer alle Gesellschafter als Drittschuldner aufgeführt werden.

Nach erfolgter Pfändung und Überweisung hat der Gläubiger kraft Gesetzes das Recht, die Gesellschaft zu kündigen (fristlos gem. § 725 Abs. 1 BGB für die Gesellschaft bürgerlichen Rechts, sechs Monate vor Ende des Geschäftsjahres gem. § 136 HGB für die OHG und KG). Die Wirkung dieser Kündigung regelt grundsätzlich der Gesellschaftsvertrag, andernfalls erfolgt Auflösung der Gesellschaft mit anschließender Auseinandersetzung. Das Pfandrecht des Gläubigers setzt sich dann an dem im Rahmen der Auseinandersetzung entstehenden Auszahlungsansprüchen fort.

⊃ **Praxishinweis:**

Eine Gesellschaft bürgerlichen Rechts ist häufig im Vermögen des Schuldners vorhanden, ohne dass dies den Gläubigern auffällt.
Oft tritt eine GbR ohne eine entsprechende Bezeichnung im Geschäftsverkehr auf, z.B. wenn mehrere Freiberufler gemeinsam eine Praxis betreiben oder wenn der Schuldner zusammen mit anderen Personen einen „Börsenclub" oder eine andere, auf wirtschaftlichen Gewinn gerichtete Gemeinschaft bildet.

II. Einzelne Vollstreckungsmaßnahmen

(2) Gesellschaft mit beschränkter Haftung (GmbH)

Der Geschäftsanteil an einer GmbH ist selbständig pfändbar. Drittschuldner hier ist – im Gegensatz zu den Personengesellschaften – die Gesellschaft selbst, vertreten durch einen Geschäftsführer.

Da umstritten ist, ob die laufende Auszahlung von Gewinnanteilen von der Pfändung der Anteile erfasst ist, sollte dieser Anspruch noch einmal ausdrücklich im PfÜB aufgeführt werden.

Was aufgrund der Pfändung mit dem gepfändeten Anteil an der GmbH passiert, ergibt sich aus der Satzung, die jeder Gesellschaft zugrunde liegt. Die Satzung kann entweder in den Akten des Handelsregisters eingesehen werden bzw. es muss im Rahmen der Drittschuldnererklärung von der Gesellschaft mitgeteilt werden, welche Folgen die Satzung für den Fall der Pfändung hat (Beispiel: Auflösung, Einziehung des Anteils gegen Abfindung o. Ä.).

Sofern eine Kündigung möglich ist, kann die Verwertung durch Auflösung der Gesellschaft erfolgen. Falls diese jedoch von der Satzung ausgeschlossen ist, verbleibt nur die anderweitige Verwertung der GmbH-Anteile nach § 844 Abs. 1 ZPO, beispielsweise durch öffentliche Versteigerung der Anteile.

In einem solchen Fall empfiehlt sich daher ein Vorgehen in zwei Schritten:

– Zunächst die Beantragung eines Pfändungsbeschlusses.
– Später kann dann hinsichtlich der Verwertung der GmbH-Anteile ein gesonderter Verwertungsbeschluss ergehen.

(3) Erbengemeinschaft

Solange der Schuldner Alleinerbe von Vermögensgegenständen geworden ist, ist die Vollstreckung in das Nachlassvermögen nach Annahme der Erbschaft unproblematisch, denn er erwirbt die zum Erbe gehörenden Gegenstände und Forderungen direkt als Eigentum. Eine Beschränkung könnte lediglich dadurch entstehen, dass die Verfügungsbefugnis über das Erbe durch eine Vor- und Nacherbschaft, Testamentsvollstreckung oder Nachlassverwaltung eingeschränkt worden ist.

Anders sieht es aus, wenn neben dem Schuldner noch weitere Personen Erbe eines Nachlasses geworden sind. In diesem Fall besteht zunächst eine Erbengemeinschaft, d.h., Gegenstände und Forderungen, die Bestandteil des Nachlasses sind, gehören allen Erben gemeinsam. Eine Vollstreckung in diese Vermögensmasse ist mit dem Vollstreckungstitel gegen einen Erben nicht möglich; stattdessen kann nur der Anteil an der Erbmasse selbst Gegenstand der Zwangsvollstreckung sein (§ 859 Abs. 2 ZPO).

Die Pfändung des Erbteils ist vom Erbfall bis zum Abschluss der Auseinandersetzung der Erbmasse unter den Miterben möglich. Eine frühere Pfändung in ein zu erwartendes Erbe ist nicht möglich. Drittschuldner der Erbteilspfändung sind die übrigen Miterben.

Durch die Pfändung des Erbteils erlangt der Gläubiger die Stellung des Erben und damit insbesondere das Recht auf Mitwirkung bei der Auseinandersetzung des Nachlasses.

Soweit Grundbesitz Bestandteil des Nachlasses ist, sollte eine Berichtigung des Grundbuches hinsichtlich der Pfändung des Miterbenanteils erfolgen. Dies wird aufgrund Antrags des Gläubigers unter Vorlage einer Ausfertigung des PfÜB vom zuständigen Grundbuchamt im betroffenen Grundbuch eingetragen.

Die Auseinandersetzung des Nachlasses wird dann nach den allgemeinen Vorschriften in den §§ 2032 ff. BGB durchgeführt, z.B. bei Grundbesitz auch ggf. durch eine (Zwangs-)Teilungsversteigerung.

(4) Miteigentum

Ist der Schuldner Miteigentümer von Grundstücken, kann der Anspruch auf Auseinandersetzung in Zusammenhang mit dem Anspruch auf Auszahlung des Erlöses gepfändet werden. Drittschuldner sind in diesem Fall die übrigen Miteigentümer. Die Vollstreckung erfolgt dann durch Geltendmachung des Anspruchs auf Aufhebung der Gemeinschaft gegenüber den übrigen Miteigentümern, insbesondere durch die Beantragung der Teilungsversteigerung nach § 180 ZVG (BGH Rpfleger 2003, 372).

ii) Steuererstattungsansprüche

Ansprüche des Schuldners auf Rückerstattung von Steuern unterliegen vollständig der Pfändung (§ 46 Abgabenordnung, AO). Eine Besonderheit betrifft den Zeitpunkt der Pfändung; eine Pfändung ist erst mit Entstehung des Erstattungsanspruchs (§ 46 Abs. 6 AO) möglich, d.h. erst nach Ablauf des Jahres, für den ein Erstattungsanspruch des Schuldners entstehen könnte. Oft wird daher zur Sicherung des Pfändungsrangs zum ersten Werktag des Kalenderjahres eine Vorpfändung nach § 845 ZPO veranlasst.

Ob der Gläubiger den Antrag auf Lohnsteuererstattung für den Schuldner abgeben kann, ist umstritten. Zumeist wird davon ausgegangen, dass der Gläubiger kein Antragsrecht besitzt (BFH NJW 2001, 462) und dieses Recht auch nicht im Rahmen des PfÜB mitgepfändet werden kann. Somit soll auch die Hilfspfändung der Lohnsteuerkarte nicht zulässig sein (LG Potsdam Rpfleger 2002, 530). Der Gläubiger wäre darauf angewiesen, dass der Schuldner den Lohnsteuererstattungsantrag selbst stellt.

Der BGH (Beschl. v. 12.12.2003 – IXa ZB 115/03, Rpfleger 2004, 228) weist hier einen anderen Weg: Nach § 836 Abs. 3 ZPO ist der Schuldner zur Mitwirkung verpflichtet. Als unvertretbare Handlung kann daher die Pflicht zur Mitwirkung (Abgabe der Lohnsteuererklärung) nach § 888 ZPO im Wege der Haftandrohung durch das Vollstreckungsgericht erzwungen werden.

In der Praxis sollte der Schuldner nach erfolgter Pfändung des Erstattungsanspruchs vorab durch ein einfaches Schreiben darauf hingewiesen werden, dass er mit einer abgegebenen Lohnsteuererklärung nicht nur eine Haftanordnung vermeiden, sondern auch noch seine Schulden verringern kann. Eine tatsächliche Durchführung der Verhaftung des Schuldners sollte wegen der damit verbundenen Kosten möglichst vermieden werden.

jj) Sonstige Ansprüche und Rechte des Schuldners

Grundsätzlich sind alle Vermögenswerte des Schuldners pfändbar, soweit diese vom Schuldner veräußert werden können, also auch Rechte, die hier nicht genannt sind bzw. für deren Pfändung auch keine genauen gesetzlichen Vorschriften existieren.

Pfändbar sind des Weiteren Rechte aus Marken oder urheberrechtlich geschützten Werken.

Urheberrechte eines Werkes der Literatur, Wissenschaft und Kunst können insoweit gepfändet werden, als der Urheber Nutzungsrechte erteilen kann und das Werk bereits veröffentlicht worden ist oder der Urheber der Vollstreckung zustimmt. Bei der Pfändung von Urheberrechten ist kein Drittschuldner vorhanden; der PfÜB wird schon durch die Zustellung an den Schuldner wirksam. Näheres regeln §§ 112ff. Urheberrechtsgesetz.

Eine Internet-Domain stellt kein eigenes, selbständiges Vermögensrecht dar und ist daher nicht direkt pfändbar; gepfändet werden können lediglich die Ansprüche des Schuldners gegenüber der Registrierungsstelle, z.B. für „. de-Domains" also gegenüber der DENIC in Frankfurt als Registrar für deutsche Domains (BGH MDR 2005, 1311). Die Verwertung kann dann auch durch Überweisung an Zahlungs statt (wenn der Gläubiger selbst eine Verwendung für die Domain hat) oder durch anderweitigen Verwertungsbeschluss z.B. durch öffentliche Versteigerung in einem geeigneten Verkaufsportal erfolgen. Doch Vorsicht: Namens- und Markenrechte Dritter werden von der Pfändung nicht berührt; wenn der Schuldner mit dem Domainnamen also Rechte Dritter verletzt hat, bestehen die entsprechenden Unterlassungsansprüche weiter. Zahlreiche gerichtliche Auseinandersetzungen um lukrative Domainnamen zeigen, dass gerade bei Domainnamen immer mit anderen oder besseren Rechten gerechnet werden muss. Besitzt der Schuldner entsprechende Markenrechte, sollten diese mit dem Schuldner als Drittschuldner (s.o.) gleich mitgepfändet werden.

Anwartschaftsrechte, z.B. der Anspruch auf Übertragung des Eigentums beim Teilzahlungskauf, sind grundsätzlich pfändbar. Allerdings dürfte dies in der Praxis nur selten Aussicht auf Erfolg haben, da der Anspruch erst dann fällig wird und damit der Gläubiger Befriedigung erlangt, wenn der Schuldner seinen Zahlungsverpflichtungen nachkommt.

Rückforderungsansprüche (hier insbesondere der Rückforderungsanspruch des Schenkers infolge Verarmung des Schuldners, § 528 BGB) können ebenfalls gepfändet werden. Vorrangig ist in diesen Fällen aber zu prüfen, ob der Gläubiger nicht besser eine Anfechtung nach §§ 3, 4 Anfechtungsgesetz gelten machen kann.

f) Vorpfändungsbenachrichtigung nach § 845 ZPO

Eine Besonderheit im Rahmen der Forderungspfändung ist die Vorpfändungsbenachrichtigung nach § 845 ZPO (oder kurz Vorpfändung). Mit dieser können Forderungen des Schuldners gesichert werden, bevor ein Pfändungs- und Überweisungsbeschluss erlassen wird. Ein Pfändungs- und Überweisungsbeschluss, der innerhalb eines Monats nach Zustellung der Vorpfändungsbenachrichtigung dem Drittschuldner zugestellt wird, wirkt pfandrechtlich auf den Zeitpunkt der Zustellung der Vorpfändungsbenachrichtigung zurück (§ 845 Abs. 2 ZPO). Erfolgt die Zustellung der PfÜBs nicht innerhalb dieser Monatsfrist, entfällt die Wirkung der Vorpfändung.

D. Zwangsvollstreckung

Eine Vorpfändungsbenachrichtigung ist nur dann wirksam, wenn der Vollstreckungstitel bereits erlassen ist (der Gläubiger muss aber nicht bereits im Besitz einer vollstreckbaren Ausfertigung sein!).

Die Vorpfändung besteht in der formellen Zustellung eines Schreibens des Gläubigers oder seines Vertreters an den Drittschuldner mit den Erklärungen:

Gehen Gelder des Schuldners auf dem Konto eines Dritten ein (Besipiel: Der Arbeitslohn des Schuldners wird au das Konto des Lebensgefährten überwiesen) ist ein direkter Zugriff auf dieses Konto im Wege der Zwnagsvollstreckung nicht möglich. Es kann aber der Anspruch des Schuldners gegen den Kontoinhaber auf Auszahlung des Betrags gepfändet werden. Drittschuldner ist hier der Kontoinhaber. Allerdings wird dieser selten freiwillig zahlen; hier muss dann erst wieder eine Titel gegen

- dass eine bestimmte Pfändung unmittelbar bevorsteht,
- dass der Drittschuldner nicht mehr an den Schuldner zahlen darf und
- dass dem Schuldner die Verfügung über die Forderung, insbesondere deren Einziehung, verboten ist.

Im Übrigen muss die Vorpfändung alle Anforderungen des späteren Pfändungs- und Überweisungsbeschlusses erfüllen, d.h. Gläubiger, Schuldner, Drittschuldner, Forderung, wegen derer vollstreckt wird, sowie die Forderung, welche gepfändet werden soll, müssen angegeben werden.

Die Vorpfändung wird aufgrund eines entsprechenden Auftrags des Gläubigers vom Gerichtsvollzieher an den Drittschuldner zugestellt, d.h., die unterschriebene Benachrichtigung muss zusammen mit einem entsprechenden Auftragsschreiben zunächst der Gerichtsvollzieherverteilerstelle beim Amtsgericht zugehen.

Die Vorpfändungsbenachrichtigung kann auch vom Gerichtsvollzieher im Auftrag des Gläubigers abgefasst und zugestellt werden (§ 845 Abs. 1 Satz 2 ZPO). Es empfiehlt sich, einen entsprechenden Auftrag in das Antragsschreiben an den Gerichtsvollzieher im Rahmen der Mobiliarvollstreckung mit aufzunehmen. Wird dem Gerichtsvollzieher im Rahmen der Mobiliarvollstreckung z.B. eine neue Arbeitsstelle bekannt, kann dann sofort eine Vorpfändung veranlasst werden. Ein Muster finden Sie auf S. 316f.

⊃ **Praxishinweis:**

- Eine Vorpfändung ist dann sinnvoll, wenn die Voraussetzungen für einen PfÜB nicht vorliegen, beispielsweise der Gläubiger von einer pfändbaren Forderung erfährt, aber noch keine vollstreckbare Ausfertigung des Schuldtitels besitzt.
- Da die Monatsfrist sehr knapp bemessen ist, sollten alle Schreiben im Rahmen der nachfolgenden Pfändung deutlich mit „Eilt! Vorpfändung läuft!" gekennzeichnet werden. Dass entsprechende Anträge dann keinen Tag liegen bleiben dürfen, versteht sich von selbst.

4. Zwangsvollstreckung in Immobilien

Die Zwangsvollstreckung in Immobilien betrifft das Eigentum und Miteigentum an Grundstücken, an Wohnungseigentum sowie an Erbbaurechten, auch wenn im Folgenden nur von Grundstücken die Rede ist.

Bei allen anderen Rechten des Schuldners an Grundstücken (Grundpfandrechte, Reallasten usw.) erfolgt die Vollstreckung im Wege der Forderungspfändung, auch wenn unter Umständen anschließend noch Eintragungen im Grundbuch erforderlich sind (vgl. hierzu auch S. 261 ff.).

Ein Sonderfall ist die ungeteilte Erbengemeinschaft, hier ist eine Vollstreckung in den auf den Erbanteil entfallenden Teil des Grundstücks nicht möglich, vielmehr muss der Anspruch auf Auseinandersetzung der Erbengemeinschaft im Wege der Forderungspfändung gepfändet werden.

Oft wird auch übersehen, dass der Schuldner auch Rechte an seinem eigenen Grundstück haben kann (Eigentümergrundschulden), s. S. 263.

Die Vollstreckung in Immobilien des Schuldners erfolgt üblicherweise in zwei Schritten:

– zunächst die Eintragung einer Sicherungshypothek zur Erlangung eines Pfandrechts an dem Grundstück,
– anschließend die Verwertung im Rahmen der Zwangsversteigerung bzw. Zwangsverwaltung (§ 866 Abs. 1 ZPO).

a) Eintragung einer Zwangssicherungshypothek

Zur Sicherung eines Pfandrechts an einem Grundeigentum oder einem wesensgleichen Recht (Wohnungseigentum, Erbbaurecht) empfiehlt sich die Eintragung einer Zwangssicherungshypothek.

Mit einer Zwangssicherungshypothek erwirbt der Gläubiger ein Pfandrecht an dem Grundstück des Schuldners, und zwar im Rang entsprechend dem Zeitpunkt des Eingangs des Eintragungsantrags beim Grundbuchamt. Früher eingetragene Rechte in Abteilung II (z.B. Auflassungsvormerkungen, Nießbrauch) oder in Abteilung III (Grundpfandrechte) gehen im Rang vor.

Neben der Möglichkeit der Verwertung im Rahmen der Zwangsversteigerung (bei geringen oder gar keinen Vorbelastungen) kann mit der Zwangssicherungshypothek aufgrund ihrer „Lästigkeit" bei (Not-)Verkäufen u.U. auch ein freiwilliger Ausgleich der Forderungen trotz hoher Vorbelastungen erreicht werden. Einige Rechte, wie beispielsweise eine Auflassungsvormerkung aufgrund eines Kaufvertrags, vereiteln ein Vorgehen aus der Zwangshypothek völlig. Eine Eintragung ist dann hier ebenso sinnlos wie bei Vorbelastungen, die den Wert des Grundeigentums um ein Vielfaches übersteigen.

Zuständig für die Eintragung einer Zwangssicherungshypothek ist das Grundbuchamt (dieses ist, abgesehen von einigen regionalen Besonderheiten in Baden-Württemberg, immer eine Abteilung des Amtsgerichts), bei dem auch das Grundstück oder grundstückgleiche Recht eingetragen ist. Das Grundbuchamt wird dabei als Organ der Zwangsvollstreckung tätig.

Örtlich zuständig ist in diesem Fall – abweichend von den allgemeinen Regelungen bei der Zwangsvollstreckung – nicht das Gericht am Wohnort des Schuldners, sondern das Grundbuchamt, bei dem die betroffene Immobilie im Grundbuch verzeichnet ist.

Das Verfahren zur Eintragung einer solchen Hypothek ist ein „Zwitter" zwischen einem Verfahren der freiwilligen Gerichtsbarkeit (Eintragungsverfahren nach der Grundbuchordnung) und einem Zwangsvollstreckungsverfahren nach der ZPO. Wichtig ist, dass dabei auch die allgemeinen Vorschriften für das Verfahren zur Grundbucheintragung eingehalten werden müssen. Lediglich die Bewilligung des Grundstückseigentümers, welche ansonsten immer Bestandteil eines jeden Eintragungsverfahrens ist, wird durch die Vorlage des Schuldtitels sowie die übrigen Voraussetzungen der Zwangsvollstreckung ersetzt.

Die Eintragung ist nur dann möglich, wenn der Betrag, auf den die Hypothek lautet, mindestens 750 EUR beträgt (§ 866 Abs. 3 ZPO). Maßgeblich ist dabei die Hauptforderung ohne Zinsen. Es ist jedoch möglich, mehrere Forderungen gegen einen Schuldner aus verschiedenen Vollstreckungstiteln für eine Sicherungshypothek zusammenzufassen.

Es ist nicht möglich, mehrere Grundstücke des Schuldners mit einer Zwangshypothek gemeinsam zu belasten. Ergeben sich aus dem Grundbuch mehrere Grundstücke (d.h., es sind im Bestandsverzeichnis mehrere Grundstücke unter verschiedenen Nummern gebucht worden oder der Grundbesitz ist in verschiedenen Grundbuchblättern eingetragen worden), muss die Hypothek auf ein Grundstück beschränkt werden (empfehlenswert, wenn ein Grundstück nicht oder nur geringer belastet ist) oder auf jedem Grundstück eine eigene Hypothek für einen Teil der Forderung eingetragen werden (wenn die Grundstücke gleich belastet sind). In letzterem Fall muss aber für jede der einzelnen Hypotheken die Betragsgrenze von 750 EUR erreicht werden.

Sofern der im Vollstreckungsbescheid ausgewiesene Zinssatz an den Basiszinssatz gekoppelt ist, wird von einigen Grundbuchämtern die Beschränkung auf einen Höchstzinssatz gefordert, der im Antrag anzugeben ist (z.B. „... höchstens jedoch 15 % Zinsen").

Bei der Stellung des Eintragungsantrags ist auf eine genaue Bezeichnung der Gläubiger als Inhaber des Sicherungsrechts zu achten, d.h., bei Firmen ist unbedingt der genaue Firmenname wie im Handelsregister eingetragen als Parteibezeichnung anzugeben; bei natürlichen Personen muss zusätzlich zu den Namen und Anschriften noch das Geburtsdatum mitgeteilt werden (§ 15 GBVfg). Als problematisch hat sich bei Personenmehrheit auf Antragstellerseite die Angabe des Gemeinschaftsverhältnisses erwiesen. Diese muss zwingend eingetragen werden, ergibt sich jedoch in der Regel nur mittelbar aus dem Vollstreckungstitel (Bruchteilsgemeinschaft nach § 420 BGB), sofern nicht ausdrücklich anders bezeichnet. Sollte das Grundbuchamt eine Eintragung aus diesem Grund ablehnen, sollte eine klarstellende Berichtigung des Vollstreckungstitels nach § 319 ZPO durch das Gericht veranlasst werden, welches den Titel erlassen hat.

Ein Beispiel für einen Antrag auf Eintragung einer Zwangssicherungshypothek finden Sie im Kap. E.VI, S. 317.

Für die Eintragung einer Zwangssicherungshypothek fordert das Grundbuchamt eine volle Gebühr nach der Kostenordnung an.

⊃ **Praxishinweis:**

Vorhandenen Grundbesitz hat der Schuldner im Rahmen der eidesstattlichen Versicherung anzugeben. Da die verschiedenen Eintragungen im Grundbuch untereinander in einem Rangverhältnis stehen, welches sich primär nach dem Eingang des Antrags auf Eintragung der Zwangshypothek richtet, lohnt es sich, ggf. anderen Gläubigern zuvorzukommen.

Das Grundbuchamt erteilt bei berechtigtem Interesse (Nachweise durch Vorlage des Vollstreckungstitels) Auskunft über evtl. Grundbesitz des Schuldners in seinem Bezirk. Ein unbeglaubigter Grundbuchauszug (Kosten in Höhe von 10 EUR, § 73 Abs. 1 Nr. 1 KostO) gibt Auskunft über mögliche Vorbelastungen.

b) Zwangsversteigerung

aa) Allgemeines

Führt die Eintragung einer Zwangshypothek „nur" zu einem Pfandrecht, so dient das Zwangsversteigerungsverfahren dann der Verwertung einer zuvor erlangten Sicherheit. Das Verfahren der Zwangsversteigerung und Zwangsverwaltung ist gesondert im Zwangsversteigerungsgesetz (ZVG) geregelt, es gelten jedoch auch die allgemeinen Grundsätze der Zwangsvollstreckung aus der ZPO (allgemeine Voraussetzungen der Zwangsvollstreckung etc.).

Im Rahmen der Zwangsversteigerung wird eine Immobilie des Schuldners durch das Gericht bestmöglichst verwertet und der sich dabei ergebende Erlös auf die Gläubiger, entsprechend der Rangstelle ihrer Sicherheit, verteilt.

Der Gläubiger kann dabei aus einem bereits eingetragenen Grundpfandrecht wie Grundschuld oder Zwangshypothek (dinglicher Anspruch) oder auch ohne im Besitz eines Grundpfandrechts zu sein, ausschließlich aus der titulierten Forderung (persönlicher Anspruch) vorgehen.

Das Zwangsversteigerungsverfahren ist gekennzeichnet von einer strikten Rangfolge der Ansprüche, welche in § 10 ZVG geregelt ist.

- Vorab aus dem erzielten Erlös abzuführen sind die Kosten des Verfahrens, die Aufwendungen zur Erhaltung des Grundstücks und, wenn es sich um ein Wohnungseigentum handelt, das Wohngeld für zwei Jahre, max. jedoch 5 % des festgesetzten Verkehrswertes.
- Als nächstes werden die öffentlichen Lasten (z.B. Grundsteuern) beglichen.
- Anschließend folgen die Forderungen aus den Grundpfandrechten oder anderen Rechten an dem Grundstück nebst Zinsen, die weniger als zwei Jahre rückständig sind (vorrangige Gläubiger mit Grundpfandrechten).
- Sodann folgen die Beschlagnahmegläubiger hinsichtlich des Kapitals ihrer Forderung, soweit dieses nicht in einer vorhergehenden Klasse zu berücksichtigen ist.
- Hiernach folgen die Kapital- und Zinsforderungen der Gläubiger, deren Eintragungen aufgrund der Beschlagnahmewirkung den anderen Gläubiger gegenüber unwirksam sind (z.B.: eine nach Beschlagnahme erfolgte Eintragung einer Sicherungshypothek).

– Zuletzt folgen die länger rückständigen Zinsen der vorrangigen, dann die der nachrangigen Gläubiger.

Eine Zwangsversteigerung ist nur dann möglich, wenn der Schuldner Eigentümer der betroffenen Immobilie ist, also auch als Eigentümer im Grundbuch eingetragen ist. Ist der Schuldner zu einem bezifferten Anteil Eigentümer (Bruchteileigentum, häufigster Fall: Eheleute zu je ½), kann auch nur dieser Bruchteil versteigert werden. Ist der Schuldner in einer Gesamthandsgemeinschaft Eigentümer des Grundstücks (häufigster Fall: ungeteilte Erbengemeinschaft oder BGB-Gesellschaft), dann ist ein Zwangsversteigerungsverfahren nur möglich, wenn ein Vollstreckungstitel gegen die Gemeinschaft vorliegt. In den anderen Fällen kann lediglich der Anteil des Schuldners an der Gesamthandsgemeinschaft gepfändet werden und die Auseinandersetzung dieser Gemeinschaft betrieben werden.

Gegenstand des Verfahrens sind dabei nicht nur die Immobilie selbst, sondern auch alle Gegenstände, die in den Hypothekenhaftungsverband fallen, also alles, was aufgrund seiner Beschaffenheit oder Nutzung wesentlicher Bestandteil oder Zubehör des Grundstücks bildet.

Wesentlicher Bestandteil sind die Gegenstände, die fest mit der Hauptsache verbunden sind, also beispielsweise die Heizung in einer Wohnung oder die Hebebühne in einer Kfz-Werkstatt. Als **Zubehör** versteht man die in das Gebäude eingebrachten Gegenstände, die dem wirtschaftlichen Zweck der Hauptsache dienen (Beispiel: Einrichtungsgegenstände einer Gastwirtschaft). Wesentlich wird die Frage von Zubehör immer dann, wenn es sich bei der zu versteigernden Immobilie um einen Wirtschaftbetrieb handelt.

Das Verbot der sinnlosen Vollstreckung nach § 803 Abs. 2 ZPO gilt für das Zwangsversteigerungsverfahren nicht (BGH MDR 2002, 1213). Allerdings sollte immer bedacht werden, dass spätestens mit der Erstellung des Wertgutachtens relativ hohe Kosten entstehen, die vom Gläubiger erst einmal als Vorschuss gezahlt werden müssen.

Ob ein Zwangsversteigerungsverfahren sinnvoll ist, hängt von vielerlei Umständen ab:

– dem (Verkaufs-)Wert der Immobilie einschließlich Zubehör (z.B. bei Gewerbeobjekten),
– den vorgehenden Belastungen (bestehen bleibende Rechte) und
– den mit dem Verfahren verbundenen Kosten.

bb) Antrag

Das Verfahren beginnt mit der Stellung des Antrags auf Eröffnung des Zwangsversteigerungsverfahrens bei dem Amtsgericht, in dessen Bezirk das betroffene Grundstück liegt. Zu beachten sind dabei die allgemeinen Voraussetzungen der Zwangsvollstreckung.

Ferner hat der Gläubiger den zu verwertenden Grundbesitz genau zu bezeichnen; dazu gehört auch die grundbuchliche Bezeichnung der Immobilie (Grundbuch von Musterstadt, Blatt 9999, lfd. Nr. 1 und 2 des Bestandsverzeichnisses).

Sofern der Gläubiger ein Grundpfandrecht (z.B. zur Absicherung eingetragene Grundschuld oder Zwangssicherungshypothek) besitzt, ist anzugeben, ob aus einem bzw. (bei mehreren) aus welchem Grundpfandrecht die Versteigerung betrieben wird.

Falls bereits ein Zwangsversteigerungsverfahren für einen anderen Gläubiger anhängig ist, kann der Beitritt zum laufenden Verfahren beantragt werden. Ein bisher nur aufgrund einer grundbuchlichen Sicherheit Beteiligter kann somit zu einem das Verfahren betreibenden Gläubiger werden, mit dem Recht, verschiedene Anträge zu stellen und auch das Verfahren fortzuführen, wenn der frühere Gläubiger keinen weiteren Verfahrensfortgang mehr wünscht.

cc) Anordnung der Zwangsversteigerung

Mit der Anordnung des Zwangsversteigerungsverfahrens gilt das Grundstück des Schuldners zugunsten des Gläubigers, für den die Anordnung erfolgt, als beschlagnahmt, d.h., er erlangt ein Recht auf Befriedigung aus dem Grundstück. Ist kein Grundpfandrecht vorhanden, aus dem die Zwangsversteigerung betrieben wird, richtet sich die Rangstelle des Gläubigers nach dem Zeitpunkt der Beschlagnahme des Grundstücks.

Die Anordnung der Zwangsversteigerung wird von Amts wegen im Grundbuch vermerkt. Ggf. nach der Beschlagnahme erfolgte weitere Eintragungen von Grundpfandrechten sind nicht unwirksam, liegen aber im Rang nach dem betreibenden Gläubiger, auch wenn dieser nur aufgrund einer persönlichen Forderung gegen den Schuldner vorgeht.

Mit der Anordnung beginnt auch das Wertermittlungsverfahren, in dem der Verkehrswert des Grundstücks festgestellt wird. Dieser ist später maßgeblich für die im Termin zu beachtenden Wertgrenzen für den Zuschlag, bildet aber auch einen Anhaltspunkt für potentielle Ersteher der Immobilie.

Auf Antrag des betreibenden Gläubigers ist das Verfahren zur Zwangsversteigerung bis zur Entscheidung über den Zuschlag zweimal je Gläubiger einstweilen einzustellen; der dritte Einstellungsantrag eines Gläubigers gilt als Antrag auf Rücknahme des Versteigerungsantrags. Die Wirkungen der Einstellung gelten nur im Verhältnis zum bewilligenden Gläubiger, für evtl. weitere vorhandene betreibende Gläubiger wird das Verfahren fortgeführt.

Der Schuldner kann gem. § 30a ZVG innerhalb von 2 Wochen nach der Zustellung des Anordnungsbeschlusses die Einstellung des Verfahrens für längstens sechs Monate verlangen, wenn dadurch die Zwangsversteigerung insgesamt verhindert werden kann und dies nach den persönlichen und wirtschaftlichen Verhältnissen des Schuldners angebracht ist. Dabei kann das Gericht auch Auflagen, insbesondere Zahlungsbestimmungen treffen. Nach einer ersten Einstellung gem. § 30a ZVG kann noch einmal eine erneute Einstellung für sechs Monate erfolgen; § 30c ZVG.

Soweit über das Vermögen des Schuldners ein Insolvenzverfahren eröffnet ist, kann der Insolvenzverwalter die einstweilige Einstellung der Zwangsversteigerung beantragen, wenn der Berichtstermin noch nicht stattgefunden hat oder die Versteigerung die Verwertung oder Betriebsfortführung zugunsten der Insolvenzmasse beeinträchtigen würde.

Während einer Einstellung ruht das Verfahren, d.h., dem Gläubiger bleibt seine erlangte Rangstelle erhalten, es werden jedoch keine Termine bestimmt.

dd) Versteigerung

Sobald die entsprechenden Voraussetzungen vorliegen (u.a. Wertfeststellung), bestimmt das Gericht einen Versteigerungstermin. Dieser Termin ist öffentlich bekannt zu machen; dies erfolgt durch die Schaltung von Anzeigen in den örtlichen Tageszeitungen. Darüber hinaus können auch noch andere Arten der Veröffentlichung erfolgen (z.B.: Internet), um ein großes Publikum an potentiellen Bietern im Versteigerungstermin zu erreichen.

Für die Versteigerung wird das so genannte „geringste Gebot" vom Gericht berechnet. Dieses setzt sich aus dem Bargebot und den bestehen bleibenden Rechten zusammen.

In das Bargebot fallen die dem betreibenden Gläubiger vorgehenden Kosten aus der Unterhaltung des Grundstückes sowie die rückständigen öffentlichen Lasten.

Zu den bestehen bleibenden Rechten gehören alle Rechte, welche dem betreibenden Gläubiger durch ihre Grundbucheintragung im Rang **vor**gehen.

Beispiel:

An einem Grundstück bestehen die Grundpfandrechte für A (Abt. III-1), B (Abt. III-2) und C (Abt. III-3). Betreibt der Gläubiger C ausschließlich das Verfahren, bleiben die Rechte III-1 und III-2 bestehen, müssen also von einem Ersteher mit übernommen werden. Das Recht III-3 würde in diesem Fall erlöschen, Gläubiger C würde dafür aus dem Erlös befriedigt. Erklärt Gläubiger B den Beitritt zum Verfahren, bleibt nach der Versteigerung nur das Recht III-1 von A bestehen. Der Erlös wird zunächst an B ausgezahlt, Gläubiger C würde den Rest des Erlöses erhalten.

Das geringste Bargebot muss vom Ersteher im Termin mindestens geboten werden, die bestehen bleibenden Rechte müssen von ihm übernommen und daher seinem Gebot (abstrakt) hinzugerechnet werden.

Im öffentlichen Versteigerungstermin wird nach Verlesung der Versteigerungsbestimmungen für mindestens 30 Minuten zur Abgabe von Geboten aufgefordert. Das Gebot muss dabei mindestens das zuvor festgestellte **geringste Gebot** erreichen. Jeder Beteiligte, der einen Anteil am Erlös erhalten würde, kann dabei verlangen, dass 10 % des Verkehrswertes als Sicherheitsleistung bereits zum Termin hinterlegt werden; bietet der Schuldner, muss dieser Sicherheit in Höhe des Gebotes leisten.

Die Versteigerung erfolgt so lange, bis trotz Aufforderung des Gerichts keine Gebote mehr abgegeben werden.

ee) Zuschlag, Erlösverteilung

Nach dem Schluss der Versteigerung findet die Entscheidung über die Zuschlagserteilung statt. Dabei wird das gesamte Verfahren noch einmal auf Verfahrensverstöße überprüft. Grundsätzlich ist dann der Zuschlag dem höchsten Gebot zu erteilen, es gibt jedoch Wertgrenzen, die beachtet werden müssen:

Gem. § 74a Abs. 1 ZVG kann, wenn das Meistgebot zzgl. der bestehen bleibenden Rechte nicht $7/10$ des Verkehrswertes erreicht, ein Gläubiger, der bei einem höheren Gebot auch einen höheren Anteil am Erlös erhalten würde, die Versagung des Zuschlags beantragen. In diesem Fall muss die Versteigerung in einem neuen Termin, der in einem Zeitraum von drei bis sechs Monaten nach dem ersten liegen soll, wiederholt werden. In dem neuen Termin darf der Zuschlag weder wegen Nichterreichens der $7/10$- noch wegen Nichterreichens der $5/10$-Grenze gem. § 85a ZVG (s.u.) versagt werden.

Der Zuschlag ist gem. § 85a ZVG abzulehnen, wenn das höchste Gebot einschl. der bestehen bleibenden Rechte $5/10$ des Verkehrswertes nicht erreicht hat. Auch hier ist von Amts wegen ein neuer Termin zu bestimmen, in dem dann weder die Wertgrenze von $7/10$ nach § 74a ZVG noch die $5/10$-Grenze nach § 85a ZVG zu berücksichtigen ist.

Mit der rechtskräftigen Erteilung des Zuschlags wird der Ersteher Eigentümer des Grundstücks und muss den von ihm gebotenen Betrag zzgl. 4 % Zinsen ab Zuschlag bis zum Verteilungstermin (s.u.) an das Gericht zahlen. Die nicht bestehen bleibenden Rechte erlöschen, d.h. eine eingetragene Zwangssicherungshypothek wird nach Zuschlagserteilung gelöscht, egal, ob die Forderung vom Gebot abgedeckt wird oder nicht.

Nach der Zuschlagserteilung findet ein Termin zur Verteilung des Erlöses statt. Zu diesem Termin fordert das Gericht die Gläubiger auf, ihre Ansprüche, für die das Grundstück haftet, darzulegen. Aufgrund dieser Rechnungen wird vom Gericht ein Teilungsplan aufgestellt, aus dem sich ergibt, in welcher Reihenfolge der Erlös an die Gläubiger ausgezahlt wird.

Ein Widerspruch gegen den Teilungsplan kann nur in dem Verteilungstermin erklärt werden. Wird Widerspruch erhoben, ohne dass eine Einigung mit den übrigen Gläubigern und dem Gericht erzielt wird, muss der widersprechende Gläubiger binnen eines Monats ab dem Termin eine Widerspruchsklage erheben (§§ 878 ZPO, 115 Abs. 1 ZVG), andernfalls gelangt der Teilungsplan ohne Rücksicht auf den erhobenen Widerspruch zur Ausführung.

Der Teilungsplan wird durch Auszahlung der Beträge an den Gläubiger ausgeführt. Zahlt der Ersteher das Gebot nicht, wird die Forderung gegen den Ersteher auf Zahlung des Gebots auf die Beteiligten übertragen und es werden entsprechende Sicherungshypotheken zugunsten der Beteiligten im Grundbuch eingetragen. In einem erneuten Versteigerungstermin ist der Betrag zur Ablösung dieser Sicherungshypotheken vom Ersteher in bar zu entrichten.

Mit der Ausführung des Teilungsplans und der Rechtskraft des Zuschlagsbeschlusses wird das Versteigerungsgericht auch das Grundbuchamt anweisen, das Grundbuch entsprechend dem Ergebnis der Zwangsversteigerung zu bereinigen, d.h. den Ersteher als Eigentümer einzutragen und die erlöschenden Rechte sowie den Zwangsversteigerungsvermerk zu löschen.

ff) Kosten

Für die Anordnung der Zwangsversteigerung bzw. die Entscheidung über den Beitritt zu einem bereits laufenden Verfahren entsteht für jeden Gläubiger eine Gerichtsgebühr nach KV 2210 GKG in Höhe von 50 EUR.

Ferner entstehen einmalig für das gesamte Verfahren Gebühren nach der Höhe des festgesetzten Verkehrswertes aus der GKG-Tabelle:

- 0,5fache Gebühr für das Zwangsversteigerungsverfahren, die sich auf eine 0,25fache Gebühr ermäßigt, falls das Verfahren vor Bestimmung des Versteigerungstermins zurückgenommen wird (KV 2211 bzw. 2212 GKG),
- 0,5fache Gebühr für die Abhaltung eines Versteigerungstermins, soweit der Zuschlag nicht wegen Unterschreitens der $5/10$- oder $7/10$-Grenze versagt worden ist (KV 2213 GKG),
- 0,5fache Gebühr für die Zuschlagserteilung, die vom Ersteher zu zahlen ist (KV 2214 GKG),
- 0,5fache Gebühr für das Verteilungsverfahren (KV 2215).

Hinzu kommen noch Auslagen für das einzuholende Wertgutachten sowie die Veröffentlichungen der Terminsbestimmung. Für diese Kosten wird in der Regel ein Vorschuss von einem betreibenden Gläubiger angefordert.

Der Rechtsanwalt des Gläubigers erhält für das Verfahren bis zum Verteilungstermin eine 0,4fache Gebühr (Nr. 3311 Nr. 1 VV RVG) nach dem Wert der betroffenen Forderung (§ 26 Abs. 1 Nr. 1 RVG), für die Wahrnehmung des Versteigerungstermins einmalig eine weitere 0,4fache Gebühr (Nr. 3312 VV RVG), für das Verteilungsverfahren eine weitere 0,4fache Gebühr nach Nr. 3311 Nr. 2 VV RVG (nach dem Wert es Erlöses) sowie eine zusätzlich eine 0,4fache Gebühr für evtl. Verfahren zur Einstellung des Zwangsversteigerungsverfahrens (Nr. 3311 Nr. 6 VV RVG).

> **Praxishinweis:**
>
> Aufgrund der sehr hohen Auslagen des Verfahrens (Veröffentlichungen, Verkehrswertermittlung) und der langen Dauer sollte ein Verfahren nur dann betrieben werden, wenn aufgrund des Rangs (der Zwangssicherungshypothek oder der Beschlagnahme) mit einer Beteiligung am Erlös zu rechnen ist. Maßgeblich ist dabei auch das Verhalten der vorrangigen Gläubiger: Falls mehrere Rechte bestehen bleiben, ist mit einem Erwerb des Grundstücks durch einen Dritten kaum zu rechnen, auch wenn der Verkehrswert deutlich höher liegt.
>
> Allerdings ist es in der Regel empfehlenswert, sich an einem laufenden Verfahren zu beteiligen.

c) Zwangsverwaltung

Die Zwangsverwaltung ähnelt der Zwangsversteigerung. Ziel ist hierbei jedoch nicht Verwertung der Immobilie des Schuldners, sondern die Nutzung der laufenden Einkünfte aus der Immobilie zur Befriedigung des Gläubigers. Sinnvoll ist eine Zwangsverwaltung daher nur, wenn es sich um eine wirtschaftlich genutzte Immobilie handelt, die laufend (beispielsweise durch Vermietung) Einkünfte zugunsten des Schuldners erbringt bzw. diese bei vernünftiger Verwaltung erwarten lässt.

Die Zwangsverwaltung kann gleichzeitig mit oder auch unabhängig von einer Zwangsversteigerung betrieben werden.

Realisiert wird die Zwangsverwaltung dadurch, dass das Gericht einen Zwangsverwalter einsetzt, dem dann die wirtschaftliche Nutzung des betroffenen Grundbesitzes obliegt. Der Zwangsverwalter nimmt die Immobilie in Besitz, dies wirkt dann als Beschlagnahme zugunsten der betreibenden Gläubiger. Ferner wird die Anordnung der Zwangsverwaltung in das Grundbuch eingetragen.

Der Zwangsverwalter zieht die laufenden Gelder ein und erfüllt die Verpflichtungen, die zur ordnungsgemäßen Bewirtschaftung erforderlich sind. Einmal jährlich bzw. bei Beendigung der Zwangsverwaltung muss eine Rechnungslegung erfolgen.

Für die Verteilung eines Überschusses ist ein Teilungsplan aufzustellen. Der Erlös wird – wie bei der Zwangsversteigerung – entsprechend der Rangordnung nach § 155 Abs. 2 ZVG i.V.m. § 10 ZVG verteilt (s. S. 271). Vorab zu entnehmen sind jedoch noch die Vergütung des Zwangsverwalters sowie dessen Aufwendungen.

An Kosten entstehen für jeden Gläubiger 50 EUR für die Anordnung (KV 2220 GKG) bzw. den Beitritt zum Zwangsverwaltungsverfahren sowie einmalig eine 0,5fache Gebühr nach der GKG-Tabelle für jedes Jahr der Zwangsverwaltung nach dem Gesamtwert der Einkünfte aus der Zwangsverwaltung (KV 2221 GKG).

Bei Vertretung durch einen Rechtsanwalt entsteht eine 0,4fache RVG Gebühr (Nr. 3311 Nr. 3 VV RVG) nach dem Wert der geltend gemachten Forderung (§ 27 RVG) für die Vertretung im Anordnungs- bzw. Beitrittsverfahren; sowie eine weitere 0,4fache Gebühr (Nr. 3311 Nr. 4 VV RVG) für die Tätigkeit im weiteren Verfahren nach Anordnung und im Verteilungsverfahren. In einem eventuellen Verfahren zur Einstellung der Zwangsverwaltung entsteht eine zusätzliche 0,4fache Gebühr nach Nr. 3311 Nr. 6 VV RVG.

5. Insolvenzverfahren

a) Allgemeines

Das Insolvenzverfahren ist kein Verfahren der „klassischen" Zwangsvollstreckung, da sich das Verfahren sowohl von der Systematik als auch von der Zielrichtung völlig von dieser unterscheidet.

Im Gegensatz zur Vollstreckung durch einzelne Gläubiger, bei welcher der Gläubiger einen Ausgleich seiner Forderung erlangt, der das beste (= früheste) Pfandrecht an einem Gegenstand erlangt, soll das Insolvenzverfahren theoretisch die Forderungen aller Gläubiger eines Schuldners zumindest teilweise ausgleichen. Ziel ist nicht die Befriedigung des Gläubigers, sondern einen Ausgleich zwischen dem Schuldner und seinen Gläubigern zu schaffen, bis hin zum teilweisen Forderungsverzicht in Form der so genannten Restschuldbefreiung.

Die gesetzlichen Regelungen für das Insolvenzverfahren finden sich daher auch nicht in dem Abschnitt „Zwangsvollstreckung" in der Zivilprozessordnung, sondern in der Insolvenzordnung (InsO).

Der Ablauf des Insolvenzverfahrens wird zunächst anhand des „normalen" Verfahrens, welches sich gegen juristische Personen und betrieblich tätige Schuldner richtet (Regelinsolvenzverfahren), erläutert. Auf die Besonderheiten im Verbraucherinsolvenzverfahren, welches primär zu Entschuldung von Privatpersonen dienen soll, wird anschließend eingegangen.

Obwohl die Voraussetzungen für einen Antrag relativ einfach sind (immerhin wird kein Vollstreckungsbescheid oder anderer Schuldtitel benötigt), wird ein Insolvenzverfahren nur in den seltensten Fällen vom Gläubiger beantragt. Zum einen handelt es sich um ein relativ langwieriges Verfahren, das sich über mehrere Jahre erstreckt, zum anderen erhält der Gläubiger am Ende des Insolvenzverfahrens so gut wie nie eine angemessene Quote auf seine Forderung ausgezahlt. Die meisten Verfahren werden daher auf Antrag des Schuldners eingeleitet.

Das Verfahren unterscheidet sich von den „normalen" Verfahren der ZPO in erster Linie durch die größere Anzahl von Beteiligten und die dazu eingeführten Vereinfachungen.

Entscheidungen im Insolvenzverfahren (Anordnung oder Aufhebung von Sicherungsmaßnahmen, Eröffnung oder Aufhebung des Verfahrens, Terminsbestimmungen sowie Entscheidungen zur Restschuldbefreiung) werden öffentlich bekannt gemacht. Die Veröffentlichung von Entscheidungen im Insolvenzverfahren erfolgt in der Regel nur noch über das Internet (*www.insolvenzbekanntmachungen.de*, § 9 Abs. 1 Satz 1 InsO).

Förmliche Zustellungen können auch vereinfacht durch Aufgabe zur Post erfolgen; dies kann auch durch den Insolvenzverwalter selbst erledigt werden (§ 8 Abs. 1, Abs. 3 InsO). Dies Zustellung gilt dann drei Tage nach Absendung des Schriftstücks als bewirkt.

b) Antrag

Das Insolvenzverfahren kann sowohl vom Gläubiger als auch vom Schuldner selbst mit schriftlichem Antrag beantragt werden (§ 13 InsO).

Durchgeführt wird das Verfahren vor dem Insolvenzgericht. Dabei handelt es sich grundsätzlich (abweichende Regelungen können auch getroffen worden sein) um das Amtsgericht am Sitz des Landgerichts, in dessen Bezirk der Schuldner seinen (Wohn-)Sitz hat (§§ 2, 3 InsO).

Der Gläubiger kann einen **Antrag** auf Eröffnung eines Insolvenzverfahrens stellen, wenn er einen Eröffnungsgrund und das Bestehen einer entsprechenden Forderung gegen den Schuldner geltend macht (§ 14 InsO). Dies kann durch Vorlage eines Vollstreckungsbescheids oder eines anderen Vollstreckungstitels erfolgen, ist jedoch nicht unbedingt erforderlich; ein Vollstreckungstitel wird zur Einleitung des Insolvenzverfahrens nicht benötigt.

Ein **Eröffnungsgrund** ist dann gegeben, wenn der Schuldner zahlungsunfähig ist, d.h. er seine fälligen Zahlungspflichten nicht erfüllen kann. Nach § 17 Abs. 2 InsO ist von einer Zahlungsunfähigkeit auszugehen, wenn der Schuldner seine Zahlungen eingestellt hat. Nachgewiesen werden kann dieses auch durch Vorlage entsprechender Korrespondenz des Schuldners.

Bei einer Antragstellung durch den Schuldner reicht es aus, wenn die Zahlungsunfähigkeit nur droht, also noch nicht eingetreten ist. Bei einer juristischen Person oder gleichgestellten Firma (z.B. GmbH, AG, GmbH & Co. KG) kommt als zusätzlicher Eröffnungsgrund die Überschuldung hinzu.

c) Verfahren bis zur Eröffnung

Bis zur Eröffnung des Insolvenzverfahrens kann einige Zeit vergehen, da der Insolvenzgrund erst geprüft werden muss.

Vorab kann das Insolvenzgericht eine Reihe von Maßnahmen treffen, die zur Sicherung des Schuldnervermögens für den Zugriff der Gläubiger erforderlich erscheinen. Hierzu gehören:

- die Bestellung eines vorläufigen Insolvenzverwalters,
- die Anordnung, dass Verfügungen des Schuldners nicht mehr oder nur mit Zustimmung des vorläufigen Insolvenzverwalters wirksam sind (Verfügungsverbot),
- die Anordnung, dass einzelne Zwangsvollstreckungsmaßnahmen (außer Immobiliarvollstreckung) unzulässig sind,
- die Anordnung einer Postsperre sowie auch
- die Vorführung oder Haftanordnung gegen den Schuldner.

Mit der Bestellung des vorläufigen Insolvenzverwalters im Falle der Anordnung eines Verfügungsverbots geht die Verfügungsberechtigung am Vermögen des Schuldners auf den Insolvenzverwalter über. Dies bedeutet gleichermaßen, dass alle Vollstreckungshandlungen gegen das Vermögen des Schuldners unzulässig sind. Über Einwendungen, dass die Zwangsvollstreckung infolge Insolvenzeröffnung unzulässig ist, entscheidet das Insolvenzgericht (§ 89 Abs. III InsO), allerdings kann der Insolvenzverwalter dies auch im Weg der Erinnerung gegen eine Zwangsvollstreckungsmaßnahme (§ 766 ZPO) rügen.

Ergeben die Ermittlungen des Gerichts, dass eine die Kosten des Verfahrens deckende Vermögensmasse nicht vorhanden ist, ist der Antrag auf Eröffnung des Insolvenzverfahrens zurückzuweisen (§ 26 InsO).

Die Abweisung eines Insolvenzantrags mangels Masse wird in das Schuldnerverzeichnis des zuständigen Amtsgerichts eingetragen.

d) Eröffnung des Verfahrens

Mit Eröffnung des Insolvenzverfahrens wird der Insolvenzverwalter bestellt und angeordnet, dass alle Verpflichtungen Dritter nicht mehr an den Schuldner, sondern an den Verwalter zu leisten sind. Gleichzeitig werden alle Gläubiger des Schuldners zur Anmeldung ihrer Forderungen beim Insolvenzverwalter innerhalb einer angemessenen Frist (zwei Wochen bis drei Monate) aufgefordert. Ferner müssen evtl. Sicherungsrechte (Pfandrechte aufgrund vorher erfolgter Zwangsvollstreckung, Sicherungsübereignungen von Gegenständen, Pfändungen von Außenständen des Schuldners) gegenüber dem Insolvenzverwalter geltend gemacht werden.

Zunächst werden zwei Termine bestimmt: ein Berichts- und ein Prüfungstermin, zu denen die bekannten Gläubiger des Schuldners geladen werden.

Bei Insolvenzen mit geringer Vermögensmasse oder geringer Anzahl an Gläubigern kann das Insovenzgericht anordnen, dass das Verfahren ganz oder teilweise schriftlich durchgeführt wird (§ 5 Abs. 2 InsO).

Die Eröffnung des Insolvenzverfahrens wird ggf. durch eine entsprechende Eintragung ggf. im Handels-, Genossenschafts- oder Verienregister vermerkt. Besitzt der Schuldners Grundeigentum, erfolgt auch eine Eintragung in die betroffenen Grundbücher.

Als **Insolvenzgläubiger** gelten die Personen, die eine Forderung gegen den Schuldner besitzen, die aber nicht absonderungsberechtigt sind (d.h., die keine rechtzeitig begründeten Pfand- oder Sicherungsrechte besitzen, die außerhalb der Insolvenzeröffnung geltend gemacht werden können). Ausgenommen sind auch Forderungen aus Unterhaltsansprüchen (§ 40 InsO).

Für Insolvenzgläubiger gilt mit der Eröffnung das Einzelvollstreckungsverbot nach §§ 87, 89 InsO, d.h., es finden keine einzelnen Zwangsvollstreckungsmaßnahmen mehr statt. Ist einem Vollstreckungsorgan die Tatsache der Eröffnung des Insolvenzverfahrens bekannt, muss es die Durchführung von Vollstreckungsmaßnahmen ablehnen. Über die Zulässigkeit einer Zwangsvollstreckungsmaßnahme entscheidet das Insolvenzgericht (§ 89 Abs. 3 InsO).

Nach § 88 InsO sind Pfandrechte, die ein Insolvenzgläubiger innerhalb einer Frist von einem Monat **vor** der Eröffnung der Insolvenz erlangt hat, nachträglich unwirksam. Pfandrechte, die in diesem Zeitraum im Wege der Vollstreckung durch den Gerichtsvollzieher oder per Pfändungs- und Überweisungsbeschluss erlangt wurden, entfallen somit rückwirkend. Stehen dem Gläubiger ältere Pfandrechte zu, ist dieser absonderungsberechtigt, d.h. die Verwertung des Pfandrechts erfolgt außerhalb des Insolvenzverfahrens (mit Ausnahme der laufenden Bezüge des Schuldners s.u.).

Forderungen eines Insolvenzgläubigers können nur noch durch Anmeldung zum Insolvenzverfahren geltend gemacht werden (§ 87 InsO). Dies erfolgt mittels einer schriftlicher Anmeldung der Forderung beim Insolvenzverwalter (§ 174 InsO). Dieser Anmeldung sollten die Unterlagen, aus denen sich das Bestehen der Forderung ergibt (z.B. Rechnungen), beigefügt sein. Die Vorlage eines vollstreckbaren Titels ist nicht erforderlich; falls ein solcher existiert, sollte jedoch hierauf Bezug genommen werden.

Sofern die Forderung auf einer **vorsätzlich begangenen unerlaubten Handlung beruht**, muss dies in der Anmeldung mitgeteilt werden (§ 174 Abs. 2 InsO), damit eine entsprechende Berücksichtigung im Rahmen der Restschuldbefreiung möglich ist.

Massegläubiger besitzen eine Forderung, die aus einer vom Insolvenzverwalter im Rahmen seiner Tätigkeit eingegangenen Verbindlichkeit resultiert. Hier ist eine weitere Vollstreckung möglich, allerdings nur mit einem gegen den Insolvenzverwalter gerichteten Vollstreckungstitel (Eintragung im Mahnverfahren, vgl. Kap. B.VI. Ausfüllmuster 14, S. 141).

Absonderungsberechtigte Gläubiger sind diejenigen, welche (rechtzeitig) ein Pfand- oder ähnliches Recht an einem Grundstück, einem Gegenstand oder einer Forderung aus dem Schuldnervermögen erlangt haben, sei es rechtsgeschäftlich (z.B. Forderungsabtretung), kraft Gesetzes (z.B. Vermieterpfandrecht) oder aufgrund der Zwangsvollstreckung (z.B. durch den Gerichtsvollzieher gepfändete Gegenstände). Diese Gläubiger können außerhalb des Insolvenzverfahrens die Verwertung ihrer Sicherheit entsprechend den jeweiligen Verfahrensvorschriften betreiben. Zum

Beispiel wird die Verwertung von durch den Gerichtsvollzieher gepfändeten Gegenständen im Wege der Versteigerung durch die Insolvenzeröffnung nicht gehindert, wenn die Pfändung mindestens einen Monat vor Eröffnung erfolgt ist.

Die Pfändung künftiger Ansprüche des Schuldners aus einem Dienstverhältnis oder ähnliche laufende Bezüge sind für **alle** Gläubiger unzulässig (auch, wenn sie keine Insolvenzgläubiger sind). Eine Pfändung dieser Ansprüche ist nur dann ausnahmsweise zulässig, wenn diese wegen einer Unterhaltsforderung oder einer Forderung aus einer vorsätzlich begangenen unerlaubten Handlung erfolgt.

e) Verfahren nach Eröffnung

Nach der Eröffnung wird zunächst die Insolvenzmasse sowie die Höhe und Rangfolge der bestehenden Forderungen festgestellt. Zur **Insolvenzmasse** gehört das gesamte Vermögen des Schuldners, soweit es nicht unpfändbar nach den allgemeinen Zwangsvollstreckungsvorschriften der ZPO ist. Die Entscheidung, ob ein Gegenstand zur Insolvenzmasse gehört, trifft das Insolvenzgericht (§ 36 Abs. 4 InsO).

Grundsätzlich sind alle Forderungen der Insolvenzgläubiger gleichrangig. **Vorrangig** aus der Insolvenzmasse zu bedienen sind **Massekosten**, d.h. die Verbindlichkeiten, welche der Insolvenzverwalter zur Sicherung der Insolvenzmasse eingeht (Beispiel: Lieferantenrechnungen für die Fortführung der Produktion).

Nachrangig zu den „normalen" Forderungen der Insolvenzgläubiger sind:

– laufende Zinsen der Insolvenzgläubiger seit Verfahrenseröffnung
– Kosten der Insolvenzgläubiger für ihre Teilnahme am Verfahren
– Geldstrafen, Geldbußen, Ordnungsgelder und Zwangsgelder
– Forderungen auf eine unentgeltliche Leistung des Schuldners
– Forderungen auf Rückgewähr von kapitalersetzendem Darlehen eines Gesellschafters oder gleichgestellte Forderungen

Der Verwalter hat die Insolvenzmasse zu sichern und aufzulisten. Ferner soll aufgrund der Anmeldungen der Insolvenzgläubiger ein Verzeichnis der Gläubiger des Schuldners mit ihren Forderungen aufgestellt werden.

In dem mit der Eröffnung bestimmten Berichtstermin, zu dem die bekannten Gläubiger geladen werden, hat der Verwalter einen Überblick über das von ihm gesicherte Vermögen des Schuldners zu geben. In diesem Termin wird entschieden, ob eine Fortführung der laufenden Geschäfte des Schuldners möglich ist oder ob der Betrieb eingestellt werden soll.

Ferner wird darüber entschieden,

– ob ein Gläubigerausschuss gebildet werden soll,
– ob der vom Gericht eingesetzte Verwalter bestätigt wird und
– ob bzw. in welcher Höhe dem Schuldner Unterhalt aus der Insolvenzmasse zu leisten ist.

Ist der Schuldner selbständig tätig, kann der Insolvenzverwalter mit Zustimmung des Gläubigerausschusses bzw. der Gläubigerversammlung bestimmen, dass der

Teil der Masse, welche der Schuldner zur Fortführung dieser Tätigkeit benötigt, aus der Insolvenzmasse freigegeben wird (§ 35 Abs. 2 InsO).

In dem später anzusetzenden Prüftermin werden die zur Insolvenztabelle angemeldeten Forderungen zwischen dem Insolvenzverwalter und den einzelnen Gläubigern erörtert. Wird einem zur Insolvenzmasse angemeldeten Anspruch nicht widersprochen, gilt er als anerkannt.

In einfachen Verfahren wird zumeist anstelle des Prüftermins ein schriftliches Verfahren stattfinden (§ 5 Abs. II InsO).

Soweit einem Anspruch widersprochen worden ist, muss eine Klage auf Feststellung erfolgen, d.h., der Gläubiger, dessen Forderung widersprochen worden ist, muss vor dem zuständigen Gericht gegen den Insolvenzverwalter auf Feststellung hinsichtlich des Bestehens des Anspruchs klagen. Beim Bestreiten von Forderungen, für die bereits ein Schuldtitel vorliegt, kehrt sich jedoch die Klagepflicht um (§ 184 Abs. 2 InsO n.F.), d.h. wenn der Schuldner nicht innerhalb eines Monats Schritte gegen die Wirksamkeit des Schuldtitels unternimmt, gilt der Widerspruch gegen die angemeldete Forderung als nicht erhoben.

Wenn eine positive Masse durch den Insolvenzverwalter festgestellt worden ist, kann ein Verteilungsplan aufgestellt werden. Widersprochene Forderungen werden in diesen nur aufgenommen, wenn dem Insolvenzverwalter die rechtzeitige Erhebung einer Feststellungsklage nachgewiesen worden ist. Die Verteilung kann auch mehrfach erfolgen, sobald jeweils eine hinreichende Verteilungsmasse gesichert worden ist.

Nach der Verwertung der letzten Vermögenswerte des Schuldners stellt der Insolvenzverwalter eine Schlussrechnung auf, die im Schlusstermin erörtert wird. Anschließend erfolgt die Schlussverteilung.

Nach Ausführung der Schlussverteilung wird das Insolvenzverfahren vom Gericht aufgehoben. Alle die Zwangsvollstreckung hemmenden Wirkungen fallen jetzt weg. Soweit ein Gläubiger im Insolvenzverfahren keine oder keine vollständige Zahlung erhalten hat (was eigentlich immer der Fall ist), kann er jetzt wieder die Einzelzwangsvollstreckung aufnehmen, es sei denn, es findet eine Restschuldbefreiung statt (s.u.).

Sofern ein vollstreckbarer Titel bisher noch nicht vorlag, kann die Zwangsvollstreckung auch mit einer vollstreckbaren Ausfertigung des Auszugs aus der Insolvenztabelle, welche wie ein Urteil wirkt, durchgeführt werden.

Abweichend von den allgemeinen Bestimmungen kann der Schuldner oder der Insolvenzverwalter einen Insolvenzplan vorlegen, welcher die Verwertung und Einziehung der Vermögenswerte sowie die Auskehr des Erlöses abweichend von den gesetzlichen Bestimmungen regelt.

Ferner besteht die Möglichkeit, dass eine Eigenverwaltung des Vermögens durch den Schuldner erfolgt. Dabei erfolgt die Einziehung, Verwertung und Auszahlung durch den Schuldner selbst, dem Insolvenzverwalter steht in diesem Fall nur die Aufsicht zur Sicherung einer ordnungsgemäßen Verwaltung zu.

Die Vorlage eines Insolvenzplans oder die Eigenverwaltung der Insolvenzmasse durch den Schuldner kommt jedoch bei den betrieblichen Insolvenzen eher selten vor.

f) Restschuldbefreiung

Falls es sich bei dem Schuldner um eine natürliche Person handelt, kann mit der Aufhebung des Insolvenzverfahrens eine Restschuldbefreiung eintreten (§§ 286 ff. InsO).

Diese ist vom Schuldner nach der Stellung des Insolvenzantrags bzw. innerhalb von zwei Wochen danach ebenfalls ausdrücklich zu beantragen. Bei der Stellung des Insolvenzantrags durch einen Gläubiger ist die Restschuldbefreiung ausgeschlossen. Der Antrag auf Restschuldbefreiung muss die Erklärung beinhalten, dass der Schuldner den pfändbaren Teil seines laufenden Einkommens für die Zeit von sechs Jahren ab der Eröffnung des Insolvenzverfahrens an einen vom Gericht zu bestimmenden Treuhänder abtritt.

Über den Antrag des Schuldners wird im Schlusstermin unter Anhörung des Insolvenzverwalters und der Insolvenzgläubiger durch das Insolvenzgericht entschieden.

Die Restschuldbefreiung ist (vorab) zu versagen, wenn dies durch das Verhalten des Schuldners (fehlerhafte Angaben, Erschleichung von Krediten, frühere abgelehnte Restschuldbefreiungen etc., vgl. im Einzelnen den in § 290 InsO genannten Katalog) nicht gerechtfertigt ist.

Andernfalls erfolgt – aufgrund der erteilten Abtretungserklärung – die Verwaltung des pfändbaren Teils der Bezüge des Schuldners durch den Treuhänder. Dieser verteilt die eingezogenen Beträge an die Gläubiger entsprechend dem im Schlusstermin aufgestellten Verteilungsschlüssel. Die dem Treuhänder zustehende Vergütung wird vom Treuhänder aus dem zu verteilenden Vermögen vorab entnommen.

Während der Laufzeit der Abtretungserklärung ist die Vollstreckung durch einen der Insolvenzgläubiger unzulässig (§ 294 Abs. 1 InsO).

Der Schuldner hat sich während der Laufzeit der Abtretungserklärung um eine angemessene Erwerbstätigkeit zu bemühen; ferner darf er keinen der beteiligten Gläubiger besonders benachteiligen oder bevorzugen und muss Wohnorts- oder Arbeitsplatzwechsel beim Treuhänder anzeigen. Sofern der Schuldner schuldhaft gegen diese Pflichten verstößt, kann die Restschuldbefreiung aufgrund des Antrags eines Insolvenzgläubigers, der innerhalb eines Jahres ab Kenntnis der betreffenden Umstände gestellt werden muss, versagt werden; mit Rechtskraft dieser Entscheidung entfallen die Wirkungen, wie etwa das Zwangsvollstreckungsverbot (§ 299 InsO).

Nach Ablauf der Abtretungserklärung entscheidet das Insolvenzgericht durch Beschluss über die Erteilung der Restschuldbefreiung. Vor der Entscheidung werden die Insolvenzgläubiger, der Schuldner und der Treuhänder angehört.

Sofern keine Pflichtverletzung des Schuldners vorliegt, ist die Restschuldbefreiung auszusprechen. Damit erlöschen die Ansprüche aller Gläubiger des Schuldners, auch die Ansprüche der Gläubiger, welche sich nicht am Insolvenz- oder Restschuldbefreiungsverfahren beteiligt haben.

Ausgenommen sind dabei folgende, im allgemeinen als „insovenzfest" bezeichnete Forderungen:

- Forderungen aus vorsätzlich begangener unerlaubter Handlung (Beispiel: Schadensersatz für einen Betrug des Schuldners),
- Geldstrafen und gleichgestellte Beträge,
- zinslose Darlehen für die Kosten des Insolvenzverfahrens.

Ein nachträglicher Widerruf der Restschuldbefreiung ist aufgrund des Antrags eines Insolvenzgläubigers innerhalb eines Jahres zulässig, wenn neue Umstände bekannt werden, aus denen sich ergibt, dass der Schuldner die Befriedigung der Gläubiger beeinträchtigt hat (z.B. durch verschwiegenes Einkommen).

g) Verbraucherinsolvenz

Neben dem Regelinsolvenzverfahren kennt die Insolvenzordnung noch das vereinfachte Verfahren gegen Verbraucher (Verbraucherinsolvenzverfahren). Dies gilt auch für wirtschaftlich tätige Personen mit überschaubaren Vermögensverhältnissen und, nach § 304 Abs. 2 InsO, wenn weniger als 20 Gläubiger vorhanden sind.

Verbraucher im Sinne der Insolvenzordnung sind diejenigen Schuldner, die als natürliche Person keiner selbständigen wirtschaftlichen Tätigkeit nachgehen; im Prinzip sind hier die überschuldeten Privathaushalte gemeint.

Grundsätzlich gilt hier das gleiche Verfahren wie bei der betrieblichen Insolvenz, allerdings gibt es einige Ausnahmen.

Vor der Beantragung des Insolvenzverfahrens muss der „Privat-"Schuldner mit Hilfe einer geeigneten Stelle (Schuldnerberatungsstelle, entsprechend anerkannter Rechtsanwalt usw.) versuchen, eine außergerichtliche Einigung mit seinen Gläubigern zu erreichen.

Dem Insolvenzgericht ist bei der Beantragung des Insolvenzverfahrens nachzuweisen, dass eine außergerichtliche Einigung versucht wurde und diese gescheitert ist. Ferner muss der Schuldner dem Insolvenzgericht eine Aufstellung seiner Gläubiger und ihrer Forderungen einreichen; des Weiteren muss er einen Schuldenbereinigungsplan aufstellen, aus dem ersichtlich ist, mit welchen Mitteln er welche Teile der Forderungen im Rahmen des Insolvenzverfahrens zu begleichen gedenkt. Dieser muss nicht unbedingt Zahlungen an die Gläubiger vorsehen; wenn kein verwertbares Einkommen des Schuldners vorhanden ist, ist auch ein „Nullplan" zulässig (OLG Köln Rpfleger 2000, 32).

Bei der Erstellung des Forderungsverzeichnisses haben die Gläubiger den Schuldner in der Form zu unterstützen, dass sie über die Höhe und Art der Forderung Auskunft erteilen (§ 305 Abs. II InsO).

Bis zur Entscheidung über den vom Schuldner vorgelegten Schuldenbereinigungsplan ruht das Insolvenzverfahren.

Sämtliche vom Schuldner genannten Gläubiger werden vom Gericht angeschrieben und ihnen die eingereichten Unterlagen zur Verfügung gestellt. Innerhalb einer Frist von einem Monat kann der Gläubiger die von dem Schuldner gemachten Angaben zur Forderung und Forderungshöhe ergänzen. Ferner muss während dieser Zeit erklärt werden, ob der Gläubiger dem Schuldenbereinigungsplan zustimmt. Erfolgt keine fristgerechte Erklärung, so gilt die Zustimmung als erteilt.

Nach Fristablauf ist dem Schuldner Gelegenheit zur Nachbesserung des Schuldenbereinigungsplans zu geben.

Falls keiner der Gläubiger fristgerecht die Ablehnung des Schuldenbereinigungsplans erklärt hat, gilt dieser als angenommen. Dies wird vom Gericht durch Beschluss festgestellt, damit gelten die Anträge auf Eröffnung des Insolvenzverfahrens und auf Erklärung der Restschuldbefreiung als zurückgenommen. Der angenommene Schuldenbereinigungsplan hat die Wirkung eines Vergleichs für die beteiligten Gläubiger. Ein aufgrund mangelhafter Angaben des Schuldners nicht berücksichtigter Gläubiger ist von diesem Vergleich nicht betroffen; er kann weiterhin die Zahlung seiner Forderung in voller Höhe verlangen. Ein Gläubiger, dessen Forderung nicht korrekt angegeben wurde und der die Frist zu Ergänzung nicht genutzt hat, verliert den nicht geltend gemachten Teil seines Anspruchs.

Falls die Zustimmung zum Schuldenbereinigungsplan von mindestens der Hälfte der Gläubiger, welche mindestens 50 % der betroffenen Forderungen ausmachen müssen, erklärt wird, kann die Zustimmung der übrigen Gläubiger durch das Gericht ersetzt werden. Voraussetzung hierfür ist, dass keiner der Gläubiger unangemessen benachteiligt wird.

Konnte eine Einigung auch nicht durch Ersetzung der Zustimmung erfolgen, wird das Insolvenzeröffnungsverfahren von Amts wegen wieder aufgenommen.

Das Insolvenzverfahren selbst erfolgt entsprechend den allgemeinen Vorschriften; an Stelle des Insolvenzverwalters tritt jedoch der Treuhänder. Dieser wird direkt bei Verfahrenseröffnung bestimmt. An Stelle des Insolvenzverwalters ist nunmehr jeder Insolvenzgläubiger berechtigt, Verfügungen des Schuldners, die Gläubiger benachteiligen, anzufechten.

Ein Berichtstermin findet nicht statt, lediglich der Prüftermin. Ferner ist nicht die Einziehung der vollständigen Masse erforderlich; auf entsprechenden Antrag des Treuhänders kann das Gericht anordnen, dass der Schuldner nur den zur Auszahlung gelangenden Teil seines Vermögens auszuhändigen hat.

h) Kosten im Insolvenzverfahren

Die Kosten des Verfahrens, einschließlich der Auslagen für Insolvenzverwalter, Treuhänder etc. werden direkt aus dem Schuldnervermögen entnommen, fallen also im Regelfall nicht für den Gläubiger an (§ 23 Abs. 1 Satz 2 GKG).

Eine Ausnahme ist die Gebühr für das Eröffnungsverfahren, denn hier haftet der Antragsteller (§ 23 Abs. 1 GKG). Für die Auslagen haftet der Antragsteller nur dann selbst, wenn der Antrag abgewiesen oder zurückgenommen wird, wobei die Auslagen des Insolvenzverwalters in jedem Fall vom Schuldner zu tragen sind (KV 9018 GKG, § 23 Abs. 1 GKG).

Für die Eröffnung des Verfahrens auf Antrag des Schuldners entsteht an Gerichtskosten eine 0,5fache Gebühr (§ 58 Abs. 1, KV 2310 GKG) aus der GKG-Tabelle nach dem Wert der Insolvenzmasse.

Bei Antragstellung durch einen Gläubiger entsteht eine 0,5fache Gebühr nach dem Wert der Forderung oder der Insolvenzmasse, wenn diese niedriger sein sollte, mindestens jedoch in Höhe von 150 EUR (§ 58 Abs. 2, KV 2311 GKG).

Für die Durchführung des Insolvenzverfahrens auf Antrag des Schuldners entsteht eine 2,5fache GKG-Gebühr (KV 2320 GKG) nach dem Wert der Insolvenzmasse, die sich bei vorzeitiger Beendigung des Verfahrens ermäßigen kann. Die Gerichtskosten für die Durchführung des Insolvenzverfahrens auf Antrag eines Gläubigers betragen eine 3,0fache GKG-Gebühr (KV 2330 GKG) nach dem Wert der Forderung, die sich ebenfalls ermäßigen kann.

Für die Prüfung einer Forderung im Prüfungstermin wird je Gläubiger eine Gebühr von 15 EUR (KV 2340 GKG) erhoben. Eine weitere Gebühr von 30 EUR fällt für das Verfahren über den Antrag auf Versagung oder Widerruf der Restschuldbefreiung an (KV 2350 GKG).

Bei der Beauftragung eines Rechtsanwalts entsteht für das Verfahren über die Insolvenzeröffnung eine 0,5fache Gebühr aus der RVG-Tabelle für die Vertretung des Gläubigers nach Nr. 3314 VV RVG. Die Gebühr erhöht sich auf das 1,0fache, wenn der Rechtsanwalt auch im Schuldenbereinigungsverfahren beteiligt ist (Nr. 3316 VV RVG). Dem Rechtsanwalt des Schuldners steht in diesen Fällen eine 1,0fache bzw. eine 1,5fache Gebühr zu (Nr. 3313 bzw. Nr. 3315 VV RVG).

Die Gebühren richten sich dabei, sofern der Gläubiger das Insolvenzverfahren beantragt hat, nach dem Wert der Forderung einschließlich Nebenforderungen. Bei Antrag des Schuldners ist der Wert der Insolvenzmasse maßgeblich, für die Eröffnungsgebühr Nr. 3313 ist jedoch ein Wert von mindestens 4 000 EUR zu berücksichtigen.

Für die Vertretung des Gläubigers im Verfahren nach Eröffnung erhält der Rechtsanwalt eine weitere 1,0fache RVG-Gebühr (Nr. 3317 VV RVG). Für die Tätigkeit im Verfahren über den Insolvenzplan oder eine Restschuldbefreiung steht ihm eine zusätzliche 1,0fache RVG-Gebühr (Nr. 3318 VV RVG) zu; für das Verfahren zur Versagung der Restschuldbefreiung entsteht für ihn ferner eine weitere 0,5fache Gebühr (Nr. 3321 VV RVG).

Der Rechtsanwalt des Schuldners erhält eine 3,0fache Gebühr für die Vertretung bei der Vorlage des Insolvenzplans (Nr. 3319 VV RVG).

Für die ausschließliche Anmeldung einer Insolvenzforderung zur Insolvenztabelle entsteht eine 0,5fache Gebühr (Nr. 3320 VV RVG). Die Gebühren berechnen sich dabei nach dem Wert der Forderung des Gläubigers einschließlich der zugehörigen Nebenforderungen.

Sofern der Gläubiger die Versagung der Restschuldbefreiung beantragt, ist er der Schuldner der anfallenden Kosten (§ 23 Abs. 2 GKG).

Die Kosten, die dem Gläubiger durch seine Teilnahme am Schuldenbereinigungsplan entstehen, sind **keine** Kosten der Zwangsvollstreckung und dürfen daher nicht gegen den Schuldner geltend gemacht werden (§ 310 InsO).

⊃ **Praxishinweis:**

Grundsätzlich ist auch der Gläubiger berechtigt, einen Eröffnungsantrag zu stellen, hierfür wird nicht einmal ein Vollstreckungstitel benötigt. Allerdings führt das Insolvenzverfahren in den seltensten Fällen zu einem Ausgleich der Forderungen. Meistens wird das Verfahren aufgrund einer nicht die Kosten des Verfahrens deckenden Masse eingestellt; anderenfalls ist nach mehreren Jahren mit einer geringen Quote von unter 10 % zu rechnen. Für den Gläubiger lohnt es sich daher in den seltensten Fällen, einen solchen Antrag zu stellen.

III. Rechtsmittel, Rechtsbehelfe

Für Gläubiger und Schuldner existieren verschiedene Möglichkeiten, um gegen einzelne Entscheidungen oder Maßnahmen der Zwangsvollstreckung oder auch die Zwangsvollstreckung insgesamt anzugehen. Diese sind in der ZPO geregelt. Daneben gibt es für die verschiedenen „besonderen" Vollstreckungsverfahren wie Insolvenzverfahren, Zwangsversteigerungsverfahren oder Zwangseintragungen im Grundbuchverfahren in den entsprechenden Verfahrensvorschriften (InsO, ZVG und GBO) verschiedene „eigene" Rechtsmittel, auf die hier jedoch wegen deren Spezialität nicht näher eingegangen werden soll; allerdings sollte beachtet werden, dass die speziellen Rechtsmittel den allgemeinen immer vorgehen.

1. Erinnerung gegen die Art und Weise der Zwangsvollstreckung

Machen Gläubiger, Schuldner oder auch der Drittschuldner Einwendungen gegen eine Zwangsvollstreckungsmaßnahme geltend, kann dies im Wege einer Erinnerung nach § 766 ZPO geschehen. Eine Vollstreckungsmaßnahme liegt, im Gegensatz zu einer Entscheidung vor, wenn die Handlung aufgrund einseitigen Vortrags des Gläubigers – ohne Anhörung des Schuldners – vorgenommen worden ist.

Beispiele:

Anwendungsbeispiele einer Vollstreckungserinnerung des Gläubigers sind:
– Gerichtsvollzieher weigert sich, bestimmte Gegenstände zu pfänden,
– Vollstreckungsgericht weist Antrag auf PfÜB teilweise zurück.

Anwendungsbeispiele für eine Vollstreckungserinnerung des Schuldners:
– Unpfändbarkeitsvorschriften wurden vom Gerichtsvollzieher nicht beachtet,
– Vollstreckungsgericht hat bei Erlass des PfÜB die Voraussetzungen wie Zustellung, Titel nicht beachtet.

Eine Frist für das Erinnerungsverfahren ist nicht gegeben; jedoch kann das Rechtsschutzbedürfnis für die Entscheidung durch die Beendigung der Zwangsvollstreckung nicht mehr gegeben sein (Beispiel: Drittschuldner hat gepfändetes Geld bereits an den Gläubiger ausgezahlt).

Der Gerichtsvollzieher oder das Vollstreckungsgericht (Rechtspfleger) können der Erinnerung abhelfen, d.h. die erhobene Beanstandung selbständig beseitigen. Erfolgt dies nicht, ist das Erinnerungsverfahren dem zuständigen Richter des Vollstreckungsgerichts zur Entscheidung zuzuleiten. Im Rahmen des Erinnerungsverfahrens können einzelne Vollstreckungsmaßnahmen im Wege einer einstweiligen Anordnung aufgehoben oder ausgesetzt werden.

Die Entscheidung über die Erinnerung erfolgt durch Beschluss; gegen diesen ist als weiteres Rechtsmittel die sofortige Beschwerde zulässig (§ 793 Abs. 1 ZPO).

2. Sofortige Beschwerde

Gegen Entscheidungen im Zwangsvollstreckungsverfahren findet die sofortige Beschwerde nach § 793 Abs. 1 ZPO statt. Eine Entscheidung (im Gegensatz zur Maßnahme) liegt vor, wenn das Vollstreckungsgericht nach Abwägung des Vorbringens beider Parteien entschieden hat. Dies trifft dann zu, wenn dem Schuldner Gelegenheit zur Stellungnahme gegeben worden ist.

Ein Beschwerderecht haben alle an der Zwangsvollstreckung beteiligten Parteien, also auch der Drittschuldner. Beispiele für mit der Beschwerde anfechtbare Entscheidungen sind:

– Entscheidungen im Rahmen der Erinnerung nach § 766 ZPO,
– Entscheidungen über anderweitige Verwertung nach § 825 Abs. 2 ZPO.

Die sofortige Beschwerde ist innerhalb einer Frist von zwei Wochen ab Zustellung der angefochtenen Entscheidung beim Vollstreckungsgericht zu erheben; ferner muss ein Beschwerdewert von mindestens 50 EUR erreicht werden (§ 567 Abs. 2 ZPO). Darüber hinaus kann die Beschwerde unzulässig sein, wenn infolge Abschlusses der Zwangsvollstreckung kein Rechtsschutzbedürfnis mehr gegeben ist.

Über die Beschwerde entscheidet das für das betroffene Vollstreckungsgericht zuständige Landgericht. Eine aufschiebende Wirkung hat die Einlegung der Beschwerde nicht; jedoch können im Rahmen des Beschwerdeverfahrens vorläufige Anordnungen mit aufschiebender Wirkung getroffen werden.

3. Vollstreckungsgegenklage

Richtet sich die Einwendung eines Schuldners nicht gegen eine einzelne Maßnahme, sondern wird die Zulässigkeit der Zwangsvollstreckung an sich in Frage gestellt, kann Klage erhoben werden mit dem Ziel, die Zwangsvollstreckung aus einem Vollstreckungstitel für unzulässig zu erklären (Vollstreckungsgegenklage nach § 767 ZPO).

Die Vollstreckungsgegenklage muss bei dem Gericht eingereicht werden, das den zugrunde liegenden Titel im ersten Rechtszug erlassen hat. Begründet ist die Klage, wenn der Schuldner im Klageverfahren Einwendungen geltend machen kann, die den im Vollstreckungstitel festgestellten Anspruch betreffen und diese nicht durch Rechtsmittel oder Einspruch im zugrunde liegenden Verfahren (Mahnverfahren, vorangegangenes Klageverfahren) hätten geltend gemacht werden können. Häufigster Grund für eine Drittwiderspruchsklage ist das Vorbringen, dass die titulierte Forderung durch Zahlung nach Rechtskraft des Vollstreckungsbescheids erloschen ist.

Ist eine Forderung infolge einer erteilten Restschuldbefreiung nicht mehr vollstreckbar, muss auch dies im Wege der Vollstreckungsgegenklage vorgebracht werden (BGH, IX ZB 205/06).

Das Prozessgericht kann auf Antrag eine einstweilige Einstellung der Zwangsvollstreckung anordnen (§ 769 Abs. 1 ZPO). In dringenden Fällen, in denen das Prozessgericht nicht mehr rechtzeitig erreicht werden kann, ist auch eine entsprechende Anordnung des Vollstreckungsgerichts unter Fristsetzung zur Klageerhebung möglich (§ 769 Abs. 2 ZPO).

Für den Ablauf des Klageverfahrens gelten die allgemeinen Vorschriften der ZPO.

III. Rechtsmittel, Rechtsbehelfe

4. Drittwiderspruchsklage

Besitzt ein Dritter, der nicht Partei im Rahmen der Zwangsvollstreckung ist, ein die Veräußerung hinderndes Recht, kann er dieses im Wege der Klage bei dem Gericht geltend machen, in dessen Bezirk die Zwangsvollstreckung erfolgt (§ 771 ZPO). Die Klage muss sich gegen den Vollstreckenden, also den Gläubiger, richten und die Erklärung der Unzulässigkeit einer bestimmten Zwangsvollstreckungshandlung zum Ziel haben.

Die Klage kann erhoben werden, sobald die Vollstreckung zum Nachteil des Dritten droht; nach Beendigung der Vollstreckung (Untergang des Rechts des Dritten) kann lediglich auf Zahlung wegen ungerechtfertigter Bereicherung oder Schadensersatz geklagt werden (§§ 812 oder 823 BGB).

Ein die Veräußerung hinderndes Recht kann z.B. das Eigentum eines Dritten (auch Sicherungseigentum, Vorbehaltseigentum oder das Eigentum eines Leasinggebers) oder ein vorrangiges Pfandrecht eines anderen Gläubigers sein. Dieses ist z.B. vom Gerichtsvollzieher bei der Pfändung von Gegenständen nicht zu prüfen; hier kommt es allein auf den Gewahrsam des Schuldners am Pfandgut an. Steht gepfändetes Gut nicht im Eigentum des Schuldners, sondern eines Dritten, muss dieser den Weg der Drittwiderspruchsklage wählen.

Begründet ist die Klage, wenn das Recht des Dritten nachgewiesen werden kann. Die Erhebung der Klage hindert die Fortführung der Zwangsvollstreckung nicht; es können jedoch einstweilige Anordnungen entsprechend zur Vollstreckungsgegenklage nach § 769 ZPO getroffen werden. Im Übrigen gelten für das Verfahren die allgemeinen Vorschriften der ZPO.

5. Vollstreckungsschutz nach § 765a ZPO

Bei einer **sittenwidrigen Härte** einer Zwangsvollstreckungsmaßnahme kann das Vollstreckungsgericht auf Antrag des Schuldners die Zwangsvollstreckung ganz oder teilweise aufheben, untersagen oder einstweilen einstellen.

Ein entsprechender Vollstreckungsschutz kann nur unter ganz engen Voraussetzungen gewährt werden. Hierzu muss es offensichtlich sein, dass eine Vollstreckungsmaßnahme zu einer groben Unbilligkeit führen würde. Sämtliche andere Verfahren zur Abwehr von Nachteilen für den Schuldner (z.B. Kontenfreigabe nach § 850k ZPO oder Heraufsetzung des pfändbaren Betrags nach § 850f ZPO) gehen der Gewährung von Vollstreckungsschutz immer vor.

Eine sittenwidrige Härte liegt beispielsweise dann vor, wenn durch die vom Gläubiger gewählte Vollstreckungsmaßnahme der Gläubiger keine Befriedigung erlangt, aber dem Schuldner Nachteile drohen (z.B. aussichtslose Pfändung von bekanntermaßen überzogenen Konten, oder Konten, auf denen nur unpfändbare Sozialleistungen eingehen, LG Koblenz Rpfleger 2006, 420) oder dem Schuldner die Lebensgrundlage entzogen wird (Pfändung des einzigen, jedoch von den Pfändungsschutzvorschriften nicht erfassten Einkommens).

Eine sittenwidrige Härte liegt immer dann vor, wenn (nachweislich) ein Suizid des Schuldner droht, da das Leben des Schuldners ein höherwertiges Rechtsgut darstellt, so dass es dazu kommen kann, dass die Zwangsvollstreckung aus einem

Schuldtitel für einen gewissen Zeitraum für grundsätzlich unzulässig erklärt werden muss (BVerfG v. 11.7.2007 – 1 BvR 501/07). Das Gericht kann aber auch nur die Zwangsvollstreckung unter bestimmten Regelungen zum Schutz des Schuldners (Hinzuziehung eines Arztes) für zulässig erklären, bzw. der Schuldner eine Therapie aufgeben.

Ausdrücklich im Gesetzestext genannt ist ferner die erforderliche Rücksichtnahme auf evtl. von der Vollstreckung betroffene Tiere.

Keine Sittenwidrige Härte stellt die Tatsache dar, dass die Zwangsvollstreckung unangenehme Folgen für den Schuldner hat, z.B. die Kündigung des Bankkontos (LG Frankfurt a.M. Rpfleger 2006, 209; anders jedoch, wenn auf dem Konto nur Sozialleistungen eingehen und die Kontenpfändung offensichtlich aussichtslos ist, LG Koblenz Rpfleger 2006, 420).

IV. Besondere Verfahren der Zwangsvollstreckung

1. Antrag auf Erteilung einer zweiten vollstreckbaren Ausfertigung

Das Verfahren zur Erteilung einer weiteren (zweiten) vollstreckbaren Ausfertigung ist in § 733 ZPO geregelt. Der Antrag ist dabei schriftlich an das Gericht zu richten, welches den Vollstreckungstitel erlassen hat. Die weitere vollstreckbare Ausfertigung ist auch dann vom Mahngericht zu erteilen, wenn z.B. infolge eines Einspruchs ein streitiges Verfahren vor dem Prozessgericht stattgefunden hat (OLG Stuttgart Die Justiz 2005, 13).

Für jede **Antragstellung** auf Erteilung einer weiteren vollstreckbaren Ausfertigung wird eine Gebühr in Höhe von 15 EUR erhoben (KV 2110 GKG). Sind in einem gerichtlichen Verfahren mehrere Schuldner betroffen, entsteht diese Gebühr nur einmal.

Die drei häufigsten Fälle für ein Verfahren zur Erteilung einer weiteren vollstreckbaren Ausfertigung sind:

a) Neuerteilung

Sofern die alte Ausfertigung zurückgegeben wird, kann ohne weiteres eine **neue Ausfertigung** des Vollstreckungsbescheids erteilt werden. Dieser Fall ist z.B. dann gegeben, wenn die vorige Ausfertigung beschädigt oder auch teilweise unleserlich geworden ist. Die alte Ausfertigung wird dabei vom Gericht eingezogen.

b) Ersatzausfertigung

Wenn die ursprüngliche vollstreckbare Ausfertigung des Vollstreckungsbescheids verloren gegangen ist, kann auf Antrag eine **neue Ausfertigung** vom erlassenden Gericht erteilt werden. Allerdings ist dem Gericht der Verbleib der Erstausfertigung glaubhaft zu machen. Dies kann durch die Einreichung von Abschriften des Schriftverkehrs (z.B. das Schreiben des Gerichtsvollziehers, der die Ausfertigung irrtümlich an den Schuldner aushändigte) oder durch eine eidesstattliche Versicherung (z.B. der Bürokraft, die die Ausfertigung zur Post gab, welche den Brief dann nicht zustellte) erfolgen; auf jeden Fall sollte dem Erlassgericht glaubhaft mitgeteilt werden, bei welcher Gelegenheit der Verlust eingetreten ist.

c) Zusätzliche Ausfertigung

Es besteht außerdem die Möglichkeit, **eine weitere vollstreckbare Ausfertigung** zu erhalten, wenn Zwangsvollstreckungsmaßnahmen bei mehreren Vollstreckungsorganen gleichzeitig beantragt werden sollen. Dies kann insbesondere bei der Vollstreckung in Immobilien sinnvoll sein. Dabei ist dem erlassenden Gericht der Sachverhalt zu erläutern. Es sind insbesondere die beabsichtigten Vollstreckungsmaßnahmen zu nennen, damit das Gericht die Vollstreckung aus den weiteren Ausfertigungen beschränken kann, wenn es dies für erforderlich hält.

2. Festsetzung von Vollstreckungskosten (§ 788 ZPO)

Der Gläubiger kann gem. § 788 Abs. 2 ZPO den Erlass eines Kostenfestsetzungsbeschlusses beim Vollstreckungsgericht (d.h. bei dem Amtsgericht, bei dem zuletzt eine Vollstreckungshandlung anhängig war oder ist) beantragen. Hierin werden die Kosten früherer Vollstreckungsmaßnahmen zusammengefasst und tituliert. Der Antrag muss alle festzusetzenden Kosten auflisten; ferner müssen alle zur Glaubhaftmachung erforderlichen Unterlagen beigefügt werden.

Die Voraussetzungen (insbesondere hinsichtlich der Anforderungen an die Erstattungsfähigkeit und Notwendigkeit der geltend gemachten Kosten) entsprechen denen, die auch durch die verschiedenen Vollstreckungsorgane bei der Beitreibung früherer Kosten zu beachten sind.

Der dadurch erlangte Kostenfestsetzungsbeschluss tritt dabei an Stelle der sonst zur Glaubhaftmachung der Kosten früherer Vollstreckungsversuche einzureichenden Nachweise. Durch die Festsetzung wird **abschließend** über die Notwendigkeit der früheren Kosten entschieden.

Das Festsetzungsverfahren ist dann sinnvoll, wenn entweder die früheren Kosten (und damit auch die zugehörigen Unterlagen) einen größeren Umfang angenommen haben oder Posten der Forderungsaufstellung streitig sind.

Es sollte jedoch darauf geachtet werden, dass die Vollstreckung aus einem Kostenfestsetzungsbeschluss erst zwei Wochen nach dessen Zustellung statthaft ist.

3. Europäischer Vollstreckungstitel für unbestrittene Forderungen (EVT)

Der Europäische Vollstreckungstitel (EVT) ermöglicht die direkte Vollstreckung unbestrittener, inländischer Entscheidungen innerhalb der Europäischen Union (mit Ausnahme Dänemarks). Um in mehreren Mitgliedsstaaten der EU zu vollstrecken, ist es durch den EVT nicht mehr erforderlich, ein Anerkenntnisverfahren in jedem Vollstreckungsstaat durchzuführen, sondern es reicht ein Verfahren im Ursprungsstaat des Vollstreckungstitels aus. Die Anerkennung der Entscheidung ist zwar nicht mehr notwendig, dieses Verfahren kann aber an Stelle oder auch neben dem EVT gewählt werden.

Nicht verwechseln sollte man den Europäischen Vollstreckungstitel mit dem Europäischen Mahnverfahren (nach Verordnung (EG) Nr. 1896/2006); während der Europäische Vollstreckungstitel dazu dient, einen nach einem nationalen Verfahren erwirkten Titel nachträglich für international vollstreckbar erklären zu lassen, ist das Europäische Verfahren ein eigenständiges Verfahren zur Erlangung eines solchen internationalen Vollstreckungstitels.

Die gesetzlichen Grundlagen zum EVT wurden in der Verordnung (EG) Nr. 805/2004 (EuVTVO) getroffen, die als unmittelbares Recht in den Mitgliedstaaten gilt. Die in dieser Verordnung enthaltenen Vordrucke wurden zwischenzeitlich mit der Verordnung (EG) Nr. 1869/2005 aktualisiert.

Für die Beantragung des EVT und für die Durchführung der Zwangsvollstreckung werden die Regelungen der EuVTVO in Deutschland durch §§ 1079 ff. ZPO ergänzt; in den anderen Staaten existieren entsprechende Ausführungsgesetze.

Rechtsprechung existiert zum EVT so gut wie überhaupt nicht; bei der Auslegung der teilweise nur schwer verständlichen und recht unsystematischen EuVTVO ist man dabei auf die dazu veröffentlichte Literatur angewiesen (u.a. *Thomas Rauscher*, Der Europäische Vollstreckungstitel für unbestrittene Forderungen, GPR Praxis, 2004; *Ernst Riedel*, Europäischer Vollstreckungstitel für unbestrittene Forderungen, Deubner Recht & Praxis, 2005; *Klaus Rellermeyer*, Der Europäische Vollstreckungstitel für unbestrittene Forderungen, Rpfleger 2005, 389 ff.).

a) Voraussetzungen für die Bestätigung als Europäischer Vollstreckungstitel

Eine Bestätigung als EVT kann von den Behörden in dem Staat, welcher die Entscheidung ergangen ist (Ursprungsmitgliedsstaat) aufgrund eines nach nationalem Recht vollstreckbaren, **unbestrittene** Titel erteilt werden.

Anwendbar ist die EuVTVO auf fast das gesamte Zivilverfahrensrecht (Art. 2 EuVTVO), nicht jedoch auch Steuer- und Zollsachen, Verwaltungs- und Sozialverfahren sowie nachlassrechtliche Verfahren. Ebenso scheiden Urteile für die Bestätigung als EVT aus, die „den Personenstand oder die Rechts- und Handlungsfähigkeit sowie die gesetzliche Vertretung von natürlichen Personen, die Güterstände" zum Gegenstand haben. Faktisch ist damit eine Vollstreckung von reinen Unterhaltstiteln möglich, nicht jedoch die Vollstreckung von Urteilen, die Statusfragen zum Inhalt haben (Versorgungsausgleich, Zugewinnausgleich).

Ferner findet sie keine Anwendung auf schiedsgerichtliche Verfahren sowie Insolvenzverfahren.

Die Forderung muss die Zahlung einer bestimmten Geldforderung zum Inhalt haben, die bereits fällig ist oder deren Fälligkeitsdatum sich aus der Entscheidung ergibt (Art. 4 Nr. 2 EuVTVO). Eine künftige Fälligkeit oder zukünftig wiederkehrende Leistungen hindern dabei eine Bestätigung nicht.

Vollstreckbar ist ein Titel, wenn aus ihm nach dem Recht des Ursprungsstaats die Zwangsvollstreckung betrieben werden kann, ohne dass weitere (nationale) Vorbehalte gegen die Vollstreckung bestehen.

Soweit solche Hinderungsgründe bestehen, müssen diese nach nationalem Recht beseitigt werden, evtl. notwendige Vollstreckungsklauseln nach § 726 ZPO müssen erteilt werden, eine erforderliche Zug-um-Zug-Leistung muss nachweislich erbracht oder zumindest angeboten worden sein sowie eine evtl. notwendige Sicherheitsleistung erbracht worden sein.

IV. Besondere Verfahren der Zwangsvollstreckung

Auf die Rechtskraft einer Entscheidung kommt es hingegen nicht an, d.h., es reicht aus, wenn die Entscheidung vorläufig vollstreckbar ist.

Echte Vollstreckungshindernisse des nationalen (deutschen) Rechts, welche die grundsätzliche Vollstreckbarkeit des Titels nicht berühren (z.B. § 775 Nr. 5 ZPO) sind bei der Entscheidung über den EVT nicht zu beachten. Dies zu prüfen ist die Aufgabe der Vollstreckungsorgane im Vollstreckungsstaat, da sich die nachfolgende Vollstreckung nicht nach dem Recht des Ursprungsstaat, sondern nach der Rechtsordnung des Vollstreckungsstaates richtet (s. auch Durchführung der Vollstreckung).

Die Entscheidung darf nicht die Zuständigkeitsregelungen nach Kapitel II Abschnitte 3 und 6 der Verordnung (EG) Nr. 44/2001 (internationale Zuständigkeit für Versicherungssachen sowie Miet- oder Pachtforderungen für Immobilien oder andere Rechte aus unbeweglichen Sachen) verletzen.

Die Forderung muss unbestritten sein, d.h., der Titel muss aufgrund Anerkenntnis oder Säumnis des Vollstreckungsschuldners ergangen sein (Art. 3 EuVTVO). Hier unterscheidet die EuVTVO zwischen den durch echtes Anerkenntnis erlangten Titeln wie Anerkenntnisurteil, Vergleich (Art. 3 Abs. 1a) und Anerkenntnis in einer öffentlichen Urkunde (Art. 3 Abs. 1d) einerseits sowie den Säumnisentscheidungen wie Versäumnisurteil und Vollstreckungsbescheid (Art. 3 Abs. 1b und c).

Ein voriges Bestreiten (zurückgenommener Widerspruch gegen den Vollstreckungsbescheid, Vergleich nach zunächst streitigem Verhandeln) ist unschädlich. Das Merkmal, ob eine Forderung unbestritten ist, dürfte sich in fast allen Fällen (mit der Ausnahme des Kostenfestsetzungsbeschlusses, der sowohl streitig als auch nichtstreitig ergehen kann) aus der Art des Vollstreckungstitels ergeben.

Ist ein Titel zunächst unbestritten, wird jedoch Rechtsmittel eingelegt, kann auch die Rechtmittelentscheidung als EVT bestätigt werden, wenn dies bereits zuvor für den ursprünglichen Titel erfolgt ist (Art. 3 Abs. 2 EuVTVO). Dadurch soll verhindert werden, dass der Schuldner die Bestätigung als EVT durch ein unsinniges Rechtsmittel ausschließen kann.

Für die Erklärung als Europäischer Vollstreckungstitel kommen daher folgende Vollstreckungstitel des deutschen Rechts in Betracht:

- Vollstreckungsbescheide
- Anerkenntnisurteile
- Versäumnisurteile
- gerichtliche Vergleiche (keine außergerichtlichen Vergleiche oder Vergleiche vor Schiedsstellen)
- vollstreckbare Urkunden nach § 794 Abs. 1 Nr. 5 ZPO
- Festsetzungen im vereinfachten Unterhaltsverfahren (§ 645 ff. ZPO)
- Kostenfestsetzungsbeschlüsse (§§ 103 ff. ZPO)

Echte Anerkenntnistitel (Art. 3, Abs. 1a) und d) EuVTVO, also Anerkenntnisurteil, gerichtlicher Vergleich, öffentliche Urkunde) können unabhängig vom Wohnsitz des Antragsgegners zum EVT bestätigt werden. Eine Bestätigung von Säumnisentscheidungen (Art. 3, Abs. 1b) und c), also Vollstreckungsbescheide und Versäumnisurteile) ist nach Art. 6 Abs. 1d) bei Forderungen aus einem Vertrag, bei dem der Schuldner als Verbraucher gehandelt hat, nur dann möglich, wenn die Entscheidung in dem Mitgliedsstaat ergangen ist, in dem der Schuldner seinen Wohnsitz hat.

Der Verbraucherbegriff richtet sich nach nationalem Recht (§ 13 BGB). Kritisch ist hierbei die Tatsache, dass bei einigen Titelarten (Mahnverfahren) aus dem bisherigen Verfahren nicht feststellbar sein dürfte, ob der Schuldner als Verbraucher gehandelt hat oder die Forderung einen beruflichen Anlass gehabt hat. Insbesondere bei Warenlieferungen, Dienstleistungen oder Telekommunikationsentgelten dürfte eine Entscheidung schwer fallen.

Sofern sich das Fehlen der Verbrauchereigenschaft nicht aus der Person des Schuldners (z.B. wenn es sich um eine juristische Person handelt) oder aus der Forderung ergibt, muss daher vom Antragsteller als weitere Voraussetzung ein entsprechender Sachvortrag erfolgen, in welchem darzulegen ist, dass der Schuldner bei Begründung der Forderung nicht als Verbraucher gehandelt hat.

Der Wohnsitz ist nach der Verordnung (EG) Nr. 44/2001 (EuGVVO) zu bestimmen, es gilt also auch dahingehend das nationale (hier deutsche) Recht. Aus der Verordnung ergibt sich leider nicht, auf welchen Zeitpunkt abzustellen ist, zu dem Ursprungsstaat der Entscheidung und Wohnsitz des Schuldners übereinstimmen müssen. Im Betracht kommen hier: der Zeitpunkt der Zustellung des verfahrenseinleitenden Schriftstücks, der Zeitpunkt des Erlasses der Entscheidung sowie der Zeitpunkt der Bestätigung als EVT. Der Rechtsgedanke des Verbraucherschutzes und der Wortwahl im Art. 6 EuVTVO („in dem der Schuldner seinen Wohnsitz .... hat" und nicht „hatte") legen nahe, dass als Voraussetzung für die Bestätigung als EVT der Schuldner, der Verbraucher ist, auch zum Zeitpunkt der Bestätigung noch seinen Wohnsitz im Ursprungsstaat haben muss. Dies würde allerdings den Anwendungsbereich des EVT dramatisch einschränken und dem Sinn und Zweck des Verfahren zuwiderlaufen (siehe auch Absatz f).

In Literatur (*Ernst Riedel*, Europäischer Vollstreckungstitel für unbestrittene Forderungen, Deubner Recht & Praxis, 2005, S. 12) und Rechtsprechung (LG Hagen, Beschl. v. 26.6.2009 – 3 T 307/09, nicht veröffentlicht) wird – zu Recht – davon ausgegangen dass der (Verbraucher-)Schuldner zum Zeitpunkt der ursprünglichen Entscheidung seinen Wohnsitz in dem Staat gehabt haben muss, in dem das Verfahren durchgeführt wurde.

Als weitere Voraussetzung muss der Titel nach dem 21.1.2005 (Inkrafttreten der EuVTVO) erlassen bzw. der Vergleich geschlossen worden sein (Art. 33 Satz 2 EuVTVO).

Bei Vorliegen einer Säumnisentscheidung (Art. 3 Abs. 1b) und c) ist für die Erteilung der Bestätigung die Einhaltung von verschiedenen Mindeststandards erforderlich (Art. 12ff. EuVTVO). Grundsätzlich ist davon auszugehen, dass die allgemeinen deutschen Verfahrensvorschriften diese Mindeststandards erfüllen, so dass hier nur auf Problembereiche eingegangen werden muss.

Das verfahrenseinleitende Schriftstück (Klage, Mahnbescheid) muss unter Einhaltung der Art. 13 und 14 EuVTVO an den Schuldner zugestellt worden sein. Nach Art. 14 Abs. 1d) EuVTVO muss der Schuldner bei der Zustellung durch Niederlegung (§ 181 ZPO) bei der Nachricht über die erfolgte Niederlegung auf die zu beachtenden Fristen hingewiesen werden. Diesem Erfordernis trägt das derzeitige Verfahren bei der Niederlegung nicht Rechnung, da hier nicht explizit auf die laufende Frist zum Widerspruch hingewiesen wird. Fraglich ist auch, wie eng der Begriff der Niederlegungsstelle (EuVTVO: Postamt oder Behörde, ZPO: einer von der Post bestimmten Stelle) auszulegen ist. Eine Heilung dieses Mangels ist auch nur möglich, wenn sich aus dem späteren Verhalten des Schuldners ergibt, dass er das zuzustellende Schriftstück erhalten hat. Eine Zustellung im Wege der öffentliche Zustellung ist ebenfalls keine zulässige Zustellart im Sinne der EuVTVO. In diesen beiden Fällen scheidet eine entsprechende Bestätigung also aus.

Fraglich sind auch die Fälle, in denen die Zustellung des verfahrenseinleitenden Schriftstück nicht vorgesehen ist, wie z.B. im Kostenfestsetzungsverfahren, § 104 ZPO. Hier ist möglicherweise auf den Kostenfestsetzungsantrag abzustellen; evtl. kommt auch (da das Kostenfestsetzungsverfahren nur ein nachgelagertes Verfahren ist, welches den Kostenausspruch des Urteil konkretisiert) die ursprüngliche Klageschrift als verfahrenseinleitendes Schriftstück in Betracht. Um allen Zweifeln zu begegnen, sollte der Antrag auf Bestätigung des Kostenfestsetzungsbeschlusses als EVT immer bereits zusammen mit dem Kostenfestsetzungsantrag gestellt werden und dabei auf einer förmlichen Zustellung des Kostenfestsetzungsantrags bestanden werden.

Ob eine Zustellung des Vollstreckungstitels selbst erfolgt ist, ist bei der Überprüfung der Einhaltung von verfahrensrechtlichen Standards unbeachtlich. Dies ist vielmehr im Rahmen der Zwangsvollstreckung nach dem Recht des Vollstreckungsstaates zu prüfen, z.B. bei der Vollstreckung eines im Ausland erstellten EVTs in Deutschland nach den deutschen Vollstreckungsvorschriften (§ 750 ZPO).

b) Verfahren

Das Verfahren zur Bestätigung eines deutschen Vollstreckungstitels als EVT richtet sich nach deutschem Recht (§ 1079 ff. ZPO)

Der EVT wird auf Antrag des Gläubigers erteilt. Zuständig für die Erteilung der Bestätigung sind die Gerichte, Behörden oder Notare, welche nach deutschem Recht auch für die Erteilung der vollstreckbaren Ausfertigung zuständig sind; von wenigen Ausnahmen abgesehen also die Institution, von der auch der zu bestätigende Vollstreckungstitel stammt.

Der Antrag kann auch schon vorbereitend, also z.B. zusammen mit einer Klage oder im laufenden Verfahren gestellt werden. Im Mahnverfahren sollte, um den automatisierten Ablauf des Verfahrens nicht zu gefährden, der Antrag frühestens mit dem Antrag auf Erlass eines Vollstreckungsbescheids gestellt werden.

Kann der Vollstreckungstitel nicht vollständig als EVT bestätigt werden, so kann eine entsprechende Bestätigung auch nur hinsichtlich eines Teils ausgesprochen werden (Art. 8 EuVTVO). Sofern der Schuldner nicht den Kosten oder Zinsen widersprochen hat, ist die Bestätigung auch hinsichtlich dieser Nebenforderungen zu erteilen (Art. 7 EuVTVO).

Der Schuldner wird vor einer Entscheidung über den Antrag auf Erteilung der Bestätigung nicht gehört (§ 1080 ZPO).

Der Europäische Vollstreckungstitel ist zwingend auf einem Formblatt (Anlagen zur Verordnung (EG) 805/2004 bzw. 1869/2005) zu erteilen, und zwar in der Sprache, in der auch die bestätigte Entscheidung abgefasst worden ist (Art. 9 EuVTVO). Für Entscheidungen, Vergleiche und vollstreckbare Urkunden sind unterschiedliche Formblätter eingeführt; diese liegen in allen Amtssprachen der EU vor. Das Formblatt für die deutsche Bestätigung einer Entscheidung als Europäischer Vollstreckungstitel finden Sie in diesem Buch in Kap. E.XI., S. 327 ff.

Problematisch erscheinen in den Formblättern die unterschiedlichen Rechtsbegriffe; so erfolgt die Angabe von Zinssätzen nach deutschem Recht regelmäßig durch Bezugnahme auf den Basiszinssatz nach § 247 BGB, während die Vordrucke auf den Basiszinssatz der EZB Bezug (von der Europäischen Zentralbank auf ihre Hauptrefinanzierungsoperationen angewendeter Zinssatz) nehmen. Rechnerisch ist eine Umrechnung möglich, da die Hauptrefinanzierungsoperation nach dem jetzt gültigen Recht grundsätzlich 0,88 Prozentpunkte über dem Basiszinssatz nach § 247 BGB liegt. Ob die Umrechung erfolgen kann oder muss, ist unklar. Es ist jedenfalls drauf zu achten, dass der Aussteller der Bestätigung hier nicht einfach den „deutschen", auf den BGB bezogenen Basiszinssatz aus der Entscheidung übernimmt.

Dem Schuldner wird eine Ausfertigung der Entscheidung von Amts wegen zugestellt. Als Folge aus dieser Vorschrift ergibt sich, dass der Antragsteller zwingend die aktuelle Anschrift des Schuldners beibringen muss. Ergibt sich erst bei der Zustellung der Ausfertigung des EVT (§ 1080 ZPO), dass die Anschrift des Schuldners nicht korrekt ist, hindert dies jedoch die Übersendung der Bestätigung an den Gläubiger nicht, da die Unterrichtung keine Wirksamkeitsvoraussetzung ist. Vielmehr ist die aktuelle Anschrift des Schuldners von Amts wegen zu ermitteln. Folge der fehlenden Zustellung ist jedoch, dass die Notfrist für den Antrag auf Widerruf nicht zu laufen beginnt, so dass auch hier der Antragsteller aktuelle Erkenntnisse an den Aussteller des EVT übermitteln sollte.

c) Rechtsmittel, Einwendungen

Gegen die Bestätigung einer Entscheidung als Europäischer Vollstreckungstitel ist kein Rechtsbehelf möglich (Art. 10 Abs. 4 EuVTVO). Statt dessen muss der Schuldner entweder in zulässiger Weise gegen die bestätigte Entscheidung (durch Einspruch, Berufung) vorgehen oder die entsprechenden Rechtsbehelfe im Vollstreckungsverfahren des Vollstreckungsstaates nutzen (bei Vollstreckung in Deutschland Vollstreckungserinnerung, § 766 ZPO oder Vollstreckungsgegenklage, § 767 ZPO).

Eine Berichtigung oder ein Widerruf der Bestätigung als EVT sind jedoch ausdrücklich möglich (Art. 10 Abs. 1 EuVTVO), hierzu genügt ein entsprechender Antrag an das ausstellende Gericht (in Deutschland, § 1081 Abs. 1 Satz 1 ZPO). Nach deutschem Recht ist der Widerruf innerhalb einer Notfrist von einem Monat, bei einer Zustellung der Bestätigung im Ausland innerhalb einer Notfrist von zwei Monaten zu beantragen.

Gründe für eine Berichtigung oder eines Widerrufes sind jedoch nur reine formalrechtliche Mängel des Bestätigungsverfahren: Berichtigung, soweit ursprünglicher Vollstreckungstitel und Bestätigung nicht übereinstimmen; Widerruf, soweit die Bestätigung nicht hätte erteilt werden dürfen.

Ist ein Rechtsbehelf gegen die ursprüngliche Entscheidung eingelegt worden oder die Berichtigung oder der Widerruf der Bestätigung beantragt worden, kann der Schuldner nach Art. 23 EuVTVO vor den Behörden des Vollstreckungsstaates beantragen, die Vollstreckung auf Sicherungsmaßnahmen zu beschränken bzw. nur gegen Sicherheitsleistung aufrechtzuerhalten. Bei außergewöhnlichen Umständen kann die Vollstreckung auch ganz ausgesetzt werden.

Für Widerruf und Berichtigung liegen eigene Formblätter vor, deren Benutzung aber nicht zwingend ist (Art. 10 Abs. 3 EuVTVO).

Sofern eine andere, dem als EVT bestätigten Titel zuwiderlaufende Entscheidung im Vollstreckungsstaat oder auch einem anderen Staat ergangen ist, ist die Vollstreckung vom zuständigen Gericht des Vollstreckungsstaates zu verweigern (Art. 21 EuVTVO).

d) Kosten des Verfahrens

Für die Bestätigung einer (deutschen) Entscheidung als Europäischer Vollstreckungstitel fällt vor Gericht eine Gebühr KV 1512 des GKG – unabhängig von der Höhe der betroffenen Forderung – in Höhe von 15 EUR an. Es handelt sich hierbei um eine Verfahrensgebühr. Diese fällt also auch an, wenn der Antrag zurückgewiesen oder zurückgenommen wird.

Die Auslagen für die nach § 1080 Abs. 1 Satz 2 ZPO erforderliche Zustellung an den Antragsgegner sind ebenfalls vom Antragsteller zu tragen. Bei einer Zustellung im Inland handelt es sich nur um die (in der Regel geringen) Postentgelte; bei einer Zustellung im Ausland können jedoch Kosten in beträchtlicher Höhe anfallen (z.B. Niederlande: um 100 EUR).

Fallen Zustellungskosten an, besteht Vorschusspflicht (§ 17 GKG).

Der (unbestrittene) Kostenausspruch aus einem zivilgerichtlichen Verfahren deckt auch die Kosten für die Bestätigung als EVT mit ab (Art. 7 EuVTVO), so dass diese Kosten nach dem jeweiligen Recht des Vollstreckungsstatt als Kosten der Zwangsvollstreckung mit vollstreckt werden können (in Deutschland: § 788 ZPO).

e) Durchführung der Vollstreckung

Die Vollstreckung des EVT erfolgt ausschließlich nach dem nationalen Recht des Vollstreckungsstaates, und zwar nach den gleichen Bedingungen wie eine vollstreckbare Entscheidung des Vollstreckungsstaates (Art. 20 Abs. 1 EuVTVO).

Der Gläubiger hat seinem Vollstreckungsersuchen an die Behörden des Vollstreckungsstaates eine Ausfertigung der Entscheidung/Urkunde, eine Ausfertigung derer Bestätigung als EVT, und ggf. eine Übersetzung der Bestätigung beizufügen. Eine Übersetzung der Entscheidung selbst ist nicht vorgesehen.

Ob und in welche Sprache die Übersetzung der Bestätigung erforderlich ist, richtet sich nach den tatsächlichen Erfordernissen und den nationalen Bestimmungen.

Die Formblätter für Bestätigungen liegen grundsätzlich in allen Amtssprachen der EU vor. Alle Eintragungen betreffen entweder Ziffern oder Eigennamen. Einer Übersetzung bedarf es daher nur, wenn von der ausstellenden Behörde vom Vordruckinhalt abgewichen worden ist, was den Ausnahmefall darstellen sollte, oder eine Transkription in eine andere Schrift erforderlich sein sollte (Griechenland, Zypern).

Sofern eine Übersetzung notwendig ist, bestimmt das nationale Recht die Sprache, in die übersetzt werden muss. Nach § 1083 ZPO ist für die Vollstreckung einer ausländischen Entscheidung in Deutschland nur die Übersetzung in die deutsche Sprache zulässig. In der Regel dürfte die Ermittlung der zulässigen Sprache unproblematisch sein, jedoch in Ländern mit mehr als einer Amtssprache (Belgien, Irland, Finnland) kann die benötigte Sprache vom genauen Ort den Vollstreckungshandlung abhängen.

Einzelheiten über die unterschiedlichen nationalen Ausführungsvorschriften zum EVT sind im „Europäischen Gerichtsatlas für Zivilsachen" unter *http://ec.europa.eu/justice_home/judicialatlascivil* veröffentlicht.

Eine aktuelle Übersicht über die unterschiedlichen nationalen Vorschriften zur Zwangsvollstreckung einschließlich der zuständigen Behörden finden Sie im „Europäischen Justiziellen Netz für Zivil- und Handelssachen" unter *http://ec.europa.eu/civiljustice*.

f) Praktische Bedeutung und Anwendbarkeit des EVT

Die praktische Bedeutung des EVT ist den Erwartungen weitgehend nicht gerecht geworden; in erster Linie dürfte es an der mangelnden Bereitschaft der Antragsteller liegen, Vollstreckungen im Ausland zu betreiben.

Ferner ist immer noch nicht abschließend geklärt, ob eine Bestätigung als EVT möglich ist, wenn der Schuldner aus einer Säumnisentscheidung, der Verbraucher ist, nach Abschluss des gerichtlichen Verfahrens ins Ausland verzieht (Problem des maßgeblichen Zeitpunkts des Wohnsitzes in Art. 6 Abs. 1d).

Kommt es darauf an, dass der Schuldner beim Erlass der zu vollstreckenden Entscheidung seinen Wohnsitz im Ursprungsmitgliedstaat hat (von den Autoren vertretene Meinung), eignet sich der EVT auch zum „Hinterhervollstrecken" nach einem Umzug ins Ausland.

Bei einer anderen Auslegung dieser streitigen Frage kommt eine Vollstreckung über die Bestätigung als EVT nur in Betracht, wenn eine der folgenden Voraussetzungen gilt:

– Wohnsitz des Schuldner liegt im Ursprungsstaat zum Zeitpunkt der Bestätigung als EVT
– Schuldner ist nicht Verbraucher
– Forderung ist anerkannt (notarielles Anerkenntnis, Vergleich oder Anerkenntnisurteil)

In jedem Fall vereinfacht der EVT aber die Vollstreckung gegen im Inland befindliche Personen, die Vermögen im Ausland haben. Mit Hilfe des EVT rückt auch die Vollstreckung vermeintlich „sicher" beiseite geschafften Vermögens (Ferienhaus in Spanien, Konto in Luxemburg) wieder etwas näher. Angesichts der vergleichsweise geringen Kosten sollte auch die vorsorgliche Beantragung der Bestätigung zumindest in Betracht gezogen werden, wenn eine Vollstreckung im Ausland nicht ganz ausgeschlossen werden kann.

⊃ **Praxishinweis:**

Der EVT ist aufgrund seiner Einfachheit und geringen Gebühren und der Tatsache, dass die Bestätigung im Ursprungsstaat (in der Regel also in Deutschland) ausgestellt wird, den nationalen Anerkennungsverfahren vorzuziehen.

Rechtsmittelentscheidungen können nur dann als EVT bestätigt, werden, wenn dies bereits für die ursprüngliche Entscheidung erfolgt ist. Da der Antrag auf EVT bereits vor Erlass des Titels gestellt werden kann, sollte der Antrag auf Bestätigung als EVT in entsprechenden Verfahren (in denen ein Auslandsbezug absehbar ist) frühzeitig, im Mahnverfahren also mit dem Antrag auf Erlass eines Vollstreckungsbescheids, gestellt werden. Nur in diesem Fall gilt der Titel nach einer Einspruchsentscheidung weiterhin als unbestritten (Art. 3 Abs. 2 EuVTVO).

Es sollte darauf geachtet werden, dass alle im Ursprungstitel genannten Forderungen in den EVT übernommen werden, wobei nach Möglichkeit so wenig Informationen wie möglich in der Sprache des Ursprungsmitgliedsstaates geschrieben werden sollten, so dass für die Vollstreckung(en) keine Übersetzung erforderlich ist. Die EU bietet einen Ausfüllservice für die Vordrucke an (*http://ec.europa.eu/justice_home/judicialatlascivil/html/rc_information_de.htm*). Es empfiehlt sich daher, dem Antrag eine fertig ausgefüllte Bestätigung als Entwurf bei Gericht einzureichen, auf diesem Weg können unnötige Übersetzungen von vornherein vermieden werden.

Auch wenn die Bedienung nicht ganz einfach ist und für viele Bereiche Kenntnisse in Englisch oder Französisch vorausgesetzt werden, sollten vor jedem Auftrag an ausländischen Behörden Informationen durch das „Europäische Justizielle Netz für Zivil- und Handelssachen" unter *http://ec.europa.eu/civiljustice* über das dortige, nationale Vollstreckungsrecht eingeholt werden. Bitte beachten Sie, dass im Ausland durchaus höhere, mit dem deutschen Recht nicht vergleichbare Gebühren für einzelne Zwangsvollstreckungsmaßnahmen anfallen können.

Sofern die Vollstreckung nach dem Recht des Vollstreckungsstaats über einfache Fälle hinausgeht, empfiehlt es sich, einen Rechtsanwalt mit Sitz im Vollstreckungsstaat zu beauftragen.

E. Anhänge

I. Hauptforderung: Katalognummern

In der nachfolgenden Tabelle sind die Standard-Forderungsbezeichnungen den zugehörigen Katalognummern zugewiesen. Die Nummer ist dabei in das Feld „Katalognummer" einzutragen und wird im Mahn- und Vollstreckungsbescheid in den Langtext umgesetzt. Die aus der Forderungsbezeichnung ersichtlichen Zusatzangaben

- Rechnung/Aufstellung etc.
- Nr. der Rechnung etc.
- Datum – vom –
- Datum – bis –

werden in der Tabelle i.d.R. mit folgenden Feldbezeichnungen verwendet:

Zeilen-Nummer	Katalog-Nr.	Rechnung/Aufstellung/Vertrag oder ähnliche Bezeichnung	Nr. der Rechng./des Kontos u. dgl.	Datum bzw. Zeitraum (TT.MM.JJ) vom	bis	Betrag EUR
32		<Bezeichnung>	<Nummer> <Anzahl> bzw. <Zählernummer>	<vom>	<bis>	

Hinsichtlich der Katalognummern, die größer als die Ziffer 46 sind, müssen die besonderen Ausführungen zur „Sonderkatalognummer" im Kapitel Anspruchsgrund und Katalognummern beachtet werden.

Wer also auf der Suche nach einer zutreffenden Anspruchsbezeichnung meint, dass der einer solchen Sonderkatalognummer zugewiesene Langtext passend ist, sollte die Sonderkatalognummer daher stets erst nach Rücksprache mit dem zuständigen Mahngericht verwenden.

Nr.	Anspruchstext/Besonderheiten
1	Anzeigen in Zeitungen u.a. gem. <Bezeichnung> – <Nummer> – vom ... bis ...
2	Ärztliche oder zahnärztliche Leistung gem. <Bezeichnung> – <Nummer> vom ... bis ...
3	Bürgschaft gem. <Bezeichnung> – <Nummer> vom ... bis ...
4	Darlehensrückzahlung gem. <Bezeichnung> – <Nummer> vom ... bis ...
5	Dienstleistungsvertrag gem. <Bezeichnung> – <Nummer> vom ... bis ... **Besonderheiten:** – **Keine** Ansprüche aus Arbeitsvertrag Zuständigkeit des Arbeitsgerichts – Bis-Datum = ... darf in der Zukunft liegen
6	Frachtkosten gem. <Bezeichnung> – <Nummer> vom ... bis ...

Nr.	Anspruchstext/Besonderheiten
7	Geschäftsbesorgung durch Selbständige gem. <Bezeichnung> – <Nummer> vom … bis … **Besonderheiten:** – Bei Geltendmachung von **eigenen** Gebührenansprüchen dürfen sich Rechtsanwälte **nur** im Bereich Prozessbevollmächtigte eintragen.
8	Handwerkerleistung gem. <Bezeichnung> – <Nummer> vom … bis …
9	Heimunterbringung gem. <Bezeichnung> – <Nummer> vom … bis … **Besonderheiten:** – Bis-Datum = … darf in der Zukunft liegen
10	Hotelkosten (z.B. Übernachtung, Verzehr, Getränke) gem. <Bezeichnung> – <Nummer> vom … bis …
11	Kaufvertrag gem. <Bezeichnung> – <Nummer> vom … bis …
12	Kontokorrentabrechnung gem. <Bezeichnung> – <Nummer> vom … bis … **Besonderheiten:** – **falls VKG:** Komplette Angaben erforderlich
13	Krankenhauskosten-Pflege/Behandlung – gem. <Bezeichnung> – <Nummer> vom … bis …
14	Lagerkosten gem. <Bezeichnung> – <Nummer> vom … bis …
15	Leasing/Mietkauf gem. <Bezeichnung> – <Nummer> vom … bis … **Besonderheiten:** – **falls VKG:** nur VKG-Zeilen-Nr. und VKG-Datum erforderlich – Bis-Datum = … darf in der Zukunft liegen
16	Lehrgangs-/Unterrichtskosten gem. <Bezeichnung> – <Nummer> vom … bis … **Besonderheiten:** – Bis-Datum = … darf in der Zukunft liegen
17	Miete für Geschäftsraum einschl. Nebenkosten gem. <Bezeichnung> – <Nummer> vom … bis … **Besonderheiten:** – PLZ und Ort (sowie ggf. Straße, Hausnummer und Lage) des Geschäftsraumes sind zusätzlich anzugeben (Vordruck Zeile 35). – Bis-Datum = … darf in der Zukunft liegen
18	Miete für Kraftfahrzeug gem. <Bezeichnung> – <Nummer> vom … bis … **Besonderheiten:** – Bis-Datum = … darf in der Zukunft liegen
19	Miete für Wohnraum einschl. Nebenkosten gem. <Bezeichnung> – <Nummer> vom … bis … **Besonderheiten:** – PLZ und Ort (sowie ggf. Straße, Hausnummer und Lage) der Wohnung sind zusätzlich anzugeben (Vordruck Zeile 35). Wollen Sie die Nebenkosten getrennt geltend machen, siehe Katalog – Nr. 20. – Bis-Datum = … darf in der Zukunft liegen

I. Hauptforderung: Katalognummern

Nr.	Anspruchstext/Besonderheiten
20	Mietnebenkosten – auch Renovierungskosten – gem. <Bezeichnung> – <Nummer> vom … bis … **Besonderheiten:** – PLZ und Ort (sowie ggf. Straße, Hausnummer und Lage) der Wohnung sind zusätzlich anzugeben (Vordruck Zeile 35). – – Bis-Datum = … darf in der Zukunft liegen
21	Miete (sonstige) gem. <Bezeichnung> – <Nummer> vom … bis … **Besonderheiten:** – Bis-Datum = … darf in der Zukunft liegen
22	Mitgliedsbeitrag gem. <Bezeichnung> – <Nummer> vom … bis … **Besonderheiten:** – Bis-Datum = … darf in der Zukunft liegen
23	Pacht gem. <Bezeichnung> – <Nummer> vom … bis … **Besonderheiten:** – Bis-Datum = … darf in der Zukunft liegen – Pflegeversicherung – siehe Beiträge zur privaten Pflegeversicherung gem. <Bezeichnung> – <Nummer> vom … bis …
24	Rechtsanwalts-/Rechtsbeistandshonorar gem. <Bezeichnung> – <Nummer> vom … bis … **Besonderheiten:** – Bei Geltendmachung von **eigenen** Gebührenansprüchen dürfen sich Rechtsanwälte **nur** im Bereich Prozessbevollmächtigte eintragen.
25	Rentenrückstände gem. <Bezeichnung> – <Nummer> vom … bis … **Besonderheiten:** – Bis-Datum = … darf in der Zukunft liegen
26	Reparaturleistung gem. <Bezeichnung> – <Nummer> vom … bis …
27	Rückgriff aus Versicherungsvertrag wegen Unfall/Vorfall gem. <Bezeichnung> – <Nummer> vom … bis …
28	Schadensersatz aus Vertrag gem. <Bezeichnung> – <Nummer> vom … bis … **Besonderheiten:** – Die Vertragsart ist im Vordruck Zeile 35 zweite Hälfte einzutragen.
29	Schadensersatz aus Unfall/Vorfall gem. <Bezeichnung> – <Nummer> vom … bis …
30	Scheck/Wechsel gem. <Bezeichnung> – <Nummer> vom … bis … **Besonderheiten:** – Fügen Sie bitte keine Originale oder Abschriften des Schecks/Wechsels bei. – Falls die besondere Verfahrensform des „Scheckmahnverfahrens" gewünscht wird, bitte zusätzlich den Begriff „Scheckmahnverfahren" bzw. „Wechselmahnverfahren" (ohne Anführungszeichen etc.!) in der Zeile 36 eintragen.
31	Scheck-/Wechselprovision ($1/3$ %)
32	Scheck-/Wechselunkosten – Spesen/Protest –
33	Schuldanerkenntnis gem. <Bezeichnung> – <Nummer> vom … bis …
34	Speditionskosten gem. <Bezeichnung> – <Nummer> vom … bis …
35	Tilgungs-/Zinsraten gem. <Bezeichnung> – <Nummer> vom … bis … **Besonderheiten:** – Bis-Datum = … darf in der Zukunft liegen

Nr.	Anspruchstext/Besonderheiten
36	Überziehung des Bankkontos gem. <Bezeichnung> – <Nummer> vom ... bis ... **Besonderheiten:** – Konto-Nr. in Zeile 32–34 in der 3. Spalte (Nummer des Kontos) angeben; – falls VKG: nur VKG-Zeilen-Nr. erforderlich
37	Ungerechtfertigte Bereicherung gem. <Bezeichnung> – <Nummer> vom ... bis ...
38	Unterhaltsrückstände gem. <Bezeichnung> – <Nummer> vom ... bis ... **Besonderheiten:** – Bis-Datum = ... darf in der Zukunft liegen
39	außergerichtlicher Vergleich gem. <Bezeichnung> – <Nummer> vom ... bis ...
40	Vermittlungs-/Maklerprovision gem. <Bezeichnung> – <Nummer> vom ... bis ... **Besonderheiten:** – **Nicht zulässig** bei Ehemaklervertrag
41	Versicherungsprämie/-beitrag gem. <Bezeichnung> – <Nummer> vom ... bis ... **Besonderheiten:** – **Nicht zu verwenden bei** privater Pflegeversicherung, vgl. Katalog-Nr. 95 – Bis-Datum = ... darf in der Zukunft liegen
42	Versorgungsleistung – Strom, Wasser, Gas, Wärme – gem. <Zählernr.> vom ... bis ... **Besonderheiten:** – Nummer der Rechnung = Zählernummer – Bis-Datum = ... darf in der Zukunft liegen
43	Warenlieferung/-en gem. <Bezeichnung> – <Nummer> vom ... bis ...
44	Werkvertrag/Werklieferungsvertrag gem. <Bezeichnung> – <Nummer> vom ... bis ...
45	Zeitungs-/Zeitschriftenbezug gem. <Bezeichnung> – <Nummer> vom ... bis ...
46	Zinsrückstände/Verzugszinsen gem. <Bezeichnung> – <Nummer> vom ... bis ... **Besonderheiten:** – Gilt **nur** für Zinsen, bei denen die zugrunde liegende Forderung **nicht gleichzeitig** geltend gemacht wird. – **Keine Verzinsung** dieses Anspruchs in Zeile 40–43.
47	Nicht eingehaltene Abnahmeverpflichtung/en gem. Vertrag für <Anzahl> Abnahmezeitraum (alternativ: Abnahmezeiträume) per saldo vom ... **Besonderheiten:** – Rechnungsfeld wird gelöscht – Bis-Datum muss leer sein. Keine weitere Katalog-Nr. zulässig
48	Fahrgeld/erhöhtes Beförderungsentgelt für eine Fahrt ohne gültigen Fahrausweis <Bezeichnung> <Nummer> am ... (alternativ: für Fahrten ohne gültigen Fahrausweis ... <Nummer> vom ... bis ...) **Besonderheiten:** – Rechnungsfeld = ... darf leer sein – <Nummer> darf leer sein

I. Hauptforderung: Katalognummern

Nr.	Anspruchstext/Besonderheiten
49	Erhöhtes Beförderungsentgelt für eine Fahrt ohne gültigen Fahrausweis – <Linie x> am <Datum1> **Besonderheiten:** – Rechnungsfeld wird gelöscht – <Linie x> = <Bezeichnung> darf auch leer sein – <Datum1> = vom-Datum – Bis-Datum wird gelöscht
50	Inkassokosten für außergerichtlichen Vergleich/Abzahlungsvereinbarung gem. <Bezeichnung> – <Nummer> vom ... bis ... **Besonderheiten:** – mindestens eine weitere Hauptforderung muss vorhanden sein – keine Verzinsung von Katalog-Nr. 50 – neben Katalog-Nr. 50 keine weitere Katalog-Nr. in derselben Anspruchszeile – Betrag errechnet sich aus Gesamtstreitwert = RVG-Gebühr + Auslagenpauschale + ggf. MwSt.
52	Darlehensrückzahlung gem. <Bezeichnung> – <Nummer> vom ... bis ... **Besonderheiten:** – neben Katalog-Nr. 52 keine weitere Katalog-Nr. in derselben Anspruchszeile – Verzinsung nur mit Merkmal „2" (=monatlich) zulässig
53	Geschäftsgebühr gem. § 40 VVG aus <Art>-Versicherung <Nummer> gem. Schreiben vom ... **Besonderheiten:** – <Bezeichnung> = <Art>-Versicherung – <Nummer> darf leer sein – Vom-Datum = ... darf leer sein – Bis-Datum = ... muss leer sein
54	Rückzahlung von Handelsvertreterprovisionen gem. § 87a Abs. 2 HGB gem. <Bezeichnung> – <Nummer> vom ... bis ...
55	Zahlung kassierter und nicht abgeführter Inkassogelder gem. <Bezeichnung> – <Nummer> vom ... bis ...
56	Unerlaubte Nutzung urheberrechtlich geschützter Werke aus dem Repertoire des Antragstellers gem. <Bezeichnung> – <Nummer> vom ... bis ...
57	Gesetzlicher Vergütungsanspruch nach § 27 UrhG gem. <Bezeichnung> – <Nummer> vom ... bis ...
58	Fällige Pauschale für die Einräumung urheberrechtlicher Nutzungsrechte gem. <Bezeichnung> – <Nummer> vom ... bis ... **Besonderheiten:** – Bis-Datum = ... darf in der Zukunft liegen
59	Rückzahlung des Familiengründungsdarlehen gem. <Bezeichnung> – <Nummer> vom ... bis ... **Besonderheiten:** – neben Katalog-Nr. 59 keine weitere Katalog-Nr. in derselben Anspruchszeile – Keine lfd. oder ausgerechneten Zinsen, sondern „Verwaltungskostenbeitrag" als Nebenforderung in Zeile 40 wie laufende Zinsen (z.B.: 6 % Verwaltungskostenbeitrag jährlich aus X EUR seit ...)
60	Versorgungsleistung gem. <Bezeichnung> – <Nummer> vom ... bis ... **Besonderheiten:** – Bis-Datum = ... darf in der Zukunft liegen – Bis-Datum = ... darf leer sein

E. Anhänge

Nr.	Anspruchstext/Besonderheiten
61*	Wahlleistungen bei stationärer Behandlung ... lt. Rechnung – Nr. <Nummer> vom ... bis ...
62	Folgebeitrag zur Versicherung ... – <Nummer> vom ... bis ... **Besonderheiten:** – maximal 2 Katalog-Nrn. für denselben Anspruch zulässig, wobei Katalog-Nr. 62 führen muss – Bis-Datum = ... darf in der Zukunft liegen
63	Zwischenbeitrag zur Versicherung ... – <Nummer> vom ... bis ... **Besonderheiten:** – maximal 2 Katalog-Nrn. für denselben Anspruch zulässig, wobei Katalog-Nr. 63 führen muss
64	Beitrag laut Versicherungsschein Versicherung ... – <Nummer> vom ... bis ... **Besonderheiten:** – maximal 2 Katalog-Nrn. für denselben Anspruch zulässig, wobei Katalog-Nr. 64 führen muss
65	Nachtrag zur Versicherung ... – <Nummer> vom ... bis ... **Besonderheiten:** – maximal 2 Katalog-Nrn. für denselben Anspruch zulässig, wobei Katalog-Nr. 65 führen muss
66	Beitragsrückstand zur Versicherung ... – <Nummer> vom ... bis ... **Besonderheiten:** – maximal 2 Katalog-Nrn. für denselben Anspruch zulässig, wobei Katalog-Nr. 66 führen muss
67	Scheckrücklauf zur Versicherung ... – <Nummer> vom ... bis ... **Besonderheiten:** – maximal 2 Katalog-Nrn. für denselben Anspruch zulässig, wobei Katalog-Nr. 67 führen muss
68	Restforderung abzüglich Gutschriften **Besonderheiten:** – Nur in Kombination mit einer anderen Katalog-Nr. zulässig, wobei jene führen muss! – neben diesen beiden keine weitere Katalog-Nr. in derselben Anspruchszeile
69	Entgeltforderung gem. Telekom-Rechnung ... – <Nummer> vom ... bis ...
70*	Kindertagesstättenbeitrag ... – <Nummer> vom ... bis ... **Besonderheiten:** – Bis-Datum = ... darf in der Zukunft liegen
71	Verzugsschaden (nicht anrechenbare Rechtsanwaltskosten aus vorgerichtlicher Tätigkeit) gem. <Bezeichnung> – <Nummer> vom ... bis ... **Besonderheiten:** – Neben Katalog-Nr. 71 keine gleichartige Nebenforderung aus 2300 VV RVG zulässig – maximal zulässig: nicht anrechenbarer Teil der Geschäftsgebühr, s. Seite 56f. – Katalog-Nr. 71 darf nur alleine stehen

I. Hauptforderung: Katalognummern

Nr.	Anspruchstext/Besonderheiten
72	Rückzahlung aus grundpfandrechtlich gesichertem Kreditvertrag/gleichgestelltem Darlehen nach Bausparkassengesetz (§ 491 Abs. 3 Nr. 1 BGB/§ 3 Abs. 2 Nr. 2 VerbrKrG) gem. <Bezeichnung> – <Nummer> vom ... bis ... Anspruch aus Vertrag vom <Vom-Datum>, für den das Verbraucherkreditgesetz gilt: effektiver/anfänglicher effektiver Jahreszins <Eff. Zins lt. Zeile 50> % **Besonderheiten:** – neben Katalog-Nr. 72 keine weitere Katalog-Nr. in derselben Anspruchszeile
73	Gesetzlicher Vergütungsanspruch nach § 54 UrhG gem. <Bezeichnung> – <Nummer> vom ... bis ...
74	Kreditkartenvertrag gem. <Bezeichnung> – <Nummer> vom ... bis ...
75*	Reisevertrag gem. <Bezeichnung> – <Nummer> vom ... bis ...
76*	Telekommunikationsleistungen gem. <Bezeichnung> – <Nummer> vom ... bis ...
77*	Krankentransportkosten gem. <Bezeichnung> – <Nummer> vom ... bis ...
78*	Tierärztliche Leistung gem. <Bezeichnung> – <Nummer> vom ... bis ...
79*	Verpflegungskosten ... – <Nummer> vom ... bis ... **Besonderheiten:** – kein Text „gem." in Anspruchsbezeichnung vor Rechnungsfeld
80*	Rückgriff aus Bürgschaft oder Garantie ... – <Nummer> vom ... bis ...
81	Entschädigung des Sortenschutzinhabers f. Nachbau ... – <Nummer> vom ... bis ...
82	Prämienzuschlag für Krankheitskostenversicherung wegen Nichtversicherung gemäß § 193 Abs. 4 VVG <Bezeichnung> – <Nummer> vom ... bis ... **Besonderheiten:** – Keine Kombination mit anderen Katalognummern im gleichen Anspruch – Darf nur einmal je Verfahren vorhanden sein
83	Prämienrückstand für Krankheitskostenversicherung gem. § 193 Abs. 6 VVG <Bezeichnung> – <Nummer> vom ... bis ... **Besonderheiten:** – Keine Kombination mit anderen Katalognummern im gleichen Anspruch zugelassen – Eine Zusammenfassung von mehreren Monatsbeiträgen ist nur zulässig, wenn der Beginn der jeweiligen Säumniszuschläge für jeden Monatsbeitrag nach Datum und Betrag im Zinsbereich eingetragen wird oder wenn die Säumniszuschläge bis mindestens zum spätesten Beginn eines Säumniszuschlags ausgerechnet werden und laufende Säumniszuschläge danach nur noch aus dem Gesamtbetrag zu erheben sind – Säumniszuschläge in Höhe von 1 % je angefangenen Monat anstelle von Zinsen – [Eintragung wie Zinsen mit festem Zinssatz]
84	Säumniszuschlag für Prämienrückstand zur Krankheitskostenversicherung gem. § 193 Abs. 6 VVG <Bezeichnung> – <Nummer> vom ... bis ... **Besonderheiten:** – Keine Verzinsung zugelassen!

Nr.	Anspruchstext/Besonderheiten
85	Güterrechtlicher Ausgleichsanspruch bei Beendigung des Güterstandes gem. <Bezeichnung> <Nummer> vom ... bis ... **Besonderheiten:** – Innerhalb eines Anspruchs sind **keine** weiteren Katalognummern zulässig
86	sonstiger familienrechtlicher Anspruch nach § 112 Ziff. 3 FamFG gem. <Bezeichnung> <Nummer> vom ... bis ... **Besonderheiten:** – innerhalb eines Anspruchs sind weitere Katalognummern zulässig, damit die Art des Anspruchs konkreter bezeichnet werden kann.
90*	Wohngeld, Hausgeld für Wohnungseigentümergemeinschaft gem. <Bezeichnung> – <Nummer> vom ... bis ... **Besonderheiten:** – PLZ und Ort des Wohnungseigentums sind im Vordruck in Zeile 35 einzutragen – Bis-Datum = ... darf in der Zukunft liegen
95*	Beiträge zur privaten Pflegeversicherung gem. <Bezeichnung> – <Nummer> vom ... bis ... **Besonderheiten:** – Bis-Datum darf in der Zukunft liegen – Zuständigkeit des Sozialgerichts für das streitige Verfahren – Zeile 45!

* Diese Katalognummer wurde inzwischen von der Koordinierungsstelle für das automatisierte gerichtliche Mahnverfahren zur allgemeinen Verwendung freigegeben.

II. Beispiel: Forderungsaufstellung nach § 367 BGB

Diese Aufstellung entspricht der Vollstreckung aus einem Vollstreckungsbescheid, der folgenden Inhalt besitzt:

– Hauptforderung in Höhe von 777,25 Euro, ab 15.12.2005 mit 5 % über dem jeweiligen Basiszinssatz zu verzinsen;
– vom Gericht ausgerechnete Zinsen bis zum 14.12.2005 in Höhe von 24,25 Euro;
– Nebenforderung, unverzinslich, in Höhe von 15 Euro;
– Kosten des Mahnverfahrens in Höhe von 152,57 Euro, ab 15.1.2006 mit 5 % über dem jeweiligen Basiszinssatz zu verzinsen.
– Der Gläubiger ist zum Vorsteuerabzug berechtigt (keine Berücksichtigung der Umsatzsteuer)

Dabei wurde von einer Verrechnung der Zahlungen nach § 367 BGB ausgegangen. Aus den Vorschriften für Verbraucherkredite oder anders lautenden Zahlungsbestimmungen des Schuldners können sich jedoch andere Verrechnungsarten zwingend ergeben.

III. Beispiel: Forderungsaufstellung nach § 367 BGB

Text	Datum	Haupt-forderung	Zinsen	verz. Kosten	Kosten-Zinsen	unverz. Kosten	Gesamt-summe
Forderung laut Titel	15.12.2005	777,25 €	24,25 €	152,57 €		15,00 €	969,07 €
Zinsberechnung HF 15.12.2005 bis 31.12.2006 Zinsen von 6,71 % 1.1.2006 bis 25.3.2006 Zinsen von 6,37 %	25.3.2006		13,82 €				
Zinsberechnung Kosten Kosten 15.1.2006 bis 25.3.2003 Zinsen von 6,37 %	25.3.2006				1,86 €		
Zwischensummen:	25.3.2006	777,25 €	38,07 €	152,57 €	1,86 €	15,00 €	984,75 €
Zwangsvollstreckungsauftrag Wert: 984,75 € 0,3 Gebühr VV 3309 RVG 20 % Auslagen, VV 7002 RVG	25.3.2006					25,50 € 5,10 €	1015,35 €
Kosten des Gerichtsvollziehers	15.4.2006					30,10 €	
Zinsberechnung HF + Kosten 26.3.2006 bis 15.4.2006 Zinsen von 6,37 %	15.4.2006		2,85 €		0,56 €		
Zwischensumme	15.4.2006	777,25 €	40,92 €	152,57 €	2,42 €	75,70 €	1048,86 €
Zahlung Schuldner 300,00 €	15.4.2006	-28,39 €	-40,92 €	-152,57 €	-2,42 €	-75,70 €	-300,00 €
Zwischensumme	15.4.2006	748,86 €	0,00 €	0,00 €	0,00 €	0,00 €	748,86 €
Zinsberechnung HF 16.4.2006 bis 17.5.2006 Zinsen von 6,37 %	17.5.2006		4,18 €				
Zwischensumme	17.5.2006	748,86 €	4,18 €	0,00 €	0,00 €	0,00 €	753,04 €
Antrag auf PfÜB Wert: 753,04 € 0,3 Gebühr VV 3309 RVG 20 % Auslagen, VV 7002 RVG	17.5.2006					19,50 € 3,90 €	

Text	Datum	Haupt-forderung	Zinsen	verz. Kosten	Kosten-Zinsen	unverz. Kosten	Gesamt-summe
Kosten des Gerichts	24. 5.2006					10,00 €	
Zinsberechnung HF 18.5.2006 bis 28.5.2006 Zinsen von 6,37 %	28.5.2006		1,44 €				
Zwischensumme	28.5.2006	748,86 €	5,62 €	0,00 €	0,00 €	33,40 €	787,88 €
Zahlung Drittschuldner in Höhe von 53,28 €	28.5.2006	-14,26 €	-5,62 €			-33,40 €	-53,28 €
Zwischensumme	28.5.2006	734,60 €	0,00 €	0,00 €	0,00 €	0,00 €	734,60 €
Zinsberechnung HF 28.5.2006 bis 30.6.2006 Zinsen von 6,37 % 1.7.2006 bis 31.12.2006 Zinsen von 6,95 % 1.1.2007 bis 30.6.2007 Zinsen von 7,7 % 1.7.2007 bis 31.12.2007 Zinsen von 8,19 1.1.2008 bis 30.6.2008 Zinsen von 8,32 % 1.7.2008 bis 31.12.2008 Zinsen von 8,19 % 1.1.2009 bis 16.4.2009 Zinsen von 6,62 %	15.4.2007		46,24 €				
Restsumme am 16.4.2009	16.4.2009	734,60 €	163,14 €	0,00 €	0,00 €	0,00 €	897,74 €

III. Muster: Auftrag an Gerichtsvollzieher

Rechtsanwälte
Schneider und Meier
Postfach 99 99
58239 Musterburg

An das
Amtsgericht Musterstadt
– Verteilerstelle für Gerichtsvollzieher –
99999 Musterstadt

Auftrag zur Zwangsvollstreckung und zur Abnahme der eidesstattlichen Versicherung

In Sachen

Günther Gläubig, Neuer Weg 99, 55555 Neustadt

– Gläubiger –

gegen

Sigfried Säumig, Alter Weg 55, 99999 Musterstadt

– Schuldner –

stehen dem Gläubiger aufgrund des Vollstreckungsbescheids des Amtsgerichts Neustadt vom 15.12.2005 (Az.: 05–6999999–0-1) der sich aus anliegender Forderungsaufstellung zum 16.4.2009 ergebende Betrag von 897,74 EUR zzgl. laufender Zinsen von 5 % über dem jeweiligen Basiszinssatz aus 734,60 EUR ab dem 16.4.2009 sowie die Kosten dieses Vollstreckungsauftrags zu.

Wegen dieser Beträge sowie der Kosten dieser Zwangsvollstreckung wird gebeten, die Zwangsvollstreckung in das bewegliche Vermögen des Schuldners vorzunehmen.

Insbesondere bitten wir dabei, die Arbeitsstelle des Schuldners sowie andere diesem zustehende Forderungen in Erfahrung zu bringen. Sofern sich dabei Anhaltspunkte für eine pfändbare Forderung ergeben, bitten wir um Zustellung einer Vorpfändungsbenachrichtigung nach § 845 ZPO.

Teilzahlungen des Schuldners gem. §§ 806b, 813a ZPO wird zugestimmt.

Soweit zur Vollstreckung die Zustellung von Schriftstücken erforderlich ist, bitten wir diese gleichzeitig mit der Vollstreckungshandlung vorzunehmen.

Eine Abschrift des Vollstreckungsprotokolls wird erbeten.

Der im Besitz des Schuldners befindliche Wäschetrockner vom Typ „Taifun 2000" unterliegt nicht dem Pfändungsschutz nach § 811 Abs. 1 Satz 1 ZPO, da er unter Eigentumsvorbehalt an den Schuldner geliefert wurde und der Vollstreckungstitel aus diesem Kauf resultiert.

Für den Fall, dass der Schuldner die Durchsuchung seiner Wohnräume verweigert, die Pfändung erfolglos verläuft oder der Schuldner wiederholt nicht angetroffen wird, beantragen wir bereits jetzt die Bestimmung eines Termins zur Abgabe der eidesstattlichen Versicherung.

Einer sofortigen Abnahme der eidesstattlichen Versicherung nach § 900 Abs. 2 ZPO wird nicht widersprochen.

Für den Fall, dass der Schuldner die Abgabe der eidesstattlichen Versicherung verweigert oder nicht zum Termin erscheint, wird der Antrag auf Erlass eines Haftbefehls gestellt.

Falls der Schuldner zwischenzeitlich die eidesstattliche Versicherung abgegeben hat, wird die Erteilung einer Abschrift des Vermögensverzeichnisses aus dem Schuldnerverzeichnis des Amtsgerichts beantragt.

Zahlungen erbitten wir auf unser Konto 555 555 55 bei der Gartenbank AG (BLZ 123 456 78).

Die Kosten dieser Zwangsvollstreckung können im Wege des Lastschriftverfahrens von diesem Konto abgebucht werden.

Für diesen Auftrag sind uns folgende Kosten entstanden:

0,3fache Gebühr für Vollstreckungsauftrag nach Nr. 3309 VV RVG	19,50 EUR
Auslagenpauschale nach Nr. 7002 VV RVG	3,90 EUR
0,3fache Gebühr für eV-Antrag nach Nr. 3309 VV RVG	19,50 EUR
Auslagenpauschale nach Nr. 7002 VV RVG	3,90 EUR
Summe:	46,80 EUR

(Unterschrift)

Anlagen

- Vollstreckungstitel
- Forderungsaufstellung
- Kopie des Kaufvertrags Wäschetrockner „Taifun 2000"
- Nachweise der früheren Vollstreckungskosten

⊃ **Praxishinweis:**

Sofern der Schuldner die eidesstattliche Versicherung bereits in anderer Sache abgegeben hat und diese erneut abgeben soll, ist z.B. wie folgt zu begründen:
Zur Begründung für eine erneute Abgabe der eidesstattlichen Versicherung nach § 903 ZPO wird darauf hingewiesen, dass das in der eidesstattlichen Versicherung vom 15.2.2006 angegebene Arbeitsverhältnis des Schuldners bei der Firma Meier nach der Drittschuldnererklärung vom 25.4.2006 nicht mehr besteht.

IV. Antrag auf Erlass eines Pfändungs- und Überweisungsbeschlusses (PfÜB)

1. Muster: Arbeitslohn

Rechtsanwälte
Schneider und Meier
Postfach 99 99
58239 Musterburg

An das
Amtsgericht Musterstadt
– Zwangsvollstreckungsabteilung –
99999 Musterstadt

Eilt! Vorpfändung gem. § 845 ZPO wurde am … zugestellt!

Es wird beantragt, Pfändungs- und Überweisungsbeschluss entsprechend nachstehendem Entwurf zu erlassen und die Ausfertigungen an den zuständigen Gerichtsvollzieher zwecks Zustellung weiterzuleiten.

(Unterschrift)

Amtsgericht Musterstadt
Musterstadt, den …

… M …/…

Entwurf: Pfändungs- und Überweisungsbeschluss

In Sachen

Günther Gläubig, Neuer Weg 99, 55555 Neustadt

– Gläubiger –

gegen

Sigfried Säumig, Alter Weg 55, 99999 Musterstadt

– Schuldner –

stehen dem Gläubiger aufgrund des Vollstreckungsbescheids des Amtsgerichts Neustadt vom 15.12.2005 (Az.: 05–6999999–0-1) der sich aus anliegender Forderungsaufstellung zum 16.4.2009 ergebende Betrag von 897,74 EUR zzgl. laufender Zinsen von 5 % über dem jeweiligen Basiszinssatz aus 734,60 EUR ab dem 16.4.2009 sowie zzgl. der Kosten dieses Vollstreckungsauftrags zu.

Wegen dieser Beträge sowie der unten genannten Kosten dieses Verfahrens einschließlich der Zustellungskosten wird der angebliche Anspruch des Schuldners gegen

Schreinerei Hans Horstmann, Holzweg 115, 99999 Musterstadt

– Drittschuldner –

auf Zahlung des Arbeitslohns einschließlich des Geldwertes von Sachbezügen sowie künftig fällig werdender Beträge

gepfändet.

Von der Pfändung ausgenommen sind Steuern, Sozialabgaben sowie die in §§ 850a, 850b, 850c und 850e Nr. 1 ZPO genannten Beträge.

Das pfändbare Einkommen ergibt sich aus diesem Betrag unter Berücksichtigung der Unterhaltspflichten des Schuldners aus der Tabelle zu § 850c ZPO in der jeweils gültigen Fassung.

Der Drittschuldner darf, soweit die Forderung gepfändet ist, keine Zahlungen an den Schuldner vornehmen. Der Schuldner hat sich jeder Verfügung über die gepfändete Forderung, insbesondere der Einziehung, zu enthalten. Die gepfändete Forderung wird dem Gläubiger zur Einziehung überwiesen.

Für diesen Antrag sind folgende Kosten zu berücksichtigen:

Rechtsanwaltskosten:

I. Rechtsanwaltskosten
0,3 fache Gebühr für PfÜB-Antrag nach Nr. 3309 VV RVG	19,50 EUR
Auslagenpauschale nach Nr. 7002 VV RVG	3,90 EUR

II. Gerichtskosten
Gebühr KV 2110 GKG	15,00 EUR
Gesamtsumme:	**38,40 EUR**

2. Abwandlung: Kontenpfändung

... Wegen dieser Beträge sowie der Kosten dieses Verfahrens einschließlich der Zustellungskosten wird der nachfolgende angebliche Anspruch des Schuldners gegen die

Gartenbank AG, Zweigstelle Musterstadt,
Gartenstr. 25, 99999 Musterstadt

– Drittschuldner –

gepfändet:

a) auf Zahlung des gegenwärtigen und künftigen Guthabens aus allen bei dem Drittschuldner bestehenden Konten, insbesondere des Kontos Nr. 555 555. Von der Pfändung erfasst ist auch die Gutschrift künftig eingehender Beträge;

b) auf Auszahlung des Spargguthabens aus den bei der Drittschuldnerin geführten Spar- und Festgeldkonten, insbesondere aus dem Sparkonto 777 777 einschließlich dem Recht zur Kündigung. Es wird angeordnet, dass der Schuldner das über das Spargguthaben ausgestellte Sparbuch mit der Nummer 777 777 an einen vom Gläubiger beauftragten Gerichtsvollzieher herauszugeben hat;

c) auf Zutritt und Mitwirkung bei der Öffnung des bei der Drittschuldnerin geführten Bankschließfaches. Es wird angeordnet, dass ein vom Gläubiger beauftragter Gerichtsvollzieher Zutritt zum Zwecke der Pfändung der vorgefundenen Wertgegenstände zu gewähren ist.

Der Drittschuldner ...

3. Abwandlung: Werklohn

... Wegen dieser Beträge sowie der Kosten dieses Verfahrens einschließlich der Zustellungskosten wird der angebliche Anspruch des Schuldners gegen

Alfred Anton AG, Alleestr. 88, 55555 Neudorf

– Drittschuldner –

auf Zahlung von Werklohnansprüchen aufgrund der beruflichen Tätigkeit des Schuldners als selbständiger Maler gepfändet; von der Pfändung sind insbesondere die Werklohnansprüche für die am Haus des Drittschuldners, Elisenstr. 99, in der 26. Kalenderwoche durchgeführten Arbeiten erfasst.

Der Drittschuldner ...

4. Abwandlung: Unterhalt

... Wegen dieser Beträge sowie der Kosten dieses Verfahrens einschließlich der Zustellungskosten wird der angebliche Anspruch des Schuldners gegen

Walter Unterhalter, Uferstr. 67, 77777 Rheindorf

– Drittschuldner –

auf

Zahlung des Unterhalts einschließlich eventueller Rückstände aufgrund gesetzlicher oder vertraglicher Verpflichtung unter Beschränkung auf den pfändbaren Betrag nach der Tabelle nach § 850c ZPO in entsprechender Anwendung

gepfändet.

Zur Billigkeit der Pfändung des Unterhaltsanspruchs nach § 850a Abs. 2 ZPO wird vorgetragen, dass es sich bei der Forderung, wegen der die Vollstreckung betrieben wird, um eine Schadensersatzforderung aufgrund einer unerlaubten Handlung des Schuldners (Körperverletzung zum Nachteil des Gläubigers) handelt.

Der Drittschuldner ...

5. Abwandlung: Lebensversicherung

... Wegen dieser Beträge sowie der Kosten dieses Verfahrens einschließlich der Zustellungskosten wird der angebliche Anspruch des Schuldners gegen die

Sorgenfrei Versicherungsverein a.g., Ringweg 77, 99999 Musterburg

– Drittschuldnerin –

auf allen sich aus den bei der Drittschuldnerin abgeschlossenen Versicherungsverträgen, insbesondere aus der Kapitallebensversicherung Nr. 123 456 7890, ergebenden Rechte gepfändet.

Von der Pfändung sind insbesondere erfasst: der Anspruch auf Auszahlung der Versicherungssumme oder des sich bei Rückkauf der Versicherung ergebenden Betrags; das Recht auf Kündigung der Versicherung; das Recht auf Umstellung in eine beitragsfreie Versicherung sowie das Recht auf Bestimmung eines begünstigten Dritten.

Ferner wird angeordnet, dass der Schuldner die zu der o.g. Versicherung gehörende Versicherungspolice an einen vom Gläubiger zu beauftragenden Gerichtsvollzieher herauszugeben hat.

Der Drittschuldner …

V. Muster: Vorpfändung nach § 845 ZPO

Rechtsanwälte
Schneider und Meier
Postfach 99 99
58239 Musterburg

An
Firma
Alfred Anton AG
Alleestr. 88
55555 Neudorf

In Sachen

Günther Gläubig, Neuer Weg 99, 55555 Neustadt

– Gläubiger –

gegen

Sigfried Säumig, Alter Weg 55, 99999 Musterstadt

– Schuldner –

stehen dem Gläubiger aufgrund des Vollstreckungsbescheids des Amtsgerichts Neustadt vom 15.12.2005 (Az.: 05–6999999–0-1) der sich aus anliegender Forderungsaufstellung zum 16.4.2009 ergebende Betrag von 897,74 EUR zzgl. laufender Zinsen von 5 % über dem jeweiligen Basiszinssatz aus 734,60 EUR ab dem 16.4.2009 sowie zzgl. der Kosten dieses Vollstreckungsauftrags zu.

Wegen dieser Beträge sowie der Kosten der Pfändung einschließlich der Zustellungskosten steht die Pfändung des angeblichen Anspruchs des Schuldners gegen

Alfred Anton AG, Alleestr. 88, 55555 Neudorf, gesetzl. vertreten durch den Vorstand Alfred Anton

– Drittschuldner –

auf Zahlung von Werklohnansprüchen aufgrund der beruflichen Tätigkeit des Schuldners als selbständiger Maler bevor.

Hiermit benachrichtigen wir Sie von der bevorstehenden Pfändung und fordern Sie auf, keine Zahlungen mehr an den Schuldner vorzunehmen.

Der Schuldner ist mit gleicher Post aufgefordert worden, sich jeder Verfügung über die betroffene Forderung, insbesondere ihrer Einziehung, zu enthalten.

(Unterschrift)

VI. Muster: Eintragung einer Zwangssicherungshypothek

Rechtsanwälte
Schneider und Meier
Postfach 99 99
58239 Musterburg

An das
Amtsgericht Musterstadt
– Grundbuchamt –
99999 Musterstadt

Grundbuch von Beispielsburg Blatt 9955

Antrag auf Eintragung einer Zwangssicherungshypothek nach § 867 ZPO

In Sachen

Günther Gläubig, Neuer Weg 99, 55555 Neustadt – geb. 31.5.1970 –

– Gläubiger –

gegen

Sigfried Säumig, Alter Weg 55, 99999 Musterstadt

– Schuldner –

stehen dem Gläubiger aufgrund der Vollstreckungsbescheide des Amtsgerichts Deppendorf vom 15.12.2005 (Az.: 05–6999999-0-1) und vom 19.3.2006 (Az.: 06-6555555-0-5) der sich aus anliegender Forderungsaufstellung zum 16.4.2009 ergebende Betrag von 2 726,33 EUR zzgl. laufender Zinsen von 5 % über dem jeweiligen Basiszinssatz aus 2 522,53 EUR ab dem 16.4.2009 zu.

Wegen dieser Forderung beantragen wir die Eintragung folgender Zwangssicherungshypotheken auf dem im Grundbuch von Beispielsburg Blatt 9955 verzeichneten Grundbesitz des Schuldners:

1. Auf dem Grundstück lfd. Nr. 1 des Bestandsverzeichnisses:
   Sicherungshypothek in Höhe von 1 726,33 EUR nebst 5 % Zinsen jährlich über dem jeweiligen Basiszinssatz, höchstens jedoch 15 % Zinsen jährlich ab dem 15.4.2007 aus 1 522,53 EUR.
2. Auf dem Grundstück lfd. Nr. 2 des Bestandsverzeichnisses:
   Sicherungshypothek in Höhe von 1 000 EUR nebst 5 % Zinsen jährlich über dem jeweiligen Basiszinssatz, höchstens jedoch 15 % Zinsen jährlich ab dem 15.4.2007 aus 1 000 EUR.

Nach erfolgter Eintragung erbitten wir die Übersendung eines unbeglaubigten Grundbuchauszugs.

(Unterschrift)

VII. Gebührentabelle für Gerichtskosten (GKG)

Anlage zu § 34 GKG, Stand: 1.7.2009

Wert bis ...	volle Gebühr	5/10-Gebühr
300,00 €	25,00 €	12,50 €/23,00 €*
600,00 €	35,00 €	17,50 €/23,00 €*
900,00 €	45,00 €	22,50 €/23,00 €*
1 200,00 €	55,00 €	27,50 €
1 500,00 €	65,00 €	32,50 €
2 000,00 €	73,00 €	36,50 €
2 500,00 €	81,00 €	40,50 €
3 000,00 €	89,00 €	44,50 €
3 500,00 €	97,00 €	48,50 €
4 000,00 €	105,00 €	52,50 €
4 500,00 €	113,00 €	56,50 €
5 000,00 €	121,00 €	60,50 €
6 000,00 €	136,00 €	68,00 €
7 000,00 €	151,00 €	75,50 €
8 000,00 €	166,00 €	83,00 €
9 000,00 €	181,00 €	90,50 €
10 000,00 €	196,00 €	98,00 €
13 000,00 €	219,00 €	109,50 €
16 000,00 €	242,00 €	121,00 €
19 000,00 €	265,00 €	132,50 €
22 000,00 €	288,00 €	144,00 €
25 000,00 €	311,00 €	155,50 €
30 000,00 €	340,00 €	170,00 €
35 000,00 €	369,00 €	184,50 €

Wert bis ...	volle Gebühr	⁵⁄₁₀-Gebühr
40 000,00 €	398,00 €	199,00 €
45 000,00 €	427,00 €	213,50 €
50 000,00 €	456,00 €	228,00 €
65 000,00 €	556,00 €	278,00 €
80 000,00 €	656,00 €	328,00 €
95 000,00 €	756,00 €	378,00 €
110 000,00 €	856,00 €	428,00 €
125 000,00 €	956,00 €	478,00 €
140 000,00 €	1 056,00 €	528,00 €
155 000,00 €	1 156,00 €	578,00 €
170 000,00 €	1 256,00 €	628,00 €
185 000,00 €	1 356,00 €	678,00 €
200 000,00 €	1 456,00 €	728,00 €

⊃ **Hinweis:**

* Im Mahnverfahren gilt seit dem 1.7.2006 eine Mindestgebühr von 23 EUR.

VIII. Gebührentabelle des RVG

Gem. Anlage zu § 13 Abs. 1 RVG, Stand: 1.6.2009

Wert	1,0fache Gebühr	Auslagen-pauschale	MwSt.	0,3fache Gebühr	Auslagen-pauschale	MwSt.
300,00 €	25,00 €	5,00 €	5,70 €	10,00 €	2,00 €	2,28 €
600,00 €	45,00 €	9,00 €	10,26 €	13,50 €	2,70 €	3,08 €
900,00 €	65,00 €	13,00 €	14,82 €	19,50 €	3,90 €	4,45 €
1 200,00 €	85,00 €	17,00 €	19,38 €	25,50 €	5,10 €	5,81 €
1 500,00 €	105,00 €	20,00 €	23,75 €	31,50 €	6,30 €	7,18 €
2 000,00 €	133,00 €	20,00 €	29,07 €	39,90 €	7,98 €	9,10 €
2 500,00 €	161,00 €	20,00 €	34,39 €	48,30 €	9,66 €	11,01 €
3 000,00 €	189,00 €	20,00 €	39,71 €	56,70 €	11,34 €	12,93 €
3 500,00 €	217,00 €	20,00 €	45,03 €	65,10 €	13,02 €	14,48 €
4 000,00 €	245,00 €	20,00 €	50,35 €	73,50 €	14,70 €	16,76 €
4 500,00 €	273,00 €	20,00 €	55,67 €	81,90 €	16,38 €	18,67 €
5 000,00 €	301,00 €	20,00 €	60,99 €	90,30 €	18,06 €	20,59 €
6 000,00 €	338,00 €	20,00 €	68,02 €	101,40 €	20,00 €	23,07 €
7 000,00 €	375,00 €	20,00 €	75,05 €	112,50 €	20,00 €	25,18 €
8 000,00 €	412,00 €	20,00 €	82,08 €	123,60 €	20,00 €	27,28 €
9 000,00 €	449,00 €	20,00 €	89,11 €	134,70 €	20,00 €	29,39 €

Wert	1,0fache Gebühr	Auslagen-pauschale	MwSt.	0,3fache Gebühr	Auslagen-pauschale	MwSt.
10 000,00 €	486,00 €	20,00 €	96,14 €	145,80 €	20,00 €	31,50 €
13 000,00 €	526,00 €	20,00 €	103,74 €	157,80 €	20,00 €	33,78 €
16 000,00 €	566,00 €	20,00 €	111,34 €	169,80 €	20,00 €	36,06 €
19 000,00 €	606,00 €	20,00 €	118,94 €	181,80 €	20,00 €	38,34 €
22 000,00 €	646,00 €	20,00 €	126,54 €	193,80 €	20,00 €	40,62 €
25 000,00 €	686,00 €	20,00 €	134,14 €	205,80 €	20,00 €	42,90 €
30 000,00 €	758,00 €	20,00 €	147,82 €	227,40 €	20,00 €	47,01 €
35 000,00 €	830,00 €	20,00 €	161,50 €	249,00 €	20,00 €	51,11 €
40 000,00 €	902,00 €	20,00 €	175,18 €	270,60 €	20,00 €	55,21 €
45 000,00 €	974,00 €	20,00 €	188,86 €	292,20 €	20,00 €	59,32 €
50 000,00 €	1 046,00 €	20,00 €	202,54 €	313,80 €	20,00 €	63,42 €
65 000,00 €	1 123,00 €	20,00 €	217,17 €	336,90 €	20,00 €	67,81 €
80 000,00 €	1 200,00 €	20,00 €	231,80 €	360,00 €	20,00 €	72,20 €
90 000,00 €	1 277,00 €	20,00 €	246,43 €	383,10 €	20,00 €	76,59 €
110 000,00 €	1 354,00 €	20,00 €	261,06 €	406,20 €	20,00 €	80,98 €
125 000,00 €	1 431,00 €	20,00 €	275,69 €	429,30 €	20,00 €	85,37 €
140 000,00 €	1 508,00 €	20,00 €	290,32 €	452,40 €	20,00 €	89,76 €
155 000,00 €	1 585,00 €	20,00 €	304,95 €	475,50 €	20,00 €	94,15 €
170 000,00 €	1 662,00 €	20,00 €	319,58 €	498,60 €	20,00 €	98,53 €
185 000,00 €	1 739,00 €	20,00 €	334,21 €	521,70 €	20,00 €	102,92 €
200 000,00 €	1 816,00 €	20,00 €	348,84 €	544,80 €	20,00 €	107,31 €

IX. Kosten des Gerichtsvollziehers (GvKostG)

Stand: 1.6.2009

Gebührentatbestand	Gebührenbetrag
Persönliche Zustellung – Zustellungsversuch	7,50 EUR 2,50 EUR
Sonstige Zustellung (Postzustellung)	2,50 EUR
Schreibauslagen, Gebühr für Beglaubigung von Schriftstücken	je Seite 0,50 EUR ab der 50. Seite 0,15 EUR
Vorpfändung nach § 845 ZPO	12,50 EUR
Pfändung – versuchte Pfändung, Einstellung	20,00 EUR 12,50 EUR
Wegnahme beweglicher Sachen durch den Gerichtsvollzieher	20,00 EUR
Versteigerung oder Verkauf – wenn nicht durchgeführt	40,00 EUR 12,50 EUR
Abnahme der eidesstattlichen Versicherung	30,00 EUR

Gebührentatbestand	Gebührenbetrag
Verhaftung des Schuldners	30,00 EUR
– nicht durchgeführter Termin oder Verhaftung	12,50 EUR
Anberaumung eines weiteren Versteigerungstermins	7,50 EUR
Zeitzuschlag bei Dauer der Amtshandlungen von mehr als 3 Stunden	15,00 EUR
Wegegelder bis 10 km über 10 bis 20 km über 20 bis 30 km über 30 km	2,50 EUR 5,00 EUR 7,50 EUR 10,00 EUR
Auslagenpauschale 20 % der Gebühren	mind. 3,00 EUR max. 10,00 EUR
Gebühr für die Entgegennahme von Zahlungen	3,00 EUR

⊃ **Hinweis:**

Diese Aufstellung ist nicht abschließend, hier wurden nur die gängigsten Gebührentatbestände aufgeführt.

X. Pfändungsfreigrenzen

Gültig seit 1.7.2005; eine Änderung der Beträge ist zum 1.7.2011 möglich.

Nettolohn monatlich für ... Unterhaltsberechtigte			0	1	2	3	4	5 u. mehr
0,00 €	bis	989,99 €	0,00 €					
990,00 €	bis	999,99 €	3,40 €					
1 000,00 €	bis	1 009,99 €	10,40 €					
1 010,00 €	bis	1 019,99 €	17,40 €					
1 020,00 €	bis	1 029,99 €	24,40 €					
1 030,00 €	bis	1 039,99 €	31,40 €					
1 040,00 €	bis	1 049,99 €	38,40 €					
1 050,00 €	bis	1 059,99 €	45,40 €					
1 060,00 €	bis	1 069,99 €	52,40 €					
1 070,00 €	bis	1 079,99 €	59,40 €					
1 080,00 €	bis	1 089,99 €	66,40 €					
1 090,00 €	bis	1 099,99 €	73,40 €					
1 100,00 €	bis	1 109,99 €	80,40 €					
1 110,00 €	bis	1 119,99 €	87,40 €					
1 120,00 €	bis	1 129,99 €	94,40 €					
1 130,00 €	bis	1 139,99 €	101,40 €					
1 140,00 €	bis	1 149,99 €	108,40 €					
1 150,00 €	bis	1 159,99 €	115,40 €					

Nettolohn monatlich für ... Unterhaltsberechtigte			0	1	2	3	4	5 u. mehr
1 160,00 €	bis	1 169,99 €	122,40 €					
1 170,00 €	bis	1 179,99 €	129,40 €					
1 180,00 €	bis	1 189,99 €	136,40 €					
1 190,00 €	bis	1 199,99 €	143,40 €					
1 200,00 €	bis	1 209,99 €	150,40 €					
1 210,00 €	bis	1 219,99 €	157,40 €					
1 220,00 €	bis	1 229,99 €	164,40 €					
1 230,00 €	bis	1 239,99 €	171,40 €					
1 240,00 €	bis	1 249,99 €	178,40 €					
1 250,00 €	bis	1 259,99 €	185,40 €					
1 260,00 €	bis	1 269,99 €	192,40 €					
1 270,00 €	bis	1 279,99 €	199,40 €					
1 280,00 €	bis	1 289,99 €	206,40 €					
1 290,00 €	bis	1 299,99 €	213,40 €					
1 300,00 €	bis	1 309,99 €	220,40 €					
1 310,00 €	bis	1 319,99 €	227,40 €					
1 320,00 €	bis	1 329,99 €	234,40 €					
1 330,00 €	bis	1 339,99 €	241,40 €					
1 340,00 €	bis	1 349,99 €	248,40 €					
1 350,00 €	bis	1 359,99 €	255,40 €					
1 360,00 €	bis	1 369,99 €	262,40 €	2,05 €				
1 370,00 €	bis	1 379,99 €	269,40 €	7,05 €				
1 380,00 €	bis	1 389,99 €	276,40 €	12,05 €				
1 390,00 €	bis	1 399,99 €	283,40 €	17,05 €				
1 400,00 €	bis	1 409,99 €	290,40 €	22,05 €				
1 410,00 €	bis	1 419,99 €	297,40 €	27,05 €				
1 420,00 €	bis	1 429,99 €	304,40 €	32,05 €				
1 430,00 €	bis	1 439,99 €	311,40 €	37,05 €				
1 440,00 €	bis	1 449,99 €	318,40 €	42,05 €				
1 450,00 €	bis	1 459,99 €	325,40 €	47,05 €				
1 460,00 €	bis	1 469,99 €	332,40 €	52,05 €				
1 470,00 €	bis	1 479,99 €	339,40 €	57,05 €				
1 480,00 €	bis	1 489,99 €	346,40 €	62,05 €				
1 490,00 €	bis	1 499,99 €	353,40 €	67,05 €				
1 500,00 €	bis	1 509,99 €	360,40 €	72,05 €				
1 510,00 €	bis	1 519,99 €	367,40 €	77,05 €				
1 520,00 €	bis	1 529,99 €	374,40 €	82,05 €				

X. Pfändungsfreigrenzen

Nettolohn monatlich für ... Unterhaltsberechtigte			0	1	2	3	4	5 u. mehr
1 530,00 €	bis	1 539,99 €	381,40 €	87,05 €				
1 540,00 €	bis	1 549,99 €	388,40 €	92,05 €				
1 550,00 €	bis	1 559,99 €	395,40 €	97,05 €				
1 560,00 €	bis	1 569,99 €	402,40 €	102,05 €				
1 570,00 €	bis	1 579,99 €	409,40 €	107,05 €	3,01 €			
1 580,00 €	bis	1 589,99 €	416,40 €	112,05 €	7,01 €			
1 590,00 €	bis	1 599,99 €	423,40 €	117,05 €	11,01 €			
1 600,00 €	bis	1 609,99 €	430,40 €	122,05 €	15,01 €			
1 610,00 €	bis	1 619,99 €	437,40 €	127,05 €	19,01 €			
1 620,00 €	bis	1 629,99 €	444,40 €	132,05 €	23,01 €			
1 630,00 €	bis	1 639,99 €	451,40 €	137,05 €	27,01 €			
1 640,00 €	bis	1 649,99 €	458,40 €	142,05 €	31,01 €			
1 650,00 €	bis	1 659,99 €	465,40 €	147,05 €	35,01 €			
1 660,00 €	bis	1 669,99 €	472,40 €	152,05 €	39,01 €			
1 670,00 €	bis	1 679,99 €	479,40 €	157,05 €	43,01 €			
1 680,00 €	bis	1 689,99 €	486,40 €	162,05 €	47,01 €			
1 690,00 €	bis	1 699,99 €	493,40 €	167,05 €	51,01 €			
1 700,00 €	bis	1 709,99 €	500,40 €	172,05 €	55,01 €			
1 710,00 €	bis	1 719,99 €	507,40 €	177,05 €	59,01 €			
1 720,00 €	bis	1 729,99 €	514,40 €	182,05 €	63,01 €			
1 730,00 €	bis	1 739,99 €	521,40 €	187,05 €	67,01 €			
1 740,00 €	bis	1 749,99 €	528,40 €	192,05 €	71,01 €			
1 750,00 €	bis	1 759,99 €	535,40 €	197,05 €	75,01 €			
1 760,00 €	bis	1 769,99 €	542,40 €	202,05 €	79,01 €			
1 770,00 €	bis	1 779,99 €	549,40 €	207,05 €	83,01 €	0,29 €		
1 780,00 €	bis	1 789,99 €	556,40 €	212,05 €	87,01 €	3,29 €		
1 790,00 €	bis	1 799,99 €	563,40 €	217,05 €	91,01 €	6,29 €		
1 800,00 €	bis	1 809,99 €	570,40 €	222,05 €	95,01 €	9,29 €		
1 810,00 €	bis	1 819,99 €	577,40 €	227,05 €	99,01 €	12,29 €		
1 820,00 €	bis	1 829,99 €	584,40 €	232,05 €	103,01 €	15,29 €		
1 830,00 €	bis	1 839,99 €	591,40 €	237,05 €	107,01 €	18,29 €		
1 840,00 €	bis	1 849,99 €	598,40 €	242,05 €	111,01 €	21,29 €		
1 850,00 €	bis	1 859,99 €	605,40 €	247,05 €	115,01 €	24,29 €		
1 860,00 €	bis	1 869,99 €	612,40 €	252,05 €	119,01 €	27,29 €		
1 870,00 €	bis	1 879,99 €	619,40 €	257,05 €	123,01 €	30,29 €		
1 880,00 €	bis	1 889,99 €	626,40 €	262,05 €	127,01 €	33,29 €		
1 890,00 €	bis	1 899,99 €	633,40 €	267,05 €	131,01 €	36,29 €		

Nettolohn monatlich für ... Unterhaltsberechtigte			0	1	2	3	4	5 u. mehr
1 900,00 €	bis	1 909,99 €	640,40 €	272,05 €	135,01 €	39,29 €		
1 910,00 €	bis	1 919,99 €	647,40 €	277,05 €	139,01 €	42,29 €		
1 920,00 €	bis	1 929,99 €	654,40 €	282,05 €	143,01 €	45,29 €		
1 930,00 €	bis	1 939,99 €	661,40 €	287,05 €	147,01 €	48,29 €		
1 940,00 €	bis	1 949,99 €	668,40 €	292,05 €	151,01 €	51,29 €		
1 950,00 €	bis	1 959,99 €	675,40 €	297,05 €	155,01 €	54,29 €		
1 960,00 €	bis	1 969,99 €	682,40 €	302,05 €	159,01 €	57,29 €		
1 970,00 €	bis	1 979,99 €	689,40 €	307,05 €	163,01 €	60,29 €		
1 980,00 €	bis	1 989,99 €	696,40 €	312,05 €	167,01 €	63,29 €	0,88 €	
1 990,00 €	bis	1 999,99 €	703,40 €	317,05 €	171,01 €	66,29 €	2,88 €	
2 000,00 €	bis	2 009,99 €	710,40 €	322,05 €	175,01 €	69,29 €	4,88 €	
2 010,00 €	bis	2 019,99 €	717,40 €	327,05 €	179,01 €	72,29 €	6,88 €	
2 020,00 €	bis	2 029,99 €	724,40 €	332,05 €	183,01 €	75,29 €	8,88 €	
2 030,00 €	bis	2 039,99 €	731,40 €	337,05 €	187,01 €	78,29 €	10,88 €	
2 040,00 €	bis	2 049,99 €	738,40 €	342,05 €	191,01 €	81,29 €	12,88 €	
2 050,00 €	Bis	2 059,99 €	745,40 €	347,05 €	195,01 €	84,29 €	14,88 €	
2 060,00 €	Bis	2 069,99 €	752,40 €	352,05 €	199,01 €	87,29 €	16,88 €	
2 070,00 €	Bis	2 079,99 €	759,40 €	357,05 €	203,01 €	90,29 €	18,88 €	
2 080,00 €	Bis	2 089,99 €	766,40 €	362,05 €	207,01 €	93,29 €	20,88 €	
2 090,00 €	Bis	2 099,99 €	773,40 €	367,05 €	211,01 €	96,29 €	22,88 €	
2 100,00 €	Bis	2 109,99 €	780,40 €	372,05 €	215,01 €	99,29 €	24,88 €	
2 110,00 €	Bis	2 119,99 €	787,40 €	377,05 €	219,01 €	102,29 €	26,88 €	
2 120,00 €	Bis	2 129,99 €	794,40 €	382,05 €	223,01 €	105,29 €	28,88 €	
2 130,00 €	Bis	2 139,99 €	801,40 €	387,05 €	227,01 €	108,29 €	30,88 €	
2 140,00 €	Bis	2 149,99 €	808,40 €	392,05 €	231,01 €	111,29 €	32,88 €	
2 150,00 €	Bis	2 159,99 €	815,40 €	397,05 €	235,01 €	114,29 €	34,88 €	
2 160,00 €	Bis	2 169,99 €	822,40 €	402,05 €	239,01 €	117,29 €	36,88 €	
2 170,00 €	Bis	2 179,99 €	829,40 €	407,05 €	243,01 €	120,29 €	38,88 €	
2 180,00 €	Bis	2 189,99 €	836,40 €	412,05 €	247,01 €	123,29 €	40,88 €	
2 190,00 €	Bis	2 199,99 €	843,40 €	417,05 €	251,01 €	126,29 €	42,88 €	0,79 €
2 200,00 €	Bis	2 209,99 €	850,40 €	422,05 €	255,01 €	129,29 €	44,88 €	1,79 €
2 210,00 €	bis	2 219,99 €	857,40 €	427,05 €	259,01 €	132,29 €	46,88 €	2,79 €
2 220,00 €	bis	2 229,99 €	864,40 €	432,05 €	263,01 €	135,29 €	48,88 €	3,79 €
2 230,00 €	bis	2 239,99 €	871,40 €	437,05 €	267,01 €	138,29 €	50,88 €	4,79 €
2 240,00 €	bis	2 249,99 €	878,40 €	442,05 €	271,01 €	141,29 €	52,88 €	5,79 €
2 250,00 €	bis	2 259,99 €	885,40 €	447,05 €	275,01 €	144,29 €	54,88 €	6,79 €
2 260,00 €	bis	2 269,99 €	892,40 €	452,05 €	279,01 €	147,29 €	56,88 €	7,79 €

X. Pfändungsfreigrenzen

Nettolohn monatlich für ... Unterhaltsberechtigte			0	1	2	3	4	5 u. mehr
2 270,00 €	bis	2 279,99 €	899,40 €	457,05 €	283,01 €	150,29 €	58,88 €	8,79 €
2 280,00 €	bis	2 289,99 €	906,40 €	462,05 €	287,01 €	153,29 €	60,88 €	9,79 €
2 290,00 €	bis	2 299,99 €	913,40 €	467,05 €	291,01 €	156,29 €	62,88 €	10,79 €
2 300,00 €	bis	2 309,99 €	920,40 €	472,05 €	295,01 €	159,29 €	64,88 €	11,79 €
2 310,00 €	bis	2 319,99 €	927,40 €	477,05 €	299,01 €	162,29 €	66,88 €	12,79 €
2 320,00 €	bis	2 329,99 €	934,40 €	482,05 €	303,01 €	165,29 €	68,88 €	13,79 €
2 330,00 €	bis	2 339,99 €	941,40 €	487,05 €	307,01 €	168,29 €	70,88 €	14,79 €
2 340,00 €	bis	2 349,99 €	948,40 €	492,05 €	311,01 €	171,29 €	72,88 €	15,79 €
2 350,00 €	bis	2 359,99 €	955,40 €	497,05 €	315,01 €	174,29 €	74,88 €	16,79 €
2 360,00 €	bis	2 369,99 €	962,40 €	502,05 €	319,01 €	177,29 €	76,88 €	17,79 €
2 370,00 €	bis	2 379,99 €	969,40 €	507,05 €	323,01 €	180,29 €	78,88 €	18,79 €
2 380,00 €	bis	2 389,99 €	976,40 €	512,05 €	327,01 €	183,29 €	80,88 €	19,79 €
2 390,00 €	bis	2 399,99 €	983,40 €	517,05 €	331,01 €	186,29 €	82,88 €	20,79 €
2 400,00 €	bis	2 409,99 €	990,40 €	522,05 €	335,01 €	189,29 €	84,88 €	21,79 €
2 410,00 €	bis	2 419,99 €	997,40 €	527,05 €	339,01 €	192,29 €	86,88 €	22,79 €
2 420,00 €	bis	2 429,99 €	1 004,40 €	532,05 €	343,01 €	195,29 €	88,88 €	23,79 €
2 430,00 €	bis	2 439,99 €	1 011,40 €	537,05 €	347,01 €	198,29 €	90,88 €	24,79 €
2 440,00 €	bis	2 449,99 €	1 018,40 €	542,05 €	351,01 €	201,29 €	92,88 €	25,79 €
2 450,00 €	bis	2 459,99 €	1 025,40 €	547,05 €	355,01 €	204,29 €	94,88 €	26,79 €
2 460,00 €	bis	2 469,99 €	1 032,40 €	552,05 €	359,01 €	207,29 €	96,88 €	27,79 €
2 470,00 €	bis	2 479,99 €	1 039,40 €	557,05 €	363,01 €	210,29 €	98,88 €	28,79 €
2 480,00 €	bis	2 489,99 €	1 046,40 €	562,05 €	367,01 €	213,29 €	100,88 €	29,79 €
2 490,00 €	bis	2 499,99 €	1 053,40 €	567,05 €	371,01 €	216,29 €	102,88 €	30,79 €
2 500,00 €	bis	2 509,99 €	1 060,40 €	572,05 €	375,01 €	219,29 €	104,88 €	31,79 €
2 510,00 €	bis	2 519,99 €	1 067,40 €	577,05 €	379,01 €	222,29 €	106,88 €	32,79 €
2 520,00 €	bis	2 529,99 €	1 074,40 €	582,05 €	383,01 €	225,29 €	108,88 €	33,79 €
2 530,00 €	bis	2 539,99 €	1 081,40 €	587,05 €	387,01 €	228,29 €	110,88 €	34,79 €
2 540,00 €	bis	2 549,99 €	1 088,40 €	592,05 €	391,01 €	231,29 €	112,88 €	35,79 €
2 550,00 €	bis	2 559,99 €	1 095,40 €	597,05 €	395,01 €	234,29 €	114,88 €	36,79 €
2 560,00 €	bis	2 569,99 €	1 102,40 €	602,05 €	399,01 €	237,29 €	116,88 €	37,79 €
2 570,00 €	bis	2 579,99 €	1 109,40 €	607,05 €	403,01 €	240,29 €	118,88 €	38,79 €
2 580,00 €	bis	2 589,99 €	1 116,40 €	612,05 €	407,01 €	243,29 €	120,88 €	39,79 €
2 590,00 €	bis	2 599,99 €	1 123,40 €	617,05 €	411,01 €	246,29 €	122,88 €	40,79 €
2 600,00 €	bis	2 609,99 €	1 130,40 €	622,05 €	415,01 €	249,29 €	124,88 €	41,79 €
2 610,00 €	bis	2 619,99 €	1 137,40 €	627,05 €	419,01 €	252,29 €	126,88 €	42,79 €
2 620,00 €	bis	2 629,99 €	1 144,40 €	632,05 €	423,01 €	255,29 €	128,88 €	43,79 €
2 630,00 €	bis	2 639,99 €	1 151,40 €	637,05 €	427,01 €	258,29 €	130,88 €	44,79 €

Nettolohn monatlich für ... Unterhaltsberechtigte			0	1	2	3	4	5 u. mehr
2 640,00 €	bis	2 649,99 €	1 158,40 €	642,05 €	431,01 €	261,29 €	132,88 €	45,79 €
2 650,00 €	bis	2 659,99 €	1 165,40 €	647,05 €	435,01 €	264,29 €	134,88 €	46,79 €
2 660,00 €	bis	2 669,99 €	1 172,40 €	652,05 €	439,01 €	267,29 €	136,88 €	47,79 €
2 670,00 €	bis	2 679,99 €	1 179,40 €	657,05 €	443,01 €	270,29 €	138,88 €	48,79 €
2 680,00 €	bis	2 689,99 €	1 186,40 €	662,05 €	447,01 €	273,29 €	140,88 €	49,79 €
2 690,00 €	bis	2 699,99 €	1 193,40 €	667,05 €	451,01 €	276,29 €	142,88 €	50,79 €
2 700,00 €	bis	2 709,99 €	1 200,40 €	672,05 €	455,01 €	279,29 €	144,88 €	51,79 €
2 710,00 €	bis	2 719,99 €	1 207,40 €	677,05 €	459,01 €	282,29 €	146,88 €	52,79 €
2 720,00 €	bis	2 729,99 €	1 214,40 €	682,05 €	463,01 €	285,29 €	148,88 €	53,79 €
2 730,00 €	bis	2 739,99 €	1 221,40 €	687,05 €	467,01 €	288,29 €	150,88 €	54,79 €
2 740,00 €	bis	2 749,99 €	1 228,40 €	692,05 €	471,01 €	291,29 €	152,88 €	55,79 €
2 750,00 €	bis	2 759,99 €	1 235,40 €	697,05 €	475,01 €	294,29 €	154,88 €	56,79 €
2 760,00 €	bis	2 769,99 €	1 242,40 €	702,05 €	479,01 €	297,29 €	156,88 €	57,79 €
2 770,00 €	bis	2 779,99 €	1 249,40 €	707,05 €	483,01 €	300,29 €	158,88 €	58,79 €
2 780,00 €	bis	2 789,99 €	1 256,40 €	712,05 €	487,01 €	303,29 €	160,88 €	59,79 €
2 790,00 €	bis	2 799,99 €	1 263,40 €	717,05 €	491,01 €	306,29 €	162,88 €	60,79 €
2 800,00 €	bis	2 809,99 €	1 270,40 €	722,05 €	495,01 €	309,29 €	164,88 €	61,79 €
2 810,00 €	bis	2 819,99 €	1 277,40 €	727,05 €	499,01 €	312,29 €	166,88 €	62,79 €
2 820,00 €	bis	2 829,99 €	1 284,40 €	732,05 €	503,01 €	315,29 €	168,88 €	63,79 €
2 830,00 €	bis	2 839,99 €	1 291,40 €	737,05 €	507,01 €	318,29 €	170,88 €	64,79 €
2 840,00 €	bis	2 849,99 €	1 298,40 €	742,05 €	511,01 €	321,29 €	172,88 €	65,79 €
2 850,00 €	bis	2 859,99 €	1 305,40 €	747,05 €	515,01 €	324,29 €	174,88 €	66,79 €
2 860,00 €	bis	2 869,99 €	1 312,40 €	752,05 €	519,01 €	327,29 €	176,88 €	67,79 €
2 870,00 €	bis	2 879,99 €	1 319,40 €	757,05 €	523,01 €	330,29 €	178,88 €	68,79 €
2 880,00 €	bis	2 889,99 €	1 326,40 €	762,05 €	527,01 €	333,29 €	180,88 €	69,79 €
2 890,00 €	bis	2 899,99 €	1 333,40 €	767,05 €	531,01 €	336,29 €	182,88 €	70,79 €
2 900,00 €	bis	2 909,99 €	1 340,40 €	772,05 €	535,01 €	339,29 €	184,88 €	71,79 €
2 910,00 €	bis	2 919,99 €	1 347,40 €	777,05 €	539,01 €	342,29 €	186,88 €	72,79 €
2 920,00 €	bis	2 929,99 €	1 354,40 €	782,05 €	543,01 €	345,29 €	188,88 €	73,79 €
2 930,00 €	bis	2 939,99 €	1 361,40 €	787,05 €	547,01 €	348,29 €	190,88 €	74,79 €
2 940,00 €	bis	2 949,99 €	1 368,40 €	792,05 €	551,01 €	351,29 €	192,88 €	75,79 €
2 950,00 €	bis	2 959,99 €	1 375,40 €	797,05 €	555,01 €	354,29 €	194,88 €	76,79 €
2 960,00 €	bis	2 969,99 €	1 382,40 €	802,05 €	559,01 €	357,29 €	196,88 €	77,79 €
2 970,00 €	bis	2 979,99 €	1 389,40 €	807,05 €	563,01 €	360,29 €	198,88 €	78,79 €
2 980,00 €	bis	2 989,99 €	1 396,40 €	812,05 €	567,01 €	363,29 €	200,88 €	79,79 €
2 990,00 €	bis	2 999,99 €	1 403,40 €	817,05 €	571,01 €	366,29 €	202,88 €	80,79 €
3 000,00 €	bis	3 009,99 €	1 410,40 €	822,05 €	575,01 €	369,29 €	204,88 €	81,79 €

Nettolohn monatlich für ... Unterhaltsberechtigte			0	1	2	3	4	5 u. mehr
3 010,00 €	bis	3 019,99 €	1 417,40 €	827,05 €	579,01 €	372,29 €	206,88 €	82,79 €
3 020,00 €	bis	3 020,06 €	1 424,40 €	832,05 €	583,01 €	375,29 €	208,88 €	83,79 €

⊃ **Hinweis:**

Der Mehrbetrag über 3 020,06 Euro ist unbeschränkt pfändbar; für wöchentlich oder täglich ausgezahltes Einkommen gelten abweichende Tabellen, von deren Abdruck abgesehen wurde.

Eine erneute Anpassung der Pfändungstabellen ist zum 1.7.2011 möglich; die aktuellen Tabellen finden Sie im Internet jeweils unter *www.mahnverfahren-aktuell.de/buch*.

XI. Bestätigung als Europäischer Vollstreckungstitel

Der hier wiedergegebene Text für die Bestätigung von Entscheidungen als Europäischen Vollstreckungstitel ist in der Verordnung (EG) Nr. 1869/2005 vom 16.11.2005 als Anhang I enthalten; für Vergleiche, öffentliche Urkunden und Bestätigungen nach Rechtsbehelfen sind besondere Vordrucke eingeführt, die in der genannten Verordnung enthalten sind.

BESTÄTIGUNG ALS EUROPÄISCHER VOLLSTRECKUNGSTITEL – ENTSCHEIDUNG

1. Ursprungsmitgliedstaat: Belgien ☐ Tschechische Republik ☐ Deutschland ☐ Estland ☐ Griechenland ☐ Spanien ☐ Frankreich ☐ Irland ☐ Italien ☐ Zypern ☐ Lettland ☐ Litauen ☐ Luxemburg ☐ Ungarn ☐ Malta ☐ Niederlande ☐ Österreich ☐ Polen ☐ Portugal ☐ Slowakei ☐ Slowenien ☐ Finnland ☐ Schweden ☐ Vereinigtes Königreich ☐

2. Gericht, das die Bestätigung ausgestellt hat
2.1. Bezeichnung:
2.2. Anschrift:
2.3. Tel./Fax/E-Mail:
3. Falls abweichend, Gericht, das die Entscheidung erlassen hat
3.1. Bezeichnung:
3.2. Anschrift:
3.3. Tel./Fax/E-Mail:
4. Entscheidung
4.1 Datum:
4.2 Aktenzeichen:
4.3 Parteien

4.3.1. Name(n) und Anschrift(en) des/der Gläubiger(s):

4.3.2. Name(n) und Anschrift(en) des/der Schuldner(s):

5. Geldforderung laut Bestätigung

5.1 Betrag:

5.1.1 Währung:
Euro ☐ Zypern-Pfund ☐ tschechische Krone ☐ estnische Krone ☐ Pfund Sterling ☐ Forint ☐ Litas ☐ Lats ☐ Maltesische Lira ☐ Zloty ☐ schwedische Krone ☐ slowakische Krone ☐ Tolar o
Andere Währung (Bitte angeben)

5.1.2 Falls sich die Geldforderung auf eine wiederkehrende Leistung bezieht

5.1.2.1. Höhe jeder Rate:

5.1.2.2. Fälligkeit der ersten Rate:

5.1.2.3. Fälligkeit der nachfolgenden Raten:
wöchentlich ☐ monatlich ☐ andere Zeitabstände (bitte angeben) ☐

5.1.2.4. Laufzeit der Forderung

5.1.2.4.1. Derzeit unbestimmt ☐ oder

5.1.2.4.2. Fälligkeit der letzten Rate:

5.2. Zinsen

5.2.1. Zinssatz

5.2.1.1. … % oder

5.2.1.2. … % über dem Basissatz der EZB[1]

5.2.1.3. Anderer Wert (bitte angeben):

5.2.2. Fälligkeit der Zinsen:

5.3. Höhe der zu ersetzenden Kosten falls in der Entscheidung angegeben:

6. Die Entscheidung ist im Ursprungsmitgliedstaat vollstreckbar ☐

7. Gegen die Entscheidung kann noch ein Rechtsmittel eingelegt werden
Ja ☐ Nein ☐

8. Gegenstand der Entscheidung ist eine unbestrittene Forderung im Sinne von Artikel 3 Absatz 1 ☐

9. Die Entscheidung steht im Einklang mit Artikel 6 Absatz 1 Buchstabe b ☐

10. Die Entscheidung betrifft Verbrauchersachen
Ja ☐ Nein ☐

10.1. Wenn ja:
Der Schuldner ist der Verbraucher
Ja ☐ Nein ☐

10.2. Wenn ja:
Der Schuldner hat seinen Wohnsitz im Ursprungsmitgliedstaat (im Sinne von Artikel 59 der Verordnung (EG) Nr. 44 (2001) ☐

11. Zustellung des verfahrenseinleitenden Schriftstücks nach Maßgabe von Kapitel III, sofern anwendbar
Ja ☐ Nein ☐

XI. Bestätigung als Europäischer Vollstreckungstitel

11.1. Die Zustellung ist gemäß Artikel 13 erfolgt ☐
oder die Zustellung ist gemäß Artikel 14 erfolgt ☐
oder der Schuldner hat das Schriftstück nachweislich im Sinne von Artikel 18 Absatz 2 erhalten ☐

11.2 Ordnungsgemäße Unterrichtung
Der Schuldner wurde nach Maßgabe der Artikel 16 und 17 unterrichtet ☐

12. Zustellung von Ladungen. sofern anwendbar
Ja ☐ Nein ☐

12.1. Die Zustellung ist gemäß Artikel 13 erfolgt ☐
oder die Zustellung ist gemäß Artikel 14 erfolgt ☐
oder der Schuldner hat die Ladung nachweislich im Sinne von Artikel 18 Absatz 2 erhalten ☐

12.2. Ordnungsgemäße Unterrichtung
Der Schuldner wurde nach Maßgabe des Artikels 17 unterrichtet ☐

13. Heilung von Verfahrensmängeln infolge der Nichteinhaltung der Mindestvorschriften gemäß Artikel 18 Absatz 1

13.1. Die Entscheidung wurde gemäß Artikel 13 zugestellt ☐
oder die Entscheidung wurde gemäß Artikel 14 zugestellt ☐
oder der Schuldner hat die Entscheidung nachweislich im Sinne von Artikel 18 Absatz 2 erhalten ☐

13.2. Ordnungsgemäße Unterrichtung
Der Schuldner wurde nach Maßgabe des Artikels 18 Absatz 1 Buchstabe b unterrichtet ☐

13.3. Der Schuldner hatte die Möglichkeit, einen Rechtsbehelf gegen die Entscheidung einzulegen
Ja ☐ Nein ☐

13.4. Der Schuldner hat keinen Rechtsbehelf gemäß den einschlägigen Verfahrensvorschriften eingelegt
Ja ☐ Nein ☐
Geschehen zu ..., am...,

Unterschrift und/oder Stempel

(1) Von der Europäischen Zentralbank auf ihre Hauptrefinanzierungsoperationen angewendeter Zinssatz.

Stichwortverzeichnis

Abgabe der Eidesstattlichen Versicherung siehe Eidesstattliche Versicherung
Abkommen
– Auslandsmahnverfahren 151
Absonderung
– Insolvenzverfahren 280
Aktenzeichen
– Aufbau 24
Amtsgericht Berlin-Schöneberg
– Auslandsmahnverfahren 151
Änderungen
– Online-Mahnantrag 82 ff.
Anderweitige Verwertung
– Mobiliar-Zwangsvollstreckung 239
Anerkennungsabkommen
– Auslandsmahnverfahren 151
Anrechnung
– Geschäftsgebühr 108
Anschriftenänderung 184
Anspruchsbezeichnung
– Printformular 93 ff.
– Vorsätzliche unerlaubte Handlung 97
Anspruchsgrund
– Katalognummern 99 ff.
Anspruchsindividualisierung
– Rechtskraft 97
Antrag
– Europäisches Mahnverfahren 156
– Forderungsvollstreckung 249
– Formular
– Insolvenzverfahren 278
– Neuzustellung 190
– Pfändungs- und Überweisungsbeschluss 249
– Zwangsversteigerung 272
– Zwangsvollstreckung 219 ff.
– Mahnverfahren 17 ff.
Antragsgegner
– als Gesamtschuldner 90 ff.
– Online-Mahnantrag 54 ff.
Antragsteller
– Auslandswohnsitz 150 ff.
– Gesetzlicher Vertreter 92 f.
Antragsübermittlung
– EGVP 209 ff.
Antragsvordruck
– Mahnbescheid 85 ff.

– Ausfüllungshinweise 20 ff.
– Mahnverfahren 17 ff.
Arbeitslohn
– Pfändung 251 ff.
AugeMa (Automatisiertes gerichtliches Mahnverfahren)
– Zulässigkeit 11 ff.
– Zuständigkeit 12 ff.
Ausfertigung
– Neuerteilung 290
Ausfüllhinweise Monierung 179
– Online-Mahnantrag 38 ff.
Ausfüllmuster
– Ausländische Gesellschaften 136 ff.
– Einzelfirma 134
– GbR 126
– Gesamtgläubiger 125
– Gesamtschuldner 125
– GmbH & Co. KG 138 ff.
– Hauptforderungen 141 ff.
– Juristische Personen 135
– Partei kraft Amtes 141
– Printformular 124 ff.
– Prozessstandschaft 133
– Scheck-Mahnverfahren 145
– Urkunden-Mahnverfahren 146
– WEG-Verwalter 133
– Wohnungseigentümer 132
– Wohnungseigentümergemeinschaft 127 ff.
– Zinsen 147 ff.
Ausfüllhinweise 22 ff.
– Antragsvordrucke 20 ff.
Auslagen 65 ff.
– Printformular 93 ff., 103
– Nebenforderungen 65 ff.
Ausländische Gesellschaften
– Ausfüllmuster 136 ff.
Auslandsmahnverfahren
– Ablauf 152 ff.
– Kosten 154
– nach Deutschem Recht 150 ff.
– Nicht-EU-Staaten 153
– Notwendige Angaben 152 ff.
– Übersetzung 153
– Vollstreckungsbescheid 153
– Widerspruchsfrist 185
– Zuständigkeit 151

– Zuständigkeitsbegründung 153
– Zustellung 153
Außergerichtliche Streitbeilegung 7 ff
Austauchpfändung
– Mobiliar-Zwangsvollstreckung 237
Automatisiertes gerichtliches Mahnverfahren siehe bei AugeMa

Bankschließfach
– Pfändung 257
Bankverbindung
– Mahnantrag 111 ff.
Barcode-Ausdruck 75 ff.
Barcode-Mahnantrag 38 ff.
Basiszinssatz 101
Bausparverträge
– Pfändung 260
Berechnung
– Forderungshöhe 229
Berlin-Schöneberg
– Auslandsmahnverfahren 151
Besondere Verfahrensarten
– Scheck-Mahnverfahren 118 ff.
– Urkunden-Mahnverfahren 118 ff.
– Wechsel-Mahnverfahren 118 ff.
Bewegliche Güter
– Zwangsvollstreckung 232 ff.
Beweismittel
– Europäisches Mahnverfahren 159
Blindformular
– Anspruchsbezeichnung 93 ff.

Drittschuldner 247 ff.
Drittwiderspruchsklage 289
Durchsuchung
– Anordung 233 ff.
– Mobiliar-Zwangsvollstreckung 233 ff.

EGVP
– Antragsübermittlung 209 ff.
– Eingangsbestätigung 215
– Einrichtung 209 ff.
– Elektronisches Gerichts- und Verwaltungspostfach (nicht diktiert)
– Nachrichtenempfang 217 ff.
– Nachrichtenversand 213
– PIN 211
– Sendeprotokoll 214 f.
– Signaturkarte 212

– Signierung 213
– Technische Voraussetzungen 209 ff.
– Voraussetzung 209 ff.
– Zertifikat 210
Eidesstattliche Versicherung 241 ff.
– Abgabe 241 ff.
– Angaben 244
– Ergänzungstermin 245 ff.
– Fehler 246
– Haftbefehl 245
– Kosten 247
– Schuldnerverzeichnis 242
– Straftatbestände 246
– Terminsbestimmung 242 ff.
– Vertagung 243 ff.
Eingangsbestätigung
– EGVP 215
Einigungsgebühr 197
Einspruch
– Europäisches Mahnverfahren 160
– Vollstreckungsbescheid 200 ff.
– Frist 202
Einwendungen
– Zulässigkeit 202
Einzelfirma
– Ausfüllmuster 134
– Zwangsvollstreckung 226
Einziehung
– Forderungsvollstreckung 248
Elektronischer Datenaustausch 36 ff.
– Online-Mahnantrag 36 ff.
Elektronisches Gerichts- und Verwaltungspostfach siehe EGVP
EMV siehe Europäisches Mahnverfahren
Erbengemeinschaft
– Pfändung 265
Ergänzungsblatt
– Maximalangaben 34
Ergänzungstermin
– Eidesstattliche Versicherung 245 ff.
Erinnerung
– Zwangsvollstreckung 287 ff.
Erlösverteilung
– Zwangsversteigerung 274
Eröffnungsgrund
– Insolvenzverfahren 278
Europäischer Vollstreckungstitel
– Bestätigung 327
– Rechtsmittel 296
– Unbestrittene Forderungen 291 ff.

– Verbraucherbegriff 294
– Verfahrenskosten 297
– Voraussetzungen 292 ff.
Europäisches Mahnverfahren 155 ff.
– Amtsgericht Wedding 155
– Antrag 156 ff.
– Beweismittel 159
– Einspruch 160
– Hauptforderung 159
– Mahngericht 158
– Parteien 158
– Schlüssigkeitsprüfung 155
– Vollstreckbarkeit 161
– Voraussetzungen 156
– Zinsen 159
EU-Zahlungsbefehl
– Überprüfung 161
EVT siehe Europäischer Vollstreckungstitel

Fälligkeit 5 ff.
Festsetzung
– Vollstreckungskosten 291
Forderungsaufstellung 229
– Beispiel 308 ff.
Forderungsbezeichnung 9 ff., 58 ff.
Forderungshöhe
– Berechnung 229
Forderungspfändung
– Vorpfändungsbenachrichtigung 267
Forderungsvollstreckung
– Antrag 249
– Einziehung 248
– Pfändungs- und Überweisungsbeschluss 247 ff.
– Sparbuch 248
– Urkunden 248
– Verwertung 248
Freischaltung
– Signaturkarte 212
Fristberechnung
– Vollstreckungsbescheid 198

GbR
– Ausfüllmuster 126
– Zwangsvollstreckung 226
Gebührenberechnung
– Mahnverfahren 107 ff.
Gebührentabelle
– Gerichtskosten 318
– RVG 319

Geldanlagen
– Pfändung 256 ff.
Geldforderung
– Verzug 6
Genossenschaftsregister 10
Gerichtsvollzieher
– Kosten 240
– Kostentabelle 320
– Musterauftrag 311 ff.
– Vermögensverzeichnis 243 ff.
– Vollstreckungsprotokoll 239
– Zahlungsaufforderung bei Mobiliar-Zwangsvollstreckung 233 ff.
Gesamtgläubigerschaft 91 f.
– Ausfüllmuster 125
Gesamtschuldner
– als Antragsgegner 90 f.
– Ausfüllmuster 125
Gesamt-Widerspruch 184
Geschäftsgebühr
– Anrechnung 108
Geschäftszeichen
– Printformular 116
Gesellschaftsanteile
– Pfändung 264 f.
Gesetzlicher Vertreter
– Antragsteller 92 f.
GmbH
– Pfändung 265
GmbH & Co. KG
– Ausfüllmuster 138 ff.
Grundschuld
– Pfändung 262 f.
Grundstück
– Zwangsversteigerung 271 ff.

Haftbefehl 245
– Eidesstattliche Versicherung 245
Handelsregister 10
Haupt- und Nebenforderungen
– Printformular 93 ff.
Hauptforderung
– Europäisches Mahnverfahren 159
– Katalognummern 301 ff.
– Eintragung 57 ff.
Haustiere
– Pfändung 237
Hypothek
– Pfändung 261 ff.
Hypothekenbrief 262
Hypotheken-Haftungsverband 235

Immobilienvollstreckung 269 ff.
– Zwangssicherungshypothek 269 ff.
Inkassodienstleister
– Kosten 48, 174
Insolvenzverfahren 277 ff.
– Absonderung 280
– Antrag 278
– Eröffnungsgrund 278
– Kosten 285 ff.
– Massegläubiger 280 ff.
– Restschuldbefreiung 283 ff.

Juristische Personen
– Ausfüllmuster 135

Katalognummern
– Anspruchsgrund 99 ff.
– Hauptforderung 301 ff.
Kennziffer
– Mahnverfahren 28
Konten
– Pfändung 256 ff.
Kontozuordnung
– Online-Mahnantrag 69 ff.
Korrekturen
– Online-Mahnantrag 82 ff.
Kosten
– Auslandsmahnverfahren 154
– Eidesstattliche Versicherung 247
– Europäischer Vollstreckungstitel 297
– Gebührentabelle 318
– Gerichtsvollzieher 240
– Inkassodienstleister 174
– Insolvenzverfahren 285 ff.
– Mahnverfahren 169 ff.
– Pfändungs- und Überweisungsbeschluss 250 ff.
– Zwangsversteigerung 275
– Zwangsvollstreckung 230
Kostentabelle
– Gerichtsvollzieher 320

Leasing-Pkw
– Zwangsvollstreckung 235
Lebensversicherungen
– Pfändung 260
Lugano-Übereinkommen 152 ff.

Mahnantrag
– Bankverbindung 111 ff.
– Informationen zum streitigen Verfahren 109 ff.
– Mehrere Antragsgegner 27 ff.
– Prozessbevollmächtigter 111 ff.
Mahnbescheid
– „Klassisches Formular" 85 ff.
– Antragstellung 17 ff.
– Nichtzustellungs-Nachricht 187 ff.
– Wiederspruch 180 ff.
– Zustellung 192 ff.
Mahngericht
– Europäisches Mahnverfahren 158
Mahnkosten
– Angemessene Höhe 106 ff.
Mahnverfahren
– Gebührenbeispiel 107 ff.
– Kennziffer 28
– Kosten 169 ff.
– Rechtsanwaltkosten 173 ff.
Massegläubiger 280
Maximalangaben
– Ergänzungsblatt 34
Mehrere Antragsgegner 27 ff.
Miteigentum
– Pfändung 266
Mobiliar-Zwangsvollstreckung
– Ablauf 233 ff.
– Anderweitige Verwertung 239
– Austauschpfändung 237
– Durchsuchung 233 ff.
– Haustiere 237
– Kosten 240
– Öffentliche Versteigerung 238
– Pfändung 234 ff.
– Protokoll 239
– Rechte Dritter 235 ff.
– Unpfändbarkeit 236
– Verwertung 238
– Zahlungsaufforderung 233 ff.
Monierung 175 ff.
– Ausfüllhinweise 179

Nachrichtenempfang
– EGVP 217 ff.
Nachrichtenversand
– EGVP 213
Nato-Truppenangehörige 151
Nebenforderungen 65 ff.
Neuausdruck
– Mahnantrags-Formular 81 ff.

Neuerteilung
- Ausfertigung 290
Neuzustellung
- Antrag 190
- Mahnbescheid 187 ff.
- Vollstreckungsbescheid 203
Nichtzustellungs-Nachricht 187 ff.

Öffentliche Versteigerung
- Mobiliar-Zwangsvollstreckung 238
OHG
- Zwangsvollstreckung 226
Online-Mahnantrag
- Antragsgegner 54 ff.
- Ausfüllhinweise 38 ff.
- Drucken 74 ff.
- Elektronischer Datenaustausch 36 ff.
- Forderungsbezeichnung 58 ff.
- Hauptforderung 57 ff.
- Inkasso-Dienstleister 48
- Kontozuordnung 69 ff.
- Korrekturen 82 ff.
- Prozessbevollmächtigter 44 ff.
- Signieren 74 ff.
- Verbraucherzentralen 49
- Verzinsung 60 ff.
- Vorsteuerabzug 46
- Wartungsintervall 40 ff.
- Wohnungseigentümergemeinschaften 51

Partei
- Identitätsklärung 10
- Personenmehrheiten 225 ff.
Partei kraft Amtes
- Zwangsvollstreckung 226
Parteiänderung nachträgliche 222
- Rechtsnachfolge-Klausel 223 ff.
Parteibezeichnung 9 ff.
- unrichtige 223
Parteien
- Europäisches Mahnverfahren 158
- Zwangsvollstreckung 222 ff.
Parteifähigkeit 9
Personengesellschaften
- Anteilspfändung 264 ff.
Personenmehrheiten
- Zwangsvollstreckung 225 ff.
Pfändung
- Arbeitslohn 251 ff.
- Bankschließfach 257

- Bausparverträge 260
- Erbengemeinschaften 265
- Geldanlagen 256 ff.
- Gesellschaftsanteile 264 f.
- GmbH 265
- Grundschuld 262 f.
- Grundstücksrechte 261 ff.
- Haustiere 237
- Hypothek 261 ff.
- Konten 256 ff.
- Künftige Sozialleistungen 254 ff.
- Lebensversicherungen 260
- Miteigentum 266
- Mobiliar-Zwangsvollstreckung 234 ff.
- Offene Kreditlinie 257
- Personengesellschaften 264 f.
- Pfändungsschutz-Konto 258 ff.
- Private Rentenversicherungen 260
- Sittenwidrige Härte 237
- Sozialleistungen 253 ff.
- Steuererstattungsansprüche 266
- Unterhaltsansprüche 255 ff.
- Werklohnforderungen 256
Pfändungs- und Überweisungsbeschluss
- Antrag 249
- Forderungsvollstreckung 247 ff.
- Kosten 250 ff.
- Muster 313 ff.
- Zustellung 249 ff.
Pfändungsfreigrenzen
- Tabelle 321 ff.
PIN
- EGVP 211
P-Konto siehe Pfändungsschutz-Konto
Printformular
- Ausfüllmuster 124 ff.
- Auslagen 93 ff.
- Auslagen 103
- Gegenleistungsmerkmal 116
- Geschäftszeichen 116
- Haupt- und Nebenforderungen 93 ff.
- Sonstige Nebenforderungen 105 ff.
- Unterschrift 117
- Vollständige Anspruchsbezeichnung 94
- Zinsen 100 f.
- Zusatzangaben zum Verbraucherkreditgesetz 114 ff.

Protokoll
– Mobiliar-Zwangsvollstreckung 239
Prozessbevollmächtigter
– Mahnantrag 111 ff.
– Online-Mahnantrag 44 ff.
Prozessfähigkeit 9
Prozessstandschaft
– WEG-Verwalter 133

Rechte Dritter
– Mobiliar-Zwangsvollstreckung 235 ff.
Rechtsanwaltskosten
– Mahnverfahren 173 ff.
– Umsatzsteuer-Erstattung 174
Rechtsbehelfe
– Zwangsvollstreckung 287 ff.
Rechtskraft
– Anspruchsindividualisierung 97
Rechtsmittel
– Europäischer Vollstreckungstitel 296
– Zwangsvollstreckung 287 ff.
Rechtsnachfolge-Klausel 223
Restschuldbefreiung 283 ff.
– Natürliche Personen 283

Scheck-Mahnverfahren 56, 118 ff.
– Ausfüllmuster 145
Schlüssigkeitsprüfung
– Europäisches Mahnverfahren 155
Schuldneranschrift 227
Schuldnerverzeichnis 242
– Eidesstattliche Versicherung 242
– Löschung von Einträgen 242
Selbständige
– Eidesstattliche Versicherung 244
– Unpfändbarkeit 237
Sendeprotokoll
– EGVP 214 f.
Sicherungseigentum 235
Signaturkarte 212
– Freischaltung 212
Signierung
– EGVP 213
Sittenwidrige Härte
– Pfändung 237
– Zwangsvollstreckung 289
Sofortige Beschwerde
– Zwangsvollstreckung 60 ff., 288
Sonstige Nebenforderungen
– Printformular 105 ff.

Sozialleistungen
– Pfändung 253 ff.
– Unpfändbarkeit 254
Sparbuch
– Forderungsvollstreckung 248
Steuererstattungsansprüche
– Pfändung 266
Straftatbestände
– Eidesstattliche Versicherung 246

Teil-Widerspruch 184
Terminsgebühr 196

Übersetzung
– Auslandsmahnverfahren 153
Umsatzsteuer-Erstattung
– Rechtsanwaltskosten 174
Unerlaubte Handlung
– Anspruchsbezeichnung 97
Unpfändbarkeit
– Mobiliar-Zwangsvollstreckung 236
– Selbständige 237
– Sittenwidrige Härte 237
– Sozialleistungen 254
Unterhaltsansprüche
– Pfändung 255 ff.
Unterschrift
– Printformular 117
Urkunden
– Forderungsvollstreckung 248
Urkunden-Mahnverfahren 56, 118 ff.
– Ausfüllmuster 146

Verbraucherbegriff
– Europäischer Vollstreckungstitel 294
Verbraucherinsolvenz 284 ff.
Verbraucherkreditgesetz
– Printformular 114 ff.
Verbraucherzentralen 49
Vereinsregister 10
Verfahrenskosten siehe Kosten
Verjährungsunterbrechung
– Fehlerhafter Mahnbescheid 96
Vermögensverzeichnis
– Abgabetermin 243 ff.
Verwalter (WEG)
– Online-Mahnverfahren 128 ff.
– als Prozessstandschafter 133
– Wohnungseigentümergemeinschaft 122 ff.

– Zustellungsvertreter 123 ff.
Verwaltungsvermögen
– Wohnungseigentum 121 ff.
Verwertung
– Forderungsvollstreckung 248
– Mobiliar-Zwangsvollstreckung 238
Verzinsung 60 ff.
Verzug 5 ff.
– Geldforderung 6
– Zinsen 6
Vollständige Anspruchsbezeichnung
– Printformular 94
Vollstreckbare Ausfertigung
– Zweitschrift 290
Vollstreckbarkeit
– Europäisches Mahnverfahren 161
Vollstreckungsbescheid
– Antrag 192 ff.
– Auslandsmahnverfahren 153
– Einspruch 200 ff.
– Einspruchsfrist 202
– Fristberechnung 198
– Neuzustellung 203
– Nichtzustellungs-Nachricht 203
– Zwingender Inhalt 19
Vollstreckungsgegenklage
– Zwangsvollstreckung 288
Vollstreckungshindernisse 229
Vollstreckungskosten
– Festsetzung 291
Vollstreckungsschutz
– Sittenwidrige Härte 289
Vollstreckungstitel 220 ff.
– Zustellung 221 ff.
Vorbehaltseigentum 235
Vordrucke Europäisches Mahnverfahren 157
– Internetausdruck 85 ff.
Vorgerichtliche Streitschlichtung 5 ff.
Vorpfändung Muster 316 ff.
– Benachrichtigung 267
Vorsätzliche unerlaubte Handlung
– Vollstreckung 252
Vorsteuerabzug 46

Wechsel-Mahnverfahren 56, 118 ff.
Wechsel-Mahnverfahren 118 ff.
WEG-Verfahren siehe auch Verwalter (WEG) 121 ff.
Werklohnforderungen
– Pfändung 256

Widerspruch
– Mahnbescheid 180 ff.
– Stiftfarbe 181
Widerspruchsfrist Auslands-Mahnverfahren 185
Wohnungseigentümer 121 ff.
– Ausfüllmuster 132
Wohnungseigentümergemeinschaft
– Ausfüllmuster 127
– Bezeichnung 121 ff.
– Online-Mahnantrag 51
– Zwangsvollstreckung 227

Zertifikat
– EGVP 210
Zinsen 60 ff.
– Ausfüllmuster 147 ff.
– Europäisches Mahnverfahren 159
– Printformular 100 f.
– Verzug 6
Zulässigkeit
– AugeMa 11 ff.
– Auslandsmahnverfahren 151
Zuschlag Zwangsversteigerung 274
Zuständigkeit
– Augema 12 ff.
– Auslandsmahnverfahren 151
– Auslandsmahnverfahren 153
– Europäisches Mahnverfahren 155
– Übersicht 13 ff.
Zustellung
– Auslagen 170
– Auslandsmahnverfahren 153
– Mahnbescheid 192 ff.
– Nato-Truppenangehörige 151
– Vollstreckungstitel 221 ff.
Zwangssicherungshypothek 269 f.
Zwangssicherungshypothek
– Muster 317
Zwangsversteigerung
– Anordnung 273
– Antrag 272
– Erlösverteilung 274
– Grundstück 271 ff.
– Kosten 275
– Zuschlag 274
Zwangsverwaltung 276 ff.
Zwangsvollstreckung 219 ff.
– Antrag 219 ff.
– Besondere Verfahren 290 ff.
– Besonderes Vermögen 227

- Bewegliche Güter 232 ff.
- Drittwiderspruchsklage 289
- Einzelfirma 226
- Einzelne Maßnahmen 232 ff.
- Erinnerung 287 ff.
- Forderungen des Schuldners 247 ff.
- GbR 226
- Haustiere 237
- Immobilien 269 ff.
- Kosten 230
- Leasing 235
- Nachträgliche Parteiänderung 222
- OHG 226
- Partei kraft Amtes 226
- Parteien 222 ff.
- Personenmehrheiten 225 ff.
- Rechtsmittel 287 ff.
- Schuldneranschrift 227
- Sittenwidrige Härte 289
- Sofortige Beschwerde 288
- Unpfändbarkeit 236
- Vollstreckungsgegenklage 288
- Vollstreckungshindernisse 229
- Wohnungseigentümergemeinschaft 227